难忘岁月

吴明清　著

加拿大国际出版社

书名：难忘岁月
作者：吴明清
封面设计：吴明清
出版：加拿大国际出版社 www.intlpressca.com
Email: service@intlpressca.com
2024 年 12 月加拿大第一版
2024 年 12 月第一次印刷
印刷版国际书号 ISBN：978-1-998479-20-7

9 781998 479207

电子版国际书号 ISBN：978-1-998479-21-4

Book Title : Unforgettable Years
Author : Mingqing Wu
Front Cover Design: Mingqing Wu
Publisher: Canada International Press www.intlpressca.com
Email: service@intlpressca.com
First Edition in Canada, Dec. 2024
First Printing, Dec. 2024
Printed Edition ISBN: 978-1-998479-20-7
E-Book ISBN: 978-1-998479-21-4

内容简介

　　本书系原中国科学院地球化学研究所的科研人员吴明清先生所著的记实性自传体回忆录。作者系新中国同龄人，曾先后亲身经历过反右派、大跃进、人民公社、三年经济困难时期和文化大革命等历次政治运动，属66届高中毕业生。文革中上山下乡期间被推荐为工农兵大学生，粉碎"四人帮"和恢复招收研究生后，1978年又考取了中国科学院大学的首届研究生，师从中国著名的稀土稀有元素矿物地质学家、中国科学院院士郭承基教授，研究稀土元素地球化学。上世纪九十年代初，因研究工作成就突出，曾被评为全国有突出贡献的中青年专家享受国务院政府特殊津贴。其后又以高级访问学者的身份被公派至加拿大地质调查所开展国际合作研究，其间其合作研究项目成果获加方合作教授的高度评价与赞赏。访问计划结束并带着国际合作项目按期回国后，作者因遭遇不公被迫再次出走国外并侨居加拿大。综观全书，作者以朴实无华的语言详尽地记述了一个从中国西南地区贫穷落后的贵州大山深处走出来的普通农家孩子，如何通过自身的刻苦攻读和艰苦努力，最终成为了中科院的一名优秀科研人员。作者见多识广阅历丰富，文笔清丽自然流畅，读完全书呈现在读者眼前的，是一位对学习十分刻苦、对工作十分敬业、对师长十分敬重、对生活十分乐观、对挫折十分坦然的鲜活人物形象。书中作者还详尽记述了贵州偏僻山区的诸多民风民俗及风土人情，同时作者还记述了在新疆开展野外地质考察以及在东海冲绳海槽进行海洋科考的艰辛经历，作者也讲述了罹患胆囊炎症时因手术失误与死神擦肩而过的惊险过程；其中作者还单独劈出一章，用真挚感人的笔触来回忆母亲，语言看似平淡无奇，实则平凡中却衬托出母爱的伟大；而在讲述科研生涯时，作者还通俗易懂地简略介绍了稀土元素的用途以及全球生物灭绝事件等科普知识，使整篇回忆录融故事性、知识性与趣味性于一炉。全书各章节设计安排巧妙得当，它们既可独立成章，而故事情节又环环相扣，读来十分引人入胜并发人深思，是近年来不多见的一本非常值得一读的自传体回忆录。

引言

　　人生七十余载光阴，犹如白驹过隙，弹指一挥间。如今人生如秋，历经世事沧桑，饱尝人间冷暖，阅尽人性善恶，因此早已洗净铅华，尘心如练，且洒脱自然；亦如淬过火的钢刀，早已定型，要想改变自己，唯有极尽自我磨砺，如此方得锋利无比，虽不求成为龙泉宝剑，但求今生今世无怨无悔。人生，只愿诗酒衬年华，煮出四季如春；珍惜曾经的拥有，熬出地久天长；同岁月言欢，与光阴把盏，淡看浮华三千，静享似水流年。

　　余生，剪一段闲暇时光，适时地放慢匆匆前行的脚步，多看看沿途的风景，多听听来自心灵深处的声音。读自己喜欢的书，做自己喜欢的事，去自己想去的地方，爱自己喜欢的人，交自己喜欢的友，将每一寸光阴都打理成眉眼处的浅喜深爱。

代序 ——《难忘岁月》读后感

杜杜

　　《难忘岁月》是一本不期而遇的书，一次中文活动之后，被王翔先生塞进我手里，像天上掉下来一桩躲不过的作业，"看看吧，很值得一读！"在渥太华这个被本地华人自嘲为渥村的小地方，华裔科技人才居多，任何一本以母语中文面市的新书，都无法令人忽视。掂着它不轻的分量，我纳闷儿：这厚厚的书脊中究竟夹裹着怎样的人生？本想随便翻翻了事儿，然而几页翻过，竟放不下了，犹如注射了麻醉剂一般。两个晚上一页页从头翻到尾，眼随心走，沉浸于吴明清先生丰富多姿又多变的生命旅程里，有如乘坐过山车，心情跌宕起伏。

　　宏观上此书是吴明清先生的个人传记，阅读的过程就恰如是走进了作者的个人生命旅程。此书跨越了作者生命历程的 70 余个春秋，全书也就聚焦在这 70 多年的岁月里，带着读者走进了中国 70 余年来的现代社会发展史。作者所经历的社会演变和风云变幻，其中包括大跃进、三年困难时期、文化大革命、1976 年的社会变革，以及之后的改革开放、科研单位的工作环境及生态、新疆及黄土高原地区的野外地质考察、东海的海洋科考、出国访问进行学术交流等等情节，一篇篇一幕幕地跃然于纸上。如果你是一个对中国近 70 余年现代史不甚熟悉的人，通过阅读此书，相信你就可以从百姓层面很接地气地对中国的这一系列社会变革和时代的演变，会有一个总体的印象和了解。

　　微观上，作者通过他自己的回忆，把其个人的生命历程映照在时代发展的大屏幕之上，然后一幕幕地徐徐展开。作品按时间顺序涵盖了作者的童年、少年、青年、中年、直至老年各个生命阶段的经历和体验，成功地塑造了一个从贵州边远山区的山寨里走出来的农家孩子，如何通过自身的艰苦努力，一步步脚踏实地地成长为一个既有坚韧毅力、又有胆识和真才实学且有出色成就的优秀科学家的成长过程。与此同时他的贵州老家杉木寨这个小山村的自然地理环境、他的原生家庭的详细状况、贵州山区人民当年的生存状态，以及当地老百姓的诸多民风民俗及风土人情，都有详细的记述和描写，通过阅读此书，相信任何一个从未踏足贵州山区的人，都会对贵州的人文社会地理状况有一个清晰的了解。

　　此书的主线是依赖于作者文化知识成长的层面来展开叙述的，作者受教育以及由教育所带来的实践过程是一根结实的主线，它把作者生命中的重要事件当作一颗又一颗珍贵的珍珠，这根教育主线通过文字叙述，缓慢而又沉稳地把这些珍珠一颗颗串连起来，最终组成了一条完整而生动的生命之链。这条生动的生命之链串连起了作者的小学、中学、大学以及研究生的各个学习阶段，同时也串连起了他在中科院地球化学研究所里丰富而多元的科研及党政管理工作，以及他出国做访问学者，最后拿到跨越国界的国际合作项目回国后，却受到不公平对待和打压等等人生轨迹，都有翔实而生动的描述。

积极勤奋、刻苦钻研、乐观向上的个人品格，在这位十分敬业的科学家身上体现得恰如其分，不浮夸亦不自谦。全书既没有华丽的词藻，也没有矫揉造作的桥段，而是通过朴实而脚踏实地的生命体验以其最真实的方式完美地呈现在读者面前。然而令人扼腕的是，沿着作者生命主线前行到达人生的半百之时，一位优秀的科学家在国外带着国际合作项目返回国内时，在研究所内竟然遭到了个别头头令人发指的无端打压，于是作者被迫出走国外。然而命运作弄人的是，作者返回加拿大后却又突然遭遇到国际合作项目老板去世的打击，面对人生的重大挫折，作者怀着极大的勇气放弃了一身的科学技能，选择重打锣鼓另开张改行做一般性的工作。每当读到这个章节时，读者看到作者生命历程中的这一颗闪亮的珍珠，仿佛不幸落进了污泥之中，此时读者无不唏嘘而又扼腕叹息。好在具备乐观豁达性格的作者，在这个艰难的转型过程中，通过自身的艰苦奋斗，最终迎来了一个平静而温馨、幸福而安康的晚年。

从家庭层面上，作者除了谈及他的先祖和他的父辈，也简略地谈及了自身的小家庭，以及中年安家落户加拿大后女儿的成长片段。因此，这本回忆录从他的父母、他和妻子、他和女儿以及一笔带过的外孙儿女，跨越了四代人的生命组合。当然，传记的重点是记述他自己所代表的这一代共和国同龄人的命运。然而即便如此，无论是比作者年纪更大的读者，亦或是年纪比作者还要年轻二十多岁的中年人，他们都会在这本回忆录中发现与自己经历相重叠的时代片断，因此书中的很多内容读来十分的亲切而感人，许多时代背景是我们六零后这个年龄段的人所完全熟知的。

　　从写作手法上来看，此书采用纯记实性的笔法，文章的叙述完全基于客观事实，历史事件的叙述也十分的准确而翔实。从作者的回忆录中，每个年代以及每个事件的精准程度，读来都令人叹为观止。由此不难看出，作者思维的缜密及下笔的准确，一定是在写作之前就已经做了大量的资料收集和整理工作，亦或是作者有长期记日记的习惯，否则书中所涵盖的数十年的历史事件，是很难一一做到准确无误的。从这个层面亦不难看出，一位受过长期专业熏陶和严格训练的科学家，他对写作的态度是如此的认真和一丝不苟。因此，这本具有近似于科学论文般严谨属实的自传体回忆录，一经问世便赢得了读者的青睐。另外，书中插有大量照片，那都是作者一生从童年到老年各个生命阶段的珍贵影像记录。这些照片既可以给读者留下更直观的视觉感受，同时也可以让本书读起来不那么枯燥乏味，读者在阅读之余看看插入的一张张照片，既增加了读者对作者生命历程的直观印象，也释放了由阅读密集文字时给读者带来的精神压力。

　　本书的一大特点是依时间顺序而徐徐展开，当读者沿着时间的这条主线阅读此书的时候，仿佛是沿着一条作者从幼年流向老年的长河而不断地前行。这条河既是一条从山里流向山外，从农村流向城市的长河，也是一条从中国流向世界的长河，同时它还是一条从作者懵懂无知流向博学多才的成长经历的长河。这条长河从它发源的时候起，就一直执着而沉稳地向前流淌着。由于时间与故事情节的高度契合性，当阅读这本书的时候，读者仿佛是乘坐在由作者打造的一艘大船之上而顺流而下，沿途既饱览了绚丽的风光，同时读者与作者又产生了心灵的共鸣，读来令人十分的亲切和自然。

此外，该本回忆录中有几段作者带有神秘色彩的亲身体验的情景描写，读来十分有趣。比如作者因胆囊手术失误在进行生命抢救过程中他所经历的濒死体检，以及作者母亲病危期间和亡故时，作者及家人所经历的心灵感应等等诡异现象，书中都有详细的记述。这些故事看似荒诞无稽，实则充满了哲理及人文气息。而且这些神秘体验从一个资深的自然科学家笔下流出，令我突然联想到最近几年风行的有关量子纠缠的神秘科学问题，即两个不受时间和空间距离控制的粒子或量子之间，当一个出现状态变化的时候，不管相隔有多远，另一个几乎也在同一时刻出现相同的状态变化，而且这不是巧合，而是已被科学界用科学实验验证了的科学现象。因此，作者所经历的濒死体验以及与其母亲之间的心灵感应等等诡异现象，大体可以看作是量子纠缠现象在日常生活中的具体表现。很显然，作者之所以把他所经历的神秘体验都如实地记述下来，由此可以看出他对神秘世界也是非常敬畏的，这使我感到非常亲切，因为我也是个非常敬畏神灵的人。可以说，作者这些独特而珍贵的意外神秘体验，既给他的人生经历罩上了一层不同寻常的光环，也极大地改变了他的人生观和价值观，同时也大大地提升了这本回忆录的趣味性和可读性。

最后一点值得指出的是，读者在阅读本书的过程中，当读到作者在研究所被个别头头无端打压的经历时，无不令人义愤填膺而又扼腕叹息，甚至于无语凝噎、一声长叹！然而作者的这一经历在中国应该不算是个例，可以说他只不过是近些年来若干个在国内遭受不公而被迫出走国外的科学家之一而已。试想在我们的祖国，如果每一个科学家都能够得到应有的尊重和对待，所有科学家的聪明才智都能得到充分地发挥，那么科学家们就能够心无旁骛地全身心地投入到科学研究中去，从而为祖国做出更大的贡献。如果是那样的话，我们的祖国就不会有那么多顶尖的科学人才流落到国外去了。

阅读此书是令人欲罢不能的体验。吴明清先生的人生经历，以小人物见大时代，以一人的命运见群体的走势。它折射了一段充满变化的历史时期，中国的社会变革和高级知识分子的生存走向。其后半生迁徙后的海外生活，也很有典型性，浓缩了一大批海外华人在海外求生存坚韧顽强而又屈伸自如的共性。生活，在强者面前，是没有"失败"二字的，吴明清先生，就是这样的强者。他以独特的丰富人生，描绘了一个顽强生命所能拥有的鲜活模样。作者在数十年的生命历程中，虽然曾先后经历过多次挫折和打击，但岁月的风霜似乎并未在他的脸上留下过多痕迹。以至于后来有幸与吴先生面晤时，令人吃惊的是他相当年轻的冻龄面容，看上去至少比他的实际年龄还要年轻一、二十岁。当时他脸上灿烂的笑容，泛着光彩，一如他书中照片上的笑容那样，真诚而具有感染力。很显然那是从其内心散发出来的乐观态度所掩盖不住的积极情绪，以及真真切切的人生满足所带来的幸福感。人如其书，正是这种积极乐观的人生态度，才成就了他可圈可点的生命旅程。不过尽管我在此已洋洋洒洒地写了

三、四千字，然而毕竟言语乏力，读者还是通过亲自阅读吴先生的书，去切身感受他不凡人生的诸多魅力吧！

2023 年 5 月 20 日于渥太华

[注]：杜杜，侨居加拿大渥太华的华裔女作家，多年来先后公开发表或出版发行华文文学作品十余部 300 余万字，小说、诗歌、散文屡获美、中、加中国文学奖，其中长篇小说《中国湖》曾获 2021 年海外华文著述奖小说金奖。现任加拿大华裔作协、北美华文作协以及加中笔会会员。

前言

　　我是一个十分平凡的人，过去虽然读了不少书，在专业研究所也工作了二、三十年，后来又选择定居国外，但是平生并未做出过什么突出的成就和贡献，也从未想过要写什么回忆录，然而平心而论，我的人生经历与同龄人相比，应该算是十分丰富而曲折的了。由于在我的人生中曾亲身经历过许许多多的事情，于是随着年龄的增长与时间的流逝，头脑里逐渐就形成了许许多多的记忆。虽然这些记忆并不是我人生经历的全部，但这些记忆记录着生命的历程，诠释着时代的变迁，反映着时代的特征和烙印，如能将这些记忆记录下来，无疑将对现实和后代具有一定的借鉴和启迪作用，为此头脑里曾经偶尔产生过想写本回忆录的想法。然而我又一直认为，在回忆上做文章或写自传是名人或伟人的专利，与我等小人物无关。因此，撰写个人回忆录的事，只不过是偶尔头脑里的一个想法而已，一直未能付诸行动。2016 年退休以后，偶尔回国与朋友、同学或家人相聚闲聊时，我过往的经历毕竟在老家当地颇具代表性，有些故事或经历还常常引起了他们的兴趣，于是纷纷建议我把这些头脑里的记忆用文字记录下来，这既是给家人和下一代留下一份珍贵的文字记录，也是对自己的人生作一次全面的思考与总结。于是我于2021 年农历新年过后，终于拿起笔来开始记录我对往事的回忆。这就是这本回忆录产生的由来。

　　我出生在贵州大山深处地处偏远且贫穷落后的一个小山村里，按普通老百姓的说法，我是一个既没有什么家庭背景，又是一个童年丧父的极为普通的农家孩子。然而我一路走来，不仅上了中学和大学，而且还念了研究生，毕业后分配在国家级科研所工作，最后还出了国，于是我在乡邻们的眼中无疑是一个非常成功的人士，而且多年来他们还常常把我拿来作为教育小孩的榜样。另一方面，我的乡邻们对我的成长经历并不完全了解，他们很想知道我是如何从大山里面走出来的。因此，我想在这本书里告诉他们，我之所以能够走到今天的这一步，并不是我这个人有什么过人的天赋，更不是从小就有什么雄心壮志或远大抱负，而是在人生的各个学习阶段，因受到某种启发心底里自然而然地产生的一种朴素的学习欲望，拿个时髦的词语来形容，那就是心中始终有某种"梦想"或"追求"。而人一旦有了梦想和追求，学习或生活就有了目标，行动也就有了动力。正是这种梦想和追求，才驱使我在求学的道路上一步一个脚印地不断向上攀登。我记得在我念小学二、三年级的时候，每逢新学期开学发新课本时，看到高年级同学的课本封面上写着"高级小学课本"，而我的课本上写的却是"初级小学课本"，于是我就在心里想，上完初级小学我也要上高级小学。我念小学五年级时，教我们算术课的采云普老师有一次在课堂上给我们讲解算术题，有同学就好奇地问："采老师，上中学以后算术课学些什么内容呀？"采老师说："上了中学，算术课就不叫算术而叫数学了！"随即他就在黑板上写出了 $X+Y=Z$ 和 $a+b+c=d$ 等数学等式，正当我们学生感到莫名其妙时，采老师说："这就是初中要学的代数"。当时我就觉得中学的知识好深奥和神秘啊，将来我一定也要去领略一下，于是在心里就暗暗地下定了决心：念完小学以后我一定要去读中学。我上普定二中时，听我们寨子里的人说，我们老家附近的抵西村有一家姓杨的两弟兄（哥哥大概叫杨登国，弟弟叫杨登举吧），两人都在贵阳的某个省级机关里面工作。当时我就感到很奇怪，心想：这杨家两弟兄到底是有什么背景，为啥能从咱们这个山旮旯里跑到贵阳去工作？后来又听人说：这杨家是抵西村的大地主，不仅家里有钱，而且这家两弟兄解放前读书很厉害，最后都读到贵阳去上了大学，解放后大学毕业就分配在贵阳工作了。这时我才知道，要想到大地方去工作，我们山里面的人只有读书这条路可走，如果把书读好了，上了大学就有可能留在城里面工作了。于是我就在心里暗想：我也要好好地读书，争取将来能考上大学，毕业后也到城里面去工作。因此初中毕业时，我一心就只想考高中，然后读完高中后就考大学。再后来大学毕业工作以后，机会来了我又报考研究生，所有这些都是心中始终有某种追求或梦想在不断驱使的结果。

当然，人生是否有梦想或追求是一回事，但是人生是否有机会和机会来了能否紧紧地抓住又是另外一回事，因为机会对实现人生的追求或梦想也是必不可少的。就我的人生经历来说，有三次机会对我非常重要，而且也被我牢牢地抓住了。第一次是1960年小学五年级时，遇到了当年的五年级优秀生可提前报考中学的机会从而提前一年上了中学，否则到了1961年小学六年级毕业时，恰巧碰到中学下放并减少或停止招生，那我就只好辍学回家务农了。第二次是1972年贵州首届工农兵大学生招生，当时我在公社机关工作而且我在公社领导的眼中表现应该还算不错，于是被公社推荐上了贵州大学。如果当年我不是在公社机关工作，而是在农村插队落户干农活或者是在小学教书，那我一定会错失这个上大学的机会，与我的许多同龄人一样，一辈子与大学无缘了。第三次是大学毕业工作以后，1978年恰逢全国恢复研究生招生，于是我就大胆地报了名，而且也考上了，从而实现了人生的第三次飞跃。当然，客观地说，在我的人生经历中还远不止这三次机会，但与其它的机会比较起来，这三次机会对我的人生影响最大也最为关键，可以说每抓住一个机会，人生就上了一个台阶。

最近这些年每次回国探亲，偶尔总有乡亲或老同学老朋友问我：为什么当年我要选择定居国外？现在国内发展好了，为什么又不回来呀等等。我1995年6月第一次出国到加拿大做访问学者时，那是我本人于1993年申请到的中国科学院的留学基金项目，由中国政府资助到加拿大地质调查所开展合作研究，原计划工作半年，后因工作需要又延长了半年。所谓合作研究实际上就是由我自带项目和样品，到地调所后利用该所装备的先进仪器设备条件对样品进行分析测试，而这项合作研究能否取得成功完全取决于我本人的工作能力和学术水平，也就是说，到了国外具有国际一流先进水平的研究所，与国外的同行权威专家在一起工作，是检验我本人科研能力和学术水平的时候了。不过说实话，到了加拿大地质调查所以后，当时我的思想压力和工作上面临的困难还是相当大的，能否把研究项目做好心中并没有多少把握，但是胆怯和临阵退缩显然已没有任何出路，开弓没有回头箭，是骡子是马，现在是该拉出去遛一遛的时候了。在加拿大地质调查所为期一年的研究工作期间，凭着本人在中科院地化所锤炼多年的分析化学操作技能和学术研究功底，经过艰苦的努力和工作，访问计划结束时，终于把与合作教授商定的几项复杂的实验室工作完成得十分的圆满和漂亮。在整个将近一年紧张繁忙的实验室工作中，我既完成了自己携带来的 200 多块地质样品的干酪根的提取工作，也完成了所有样品的微量稀土元素及铂族元素的等离子体质谱的分析测试，同时也完成了所有样品中氧、硫稳定同位素的测试工作，所取得的实验数据不仅内容丰富（涵盖了有机碳同位素、稀土微量元素、铂族微量元素以及氧、硫稳定同位素等诸方面），由于这些数据均出自国外的一流实验室，因而数据的准确性及权威性都是毋庸置疑的。一年的访问学者计划所完成的实验室工作量及所取得的实验数据，如果放在国内起码需要两、三年才能完成得了。而且利用这些实验数据至少完全可以构思和撰写出三、四篇高质量的研究论文，然而由于时间有限，访问计划结束时虽然仅提交了一篇学术论文，但整个研究工作却也获得了加拿大地质调查所合作教授的高度评价与赞赏，为我的留学基金项目交出了一份满意的答卷。访问计划结束回国时，我又联系并带回了由国际地科联国际地层对比计划专业委员会授权委托的 IGCP386 国际合作项目，本人并被任命为该国际合作项目中国工作组的负责人。

然而万万没有想到的是，当我的访问学者计划圆满结束并带着国际合作项目按期回国后，却遭到了地化所当时个别当权者一而再、再而三的无端打压。面对此情此景，于是我又不得不选择第二次出国远赴加拿大。平心而论，作为共和国的同龄人，从上小学到读中学，到后来上大学及念研究生，我们从未交过一分钱的学费，都是国家培养的结果，学成以后按理我们应该留在国内为祖国服务，而实际上我也一直是这样计划和打算的。95 年我首次出国做访问学者时，虽然亲眼目睹了国内和国外物质生活条件上呈现的巨大反差，但当时并没想过要逗留国外不归，而是在访问计划结束时按期回到了祖国，与此同时还联系带回了一个国际合作项目，其目的就是想安安心心地在国内施展才华，一心一意地做我的学术研究。谁知回国后的遭遇却是事与愿违，在此情况下，我想既然国内容不了人，那我就出来吧。因此，我第二次赴加并选择定居加拿大，也是迫不得已而为之，并非出于自己的初心和本意。然而第二次来到加拿大以后，令人意想不到的是，邀请我回到加拿大来开展合作研究的国际合作项目老板却身患肝癌突然离世，由此本人第二次来加就失去了项目依托。面对如此突如其来的变故，尽管当时处境不容乐观，但联想到按期回国后遭到的无端打压，我还是毅然决定选择留在了加拿大，心想那怕是重启人生也在所不惜。同时我也考虑到，留下来即使是牺牲了自己的专业工作，也要为自己的下一代寻求一个宽松自由的生活环境，因为我不想让我的后代再重走我以前的老路了。

纵观我的一生，作为新中国的同龄人，自上世纪五十年代中期上小学发蒙读书以来，自始至终亲眼目睹或亲身经历了，新中国建国后几乎所有的一切重大政治运动与事件，在人生的若干个关键时期，也面临过诸多的选择。我既煎熬过苦涩的童年时光，也经历了艰辛的少年时代；既做过上山下乡知青，也当过工农兵学员；既脚踏过新疆的戈壁荒原，也经历过东海的惊涛骇浪；既做过专职的党务工作者，也是个称职的科研人员；既在中国的象牙塔里刻苦地攻读过，也在异国他乡的研究所里喝过洋墨水；既在童年和青少年时期吃过苦，也在后来的生病住院期间因手术失误而与死神擦肩而过；而年近半百时我又选择侨居国外，做一般性的工作，过普通人的生活。数十年的人生旅途，其中确有不少传奇经历和艰难岁月更是如此地刻骨铭心而终生难忘，整个人生旅程可谓是艰难曲折而又跌宕起伏。可以毫不夸张地说，我的人生经历既有春风得意的高光时刻，也有屡遭挫折的低谷时期；既有山重水复的困顿窘遇，又有柳岸花明的坦途机缘。然而人生最终拥有的一切，无论社会地位的高低与贵贱、贫穷与富贵，可以说都是命运的安排和人生选择的结果。虽然我在老家众多乡邻的眼中，俨然是个令人羡慕的"成功人士"，但是我自己也非常清楚地知道，所谓的成功只不过是别人的一种意念和看法而已。我认为真正的成功，不是来自别人的认同与评价，而是由自我满足所带来的一种宁静平和与幸福安宁的心态。因此，完全没有任何必要在意自己是否真正取得了成功，在人生的旅途中，只要自己曾经奋斗过努力过，那就足够了，至于是否真正取得成功并不那么特别重要。

真实、准确是记录性文字即回忆录的灵魂与生命线，也是其价值之所在，离开了真实，任何回忆录均一钱不值。所以真实地、不加杜撰地再现往事，是我写作《难忘岁月》所遵循的基本原则。但是由于岁月的磨蚀造成记忆上的模糊，对某些事件的具体细节描述难免会出现偏差。因此，恳请知情人士予以谅解。

目　录

内容简介 III

引言 V

代序 ——《难忘岁月》读后感 VII

前言 XV

第一章　苦涩的童年时光 1

第二章　艰辛的少年时代 50

第三章　迷茫的蹉跎岁月 80

第四章　奋进的金色年华 111

第五章　顾全大局　放弃梦想 161

第六章　脚踏新疆荒漠　汗洒黄土高原 193

第七章　一分耕耘　一分收获 230

第八章　胆囊手术　死里逃生 265

第九章　出访加国　再创佳绩 282

第十章　横遭打压　萌生去意 313

第十一章　知命之年　侨居他国 331

第十二章　母爱无疆　亲情永驻 373

第十三章　淡泊名利　乐享晚年 397

后记 434

附录(1) 公开发表的科研学术论文目录 442

附录(2) 合作教授的推荐信 447

附录(3) 国际合作项目委托书 449

附录(4) 国务院政府特殊津贴证书 450

第一章 苦涩的童年时光

(一)

一九四八年农历鼠年正月初三的夜晚，我出生在贵州省普定县西南部边缘与郎岱县(现为六枝特区)交界处一个只有二、三十户人家名为杉木寨的偏僻小山村里。当时我们这个寨子，除了有几户是从外地迁来投亲靠友的杂姓人家以外，其余的都姓吴，而且都属于同一个家族。小时候父母亲就曾告诉过我，说我们杉木寨的吴家祖上是从贵州毕节那边搬来的。而根据毕节吴良弼家族的族谱记载，毕节的吴姓入黔始祖名叫吴良弼，字亮工，号关宝，系吴氏开姓始祖吴泰伯的第90世裔孙，湖广麻城县(今湖北省麻城市)人氏，生于元至正八年

(公元1348年)，武科出身，青年时官拜湖广麻城参将。明朝洪武十四年(公元1381年)，因受明太祖朱元璋委派，吴良弼

将军跟随颖川侯傅友德大元帅率兵南征云贵，后因战功卓著被明朝庭封为贵州毕节卫千户侯，其后便受命在贵州驻守屯军，于是子孙便在黔、滇、川三省交界之处开枝散叶繁衍开来。六百余年来，吴良弼家族已在西南三省繁衍了二十余代，人口已达二十余万，是西南地区吴姓的第一大望族。吴良弼将军育有三子：长子吴公华、次子吴公普、三子吴公荣，我们普定杉木吴氏即为良弼祖的长公子吴公华一支的传人。杉木吴氏迁居祖吴国思系良弼祖的第七世孙，本人又系吴国思的第十世孙、吴良弼将军的第十七世孙。因此，据此推算下来，我应该是吴氏开姓始祖吴泰伯的第 106 世裔孙。我们杉木吴氏自从迁居祖吴国思老祖公定居此地以来，虽无任何文字记载，其迁居年代已不可考，但杉木吴氏已在此地繁衍了十几代人，估计至少也有三、四百年的历史了。

杉木寨远眺

　　我们杉木寨这个小山村，虽说相对比较偏僻和边远，但同前后上下几十里的其它村寨比较起来，也算是个山青水秀地势平坦的风水宝地。杉木寨地处贵州省普定县西南部边缘与六枝特区的交界处，两县区仅以一条俗称为老黑山的山梁为界，而山梁的走向基本呈"厂"字型，杉木村寨即座落于由此"厂"字型山梁包围而形成的一个凹陷盆地内，而村子正好位于盆地中央坐南朝北的台地上；台地两侧分别为长约2～3公里、宽约数百米的低地，低地内均为稻田。因此，在云贵高原腹地原本普遍都是山高坡陡路窄而又缺水的乌蒙山区，我们杉木寨这个小山村不仅地势平坦视野开阔，而且山上有树、地下有煤、村边有水，是个水火俱全的好地方。由于杉木村周围属煤系地层，黄色酸性土壤广泛发育，加上气候湿润、土壤肥沃，因此这里非常适宜杉、松、桦、枫等高

杉木寨鸟瞰图

大乔木的生长，其中杉木即是本地最常见的优质速生树种，也是当地民居建筑最常用的优质木材。当年杉木小村正是由以杉木为主的原始森林怀抱其中，故"杉木寨"由此而得名。在上世纪五十年代初期，杉木寨仍是一个落后原始的小山村，村子周围的山上原始森林密布，台地两侧凹地的冲沟内山泉流水终年不绝。由于杉木村具有如此得天独厚的自然

条件，从而使这里成为了一个晴不怕旱、雨不会涝且旱涝保收的宜居之地。另外，由于受传统文化的影响，杉木吴氏历来十分重视耕读传家，小孩从小就要求他们要发奋上学读书。因此，自改革开放以来，先后从我们杉木及附近的村寨走出了数十位青年学子。

我们杉木寨的吴家，祖祖辈辈都是以务农为生。传到我父亲这一辈时，父辈共有四弟兄，我父亲排行老三。父亲生于清光绪十一年（公元1885年），属相酉鸡。从年轻的时候开始，连我母亲在内，父亲先后娶过三房太太。父亲同前面两个太太先后生过四、五个小孩，结果都在童年患病夭折了。在前面两位太太先后去世后，大约在1938年左右，父亲又才和我母亲结婚。母亲姓谭名凤英，生于辛亥革命那年（公元1911年），属相亥猪。我母亲当年是带着我姐姐（姐姐当年两岁左右，属相子鼠，大我一轮）出嫁到我父亲家来的，因为我母亲的前夫（即我姐姐的父亲）生病去世了。母亲同父亲结婚以后，也曾先后生过两、三个小孩，但同样也都夭折了。我出生时，父亲已经六十出头。由于是老来得子，父母亲非常高兴，从小把我视为家中的心肝宝贝，天热怕捂着了，天冷又怕冻着了。而且按照我们当地的乡俗，如果一对夫妻生养的小孩总是养不大而夭折了，那么为了使新出生的小孩能够健康平安地成长，孩子对自己的父亲就不能叫"爹爹"或"爸爸"，而要改口叫"伯伯"或"叔叔"（乡民们相信，如此改口以后，病魔于是就以为这个孩子不是这个"命硬"的父亲生的，从而放过这个孩子而得以平安地长大）。因此，我从小就叫父亲为"伯伯"，当然妈妈的称谓则没有任何改变。

　　我的父亲名叫吴华高，大伯叫吴华清，二伯叫吴华益，四叔叫吴华兴，我出生时，叔叔伯伯们都不在世了。在父亲的几个弟兄当中，父亲算是读过书的人，因为听说我的两个伯伯和一个叔叔都没有多少文化，他们都是只会种田的庄稼汉。父亲不仅读过书、会种田，而且还懂得不少中草药(小时候他常带我一起上山去挖草药，还教我认什么是独脚莲、什么是一支蒿、什么又是朝天罐、车前草等等)，他自己还自学了阴阳先生。隔三岔五，十里八乡的老乡会来家中请他去治病或者看坟地、安葬死人等。为此，他在我们当地还小有名气，人们称他为"吴先生"。每次去外地十天半月给人治病或做道场回来，他总会挑着几升大米和几只干鸡干鸭(事主家宰杀来祭祀神祇后晾半干的鸡鸭)，或一两支羊腿回家来(按照家乡当地的习俗，父亲替丧家安葬死人做道场时，事主家要杀鸡宰羊来祭祀神祇，并给先生一升大米和一只鸡或一只鸭，或者一支羊腿作为酬谢)。因此，那时我们家的生活在当地还算是相当滋润的。

　　我出生时我们家总共有五口人，除开父母亲和我以外，还有个哥哥和姐姐。哥哥是从外面过继到父亲名下做养子的。他家姓胡，是我姊姊的亲侄儿。他家有五弟兄，我哥排行老二，他父亲忙时种田，闲暇时带着几个儿子烧制砂锅砂罐挑去乡场上售卖补贴家用。因家庭子女多，田地又少，他们家的生活十分贫苦。姐姐与我同母异父，听母亲说姐姐大约才一岁多，她父亲就突发急病去世了，其后母亲就带着姐姐改嫁到我父亲家来了。因父亲同前面两个太太先后生了四、五个小孩都未能存活下来，后来父亲同母亲结婚后生的两、三个小孩也都先后夭折了，父母亲为此特别伤心和苦恼。要知道在旧时的农村，家中如果没有男孩是非常被人瞧不起的，所谓"不孝有三，无后为大"在人们的思想观念中十分地根深蒂固。父亲眼看自己已经六十出头了，于是就和母亲商量，打算从外面过继一个男孩来继承家业。另外，我们当地还有一种习俗，即当一对夫妻结婚多年生的孩子不容易存活时，需要从外面过继一个男孩来家中做"押掌"（意即镇住或驱赶家中的病魔），这样以后出生的小孩就容易成活长大了。正是出于这样的想法，父母才决定从外面过继一个男孩来家中，一是可以作为押掌，二是万一没有男孩，继子将来还可以给自己养老送终并继承家业。后来经我姊姊撮合，于是于1946年左右就把我四婶大哥家的二儿子名叫长元的过继到我们家来了。我哥哥生于1931年，属相未羊，到我们家时已经15岁了，不过我父母亲待他却视若己出。开初父亲还送我哥去村里私塾读书，并给他取了个文绉绉的名字："胡朝纲"。我哥去私塾读了一两个月，但因他当年已十五、六岁，从小干农活惯了，错过了读书的最佳年龄，对上学一点也不感兴趣，拿起书本就头疼，加上父亲已年逾六旬，家中急需男劳动力，于是我哥就再也不去上学，而改为帮父亲种田了。后来过了一年多，父母亲觉得我哥哥既然是过继来传宗接代的养子，不如就改成跟父亲姓算了，于是征得我哥和他父母亲的同意，并特意请先生择了个良辰吉日，在家族中某些得高望重的长辈人士和寨邻亲友的参加与见证下，公开举行了一个为我哥改姓的隆重仪式。改姓仪式过程中一个重要的环节是，当我哥跪在我们家堂屋中央供奉有"天地君亲师位"的神坛（菩萨）面前接受亲友们的祝贺时，我哥郑重地向菩萨发了誓言：改姓以后一辈子都不能反悔，并且要一辈子忠于吴家，即使将来"三辈还宗"时（按照我们当地的习俗，过继的继子传至第三辈时可以恢复原生家族的姓氏，所以叫"三辈还宗"），在可能的情况下，仍然要保留一个男丁继续姓吴。当天改姓仪式结束以后，父亲按照家族中的辈份为我哥正式取名为"吴明发"。

转眼到了解放初期，哥哥已二十出头到了谈婚论嫁的年龄，可是经媒人介绍了几个女孩也都没有谈成，而我姐姐当年也十六、七岁了，已经出落成了一个亭亭玉立的大姑娘。于是我们家门中的人和不少内亲就主动前来给我父母亲出主意，大家都说："你们家的大儿子是从外面过继来的，而你们家的姑娘也是从外面带来的，他们之间根本就没有任何血缘关系，不如让他们兄妹俩结为夫妻算了！"父母亲一合计：这倒也是！如果他们兄妹俩同意的话，不也是一桩美满的姻缘吗？原本我哥和我姐平时就很亲热，经父母及亲戚们这么一撮合，他们兄妹俩自然十分高兴。于是在 1952 年左右，我哥和我姐二人就喜结连理了。这在当年我们这个偏僻的小山村里，也是一时传为佳话。

(二)

我哥来到我们家大约不到两年我就出生了。由于父亲是老来得子，我在父母的眼中简直被视为珍宝，全家人都围着我转，有什么好吃好穿的都先给我。平时除了母亲照看我以外，姐姐看护我最多。我刚学会走路时，姐姐就牵着我的手，一步不离的跟着，生怕在哪里摔着或碰着了。听母亲说，大概是在我八、九个月大的时候，寒冬腊月的一天上午母亲在家煮饭时，刚用火钳烧红来烙了一块腊肉的猪皮（清洗腊肉之前弃除猪皮上残留毛发时必做的一道工序），火钳就放在灶台上。过了一会儿，姐姐把我从外面抱回家来，随手就把我抱坐在放有火钳的灶台上，由于旧时婴幼儿穿的都是开裆裤，屁股是露在外面的，结果刚放下去，我立刻就被火钳烙伤疼得撕心裂肺地大哭了起来。母亲见状，心想：这宝贝儿子分明就是他老爸的心头肉，万一有个闪失，那还了得？！于是立刻就把我抱起，同时一边就对我姐破口大骂起来："你个该死的丫头！你把老幺整烫伤了，你老爹要是在家，看他不把你打个半死才怪呢！"姐姐顿时也被吓得大哭了起来。幸好那几天父亲被接走去外地给人家做道场去了，否则要是父亲在家的话，真有可能要把我姐姐狠狠地大揍一顿。后来经过三、四个月的治疗，我右大腿根的烫伤算是好了，不过却留下了一条四、五寸长的疤痕。经过这件事情以后，姐姐看护我就更加格外小心了。本来这是一桩发生在婴幼儿时期的事故，我根本不可能有任何记忆。我上中学后，有一次在河中游泳时，同行的同学从后面看到我的右大腿根有一条四、五寸长的伤疤，于是便问我这是怎么回事，我当时感到莫名其妙，回家后问了母亲，母亲这才给我讲了这条伤疤的来龙去脉。

由于我是家中最小又最受宠爱的男孩子，因此母亲给我断奶断得很晚，

贵州农妇正在推磨

大概三、四岁时仍在吃奶吧。我记得有一次母亲正在推磨磨玉米碴子，而我却缠着母亲要吃奶，母亲因忙着推磨不想停下活来，

于是我就不依不饶地钻到母亲的衣服里面去吸着奶头不放，母亲为了迁就我她只好停下活来，让我吮吸了十几口。有一年夏天的一天下午，我儿时的玩伴袁小宝（一个远房亲戚侄儿，大我一岁）手里提把着镰刀来我家，叫我同他一起去外面割草和玩耍，我说："等一下，让我先吃个奶再走！"于是我又跑到母亲的怀里吃起奶来。我长大以后，体质显得比其他同龄的孩子还要好，也很少生病，不少人都说，可能与我小时候吃母乳吃得多或许有一定的关系吧！

　　父亲在世的时候，我们家有五、六亩水田和三、四亩旱地，解放初土改时家庭成份被划为中农。由于家中人口不多，再加上父亲经常外出给人治病或安葬死人做道场，每个月或多或少都有香米和鸡鸭带回家来，而且我们家每年冬季至少也要杀一头三、四百斤的年猪，把猪肉薰成腊肉以后要吃一年到头，因此小时候我们家的生活在当地还算是相当不错的。记得那时家里每次炖鸡汤，父母亲总会把鸡肝和鸡腿留给我，而我吃鸡腿时，总是先把鸡皮扒下来给母亲，然后自己再吃鸡肉，母亲却从无怨言。父母外出哪怕是得块糖果或是水果之类好吃的东西，总是舍不得吃而不管多远，也要带回家来给我。不过父母虽然疼爱我，但对我却并不过分娇惯和宠溺。在我很小的时候，父母亲就要求我要学会自己穿衣服和扣扣子（以前的衣服都是自己家手工缝制的，纽扣是用布条做的中式扣子，

贵州农村舂米的石碓

尤其是新衣服的扣子一般都很紧，小孩子扣起来非常困难）。稍大一点，父母亲又教我学习扫地和扫院子。过去农村没有电，也没有打米机和磨面机，农家吃的米和面都是用石碓来舂和用石磨来磨的，因此，每逢大人们舂米和磨面时，父母就会要我同他们一起搭一只脚舂碓，或者搭把手推磨。另外，父母还要求我与村里的小伙伴们一起上山去放牛、割草或砍柴，也是我童年时常干的活。父母在教我干活时，常会对我说：我们是庄稼人，庄稼人不管什么样的活从小就要学会，而且不管是干什么活或者办什么事，一定要认认真真地干好，决不能敷衍了事。所以从小我就记住了父母对我的教导，不仅从小就养成了热爱劳动的习惯，而且不管做什么事，我都认认真真地加以对待。

我之所以说父亲是读过书的人，那是因为我小时候看见我们家阁楼上有一个两、三尺见方且做工精细的大木箱，里面装满了各种书籍，其中有一些是父亲买白棉纸裁来自己做的手抄本，本子里父亲用毛笔书写的小楷字体十分工整和漂亮，有一个手抄本可能是父亲为我哥订来写字用的，书皮上有"胡朝纲"三个字，但本子里一个字也没写。另外，绝大部分书籍为木版印刷的线装书，也有部分是现代印刷厂印刷出版的所谓的洋版书。其中有一本纸张已经发黄的洋版书显得特别旧，而且已经开线散页、封面也不见了。这本书的内页里面有各种各样的鬼怪图画，比如有伸着又长又大舌头的无常鬼，而无常鬼又分白无常和黑无常，另外还有牛头马面鬼、十殿阎君、小鬼下油锅、小鬼锯人头、人死了过奈何桥等等恐怖的画面。当我看到这些图画时感觉全身毛骨悚然、心跳得砰砰直响，感到非常地害怕；但过后不久又想再看一下，于是三天两头的，只要父亲不在家，我就会悄悄地溜上楼去打开箱子来偷看这本鬼怪书籍。我想这就是大概这本书为什么会烂得那么快的原因吧。可惜这些书籍连同木箱一起在1958年左右的大跃进年代，因家中无人时，不知被什么人给抬走了。

　　父亲对我的启蒙教育比较早，大概在我两、三岁的时候，就开始教我念《百家姓》《三字经》等之类的儿童启蒙读物了。除了这两本儿童读物，父亲平常还教我唸："上大人，孔夫子，化三千，七十二"。我不知道这是他自己编的还是什么正规读物，反正这几句至今我还牢牢地记在脑海里。我记得当年父亲不仅教我读书，而且还用粉笔把字写在家中的板壁上教我认，有时候还给我讲解。但是两、三岁的小孩哪有什么理解能力，只能跟着他鹦鹉学舌。有一次父亲让我背百家姓，当我背到"赵钱孙李，周吴郑王，冯陈诸卫，蒋沈韩杨"时，一下子就跳到"奚范彭郎"去了。父亲听了大笑起来，说："小老幺，你是不是肚子饿想吃稀饭啦？怎么一下子就跳到'稀饭盆狼'去了？"平常父亲对于写有字的废纸或者废弃的书稿向来收藏得非常好，他也从不乱扔写过字的废纸，偶尔见地上有丁点字纸垃圾，他会立刻把它捡起来放在纸篓里，然后集中烧掉。他常常对我说："那些写有字的废纸，千万不能乱扔在地上任人踩踏，否则就是糟蹋圣贤！"甚至还吓唬我说："如果踩踏字纸，将来眼睛会变瞎的！所以千万不要把字纸丢在地上用脚踩到。"其实我知道父亲的良苦用心，那就是从小教导我要尊重知识、尊重文化。父亲是这样说的，也是这样做的，通过言传身教，他在我幼小的心灵里灌输了一些尊重知识的正确观念。

　　由于从小受到父亲的熏陶，到我四、五岁时，我对父亲所教的《三字经》《百家姓》等儿童读物，基本上已是背得滚瓜烂熟了。虽说我不认识多少字，也不懂得口中念的是什么意思，但只要父亲说叫我背《三字经》或《百家姓》，我便一口气能背诵三、四十句不停歇，直到父亲叫我停下来时，我才停止。为此，父亲常常在人前夸耀我说："我家小老幺记性好得很，将来肯定是个读书的料！"父亲在世的时候，家门中的一些堂哥或者侄子农闲的时候，常常喜欢晚上到我们家来同父亲摆谈，其中我有个尚未出五服和我们家比较亲的堂哥名叫吴明亮，以前读过很多书，也见过世面，很会摆龙门阵。村里但凡哪家有个红白喜事，他总会到场给村民们讲三国或者水浒的故事，是全村人公认的年轻人中文化程度最高、口才也最好的人才。我四、五岁的时候，有一天晚上，他照例又来我家同父亲摆龙门阵，家里的火塘边除了我的父亲，还有我哥哥及隔壁的两、三个堂哥，总共六、七个人坐在一起烤火。开始的时候，父亲让我背《三字经》给大家听，我背了《三字经》后，父亲又要我背他刚教我的几首唐诗，比如李白的《静夜思》，王之涣的《登鹳雀楼》等，我都如数家珍地背了下来。还没等我完全背诵完，大家都拍手称赞说："小老幺的记性真是太好了，将来读书一定很得行！"此时，吴明亮幺哥把我拉到他的胸前，让我坐到他的膝盖上，然后对我说："幺兄弟，来让我摸一下你的脑袋！"随即用他的大手从我的额头摸到头顶，再从头顶摸到脑后，然后两只手又分别从两边的太阳穴摸到耳后相交时结束。明亮幺哥摸完我的脑袋后立刻笑着对众人说："哎哟！这个幺兄弟的脑瓜子不得了哇！他的脑袋灵光得很，将来读书一定很凶啊！"说得大家顿时哄堂大笑起来，我也在大家的哄笑声中不好意思地挣脱了出来。

　　虽说从小喜欢跟父亲背《三字经》和《百家姓》，但有一件事却让我对上学读书产生了抵触情绪。大约是在我四岁左右那一年，在我家隔壁大伯伯家的堂屋里有个私人学校（相当于私塾），教室里有一、二十个小学生，教师是我的一个堂姐夫名叫叶明儒。有一天上午，我在大伯伯家屋前的院坝里玩耍时，忽然听到大伯伯家堂屋里有读书声，于是出于好奇我就趴在门缝里往教室里面看。当时老师正在教学生认字，其中有个学生被叫起来读生字，由于不认识，这个学生读不出来，于是老师就把这个学生叫到黑板前来站起，然后就用棕条做的教鞭狠狠地抽打学生的手掌，而抽打的次数，则以这个字的笔划多少为准，笔划越多，挨打的鞭数就越多。当时我看到那个被打手掌的学生脸上显得非常地痛苦，手掌每被抽打一鞭就会立即缩回到胸前去一次，但老师说打得还不够数，还必须得接着打，于是这个学生很不情愿地又只得把手掌伸出去，让老师接着打直到把笔划数完为止，最后那个学生的手掌已经被打得又红又肿了。只见打完以后，那个学生变得脸红筋胀的，眼里噙着泪花差点就哭出来了。看到这样的情景，我当时感到非常地害怕。因为那时父亲见我年幼，一般主要是教我读和背诵，很少教我认字，即使有时教我认了，我也记不住。我想我要是去上学读书，如果老师教的生字我认不出来的话，肯定也要挨打的，那个棕条打起人来特别疼，我可受不了。第二年春天大约在我五岁左右的时候，有一天上午，父亲要送我去堂姐夫的私人学校发蒙读书，可我死活就是不去。结果气得父亲拿起根小竹条到处追着我打，一边追一边口里还不停地骂："妈的，你小子既然不愿意去上学，那你就扛把锄头跟着我上山开荒地去算了！"那时我年纪虽小，但身轻如燕跑起来飞快，已经年近七旬的父亲，他哪里能追得上我？！我记得当时已是春末时节，麦苗已经抽穗比我高了。父亲追我从家里跑出来后，我就径直往村外的麦田里面钻，此时父亲看不见我究竟是藏在哪儿，拿我就更没有办法了。邻居们见此情景，纷纷劝我父亲说："幺爷爷，算了！孩子才五岁不懂事，他不愿上学就随他了，等过一、两年他大一点再说吧！您老人家这样追他，万一他跑不见了，您老人家不是更伤心吗？"母亲也在一旁着急地劝说父亲，让他不要再逼我了。（这里人们或许会问：既然我父亲在他们的弟兄之中排行老三，为什么家门中人却称他为"幺爷爷"而不是"三爷爷"？原因是在我们老家当地旧时还有一个习俗，即一家人如果有四、五弟兄或四、五姐妹以上，父母往往把倒数的第二个男孩或者女孩称为"幺"，而把最后一个男孩或女孩称为"满"，比如"幺儿"、"满儿"，或"幺妹"、"满妹"等等，意即这对夫妻的孩子已经生得足够多的了，已经生"满"了，不想再生了。因我父亲在他们弟兄之中排行倒数第二，因此，我爷爷奶奶就把我父亲叫"老幺"，而把我叔叔叫"老满"。由于父亲在家族中的辈份比较大，于是家们中人便称呼我父亲为"幺爷爷"，而我叔叔则称为"满爷爷"。）父亲经人们一提醒，这才作罢。但是当时我想，父亲可能还没有完全打消让我去上学读书的念头，我想让他更着急一些，于是当天直到中午吃午饭时我就一直躲藏在麦田里没有出来。由于肚子饿，我就坐在麦田里摘套种的豌豆角来吃。整个上午父母亲到处找我都没找到，他们显得非常地焦急，最后还是我哥哥在麦田中央找到了我，并把我背回了家中。从那以后，父亲就再也不敢逼我去上学了。就这样，我在家里又玩了一两年。到了1955年的秋天，我已经七岁多了。有一天晚上，吴明亮幺哥来我家聊天，他对我父亲说："幺爷爷，9月份我要去米润教书去了。乡里面在米润办了个小学，他们请我去当老师。您就让幺兄弟跟我去米润小学读书吧！怎么样？"父亲说："好啊！小老幺现在已七岁多了，是应该上学了。你既然在那里教书，那他就跟你去吧！"当父亲问我去不去上学时，我想吴明亮幺哥这么喜欢我，他教我认字的时候，如果认不出来，他很可能不会打我，于是我很爽快地就答应了，哪知道政府办的新式学校是不准许打人的。因此，当年9月初我就同村里的一、二十个小伙伴，高高兴兴地到米润小学上学去了。

我的童年在未上小学之前，应该说还是比较幸福的，因为那时种田种地还是各家各户，农村人的生活简朴而自然、宁静而祥和，加上那时父亲还在世，家中的生活比较滋润，可以说是衣食无忧。而且童年时期我还经常与小伙伴们一起上山去放牛、割草、砍柴和玩耍，感觉非常地有趣。虽然已经过去了五、六十年，但大脑里常有美好的回忆。上世纪五十年代初期，我们老家附近的山上到处都是原始森林，森林里不仅时常可以看到野猪、刺猬、穿山甲、黄鼠狼或黄麂等野兽出没，还可以看到拖着漂亮长尾巴飞行于林间的锦鸡以及喜鹊、杜鹃、画眉、黄莺、斑鸠等各种各样的山雀，而且一年四季都有优美的风光。由于植被好，甘甜清冽的山泉水终年不断，夏天每逢老乡们去六枝下营盘赶场回来时，往往成群结队地都要坐在老黑山山岭上的凉水井垭口休息。此时人们还会从路边的灌木丛上摘张宽大肥厚的新鲜树叶，并把它折成漏斗形的瓢状，然后再舀上几瓢清凉甘冽的山泉水美美地慢慢品赏起来，那滋味似乎比现在时兴的什么可乐都还要可口。春天，不仅田边地坎及路边山上开着火红的映山红，而且各种颜色的杜鹃花及野花开得满山遍野，整个山乡犹如一幅优美的山水画。一到夏天，山上的各种野果如杨梅、桃子、李子等成熟时，小伙伴们就会邀约一起上山去采摘杨梅或桃子等野果，其中又以小水井的那棵又大又红得发紫的火炭杨梅最为抢手。而秋天的景色则更为漂亮，此时不仅满山遍野的枫叶红得似火，而且山上的板栗、柿子及猕猴桃等野果随处可见。那时村子附近的国家寨及沙地脚的田边地角还有柿子、核桃及板栗等果树。秋天我们几个小伙伴常常会在下过秋雨的早晨，天刚亮就约起跑到某个山上的板栗树脚下去拣最大颗最香甜的板栗。有时我们又会带上箩筐上山去采摘猕猴桃或柿子，拿回来后放到家中的阁楼上，然后就可以美美地吃上十天半月甚至个把多月了。那时候的冬天特别冷，出门时常常可以看到老黑山的山梁上白雪皑皑，而每家的房檐上则挂满了一两尺长的冰柱。寨子旁边的水田里则结上了一层厚厚的冰，于是小伙伴们会把家里的小板凳拿来当冰撬使用，他们把小板凳倒过来平放在冰面上，然后人坐在板凳的腹部中间划着玩耍。过年时我们小孩不仅可以吃上各种各样的粑粑或零食，还能穿上新衣服，而且寨子里还会立上几副高高的秋千，以供大人和小孩们玩耍。有时小伙伴们也会制作类似于朝鲜族人的那种磨磨秋千来玩，即在平地上立一根一两米高的柱子，在柱子顶端再架上一根可以转动的横梁，然后在横梁的两端再各挂一副小秋千，两个小孩一人坐一头，旁边的人帮他们转起来以后，大人小孩们都高兴得直拍手叫好。秋天或冬天小伙伴们一起上山去放牛时，我们还会在平地上一起玩"打鸡儿棒"的游戏（鸡儿棒是一长一短、一粗一细的两根大小木棍，然后用一只手拿大木棍击打小木棍，并以大木棍击打小木棍飞出去的距离远近以决胜负，此游戏有很强的技巧性和娱乐性），这个游戏既安全又有观赏性；有跑有跳，既锻炼了大脑，又锻炼了身体的协调性，小伙伴们都非常喜欢。每年的不同季节，我们老家的山上还会长出各种野生蘑菇，比如初冬或初春时节，山上枯树桩上会长出大朵大朵的白冬菌，夏天山上的茅草地里又会长出鲜味十足的鸡枞菌，而灌木丛里还可以采到羊肚菌、牛肝菌、黄丝菌等，秋天的枯树上还长有香菇。总之，差不多一年四季都可以采到各种各样的菌子。冬季里我们村子里差不多每家都会杀年猪过年，而每逢宰了年猪烧火熏腊肉，当我们全家坐在火塘边烤火时，父母亲总会从尚未熏好的猪腿上割下一大块瘦肉，然后用竹签穿起来烤给我吃，那烤肉的鲜香味道简直难以形容，至今回想起来还会直流口水。总之，童年时期的老家是我一辈子魂牵梦绕的地方，那里有我许许多多童年美好的回忆。

（三）

童年时除了家乡的优美自然风光，还有许多当地农村的风土人情及风俗习惯，也给我留下了难以磨灭的印象。这些风土人情及风俗习惯随着时代的变迁和科技的进步，不少已经有了很大的改变，而有的则已经完全绝迹了，现在即使在当地农村或许已经看不到了。在这里我将略记一二，以使我们的下一代对老家原有的风土人情有所了解。

　　以前我们当地的老乡们修房盖屋全部用的都是木头，因为我们山里别的没有，有的就是树林，而且满山遍野都有建房用的优质木材——杉木。山里人盖新房时，一般都是根据家境的贫富程度来决定修多大的房子，而房子的大小则以"几个头"来评判。所谓几个头就是一排由立柱组成的排扇有几根立柱就是几个头，最小的房子一般为7个头(即中间最高的一根立柱作为屋脊中柱，两边各分别为 3 根柱子对称排列)，最大的房子有 13 个头或 15 个头的。一般的小户人家修的是 7 个头的房子，也有修 9 个头或 11 个头的。普通的房子一般为长三间两层，即除中间的一间用作堂屋外，两边各修一间作为卧室或厨房，而楼上则作为存放粮食的仓库或作它用。大户人家一般修 13 个头或更大的长五间的两层大房子，同样的中间一间作为堂屋，两边的四间作为厨房或卧室。堂

贵州农村山里盖房子

屋一般是供奉神祇用的，也就是说，各家各户都会在堂屋里设置神龛，神龛上供奉有"天地君亲师位"的牌位，老百姓俗称供菩萨，同时堂屋也是处理家庭重要事务的地方。因此，堂屋是一个家庭的神圣场所。此外，人们还常常在正房的侧面修建厢房，以用作饲养牲畜的牛(马)厩和收纳柴草、犁耙、农具等杂物。

农家的修房盖屋对农民们来说，是家庭中除婚丧嫁娶之外的重大事务之一。因此，旧时的农家对此非常重视，从选择屋基到何时立房都要请风水先生来斟酌选择良辰吉日，而立房子的那天，主人家通常要操办酒席来招待亲朋好友。人们建房时，一般要请两三个木匠师傅来主持修建，而且整个盖房过程中不能使用任何一颗铁钉。建新房时屋基平整好以后，木匠师傅先将砍下来存放了一段时间至少阴个半干的杉木，根据主人家的要求做成 7 个头或 9 个头、甚或更多个头的排扇。排扇做好以后，木匠师傅(俗称掌墨师)要在吉日吉时(一般是在吉日的凌晨 5 时左右天刚蒙蒙亮时)祭鲁班，此时掌墨师傅左手提一只雄鸡，右手握一柄板斧来到排扇当中，用斧背轻轻逐一敲击躺在地上的排扇中的不同立柱，同时口中高声唸道："天上紫云开，鲁班下凡来。鲁班来到此，正是伐木时。一伐天长地久，二伐地久天长，三伐三元及第，四伐常发其祥！"掌墨师祭完鲁班后，人们即刻燃放鞭炮，接着就

贵州山民立新房上梁

是立房屋的排扇骨架，此时全村的青壮年男子都会不请自来

地到现场来帮忙，因此场面非常壮观。排扇立起来以后，木匠师傅随即用许多木头穿枋的榫卯结构件将几个排扇连接固定在一起，这样这间新房的屋架就建立起来了。吃过中午饭以后，又在择定的吉时（一般是在立房的当天下午 1 点左右）上梁。所谓上梁就是在新房居中的堂屋两根中柱上，架设一根特别选定的又大又粗的横梁。而这根横梁是由主人家的妻舅精心挑选而赠送的，妻舅家一般会在立房的前一天傍晚，请四个年轻小伙子抬着披红挂彩的房梁，并由一帮吹鼓手沿途吹着唢呐敲着锣鼓给立房的主人家送来，到了主人家村头寨口时还要燃放烟花爆竹，仪式相当隆重。

　　中午上梁之前，掌墨师首先在由妻舅家送来的房梁的正中间位置画上八卦太极图，并用红布包裹数枚铜钱（或银元）订在房梁上，同时将一条或数条长约丈许宽约两三尺象征吉祥喜庆的红布对折挂在横梁正中央。吉时上梁之前，掌墨师要先杀一只雄鸡来祭梁。此时掌墨师先用左手握住公鸡的双翅，再用右手指甲掐破鸡冠挤出鸡血，然后将鸡冠血涂抹在房梁的两端和正中位置，同时一边涂抹鸡血一边高声唱唸祭文："东家赐我一只好雄鸡，而今拿在我手里。一祭东，儿子儿孙在朝中；二祭西，儿子儿孙穿朝衣！祭梁头，儿子儿孙做诸侯；祭梁腰，儿子儿孙穿龙袍；祭梁尾，儿子儿孙高中举！"祭梁毕，众人于是用绳索将房梁拴住提起，然后横架于堂屋正中的两根中柱上。此时，一众唢呐匠吹鼓手立即吹奏起欢快的乐曲，同时人们又在立好的排扇房架上燃放鞭炮，主人家还派人从房架顶上向地面上的人群抛撒梁粑和少量清水，预示主人家的房屋建成后必定风调雨顺、吉祥安康。而地面上的人群则争先恐后地拼抢从屋架顶上抛撒下来

如今的杉木民居

的梁粑和尚未炸开的鞭炮，整个新房里呈现出一片人声鼎沸的欢乐景象。屋架立好以后，房屋的室内外装修包括楼板、墙壁等全部都用杉木改成的木板来完成。屋顶的铺盖，在我们当地未烧砖瓦之前，盖的都是茅草屋。上世纪六十年代末期，我们当地开始请四川泥瓦匠来指导烧砖瓦以后，人们也就全都住上了瓦房。这样的木板房建成以后，住在里头可谓是冬暖夏凉，感觉十分舒服。然而进入新世纪以后，我们当地虽仍盛产木材，但是由于封山育林和木材价格偏高，如今人们建房已不再使用木材，而是纷纷建起了坚固耐用、高两三层或三四层的钢筋混凝土楼房，家家户户都过上了楼上楼下电视电话的幸福生活。

其次，我们老家那地方旧时还有个"哭嫁"的习俗。旧时青年男女到了十三、四岁的年纪，父母亲就要开始张罗为他们寻找对象了，找到对象以后，男方家要把男女双方的生辰八字写在一张纸上，然后拿去找先生比对看两人的"八字"是否合得来。如八字合得来，过一两年到双方十六、七岁时，男方家就要去给女方家"发八字"（又叫纳八字）了，即男方家请媒人去给女方家下聘礼，如女方家接收了，那这桩婚事就算正式笃定了。纳完八字一两年以后，到男女双方十八、九岁时，两家又要开始张罗结婚的喜事了。至于结婚的喜庆日子，一般都是由男方家请先生择定，男女结婚时，双方家庭都要操办酒席来款待自己家的宾客，关系较近的内亲们一般都要给办喜事的人家送大礼。其中男女结婚的头一天是女方家操办酒席招待娘家亲朋好友的日子，这一天女方家还会煮上百十个鸡蛋，煮熟后再把鸡蛋壳染上胭脂红，然后把这些红鸡蛋散发给左邻右舍的儿童们食用，寓意喜庆吉祥。第二天即男女结婚的那一天才是男方家的喜庆日子，这一天男方家通常都要大操大办，宴请八方宾客。男方家结亲的队伍一般是在头一天女方家办酒席的傍晚到达女方家的，去接亲的人除新郎官以外，还有一帮送接亲彩礼的年轻人，而讲究的人家还雇有一乘供新娘乘坐的花轿。女孩结婚的头一天，一般要在家里进行精心地梳妆打扮，新娘子的嫂子或好姐妹会用一根红丝线，帮新娘子把嘴唇上下看起来比较粗和显眼的汗毛去除掉（这就是俗话说的新娘子出嫁之前的"绞脸"），同时也帮她把眉毛弄成漂亮的柳叶眉，头发也要进行精心的梳理，这样新娘子看起来就更加清秀和俊俏

贵州山区迎亲图

了。那时市面上也没有什么五花八门的化妆品，讲究点的人家，新娘子或姑娘们常用的就是胭脂粉或雪花膏。结婚的那天早晨，不管是娘家的人还是新郎家来接亲的人，天还不亮很早就起床了。起轿之前新娘已

在闺房中小声地哭泣，而到起轿离开娘家时新娘子哭得就更其（更加）伤心了，其本意就是觉得父母养育了我这么多年，现在我要离开父母开始自己新的人生了，心中感觉十分不舍。因此，新娘子离家之前的哭泣在普通人看来是十分正常的，没有任何人会去干扰或劝阻。接亲的队伍出门离开娘家时，除了要燃放烟花爆竹以外，新娘家通常也会请一帮人（其中包括两个儿童作为送亲童子），把娘家送的嫁妆连同新娘一起送到新郎家去。当年娘家陪嫁时送的嫁妆一般都会有：一张床、一个衣柜、一个衣箱、多套全新的床单被褥以及新娘的衣物等等。同时，在作为嫁妆的衣柜中，娘家常常还会装上一些花生、核桃及葵花籽等坚果类食品，一是象征多子多福，二是新娘子带到婆家以后，新婚当晚年轻人们闹新房时，新娘子会拿出来赏赐给闹婚的年轻人们吃，以此缓解闹婚时遭遇的窘况。送亲的人到了新郎家以后，在新郎家吃完喜酒后送嫁妆的人就回娘家去了，而送亲童子及两三个送亲的直系亲属，却要在新郎家待上两天，然后第三天新郎新娘回门时，才会一起回到娘家去。我在四、五岁时，因家门中的一个侄女结婚，曾经做过一回送亲童子，当时的场景至今仍历历在目。

另外，旧时我们当地农村还有个跳神治病的陋俗以及安葬死者时要"撒买路钱"的丧葬习俗。旧时我们老家当地既没有医院也没有医生，人们生病时，假如是受凉感冒，通常就会弄一大碗热的辣椒水或姜汤趁热服下，然后捂着被子睡一觉发发汗，可能很快就会好了。如果是头疼脑热而过了很长时间都还不见好，又或者是某些叫不上来的毛病，人们认为是撞到鬼了，于是常常就会去请端公或神汉来跳神，然后再辅以某些中草药熬水服用，过个把星期这病或许就好了，人们把这种治病方式叫做"神、药"两解。也就是说，光跳神可能不一定管用，在跳神的同时还要辅助服用一些中草药。老百姓相信跳神能治病，在今天看来实际上就是起到了一种精神安慰剂的作用，因为这个病人可能本来就没生多大的毛病，即使不跳神的话过一段时间这个病或许自己就好了（当然也许会痊愈得相对慢一些），但跳了神后，病人的头脑里自然而然地就会产生"跳神后我的病很快就会好了"的愿望，病人的免疫力增强了，于是这个病果然就好了。因此，旧时老乡们非常迷信这种跳神治病的作用，请神汉跳神治病在当时的农村还相当盛行。

幼年时我曾在老家多次亲眼目睹过神汉跳神，神汉跳神的场景至今仍历历在目。当年神汉跳神一般都在晚上举行，而且共分三个步骤，即请神、跳神及退（送）神。神汉跳神时寨邻中的人都会前来围观，当神汉坐在事主家堂屋中央的板凳上口中念念有词地请神时，主人家的堂屋里常常挤满了人，其中神汉周围的部分中年汉子也会附合着神汉念念有词地帮着请神。经过约莫十来分钟的唱念以后，神汉的全身开始发抖，情绪也随即亢奋起来，此时神汉说他是某某神仙"附体"了，于是便在堂屋中央手舞足蹈起来。此时被神附体的神汉，往往能够做出一些匪夷所思的事情来，比如可以用手伸入火塘中去取火，也可以用光脚板踩在烧红的火钳上而不被烫伤，或者是吃燃烧着的浸了菜油的纸团等等。此时神汉会问主人家有什么事要求菩萨帮助，主人回答说我们家中某某人中了邪生病了，希望菩萨能帮主人家驱邪治病等等。当主人家把生病的人扶到堂屋中央来坐定以后，神汉会让主人家拿一个面盆来放在病人前面的地上，并在面盆里倒上一斤左右的散装白酒，神汉于是用纸钱(冥币)将面盆里的白酒点燃后，双手将面盆里面正在燃烧着的白酒反复多次地捧起来往病人的脸上来回地涂抹，人们把这番神仙操作叫做给病人洗"油火"(实际是洗"酒火")。由于农村散装白酒的度数一般都不高，神汉往病人脸上抹白酒时火焰随即也就熄灭了，病人只不过感到有一股热气上脸而已，因此一般也不会造成烫伤。神汉给病人洗完"油火"过后，病人就回房休息去了，接下来是神汉给主人家算命或算凶吉等，此时神汉一般会说主人家哪里或哪方面有什么问题需要进行整改，比如说主人家的哪个老祖公的坟墓需要重新迁移安葬或需要杀羊子来祭奠，又或者说主人家的大门口有一棵树挡住了财运需要砍掉等等不一而足。神汉跳完神后，接下来就是退神了。退神时也要念退神辞，神汉及众人念了三、五分钟的退神辞后，再由两三个大蛮汉扶着神汉倒立着用脚爬上主人家堂屋里关着的大门上，神汉似乎像是在上面伸了个懒腰，下来后神就完全退去了，于是神汉就恢复成了常人。当年我家六枝张家平寨的三姨爹，虽然是个大字不识一个的老实巴交的庄稼汉，可是他居然也会跳大神，而且还能用腹语(俗称"灵哥")给人算命，据说很灵验。因此，他当时在六枝及下云盘一带还挺吃香，经常是这家刚请去那家又请来的，有时甚至还忙不过来。幼年时我们家当年不知是谁生病了曾请他来家里跳过神，当时我亲眼目睹他跳大神时，在众目睽睽之下，他不仅一下子吃掉了不少燃烧着的浸过菜油的纸团，而且还光着脚板踩弯了刚从炉灶里拿出来的烧得通红的火钳，那发红的火钳烙在他光脚板上时吱吱发响的声音以及冒出的那股闻起来喷臭(焦臭)的青烟，至今仍历历在目。很显然这是三姨爹使人相信他有真神附体的表演绝活。不过至今我仍然难以理解的是，他的脚板为何能承受如此六、七百度以上的高温而不被烫伤。由此不难看出，跳神治病显然是旧时农村不仅贫穷落后，而且缺医少药，再加上老百姓没有文化、愚昧无知造成的后果。农村跳神治病在上世纪五十年代还相当盛行，但到了六十年代随着政府在农村开展"破除迷信"的教育，以及文革中破"四旧"时对迷信活动的扫荡，到了七十年代，跳神治病这一陋俗基本上就在贵州的农村地区绝迹了。

旧时农村人生了病，一是没医生可请，二是老百姓贫穷落后没钱医治。因此，除了请神汉跳神以外，人们生病以后大多就是拖着或扛着，看他（她）自己会不会好起来。旧时人们的观念是，上了年纪的老人生病去世，这是人生的必由之路，尤其是六、七十岁以上的老人生病以后，一般家庭都不会很着急地为他们张罗治病，而是忙着张罗准备后事，比如备办棺材、找阴阳先生看阴宅用地、备办丧葬物品等等。人死了以后，一般都用棺材装殓进行土葬，对普通人家来说，这是人生"婚、丧、嫁、娶"的重大事务之一，因此老百姓历来对此十分重视。为死者寻找墓地及选择安葬日期，同样要请阴阳先生来根据死者的生辰八字反复推敲选择确定，同时安葬死者时事主家还要请道士先生来做道场，即请先生来念经为死者超度灵魂，我们当地把这种念经的仪式叫做"伴灵"。道士先生做道场伴灵时，一般都是在主人家的堂屋里举行，若是主人家的堂屋过小或主人家的客人太多，也有在室外搭建临时灵堂来伴灵做道场的。一般人家为死者念经只做一个晚上的道场，而比较讲究的大户人家则有连做三天三夜道场的，不过这极为少见。道士先生念经做道场时，主人

贵州农村伴灵守灵图

家的孝子贤孙要在道士先生的指导下披麻戴孝定时在死者棺椁周围绕棺并叩头。当天晚上做道场伴灵时，村里的男人们基本都会前来捧场，第二天早晨一大早天还不亮（吉日吉时）抬棺材上山时，那时沿途都是人山人海，全村的青壮年男子都会上前来帮忙，这是继修房盖屋时第二个不请自来的重要时刻。此时，主人家在道士先生的安排下，要沿路抛撒大量的纸钱（冥币）作为买路钱（即交过路费），而棺椁入殓放入墓穴后，道士先生要杀一只羊来祭奠神灵并抛撒部分纸钱来"买地"（即为死者购买墓地）。此时由一人代表土地的拥有者走在前面围绕墓穴转圈，并一边走一边不断地高声呼叫："卖地！卖地！"而另一人则牵羊紧随其后，边走边抛撒纸钱并代表主人家不断地应声答道："买地！买地！"而这样的丧葬习俗在贵州只是我们汉族人才有，本地的彝族、苗族或仡佬族等土著人家安葬死人时则不用抛撒买地和买路的纸钱。据说这种习俗是数百年前我们汉族的先祖初来贵州时，贵州不仅是蛮荒之地，而且全部由彝族、苗族或仡佬族的土司们统治，当时他们土著人是多数，我们外来的汉族人是少数，因此汉族人必须接受他们的统治。由于当地的土地山林都属土司们所拥有，当我们汉族人家死了人要抬去山上安葬时，首先要用银钱向土司们购买墓地，抬棺材上山时还要向土司们交纳过路费（即买路钱），否则土司将不准我们汉族人家埋葬死者。后来随着从外省迁来的汉族人口逐渐增多，汉人的势力也越来越大，土司们觉得再征收汉人埋葬死者的银钱似乎不妥，于是汉族头领便与土司的头领达成了新的协议，即汉人安葬死者之前，不用再交纳银钱等实物了，只要象征性地给土司他们的祖宗神灵抛撒些纸钱（冥币）作为购买墓地和过路的银钱即

可，于是双方皆大欢喜。从此以后，我们贵州的汉族人家安葬死人时，沿路抛撒纸钱（冥币）作为交买路钱和购买墓地的习

贵州农村土葬习俗

俗就代代相传而约定成俗了，至今这个习俗仍未改变。

(四)

以前我们家附近的几个村寨没有一所正规的小学，直到1955年，乡里才在我们杉木寨邻村的米润村里开办了一所公办小学。当年9月初，我提着哥哥给我买的彩色藤条编织的书包，高高兴兴地上学去了。米润小学离我们村大约有三华里，走路一、二十分钟可到。当时这所小学是新开办的，没

2000年5月在普定与老家部分子侄孙辈合影(左六为作者)

有现成的校舍，也没有正规教学用的桌椅板凳。教室除了乡里解放初建的一栋公房以外，其余的都是临时借用老乡家的堂屋，桌椅板凳也是学生自己带的。不仅缺乏教室，老师也不够，所以一二年级就共用一个教室和一个老师。老师上课时，先教一年级，然后再教二年级，每个年级上半节课。我们一、二年级的语文老师正好是我的堂哥吴明亮，而我的大名"吴明清"就是他给取的。开学第一天，他给我们班上没有大名的同学逐个地取了名字。轮到给我起名字时，他说："因为你是明字辈，那就给你起个名字叫吴明清吧！明清明清意思就是要明明白白地做人，清清楚楚地做事。知道吗？"从此我就有了"吴明清"这个大名，并沿用至今。

　　我们一、二两个班总共大约有三十多个学生，我们的教室是解放初期乡政府在米润村里修建的一栋公房。教室里没有什么正规的座椅板凳，所谓的课桌，就是用几块四、五十厘米宽的厚木板，搭在方凳或者几块石头上。至于椅子，则是学生自己从家里面带去的小板凳，办学条件极其简陋。另外，教室里四面通风，窗户上空荡荡的，别说玻璃就连糊窗户的纸都没有，屋子里也没有什么顶蓬，一眼看上去就是屋

2019.4.昆明 (右为曾孙吴仕龙)

梁和瓦片。春夏秋三季，学生坐在里面上课问题还不大，但是到了冬天，教室里面就特别冷了。为了解决学生冬天上课时的取暖问题，起初学校要学生自带火笼(一种竹编的里面能放小炭火盆的竹笼子)到学校去取暖上课。不过有火笼的学生毕竟是少数，绝大多数学生家都没有，于是不少学生就用旧陶罐或旧砂锅装上炭火带去学校取暖。上课的时候，有的学生常常还在生火，结果弄得整个教室里乌烟瘴气，学生们的咳嗽声此起彼伏，上课的老师也只得等学生们都安静下来以后，才开始上课。过了不久学校出钱买了煤炭，于是就在教室的四周烧起了几笼大火，这样教室里就暖和多了，学生们也不用再自带火笼或火盆了。

我们这个一、二年级的复式班，当时主要有语文、算术、体育、写大字(毛笔字)及音乐等课程，其中语文及写字课是由吴明亮老师负责。吴老师上课时声音非常洪亮，课堂纪律要求十分严格。他首先把当天新课文的生字写在黑板上，然后教学生一个字一个字的认读，最后再教我们阅读课文。新课文教读一两遍以后，就让学生们自己朗读。朗读课文结束以后，然后抽学生站起来认读生字，对认读不出生字的学生，虽然新式学校不许体罚学生了，但往往会被叫起来罚站或者狠狠地批评。我记得上语文课的时候，不仅我们一年级语文课里老师新教的生字我全部认得，就是老师教的二年级语文课的生字，我也全都认识。所以每当二年级有个别学生认不出生字的时候，吴老师总会把我叫起来读给全教室的学生听。每当我流利地读完生字以后，吴老师总会对站起来读不出生字的二年级学生说："我看你真是个豆渣脑筋哟！你看人家吴明清这么小，而且才刚上学都能认得，你为什么就认不得了？难道你的脑袋瓜里面装的全都是豆腐渣吗？你跟我说是不是？！"我知道这个时候吴老师明里是在批评那个不认得生字的学生，而实际上也是在表扬我，所以当时我感到又害羞又高兴，对学习的兴趣也就更浓了。

我们小学一年级刚上了一个学期，转眼就到了 1956 年年初。元月中旬放寒假以后不久就要过春节了。我记得父亲对于过旧历年有许多讲究。首先腊月二十三要祭灶神，而祭

2000.5.作者(右)与侄儿吴云(中)侄孙吴顺义(右)摄于普定

灶神时大多是在晚上。大概晚上十一、二点钟左右（我们小孩子大多都睡觉了），父母亲会在灶台上摆上一碗刀头（即一块三寸见方带有肉皮及肥膘且已煮熟了的新鲜猪五花肉或腊肉），再倒上一小杯烧酒，然后再点燃三炷香插在灶头上。父亲先在灶台前磕上三个头，起来后再作两个揖，然后嘴里念念有词地说："菩萨啊！你上天去给玉皇大帝汇报的时候，多跟我们家里说说好话，保佑我们全家老幼平平安安、来年风调雨顺五谷丰登。"紧接着腊月二十四就是大扫除的日子，这一天不仅全家人的衣服和被里被面、包括桌椅板凳等等全都要拿出来清洗干净，而且屋里屋外也要被打扫得干干净净，尤其是屋内连房顶上的灰尘和蜘蛛网等等，全都要进行大扫除。打扫完卫生以后，接下来的这几天就是备办年货了，比如男人们就忙着宰年猪，女人们就忙着做豆腐、舂糯米面，打各种杂粮粑粑或者净（纯）糯米的糍粑等等，一直要忙到大年三十。大年三十的那天上午，一大早女人们忙着蒸糯米饭，然后男人们就把蒸熟的糯米饭打成糯米糍粑，中午全家人就以糯米糍粑为食。吃糯米糍粑时，全家人围坐在八仙桌上，每人双手捧着一团刚打揉成团的热糍粑，再把糍粑揪小，然后分别蘸上红糖水或蜂蜜，裹上抄熟后磨碎的苏麻粉或黄豆面，最后再把糍粑送入口中，这样的热糍粑吃起来别有一番风味，而且还特别扛饿。晚上则是一大桌子鸡鸭鱼肉等二十多个菜式的丰盛年夜饭。父亲在世的时候，我们的寨子下面还有一个小土地庙。大年三十吃年夜饭之前，各家各户都会端着刀头去土地庙供土地菩萨，而这项任务大多落在我们小孩子的头上。由于去供土地菩萨的时候大多是在吃饭的时间，那个时候去的人家很多，所以到了以后往往需要排队等候，然后按顺序去上供。供土地菩萨时，我们先把刀头放在土地庙的供板上，插上已点燃的三炷香，再烧上几页纸钱，接着先作两个揖，然后跪下去磕三个头，起来后再作两个揖，这样供土地菩萨的仪式就算结束了。供完土地菩萨以后，我们端着自己家的刀头急急忙忙地就往家里跑，迫不及待地就想早一点赶回家去吃好吃的。当年供土地菩萨一般是从大年三十那天开始，一直要供到正月十五元宵节时才结束，每天中饭和晚饭供两次。大年三十年夜饭前供完土地菩萨以后，家人开饭之前还要供家中的菩萨和家里的老祖公。当年我们农村各家各户都在堂屋里设有"天地君亲师"的神坛，逢年过节吃饭之前都要先供这个菩萨（那时一说到"菩萨"，人们都认为菩萨无所不能，而且人们不管做什么事菩萨都知道，同时也受到菩萨的保佑。因此，不管是大人小孩，人人对菩萨都十分敬畏）。大年三十夜供完菩萨以后，接着就供家里的老祖公，这时饭桌上的碗里照样要装满饭，摆好筷子和凳子，酒杯里斟满酒，然后家中的男主人站在方桌下首，口中念念有词地把家门中各位老祖公的名字和称谓都一一地念一遍，意思是请家门中的各位老祖公们前来过年吃年夜饭了，希望老祖公们吃好喝好，并保佑家中的男女老幼平安健康。念完以后，大约过个5分钟左右（意即等老祖公们吃完饭），然后再烧点纸钱（冥币）送给老祖公们。此时男主人还会把家中的所有小孩都叫来一起给老祖公们磕头，于是我们会在方桌的下方先作两个揖，再跪下去磕三个头，起来再作两个揖，供饭的仪式就算完全结束了，大年三十夜的年夜饭就正式开吃了。

大年三十吃完年夜饭以后，家家户户照例是要守岁的。我们当地过年时有一句俗话叫做"三十夜的火、十五的灯"，所谓三十夜的火，就是每年大年三十夜的晚上，家家户户都会烧一笼比平时又大又旺的煤火或柴火，然后全家人围坐在火塘旁边，一边吃着各种各样的小吃或者瓜子、花生等，一边聊天一边喜笑言开。而"十五的灯"，意思是正月十五元宵节时，各家各户都要在室内外挂上灯笼或点上灯火，把屋里屋外打扮得灯火通明而显得红红火火的喜庆样子。另外，大年三十夜晚上吃完年夜饭以后，每家每户照例都要烧热水洗脚。轮到我们小孩子洗脚时，大人们总会对我们说："今晚上你们洗脚要注意点哇！洗脚一定要洗到克膝头（即膝盖处）上才好，这样你们将来去别人家串门时，会正好碰到人家在吃饭，那样的话你们就有饭吃了。如果你洗脚没洗到克膝头，那末你去到别人家就有可能是去得太早了还不到吃饭的时候；如果洗脚超过了克膝头，那你去到别人家可能就会去得太迟，人家已经吃过饭了，那样的话你也就没得机会吃饭了！"当时我们小孩子听了总是半信半疑的，总觉得大人们是在开玩笑吧，目的是想哄我们把脚洗得干净一点。不过我们大多还是会按大人们的说法去做，每到大年三十夜晚上洗脚时，总会比平时洗得更认真更仔细，而且也一定会洗到克膝头上。由此习俗不难看出，第一，说明吃饭问题历来的确是老百姓最为关心的事情；第二，说明过去的民风还是比较淳朴的。在那个年代无论什么时候你随便走到哪一家，只要碰到别人家在吃饭，主人家一定都会招待你。如果你推辞不就，主人家总会说："你客气什么嘛！只不过是多双筷子多个碗而已。"每逢遇到这样的情况，主人家既然已经把饭都舀起来放在桌子上了，客人往往推辞不过，那怕即使是刚吃过饭，也会端起碗来吃它个一碗半碗的。这样的场景小时候在我们家里，我就曾经目睹过好多次。如果客人执意不吃，会被认为不识抬举，亦或是认为嫌主人家的饭菜质量不好等等，如果传出去这样的人会被人瞧不起的。此外，三十夜晚上守岁的时候，大人们往往还要求我们小孩子不许睡觉或打瞌睡，一直要陪着大人坐在火塘边熬着。但是我们小孩子哪里能挺得住，往往不到半夜，就纷纷地倒在火塘边睡着了，于是父母只好把我们抱到床上去睡了。另外，父亲每年大年三十夜的晚上，他还有一项必做的工作，那就是去水井里头提"银水"。一般是大年三十夜的晚上，大约是下半夜两、三点钟的时候天还未亮之前，他会提着两个小口且有软木塞的陶罐（一般是打酒用的酒壶）到村边的水井里去打上两壶井水，然后提回家来放在我们家的阁楼上挂起，父亲把这两壶井水叫做"银水"，预示和祈求来年我们家会有更多的银钱进账。这两壶"银水"提回家来挂起以后，究竟要放多久和怎么处理，谁也不知道，因为挂在那里谁也不曾动过（因父亲曾对家里的人交待过，不许任何人碰他提回来的"银水"，而父亲说的话在我们家里往往就像圣旨一样，家里人从不敢违抗）。打我记事的时候起，父亲每年大年三十夜的晚上，半夜三更的他都会去井边提"银水"，尽管我们家每年都没有什么银钱进账，但是他仍然乐此不疲。

1956年的春节刚过，大年正月初七父亲就病倒了。起初听说是受凉感冒发烧了，并且半夜半夜的咳嗽。当时我们家乡既没有医院，也没有医生，只是找了一些草药熬水给他喝，但他的病情不但没见好转，反而一天天地加重了。过了年初十，他不仅高烧不退，而且还拉起了肚子来，甚至到了吃什么就拉什么的程度，上吐下泻导致人一天比一天更瘦弱了。当时农村已经是农业合作化的初级社了，过完年不久，社员们都在忙着积肥和做备耕工作，连小孩子们也都参加了集肥。人们大多提着一个畚箕或箩筐，满山遍野去拣牛粪马粪，然后交到生产队去。我记得正月十五元宵节那天是个大晴天，天气特别好，不仅艳阳高照，而且还非常暖和。那天下午我和几个小伙伴正在村子上头烂坝田一带捡牛粪，这个时候有人跑到野外来找我，见到我后就对我说："小老幺，赶快回家去！你妈妈叫我来找你，说你伯伯病得快不行了，你快点回家去吧！"我听到这个消息以后，一路小跑地回到了家，这时大概已是下午五六点钟了。只见母亲和姐姐以及二伯妈、四婶等几个女的，在父亲的床前不停地抹眼泪。母亲见我回来了，连忙把我拉到父亲的床前。此时父亲已经基本不能说话了，但是见我来了，他强撑着身子，我和母亲赶紧弯腰扑到床上去扶着他的肩膀。父亲拉着我的手，声音嘶哑地说："老幺，伯伯怕是不行了，你可要好好地读书啊！"然后就再也说不出话来了，不一会父亲就落气（咽气）了。这个时候，母亲、姐姐及二伯妈她们几个女的就开始嚎啕大哭起来。我听到哭声，感到又悲伤又害怕，眼泪也不停地掉了下来。我知道父亲他已经死了，那一年他七十一，而我正好刚刚满八岁。

（五）

我们在米润小学读完了小学一年级以后，由于米润小学实在不具备办学条件，到1956年9月份新学年开学的时候，乡政府就决定撤销米润小学，学生全部合并到腊柳乡政府所在地的腊柳小学去了。合并到腊柳小学以后，整个腊柳乡就只有这么一所完全小学了。当时腊柳小学一至三年级每个年级各有两个班，四到六年级各一个班，每个班有学生30～40

人，因此全校有学生总共大约 350 人左右。转到腊柳小学去了以后，开始的时候学生实行走读，即所有学生，不论家离学校有多远，学生早上走路去学校上课，下午上完课放学以后再走路回家。我们村离学校大约有七八里地，步行上学大约需要45分钟。当然我们村离学校还不是最远的，最远的如沙包、陶家烂坝等地的学生，他们的家离学校得有二十多里远，而且都是山路。学校大概是早上8:30左右上课，那些离学校远的学生，早晨天不亮就得起床赶路。下午是 4:30 放学，如果是冬天的话，那些家住得较远的学生下午放学回到家时，天已经完全黑了，因此他们上学更为辛苦，上学和放学回到家都是两头黑。相比之下，我们村的学生显然要幸运得多。

　　我读小学二年级的时候，教我们语文和音乐的老师是一位个子高高的长得很漂亮、穿着也非常新潮和讲究的年轻女老师，她的名字叫陈国兰，家住大坝头，听说她是从贵阳来的，而且是大坝寨子里头一位富裕人家的儿媳妇。陈老师不

2016.4 与老家部分侄儿侄孙相聚(自左至右:吴成义、邓明礼、作者、吴仕龙、吴兴荣、赵永忠)

仅人长得漂亮，而且书也教得好，上课时轻言细语，从不发脾气训人。因此，同学们都很喜欢她。我们每个星期有一节音乐课，也是她给我们上。她唱歌很好听，也教我们唱会了

不少歌曲，其中有《康定情歌》、《蓝蓝的天上白云飘》、《喀秋莎》等歌曲都是她教我们唱会的。陈老师教了我们一个学期，二年级下学期她就没有教了，学校里也没有见到她的身影，后来听说她回贵阳去了。我的堂哥吴明亮转到腊柳小学以后，他教的仍然是小学一年级，但过了一个学期以后，同样再也见不到他了。后来听人说，学校对教师队伍进行了清理和整顿，有人说陈国兰老师是地主子女，而吴明亮幺哥是地主分子，因此学校就不让他们教书了。为此，我的心情多少还感到有些失落，因为吴老师毕竟是我的堂哥，而且跟我家的关系又特别好。后来尽管吴明亮幺哥不再教书了，但他对我上学后的关心却从来没有中止过，一直到我读初、高中时，假期中他也经常跑到我家来看我的学习成绩单，了解我的学习情况。

我从小学三年级起，就担任班上的学习委员，因为我的语文算术学习成绩在班上总是名列前茅，而当班长的是大坝的胡明华同学（胡明华有个大哥叫胡明德，也在腊柳小学读书，是五年级的班长）。胡明华要大我们四、五岁，在班上是个高个子，学习成绩也不错，总是排在前一两名。我虽然学习成绩好，但年纪小个子矮，又不爱说话，而且一说话就脸红，于是班主任老师就对我说：吴明清，你就当个学习委员吧。其实学习委员的职责就是在班上帮老师收发作业本，其它也没有什么事。

我曾经经历过并且至今在脑海里还有印象的第一场政治运动，应该是1957年的"反右派"。记得大概是57年的6～7月份，那时农村是农业合作化的高级社阶段，我们杉木村包括靛山、箐脚以及坛子窑是一个生产大队。当时乡里派得有干部下到各生产大队来，组织和动员社员群众开会搞"大鸣大放"，给领导提意见和写大字报。那时我们家房背后是杨登高家，而贫下中农出身的杨登高（杨是我的一个堂姐夫）是我们杉木大队的大队干部，大队的办公室好像就设在他家里，当时杨登高的工作积极性非常高，大队开会时，他常常是会议主持者，而且他发言时的嗓门很高。乡里下来的干部大多落脚在他们家，大队开会也在他们家里。当年大队组织社员群众开会"大鸣大放"给领导提意见时，由于大多是在晚上举行，地点又在我们家房背后，我们小孩出于好奇，有时也会去凑凑热闹。有一天晚上我进了堂姐夫杨登高家的堂屋以后，只见屋内不仅墙壁上贴满了大字报，而且堂屋中央还用绳子横牵着挂了好几排大字报。社员代表们则坐在板凳上，大家你一言我一语地给大队干部、社主任或党的各项方针政策提意见。而社员群众提意见时，往往都是用顺口溜的形式来表达，虽然已经过去了五、六十年，但至今我仍然还记得一两条。那时农村高级农业合作社对社员群众已经实行粮食定量分配了，我记得当时不论大人小孩，每人每年分毛粮（不论是稻谷还是玉米）430斤，这个份量对普通人家来说应该是完全够吃了，但对于某些人口较多而小孩又较少的人家来说，这个份量显然有所欠缺。因此针对这个粮食定量政策，农民们编了几句顺口溜在"大鸣大放"的会上来提意见："人人定量四百三，吃了不够望拿来添；若是吃完不得添，群众将饿得打偏偏！"针对社员群众必须要一起出工一起收工，有的社员群众认为人身不得自由，于是又编了几句顺口溜："合作化来好是好，社员不能到处跑；若是领导找不见，抓回来就脱不了爪爪（"爪"字贵州话读zao，三声，音同"早"。"脱不了爪爪"意即有麻烦了）！"在"大鸣大放"的会议上，对于社员群众揭发出来的个别有贪污问题的大队或小队干部，有时会被参加会议的人抓起来五花大绑地绑起来批斗，而这样的批斗会也常常是在晚上举行。当时我们小孩一见到这样的场面，心里感到非常地害怕，觉得那些批斗者怎么会那么狠心和下得了手，成年人的世界真是太残酷了。被批斗的人双手手膀被两三个男人用棕绳紧紧地捆绑着，不一会只见被捆绑人的手掌手指都发乌了，脸上也显露出痛苦的表情。在批斗的时候，每当被批斗的人不承认指控时，批斗者还会拿出两根两三尺长的木棒，分别撬在被批斗者捆绑着的左右手膀子上并用力往下压，使捆绑着的棕绳勒得更加紧实，此时被批斗者便会疼得撕心裂肺地"哎哟！哎哟！"地叫喊起来。当我们一见到这样的场面，立刻就会被吓得看都不敢看地赶快溜回家去了。回家以后，由于批斗会场就在我们家房背后，晚上又特别安静，因此，当我睡觉睡到半夜三更醒来时，常常还会听到被批斗者因不承认指控而遭到毒打时的痛苦叫喊声，于是我就赶紧用被子把自己的耳朵捂住。不过当年的"反右派"运动虽说也波及到了农村，但上级可能认为农民们没有多少文化，他们即使提了些过激的意见，或是贴了些"不靠谱"的大字报，在农村中也不会产生多大的影响，因此，我们村里没有任何人被打成右派。不过我们腊柳小学就没有那么幸运了，我们学校里有一位语文老师名叫龙兴和，他老家是六枝岩脚镇的，解放前上的贵州大学，是个文质彬彬、说话不紧不慢的知识分子，也不知他在57年的反右派运动当中，给当时的学校负责人或是共产党的各项方针政策提了些什么意见，结果当年他就被打成了腊柳小学唯一的一个右派份子，同时他也是腊柳小学唯一的一个有大学学历的小学教师。被打成右派后没过多久，龙兴和老师就被"清除"出了教师队伍，不让他在腊柳小学教书了。为此，我们学校的不少学生家长都为腊柳小学失去了这样一位很有学问的老师而深感惋惜。

到了1957年的下半年，我读小学三年级上学期时，各地农村兴起了大修水利工程的热潮，我们老家附近分别在坛子窑及大地冲等地计划修筑两、三座水库，并由乡政府出面组织各个生产大队的劳动力，不分男女老少集中突击。当时已是农业合作化的高级社阶段，各地也按生产队为单位办起了集体食堂。由于农村劳动力都抽调去突击修水利工程去了，家中的小孩没人照管，于是在当时的农村也时兴办起了托儿所和幼儿园，把一些年老体弱的妇女抽调来充当阿姨。我哥哥姐姐大的两个小孩当时也进了托儿所和幼儿园，为此，我母亲也曾在托儿所里当了一段时间的阿姨。由于各地已开办起了集体食堂，我们小学生走读回家就没有地方吃饭了，于是学校就决定让我们走读的学生全部改为住校并在校办集体食堂吃饭。

说到农村开办集体食堂，开始的时候农民们的积极性非常高。因为听说办集体食堂天天都能吃到好吃的，而且还不用交钱，因此，上面刚一宣传，各家各户就把家里所有好吃的，比如腊肉、香肠、猪油、粉条、豆腐，以及所有的大米、白面，统统都交到集体食堂去了。我们生产队的食堂就办在我堂哥吴明刚的家里，全生产队社员各家交上来的肉食粮米等食品也都储藏在他家的楼上楼下，食堂还抽调了生产队里公认的烹饪好手李少武、李崇儒两弟兄当厨师，我哥则任出纳员。食堂开办之初，吃饭的时候就像农家办宴席一样，一、二十张大方桌在厨房前面的院坝里一字排开，全生产队的社员及大人小孩近百十口人一起，八个人坐一桌，每张饭桌上的菜式有一、二十道，比如香肠、腊肉、及鸡、鸭、鱼、肉等几乎样样都有，大人小孩一边吃饭一边喜笑言开，场面非常热闹，而吃的菜式三天两头还不重样。然而毕竟农村人家的物资储备及经济条件有限，农村的生产能力又非常低下，集体食堂大吃大喝的日子没能维持多久，各家各户交上来的鸡鸭鱼肉及腊肉香肠等等就基本全吃光了，于是集体食堂的伙食也就逐渐地一天不如一天了。后来随着粮食供应逐渐紧张，集体食堂也由敞开肚皮大吃大喝，逐渐地就过渡到了按人定量称饭的程度。此时，农民们对集体食堂的态度也就降到了最低点。

至于说小学生住校，我们农村的孩子谁家也没有什么像样的行李。整个家当就是一床旧被子，一床草席，一个装了两升谷壳的布袋算是枕头，一个小木盆，既是面盆拿来洗脸，有时又做脚盆拿来洗脚。至于搪瓷脸盆那个时候可是奢侈品，当时只是见乡政府的干部们用过。搪瓷脸盆不仅贵，而且还买不到，何况乡下人也买不起。睡觉时草席下面铺的则是一捆稻草，睡上去感觉又柔软又暖和，我们班二、三十个男孩就睡在稻草铺就的木地板上。那时我们贵州的农村，谁家的床上也都没有见挂得有蚊帐。夏天晚上睡觉之前，每家每户都会在屋内点燃一些能够燃起烟雾的柴草，并把所有屋门及窗户全部打开，此时屋内的蚊虫因受不了烟熏纷纷飞向屋外。经过如此十来分钟左右的烟熏以后，室内的蚊虫基本上全都飞走了，于是再将所有屋门及窗户全部关上，然后再上床睡觉。于是老百姓便把睡觉之前的这一番神操作叫做"驱蚊子"。不过我们在学校睡觉时就没法驱蚊子了，因为我们住的是木头房子，床是铺在二楼的木地板上，床下铺的又全是稻草，如果烧火驱蚊子的话就有可能引发火灾，因此驱蚊子在学校里是绝对不允许的。好在我们二、三十个学生睡在一个大房间里，小孩子们瞌睡又大，即使有蚊子叮咬，平均在每个人的身上也没有几个包，而且往往一觉瞌睡就睡到了大天亮，所以根本就没有人在乎是否有蚊子叮咬。不过冬天睡觉就特别冷了，因为宿舍里四面通风，而且草席很薄很冰凉。然而一到天冷时，我们也有对付的办法，此时我们就会两、三个甚至三、四个学生挤着合睡在一起，然后几床被子一起压上，感觉就暖和多了。

学生住校以后吃饭就在学校办的集体食堂里。我们吃饭不用交伙食费，不过每天只能吃两顿饭，即中午 12 点左右吃中饭，下午五、六点钟吃晚饭。开饭的时候，食堂的大师傅们将蒸饭的大甑子抬到食堂外面的院坝里放起，甑盖打开以后，在每个饭甑里再放上几把舀饭的木瓢，吃多吃少由自己舀。开始的一段时间吃的尽是大米饭，菜里也能吃上肉，后来饭里就逐渐增加了粗粮，比如大米里掺和了玉米面或玉米碴子。再到后来饭里又掺上了蔬菜，饭也逐渐地不够吃了。学生们吃的菜则是用搪瓷盆盛上煮好的蔬菜放在院坝的地上，七、八个学生一盆，大家都蹲在地上吃饭，这盆菜吃完了就再也没有添加的了。刚开始时菜里也还有肉，后来逐渐就见不到肉了，而且油水越来越少。蔬菜大多数时间吃的是茄子、南瓜或牛皮菜，这些菜油水少了，非常难吃，但又不得不吃，因为肚子饿起来实在也没有办法。由于十来岁的小孩子正是发育长个子的时候，不仅活动量大，而且消耗量也大，但是由于缺乏油水于是饭就吃得更多，因此后来到开饭的时候，学生们吃饭人人都是狼吞虎咽似的，大家都在争着抢饭吃。我们小孩吃饭不仅吃得快，而且在舀饭这个环节上大家还发明了一个"小窍门"。刚开始办食堂的时候，由于饭菜的质量好，不管是用大碗或者小碗吃饭都能吃得饱。但后来随着饭菜的质量越来越差，饭也比原来煮得少了，不少人刚吃到半饱再舀饭时饭甑里就没有饭了。为此，后来学生们普遍都买了个大号的搪瓷茶缸来当饭碗，开饭时先舀半茶缸或者大半茶缸来吃，吃完后第二次舀饭时，就舀一大茶缸满满的饭，有时甚至还用饭瓢把搪瓷缸里的饭压紧压实，然后再加满。这样一来，用大茶缸吃饭的人，即使吃得慢一点，只要舀第二次饭时饭甑里还有饭，就一定能吃得饱。时至今日，我吃饭仍是狼吞虎咽的吃得又多又快，就是当年读小学三、四年级时在学校抢饭吃养成的坏习惯，如今虽然已经七、八十岁了，但是这个烂习惯一辈子也改不了。

（六）

58 年大跃进的时候，全民差不多都在实行准军事化管理，农村劳动力实行统一调配，今天开去这个公社修水库或修公路，明天就有可能开到另外一个公社去炼钢铁。各地农村的村头巷尾，到处都有用白灰刷写的大标语，什么"鼓足干劲、力争上游、多快好省地建设社会主义的总路线！"、"总路线、大跃进、人民公社三面红旗万岁！"以及"以粮为纲，以钢为纲！"、"十五年超英赶美！"等等。当时，除了兴修水利，全国各地一是兴起大炼钢铁的热潮，各地都在大建土高炉；二是各地农村都在"放卫星"创造"亩产万斤粮"，"人有多大胆，地有多大产"，报纸上经常都在报道哪里的小麦亩产达到了几千斤，哪里的水稻亩产达到了上万斤，弄虚作假的浮夸风到处盛行。当时我们当地农村生产队有两件事给我留下的印象最为深刻，一是深耕，二是烧薰土肥。所谓深耕，就是上面派人下来指导农业生产，要求农民在耕地时要把耕作土深挖3～4尺，直到把耕作土下面的老生土翻到表面上来为止。上面下来的人对农民说，深耕以后农作物的根系才会扎得更深，这样青苗会长得更为健壮，庄稼就能获得大丰收。头一年有的生产队拿少部分耕地照此办理，结果不仅费时费力，而且庄稼反而长得不好减产了（因为下面的老生土翻上来后没任何肥力，庄稼哪能长得好），于是第二年就再也没有生产队搞深耕了。说到烧薰土肥，就是在冬春时节，上面要求农民上山去割一些柴草来放在干田里，然后将柴草燃成一堆堆的篝火，再让农民把篝火周围的土块围压在篝火上去烧烤。篝火熄灭以后，第二、三天再将经篝火烧烤过的土块分散撒到田里去。那些烧过薰土肥的火塘，第二年夏天火塘里的稻子秧苗果然长得非常茂盛，但问题是星星点点的烧根本解决不了土壤贫瘠的问题，而如果要大面积地烧，山上又哪有那么多柴草？而且还费时费力，付出的劳力与收获远远不成比例，所以少量的试验了一年，第二年以后就再也没生产队愿意干了。这就是我们小时候看到的当时农业生产方面瞎指挥的两个典型事例。

另一个印象最为深刻的记忆就是大炼钢铁。58年大跃进时提倡的口号是"以粮为纲，以钢为纲"，而且在工业上要求中国在"十五年内超英赶美"，也就是说，当时全国一是大抓粮食生产，二是全民动员大搞大炼钢铁，因此58年全国掀起大跃进高潮时，大炼钢铁的热潮在全国各地到处遍地开花。我们村子周围的山上，上世纪五十年代初期到处都是原始森林，几个人合围的枫香树、桦槁树以及青杠树等随处可见，每到秋天，满山遍野都是红叶和野果。大炼钢铁那年，也不知是从哪里调来的大量民工，一部分人上山去负责砍树，对于那些几个人合围的大树，他们把树砍倒以后，将大树截成三、四米长的筒子，然后再将树干内部掏空做成风箱，用来吹土高炉里的炭火炼铁。小一些的树木则砍下来劈开烧成木炭，运到建有土高炉的地方去供炼铁用。另外一些人，则在我们寨子下面名叫大坪子的平坝地带建起了六、七座土高炉。人们用从山上砍来的树木搭建起许多临时工棚，外地调来的民工们就住在这些工棚里。土高炉建成以后，公社动员群众把各家各户铁做的农具、炊具，比如铁锅、铁铲以及废旧的犁头、铧口等等一切旧铁器，统统砸碎后送到大坪子去以供土高炉炼铁用。与此同时，公社还发动社员群众满山遍野去拣铁矿石，我们小学生也放假加入了上山去找铁矿石的行列。大坪子的土高炉点火试车成功以后，工地负责人还组织民工们敲锣打鼓地去给公社报喜，于是大炼钢铁的热潮，一时搞得热火朝天，一派欣欣向荣的景象。然而由于我们当地没有什么铁矿，只是在煤山地区偶尔见到有少量的黄铁矿出露，不多久这些零星的黄铁矿很快就被挖完了。与此同时，在山上也找不到什么铁矿石，于是大坪子的土高炉很快就成了无米之炊，开工不到半年，这些土高炉就宣告下马了。然而由此产生的恶果是，我们村子周围山上的原始森林，经过大炼钢铁运动这么一折腾，基本已全部被砍光了。

我们小学生除了参加大炼钢铁以外，每年在夏收和秋收时节还要放一、二次农忙假，学校组织学生去公社各地帮助生产队收割庄稼。每次农忙假大约会放两三个星期到一个月左右，由老师带队去有关的生产队。我们全班二三十个学生，每两个学生（男生和男生，女生和女生）带一床被子，一张草席，每人再带上一个饭碗一双筷子，老师带着我们今天到这个寨子去掰玉米，明天又到另一个村子去割稻子；走到哪儿就干活在哪儿，也吃住在哪儿。忙完了这个村子里的活，明天又转移到另外一个村子里去；哪里需要人，我们就去哪里干活，直到公社机关认为收获季节已经收尾，不再需要学生帮忙了，老师才带着学生们回到学校。

到了 1959 年我念小学四年级时，听说学校的食堂粮食供应不上，食堂停办了。于是学校又决定不让学生住校而恢复走读了，而吃饭则在家乡生产队的集体食堂搭伙。这个时候生产队的集体食堂伙食已经不行了，不仅缺乏油水，而且粮食供应不足。食堂里煮的饭不仅粗粮多，而且还掺杂了不少的蔬菜，饭煮的非常软烂。此时，生产队的食堂早已不像原先那样大家在一起吃大锅饭了，而是改为以家庭为单位，按大人小孩每人定量称饭，打饭回家后各家在自己家里吃。我记得，大人当时每人每顿饭定量是一斤七两，小孩则根据年龄的大小来决定称饭的重量，我当年11岁，定量称饭是每顿一斤。由于饭是掺杂了蔬菜或野菜煮的，饭显得很稀软，从食堂里打来的菜又缺乏油水，大人们还要劳动，每顿一斤七两饭根本就不够吃。对我们小孩来说，一斤饭也就两小碗，虽然我们不用干活，但是儿童活动量大，每顿一斤饭也是不够吃的。为此我们家把饭从集体食堂打回来以后，还要在饭里再掺和一些野菜或者蔬菜，凑合着把肚子填饱。另外，生产队的集体食堂还规定，小学生下午放学回家时，每天要在回家的路上采集2～3斤野菜交到集体食堂去，放学回家后才有打饭的资格。不交或者少交野菜的学生，就不给称饭或者少称饭。有一次我因野菜交得不足，食堂管理员邓国友就要扣我的饭，为此我还同他大吵了一架，骂他是邓麻子。由于我是第一次少交野菜，老母亲又来给他赔小心，后来还是给我称足了 1 斤饭。从那以后，我就再也不敢不交或者少交野菜了，否则就要挨饿肚子。这样的生活从 59 年到 60 年，我上中学之前基本上就是如此。

当年尽管生活十分困难，学习条件也非常艰苦，学校上课也不太正常，但是我的学习成绩基本上没有受到多大影响，在班上一直都是名列前茅。1960 年的四、五月份，我念小学五年级下学期的时候，学校接到了普定县文教局的通知，说小学五年级学习成绩优异的学生，可以提前一年毕业报名参加六年级应届高小毕业生一起报考中学。于是，我们五年级包括我在内共有三个学生获得了提前毕业参加报考中学的资格。考试的结果，我们三个提前参加报考中学的学生全都考上了中学，其中班长胡明华和另外一个同学考上了化处农业中学，而我则考上了普定二中。由此，1960 年 9 月份，我提前一年小学毕业而跨入了中学的大门，那一年我正好 12 岁。

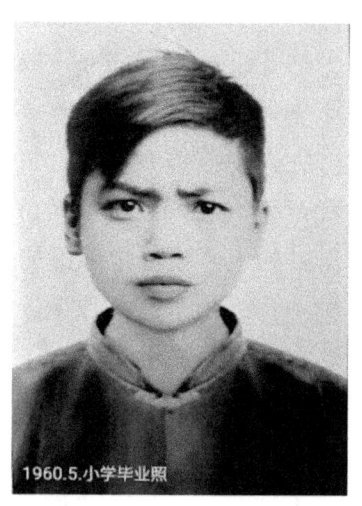

1960.5.小学毕业照

我的童年在上小学之前相对来说应该还是比较幸福的。那时父亲还在，不仅物质生活相对优越，而且由于父亲很早就对我进行了启蒙教育，精神生活也是丰富多彩的，因此，幼时的童年可以说是无忧无虑而幸福的。然而自从上了小学以后，正赶上全国农业合作化运动，从小学三年级就开始住校和吃集体食堂，接着又经历了大跃进和人民公社，我们小学生也被卷入了其中。当时我们不仅上山去拣过铁矿石，而且一年两次的农忙假，我们这些十来岁的小学生也像大人一样，今天开到这个村，明天又开去那个队，走到哪儿就劳动到哪儿，有时为了挣工分即使是寒暑假，我们也要参加生产队的劳动。而最让人挠头的是，从小学三年级开始吃集体食堂后，不仅吃的缺乏营养，而且还经常吃不饱饭。这样的童年生活的确是十分苦涩的。然而正是童年经历过艰苦的生活，才磨砺了人生的意志，激发了人的潜能；童年时吃过苦，才使人更懂得感恩，更懂得珍惜。因此，可以毫不夸张地说，童年时吃过的苦，都是我人生的宝贵财富，使我受用了一辈子。

第二章 艰辛的少年时代

（一）

　　大约是 1960 年的 7 月份，当我和同村的吴兴志接到普定二中邮寄来的入学通知书的时候，通知要求我们到普定二中白坟分校去报到，当时我们二人为此都感到很纳闷。既然是考上了普定二中，为什么不去县城而是去白坟分校报到？白坟分校又是怎么来的？它又在哪里呢？由于当时我们都是十二三岁的小孩，自然不知道普定二中白坟分校是怎么来的，但据后来了解到的情况，才完全弄清楚了白坟分校的来历。原来在 1958-59 年的大跃进年代，全国各地在大炼钢铁的同时，各行各业都在大干快上，而教育战线也不例外，全国各地都在扩建中小学校和扩大招生。普定二中正是在此大环境下，在原普定县农业中学的基础上建立起来的。普定农业中学创建于 1958 的大跃进年代，由于当时仅有一栋砖木结构数十平方米的老旧教学楼，因此当年仅招收了一个班约三、四十个学生，接着 59 年又招了一个班数十个学生，到 60 年初县里决定筹建普定二中时，普定农业中学仅有学生两个班约七、八十人。当年县里决定将普定县农业中学改建为普定二中的同时，决定重新修建一座大型的教学楼。考虑到普定二中新教学楼的建设需要相当长的时间，县里于是又决定将化处区白坟铁厂下马后遗留下来的废旧厂房及办公楼，临时改建为普定二中白坟分校，用以接纳当年招收的新生，待校本部的新教学设施完全建成后，再把白坟分校的学生迁回校本部去。因此，普定二中当年招收的大约四百来个初中一年级新生，全部都收到了去白坟分校报到的入学通知书，而我就是这四百来个新招的学生之一。

白坟分校的校址位于普定县化处区政府所在地附近的播仁公社白坟大队，这里离区政府机关大约 5 公里，离我们老家大约20公里。白坟的地名就是因其所在地有一所很大且建得很堂皇的白色坟墓而得名的。1958 年全国掀起大炼钢铁热潮时，县里在白坟附近的陇子山脚下建起了十几座炼铁的土高炉，全盛时期这里有工人三、四百人，工人们上班实行三班倒。我们老家附近山上常年有不少民工砍树烧木炭，就是专供这里的土高炉炼铁用的。这里的土高炉炼铁用的大木头风箱，据说不少也是从我们老家附近的山上砍来的大树做成的。然而由于大跃进年代的许多建设项目都是大轰大上，普遍缺乏前期的可行性论证，白坟铁厂正是这种大干快上的产物。由于白坟附近甚至整个化处辖区内并无铁矿，白坟此地也无充足水源供给，铁厂建成后不久就成了无米之炊，坚持了不到一年左右，随即也就宣告下马了，由此就为后来普定二中白坟分校的开办留下了一笔资产。由于那时候国家的资产都是统一调配，二中在此开办分校，占用铁厂下马后遗留下来的办公楼及厂房、宿舍等，学校也不用交纳一分钱，只需要县里发个文件就行了。因此，二中白坟分校的筹建很快就完工了。于是我们这批接到通知到白坟分校报道的学生，60 年 9 月初就按时到白坟分校报到来了。

白坟分校当时有初中一年级新生 13 个班，学生约 400人。当时我分在一年级 3 班，和我同班的同学有本村的吴兴志(他是我的一个远房侄儿，大我四岁)，还有腊柳村的陶玉昌，我们三个都是从腊柳小学考去的。白坟分校当时的负责人是普定二中的副校长娄育才，他是一位中等身材且身体十分健硕的中年人，平时总是穿着一身洗得发白的黄军装，听人说他是个转业退伍军人。我的班主任老师名叫黄显中，是贵阳师范学院中文系当年毕业，刚分配来普定二中的新老师。黄老师教我们的语文并兼任班主任。60 年 9 月初开学时，学校的食堂还没有建好，学校于是就在办公楼旁边临时搭了一个偏厦，然后用砖块砌个土灶，再用一口大铁锅煮饭给我们学生吃。当时我们初中生的粮食定量为每月23斤，食用油三两。开学时，我们每个学生每个月缴纳 3 块 6 角钱的伙食费，也就是说我们每天吃粮还不到8两（即早餐吃粮就一两多点，中餐和晚餐各三两），每天的伙食费仅为一角二分钱。学生排队领饭时，娄校长亲自给我们每个学生舀一大铁瓢米饭和一瓢菜，而吃的蔬菜则以老南瓜、茄子及牛皮菜为主，其中又以牛皮菜吃的最多。由于油水少，粮食定量不足，十几岁的小孩又处在长个子的身体发育时期，每天的饭菜基本上都不够吃。开学以后就是秋收时节，学校附近有大片大片的玉米地和烤烟地。为了充饥，每天下午放学以后，我们都会去附近生产队刚收过庄稼的玉米地里，寻找遗漏未收或掉落到地上的玉米或豆角，然后拿回学校去设法煮熟来吃。有时我们还去收过庄稼的玉米地里撒新鲜的玉米杆，像吃甘蔗一样嚼着充饥。同时也会去收过烟叶的烤烟地里，抖烤烟茎杆顶上的烟籽来吃。而有的同学还去山上采集已经开繁了的野棉花回来，掺和在饭里（以此增加份量）捣烂做成饭饼，然后烤熟来吃。总之，凡是能在野外找到的任何可以吃的东西，我们都拿来充饥。10 月份学校的食堂建好以后，学生的伙食费从 11 月份开始上涨到了每月 4 元 8 角，食堂也改为给学生蒸罐罐饭了。当时食堂为每个学生准备了一个土陶罐，并用油漆在陶罐上写上了学生的名字。煮饭时，先在陶罐里放上米和水，然后将罐子放到蒸气炉里去蒸，开饭时由食堂管理员把饭罐从放凉了的蒸汽炉里拿出来，然后按罐子叫名字，叫到谁，谁就上前去领饭并打菜。开始时吃的是净大米饭，后来因粮食供应不足，定量的粮食里就开始搭配粗粮了，因此食堂在给学生蒸罐罐饭的时候，大米里逐渐地就掺杂了一些玉米碴子或者是豆子等粗粮，食堂的饭也就越来越不够吃了。在此情况下，家住附近的学生，他们可以经常回家去弄些蔬菜或胡萝卜之类带回学校来充饥，而我们住得较远的学生，要三、四个星期才能回家去一次，而每次从家里回学校时，我们都要从家里弄些土豆、蔬菜或者辣椒等可以充饥的食品带回来。

当年学期结束放寒假回家过年时，哥哥与我一道去化处区粮站购买了假期的定量粮油带回家去吃。记得那年一个半月左右的寒假，我买的定量粮总共有 30 多斤(我们当时的定量是粮食每月 23 斤，油 3 两)，其中有十几斤大米，5 斤左右的糯米(因过春节特殊供应，大米为 8 分钱一斤，糯米为每斤一毛二分)，而搭配的粗粮有两种，其中有 5 斤左右的豆子和 5 斤左右的玉米，另外还用一个小玻璃瓶买了 4 两菜油。因此，当时光买放寒假的定量粮我们就准备了好几个小口袋。当我把这些粮食买回家去以后，家里的人还着实羡慕了一回，因为母亲及哥哥姐姐他们农民，当时每人每月的定量粮才有 17 斤，根本就没有我们学生的定量多。农村人的定量这么少吃不饱怎么办？农民们总不能坐在家里饿肚子等死吧？于是家家户户的强劳力整个大冬天都会上山去挖蕨根来掺和在玉米面里充饥。由于我们当地属煤山地区，山上到处都长有蕨菜，春天可以采嫩蕨菜来当蔬菜吃，冬天则可以挖蕨根来充饥。因此，那几年一到冬天，山上到处都可以看到挖蕨根的人。蕨根挖回来以后，先要拿到村头的小河沟里去反复淘洗干净，然后将洗去泥土的蕨根放在火炕头上烘干切碎，然后再将切碎的干蕨根用石碓舂成粉末，过箩筛后将一定份量的蕨根粉末同玉米面混在一起，用水拌湿后做成蕨根粑粑，最后放在饭甑里蒸熟或者放在锅里烙熟来吃。如此做成的蕨根粑颜色发黑、口感偏硬并略带苦味，热的时候吃还凑合，冷了以后就硬得难以下咽了，但是肚子饿起来实在也没有办法，不吃的话就只能饿肚子了。当年，我们不仅吃过蕨根粑，而且还吃过枇杷树皮与玉米面做成的枇杷树皮粑粑（枇杷树皮的处理与蕨根类似，也是要先烘干再磨成粉末），然而相比之下，蕨根粑相对要容易消化一些，而吃了枇杷树皮粑粑以后消化就比较困难了。由于枇杷树皮的味道是涩的，长纤维非常少，加上掺和在枇杷树皮粉末里的玉米面不多，结果吃了枇杷树皮粑粑以后，常常几天都解不出大便，到后来人们就不再吃枇杷树皮了。此外，我们当地的山上、荒地或干田里还生长得有各种各样的野菜，比如折耳根、蕨菜、香椿、野芹菜、荠菜、清明菜（又叫毛香菜）及灰灰菜等等，一年四季老乡们常常去山上采挖各种各样的野菜来掺和在饭里吃。另一方面，由于我们当地地处偏远，上级领导或许是管不过来，又或许是睁只眼闭只眼，1961年上半年集体食堂解散以后，老乡们便偷偷地在深山老林里私自开荒种地，种植些土豆或荞麦等早熟农作物来帮助度过了粮食困难关。因此，三年困难时期我们当地才没有饿死几个人。但是在全国的其它很多地方就没有那么幸运了，他们那些地方可能没有那么多山地也没有那么多野菜，再加上执行的极左政策，因此，据说其它很多地方因当年闹粮荒曾经饿死了不少人。

发生在 59～61 年的所谓三年困难时期，其实给我的印象是，我们那时候根本就没见到发生过什么大的自然灾害，也就是说既没有大旱也没有大涝，甚至老人们都说58～59年农业还取得了大丰收。那为什么老百姓会吃不饱饭呢？除了后来政府说的国家要给苏联还债等主要因素以外，其中一个原因，我认为是当时国家对粮食实行统购统销政策，从五七年左右的时候开始，农村生产队打下来的粮食，全部都要农民挑到国家仓库里去存放起来，农村生产队和农民手中不存放一粒粮食。而国家仓库的储粮往往还要调往外省，再加上仓储管理不善而经常出现鼠害及虫咬霉变等现象，从而也浪费了不少粮食，于是全民只好实行粮食定量供应。农民虽然种粮但不能储粮，农民吃的粮食也必须从国家的仓库里买回来，再加上合作化实行的是极左路线，农民在初级社时分得的少量自留地，公社化以后也都全部被收归了集体。除了定量供应的粮食以外，农民家中没有任何多余的粮食，再加上农民的定量普遍偏低（我们当地当时每个农民每月仅供应 17 斤粮和食用油3两），从而造成了全民饿肚子的现象。我记得1961 年左右，我们村就有部分青壮年男劳动力因长期饥饿营养严重不足，从而导致身体虚弱而死（我们村的肖亮清、国启盛及胡德光三人都是在 61 年因饥饿而死的）。在如此艰难的生活条件下，学校里有个别年龄较大的学生，因忍受不了这样的艰苦生活条件，他们回家后就再也不来上学了。因为在学校里总是吃不饱饭，如果在家干农活的话，除了定量供应的粮食以外，还可以从地里或山上采挖些野菜回来充饥。留在学校里念书的学生也因为生活困难，大多也不安心学习，有的学生常常请假回家去几天也不回来，无故旷课或不认真完成作业在学生中是普遍现象。而像我这样的人，由于从上小学吃集体食堂以后就经常吃不饱饭，由此直接影响了身体的发育而导致个子矮小，小学五年级提前报考中学体检时，我的身高仅为 1.33 米，体重为 32 公斤，干农活对我来说显然是十分困难的。所以从小我唯一的愿望就是要好好地读书，争取将来能够脱离农村，混上个城镇居民户口而吃上商品粮，这样就不用再像农民那样成年累月地在田地里辛辛苦苦地干农活了，因为当农民实在是太累太苦。因此，自从上了中学以后，我就很少回家，即使周末回家，也都在星期天下午按时返回了学校。平时也从不无故旷课，课外作业也都能认真按时完成，学习成绩在班上始终处于上游水平，由此我在班主任老师的眼里留下了较好的印象。

（二）

1961 年 3 月，初中一年级下学期开学以后，学习生活一切照旧。但过了不久大约 4 月份的时候，有学生听说普定二中校本部的校舍已经全部建成了，学校已经具备了完全接纳分校学生的能力，但校领导决定要等到下半年 9 月 1 号新学年开学以后，才将白坟分校的学生迁到校本部去。由于白坟分校的办学条件实在太差，一是学校的场地实在太小，而且地势高低不平，学校缺乏体育锻炼的场所；二是生活条件不行，不仅学生宿舍没有自来水供应，就连食堂煮饭都得靠马车去几公里远的地方拉水，再加上白坟地处远离集镇的偏僻农村，学生及教职工想购买点生活日用品也极为困难。因此，不仅学生想尽快搬回普定县城校本部去，就连教职员工也想尽快离开这里。但在当时的情况下，如果校领导不同意，学校里的任何事情也是办不成的。为此，除了白天有三五成群的学生去分校校长办公室反映学生的要求以外，每天晚上十点钟寝室里吹了熄灯哨子以后，学生们躺在床上便大声地呼喊："我们要搬回校本部！"、"我们要搬回校本部！"由于学生们住的是楼板房，又是睡的大通铺，往往几十个学生住在一个大房间里，一个寝室的学生刚呼喊完"我们要搬回校本部！"其他寝室的学生立刻就马上响应。因此，每天晚上整个分校校区的楼房里"搬回校本部"的呼喊声此起彼伏，而这种呼喊声往往要持续半个多甚至一个多小时左右，直到学生们进入梦乡为止。分校学生要求搬回校本部的呼声是如此之强烈，这是分校领导们没有想到的。为了尽快平复学生的情绪，分校领导只好将这一情况向校本部领导作了汇报，希望尽快将分校的学生迁到校本部去，否则将严重影响分校的教学秩序，校本部随即派了一位主要领导到分校来了解情况。校领导来后一看学生们的情绪基本已经完全失控了，如果再不搬迁，恐怕还会闹出什么乱子来。于是本部校领导开会决定，立即撤销白坟分校，将所有的学生及教职员工全部搬迁到县城校本部去。因此1961年4月份，我们就从白坟分校合并到县城普定二中校本部去了。

刚开始在白坟分校上学时，学校离我们老家大约40华里。除了开学时哥哥为我挑行李送我去学校以外，平常周末偶尔回一趟家，都是和我的同班同学即侄儿吴兴志一起走路回去。40华里的山路，对于我们从小在农村长大的十二、三岁小孩来说，基本没有什么问题，因为在农村生长的孩子，从小干农活或走山路习惯了。但是学校搬到县城去以后，我们家离学校就有六、七十华里的山路了，而这个距离对于一个十二、三岁的小孩来说，要步行去学校就显得十分困难了。

幸好那时有哥哥帮助我，否则我去普定县城上学会更加的艰难。我记得从分校搬去县城校本部之前，我和吴兴志把铺盖先拿回了老家，告诉家里学校已经搬到县城去了。去县城校本部上学的那一天，吴兴志和我两个一起去的。当天我哥哥和吴兴志的父亲给我们挑着行李，我和吴兴志两人空手走在后面。我们四个人一大清早吃过早饭后就从老家出发了，当走完四、五十里山路到达普定后寨的十五里干坝地带时，我的双脚就疼得不行了，但是无论如何我还得忍受着坚持把最后的二、三十里路走完。我哥哥他们两个大人见我走路很费劲，于是就放慢了脚步。最后到达学校的时候，可能已经是下午的四、五点钟了。这是我平生第一次出远门，也是我第一次走那么远的山路。到达学校找到班主任老师，把住的安顿下来以后，我的双脚就已经疼得落不得地了。幸好学校有热水供应，吃过晚饭后哥哥又给我打了盆热水，我好好地烫了下脚以后，当天晚上又睡了个好觉，第二天早上醒来，双脚就基本可以下地走路了。

说到上中学时，我们农村学生携带的行李，其实也并不比上小学住校时能改观多少。主体仍然是一床被子，一个谷壳枕头，一床草席，不同的是家里花4～5块钱给我买了一个搪瓷脸盆。另外，原来上小学住校时铺的是一捆稻草，上中学以后，稻草换成了一张草帘子（那是我哥哥亲手用稻草编的大约五尺长、三尺宽、厚约十几公分的草帘子，可以卷成筒状便于携带），铺床时，先将草帘子展开铺在床的竹笆折上，然后在草帘子上铺上草席，再放上被子、枕头，睡觉的床就算铺好了。当然上了中学后也像城里的学生那样，开始用上了牙膏牙刷。至于蚊帐，对于我们农村学生来说那可是奢侈品，我上完整个中学直到上山下乡总共七八年的时间，从没用过蚊帐，也没见到有其他同学的床上挂得有蚊帐。因为那年月什么东西都要凭票证定量供应，蚊帐是用纱布做的，价格虽说不贵，主要是还收布票。那时我们家不仅没钱，而且我哥哥姐姐他们后来一连生了五、六个小孩，家庭人口多，小孩子穿衣服又烂得快，家里的布票根本就不够用，哪有多余的布票拿去买纱布来做蚊帐？我们家里从来就没有挂过蚊帐，所以我也从未想过上中学在学校里睡觉要挂蚊帐的。至于鞋子，上小学时穿的都是母亲和姐姐她们给我做的布鞋，上中学以后，因为走路多烂得快，光穿布鞋显然已经不行了，因此，哥哥姐姐他们给我买了解放鞋（即一种鞋帮为黄色帆布的浅口胶底鞋，价格约为3-5块钱一双）。在衣服穿着上，打我上了中学以后，母亲和姐姐她们认为应该要改观一下了，不能老是让我穿着她们手工缝制的粗布衣衫上学了。因此，家里节省下钱和布票，专门给我买了蓝色的卡叽布，拿去我们寨子里的裁缝师傅为我用缝纫机做了一套中山装，让我去学校念书的时候穿。当年我们家族中有一位名叫吴明权的堂哥，解放后不久他就在乡政府工作，后来又在公社机关当秘书数十年直到退休，算是我们村里唯一的一位国家干部。他的夫人即我的堂嫂子名叫周富珍，会做裁缝，从50年代末期开始他们家就买了缝纫机，嫂嫂在家里为附近的村民用缝纫机缝制衣服，每套衣服上下装一起收手工费两、三块钱。但当我们家拿布料去请周富珍嫂嫂替我做衣服的时候，嫂嫂从不收我的缝衣手工费，每次去她总是说："你这个小叔叔上中学太不容易了！我没有什么可以帮助你的。我给你做衣服，就当我帮你做就行了，希望你好好地读书！"嫂嫂的话非常感人，至今我都还记得一清二楚，可以说是终身难忘，可惜的是对周富珍嫂嫂的恩情，我至今都没有机会报答而深感遗憾。后来上中学的几年，我又先后在嫂嫂那里做了几套中山装，自始至终她都没有收过我家一分钱的手工费。

（三）

我们从白坟分校搬到县城普定二中校本部刚刚一个多月，大约是61年的5月份，学校就发生了一件大事。当时县里接到上级有关文件的通知，要求全国各地要对现有的各级各类学校进行调整、裁减或合并，并对持有农村户口的学生要大量的裁减下放回家参加农业生产，学校只能留下少部分学生。因此，县里决定撤销普定二中，二中留下来的少量学生则合并到一中去，而普定一中又恢复为普定中学。本来在当时学校生活十分艰苦的情况下，3月初新学期开学时，就有部分年龄较大的学生自动放弃了学籍，选择在家务农而不回校念书了，在校就读的不少学生也常常因吃不饱饭而不安心学习。因此，当学校宣布上级决定撤销普定二中并下放学生回乡务农的消息时，绝大多数学生都普遍持欢迎的态度，而且还纷纷报名自愿下放回家，此时学校已经完全停课了。至于学生的去留问题，除了自愿报名以外，班主任老师和学校还掌握着决定权。对于我本人来说，当时心里感到非常矛盾。首先，学校的生活确实太艰苦了，而最恼火的问题就是常常吃不饱饭。其次是学校离家太远，步行回家一趟非常困难。但是，由于我本人年龄小个子矮，回家干农活显然也是非常困难的，我很想留下来继续读书，因此，在班上其他同学纷纷报名下放回家的情况下，我一直也没有去找班主任老师。能否被留下来继续读书，我当时心中也没有底，心里总是忐忑不安。正当我处于焦虑状态的时候，班主任黄显忠老师找我来了，一见面他就跟我说："吴明清，我想跟你说一下，你家虽然是农村的，但是你年纪小个子又矮，你要是回家去干农活的话恐怕很困难呢，因此我看你干脆还是留下来继续读书算了！你觉得怎么样？"听到黄老师说要我留下来继续读书，我心里非常地高兴，于是马上就对黄老师说："黄老师，那好嘛！我愿意留下来。谢谢您啦！"黄老师说："好的。你既然同意了，那我就把你的名字放在留下来的学生名单上了！"黄老师说完就走了。过了一会儿，我侄儿同班同学吴兴志找我来了，问黄老师找我谈话了没有？我说黄老师已经跟我说了叫我留下来，我同意了。他说黄老师也找他谈话了，叫他下放回家，他也同意了，还说："下放就下放吧！反正在学校里饭都吃不饱。"不一会，我们班的另一位家住腊柳寨的陶玉昌同学也来告诉我，说他也被黄老师告知留校了。到了 5 月下旬，我们白坟分校迁回校本部的13 个班总共三、四百个学生，最后只留下了部分年龄较小及学习成绩和表现较好的学生一共三十多人，其余百分之九十以上的学生，全部都下放回家了。我们二中剩下的这三十多个学生编为一个班，然后就合并到普定一中去了。普定二中撤销以后，普定一中又恢复为普定中学。当母亲得知同村的侄儿吴兴志已经下放回家了，而我还继续留校读书时，母亲深情地对我说："老幺，你也回家来算了！在学校里读书，不仅路远走不了，而且饭还吃不饱。"我对母亲说："妈，我在学校里读书，还有23斤的定量粮食，而你们在农村每人只有 17 斤，我在学校里的粮食定量比你们还要多好几斤呢！"母亲知道我喜欢读书，再怎么说也说不动我，于是就不再强求我了。

　　位于普定县城背后山顶上的普定中学，是民国时期由普定县城著名的士绅大富伍孝高先生捐资修建的，整片建筑白墙黛瓦，离县城一、二十里远的地方都能看得清清楚楚。普定中学解放前就很有名气，附近几个县的富家子弟都慕名前来普定中学读书。1960 年，普定二中建成后，普定中学改为普定一中，结果不到一年撤消普定二中，普定一中又改回普定中学。在学生未下放之前，普定一中也在县城王家湾建了分部，一中全校有学生一千多人，每个年级都有好几个班，其中初中一年级的新生最多。学生下放以后，我们二中的初一新生留下了一个班，他们一中的初一新生留下了两个班，合并到一中以后，我们这个班仍然为一年级 3 班。我们一(3)班的同学除了同一个公社的陶玉昌以外，还有水母公社的何明俊、波玉公社的鄢贵权、鄢富豪等人。陶玉昌虽然与我是同一所小学考上中学的，但毕竟不是同一个村子的，他又比我大了好几岁，平时两人很少能玩在一起，所以课后我一个人感觉比较孤单也很想家。

　　我记得当年的端午节是六月初的一个星期六，因为很想家再加上端午节是吃粽子的时节，于是我就决定一个人步行回家去一趟，看看家里是否有什么好吃的。星期六一大早天刚麻麻亮，大约 6 点钟左右我一个人就从学校出发了。端午节前后是我们当地的插秧季节，此时正值雨季，端午节前几天差不多天天都在下雨，然而星期六那天却是个大晴天。大约上午 9 点多钟，当我走到老水母附近的磨香河边准备过一座石拱桥时，由于前几天连降暴雨结果导致山洪暴发，河水涨上岸来把过河的石桥全部给淹了，人已经没法从桥上过河了。此时我已经差不多走完超过三分之一的路程了，显然不想半路折返回学校去。于是我就决定沿着河岸往上游走，想到上游去寻找能过河的桥梁。然而当我沿着河岸向上游走了好几里路以后，一直也没见到有过河的桥梁出现，心里很是着急。正当我犹豫不前时，忽然发现不远处的河面上有一条渡水的木槽横跨在一段只有十来米宽的河道上。我知道这是农村生产队架设用来渡水灌溉农田用的，我们老家那地方也有。不过这个渡槽看上去已经很陈旧了，好在渡槽里没有水（因稻田刚插上秧苗，暂时还不需要水灌溉），但上面布满了青苔，我寻思我应该能从渡槽上走到河对岸去。为了避免摔倒跌到河里去，于是我就小心翼翼地弯下腰来，屏心静气地用两只手把着渡槽的两边，慢慢地从渡槽上走了过去。过了渡槽以后，我提到嗓子眼的心终于落了下来，此时我才注意到我的心脏还在怦怦地跳哩，不过我感到特别地高兴，因为过了这条河，沿路就再也没有什么大的河流了，于是回家的步伐也就更快了，有时甚至还小跑起来。等我回到老家时，母亲见我回来了不禁大吃一惊，她高兴地说："老幺，昨天晚上我才梦到你呢，怎么你今天就回来了！？"我说："妈妈，我有好久没有回来了，这几天在学校里我都好想你们哟！"母亲说："妈更想你哟！你一个人回来在路上怕不怕？"我说："大白天的倒是不怕，就是涨水了。"当时母亲和姐姐她们才刚吃过中午饭，时间估计还不到中午12点，家里灶台上的煤炉也才刚刚封上，于是母亲赶紧撬开灶火，为我准备好吃的。晚上全家人坐在一起聊天时，当我把白天从学校回来的路上所遇到的惊险情况讲给母亲他们听时，母亲连忙说："哎呀！好危险哟！河水把桥都淹了，你就转回学校去算了！干嘛你还要走渡槽上过河？万一你走到半道渡槽断了，人不是就掉到河里去了吗？"母亲说完担心得差点就掉下了眼泪来，连连说："老幺，下次遇到这种情况，千万不要再冒险啦！"后来我仔细想了想，这次过河的经历的确充满了危险。首先安装有渡槽的河面虽然比较窄，但河水更深、流速更快，如果渡槽不结实，人走上去渡槽支撑不住就断了，此时人掉到河里就完全有可能被大水冲走了，那样的话肯定就没命了，更何况那时我根本不会游泳。而我之所以还能从渡槽上安全地走过去，一是那个渡槽还算结实，二是我当年的个子非常瘦小，体重也很轻，同时我在过渡槽的时候还蹲了下来，这样就大大地降低了重心，再加上我走得也很慢，从而避免了渡槽发生共振。要是个子高大的人，渡槽里又放得有水的话，说不定走到半道渡槽就有可能断了，如果发生这样的情况，人掉到河里去肯定也就没命了。经过母亲的再三叮嘱，从那以后，我就再也不敢一个人单独回家了。如果要回家，我就约上腊柳寨的同班同学陶玉昌一起。要知道回家一趟有六、七十里山路，路上不仅要爬山涉水，而且还要穿越不少山林，当年的羊肠小道上还经常发现有野兽出没，路途上到处充满了危险，母亲的担忧显然是有道理的。

此事过了不久，母亲去六枝下营盘赶场时顺便去干河村大姨妈家串门。当大姨爹、大姨妈问起我在普定上中学的情况时，母亲就把端午节我一人独自从学校回家时的危险情况一一说给了他们听，完了母亲着急地说："我们家老幺叫他不要读书了，他非要去读不可。可他年纪那么小，普定县城离家又那么远，这可怎么办哟？！"大姨爹说："你们家吴明清要是能在下营盘这里读书就好了！这里离你们家才十多里路，而且谭应文和喻忠宾(我的两个表哥)两老表都在下营盘六枝中学读书呢，他们要是能在一起读就热闹了。"母亲说："我们家与你们属于不同的县份啊，我们老幺哪能在这里上学？他要是能来这里读书，那就太好了！"此时坐在旁边的喻忠美大表哥插话道："二姨妈，我们村里有个叫郭忠学的，他现在营盘小学当教导主任，等我找个机会问一下他，看他认不认识六枝中学的负责人。如果他认识人的话，请他帮个忙，把幺老表转学到六枝中学来算了！"母亲说："如果要是能这样的话，那就太好了！"喻忠美大表哥当年是他们村里的生产大队会计，邻近村寨的人都认识他，而且他与同寨的郭忠学老乡关系也非常好，因此后来听说当大表哥找到郭忠学并同他说到我的情况时，郭忠学说他经常代表云盘小学去六枝县文教局开中小学校教导主任会议，与六枝中学的教导主任很熟悉，并说他答应帮这个忙。到了 61 年七、八月份放暑假后，郭忠学到六枝县文教局参加中小学教导主任会议时，找到六枝中学的教导主任，并把我想转学的事跟他说了，六枝中学的教导主任一口应承了下来，答应 9 月初新学年开学以后就办。到了 9 月初初中二年级开学的时候，我回到普定中学刚上了两个星期的课，我转学到六枝中学的接收许可证就办下来了。9 月 20 号左右，我哥哥拿着六枝中学同意我转学的接收证来到普定中学找到我，花了一两天时间办好了我的转学手续，9 月 23 号我和哥哥回到老家，25 号我就到六枝中学报到来了，从此我就正式成为了六枝县六枝中学的一名学生。我转学到六枝中学以后，我们整个腊柳公社在普定中学读书的就只有陶玉昌一个学生了。后来也不知是没有伙伴、又或许是在学校里读书总是吃不饱饭的缘故吧，陶玉昌读完初中二年级上学期以后就辍学回家务农了，从此，我们公社直到文革前的三、四年时间内就再也没有考上一个中学生。

（四）

　　六枝原本隶属于贵州省郎岱县，是郎岱县的一个区，在六枝的辖区内，本来也没有中学。上世纪50年代中后期，国家地质勘探部门在贵州的六枝、水城及盘县一带（即现今的六盘水地区），发现储藏有丰富的优质煤炭资源。随着三线建设的推进，国家计划把六盘水地区建设成为祖国大西南的重大能源生产基地。为配合三线建设的开展，为此1960年贵州省决定把郎岱县政府从郎岱镇迁到六枝的下营盘，并将郎岱县改名为六枝县（后来曾一度改名为六枝市后又恢复为郎岱县），随即郎岱中学也就搬迁到了六枝下营盘，并改名为六枝中学。我转到六枝中学时，六枝中学为完全中学，不过高中每个年级只有一个班，初中每个年级为两个班。我报到后分在初中二年级一班，全班总共有学生三十多人。当时我大姨妈的小儿子喻忠宾表哥也在六枝中学念书，他念的是初中三年级，而我念初中二年级，小表哥高我一个年级。由于大姨妈家离学校比较近，大约只有四华里左右，喻忠宾表哥是住在家里，每天早出晚归走路上下学。因此，当我转学到六枝中学以后，大姨爹大姨妈就要我也住在他们家里，同小表哥一起走读。于是从初中二年级上学期开始，我就在大姨妈家住了下来，同小表哥一起当起了走读生。

　　我母亲的外家在六枝店子乡那玉大队那七村，母亲有四姊妹，其中母亲排行老二，母亲的大姐即大姨妈家住在下营盘附近的干河村，大姨妈向来与母亲的关系最好，两家平常往来也非常密切。1961年上半年公共食堂下放以后，农民们也重新分到了自留地，农村的生活已经有所好转。由于郎岱县的各机关单位都搬到了六枝下营盘，为了就地解决县城机

1963.5.初中毕业时留影(前排左为作者)

关单位的蔬菜及副食品供应，大姨妈他们整个营盘公社都改为种植蔬菜的副食品基地了。因此，从某种程度上来说，大姨妈他们家的家庭生活和经济条件相对比我们家就好多了。我吃住在大姨妈家将近一年，他们不仅没有收我一分钱的伙食费，而且有时大姨妈还会偷偷地塞给我几块钱作为零用钱，我感觉他们待我太好了。因此，假期中我也会同小表哥一起给他们家干些家务和农活，比如春天同表哥一起给他们家挑煤烧火煮饭，夏天又一起上山割草喂牛及打猪草等等。上学的时候，每天早上我同小表哥一起走路上学，下午又一起走路回小表哥家，这样的走读学习生活，持续了初中二年级整个学年。62年9月份，由于小表哥初中毕业时没有考上高中，于是他就中断学业回家务农了。我上初中三年级时，就住到学校里去了。

我上初中三年级时已是62年的9月份了，当时学校食堂的伙食费是每个学生每月四元八角钱，初中学生的粮食定量已改为每月27斤，而高中学生的粮食定量为每月33斤，学校食堂的伙食已经有所好转。由于我们家没有经济来源，所以即便是每月四元八角钱的伙食费对我来说也是一笔不小的负担。为了解决我上学所需的伙食费及少量的零用钱，母亲和姐姐在农业生产劳动之余，她们娘俩起早探黑地上山去采挖各种野菜（比如折耳根、野芹菜、蕨菜及竹笋等），在周末赶场时，用背篓背到下营盘的集市上去售卖（集市就位于六枝中学附近的云盘老街上），每到周末赶场（集）天的下午四、五点钟集市散场之前，我就去集市上会母亲和姐姐，然后她们就将卖野菜积攒的零钱（大多数为二分、五分和一角、两角或伍角），全部都交给我，作为我交学校的伙食费及零用钱。当时每个星期她们也就只能挣个三块两块的，尽管收入如此微薄，但母亲和姐姐却乐此不疲，不辞辛劳地供我读书。与此同时，母亲她们来赶集时，也会顺便带一些自己家里做的蕨根粑粑来给我拿去学校充饥。母亲和姐姐，就是如此数年如一日地含辛茹苦的供我读书，直到我高中毕业。当时我就在心里暗想，我一定要好好读书，绝不能辜负母亲和姐姐她们的期望，并且将来一定要好好的报答她们；她们的大恩大爱，我将终身没齿难忘。

正是在如此艰苦的生活条件下，我能上中学读书的确是非常不容易的，因此我就暗下决心必须得努力学习，否则我就对不起母亲和姐姐。经过艰苦努力，从初中二年级开始，我的学习成绩在班上逐渐稳步上升。全班三十多个学生到初三上学期的时候，我的各科学习成绩已经从初中二年级时班上的第20名左右，很快就上升到了班上的前十名，到初中毕业时又上升了班上的前五名。初中毕业前夕，我们班上有不少从农村来的学生，因家庭经济困难而选择报考了中专，因为中专学校的学生不用交伙食费。当时我们班上有几个同我要好的同学比如宋国尉、宋良辉、喻忠豪、陶廷碧等都准备报考中专，其中喻忠豪（我表哥喻忠宾的堂弟）同我的关系最好，他准备报考兴义师范学校，并邀我同他一起报考，但是被我拒绝了。我对他说："忠豪，我不想考中专，我要考高中。"听了我的话，他只好悻悻地离去。后来他果然如愿地考上了兴义师范学校，毕业后做了一名中学老师，而我也如愿地考上了六枝中学的高中。

(五)

由于六枝中学于 1959 年才刚刚草创，办学之初学校的教学设施、师资力量及领导班子都比较薄弱，因此开始几年学校的教学质量相对较差。1962 年的高三毕业班，是六枝中学创建以来的首届高中毕业生，结果当年只有一个学生考上了大学。到了 1963 年，第二届高三毕业班全班二十多个学生也只有四个考上了大学。这个教学成绩在当时整个安顺地区的教育系统中，应该属于后进之列。为了尽快改变学校教学质量的落后状况，安顺地区文教局从 63 年下半年开始，一方面对学校的领导班子进行了调整，先后从省教育厅调来了教学管理经验相对比较丰富的周光辉任校长兼党支部书记，从安顺地区教育局调来秦洪恩任副校长，另一方面又大抓教师队伍建设，先后从外地调入和从全国各地师范院校的毕业生中选拔一批优秀的中青年教师，充实教师队伍。这批新来的教师中，有西南师范学院历史系研究生毕业的张世德老师，有华东师大历史系毕业的庄雨集老师，以及贵阳师范学院毕业的吴静康、邓先甫、李世福、彭万仪、任万英、黄继初等老师。还有部分从外地调入的具有丰富教学经验的老教师，比如李绍庸、周宗马等等。学校在周光辉校长的领导下，先后建立健全了全校学生集体早锻炼、早读和晚自习等一系列规章制度，加强了课堂纪律和严格实行学生上课考勤制度，学校的教学管理及学生的学习风气很快就有了明显的改观。

　　1963 年 9 月份，我上高中一年级时，正赶上了学校大抓教学质量。当时我们高一班共有学生 48 人（高中部每个年级仅有一个班），我们每天早上 6:30 起床，然后集体跑步 15-20 分钟进行早锻炼，洗漱完毕吃完早餐后，7:30 到教室集体早读语文或外语。早晨 8:00 开始上课，每节课 45 分钟，上午四节，下午三节。晚上 7:30 还要去教室晚自习，完成老师布置的课外作业，或者预习新课文，每天的学习都安排得满满当当的。与此同时，学校宣传的是号召学生争取做又红又专的三好学生，要求学生不仅要学习好，而且还要思想红。当时极"左"的唯成分论已经开始在学校大行其道了，家庭出身好的学生可以发展入党入团，学生干部和共青团的干部也主要由家庭出身好的学生担任。我本人的家庭成分是中农，我自然不属于班上团支部重点培养发展的对象，加上我这个人从小性格比较胆小内向，平时在大庭广众中说话脸就会发红，因此班上开会或者课堂上也不怎么发言，学习成绩虽然还可以，但在班上并不怎么引人注意。由于我对学习特别重视，课堂上集中精力注意听老师讲课，并做好课堂笔记，课后除了按时完成课外作业以外，还及时做好复习和对新课的预习，而对需要强记的文科，比如语文课本上的某些范文以及政治、历史和外语等等，在复习备考阶段，有时一个人、或者邀上三两个好友，一起去学校附近的小山上，采取大声朗读而后强记的方式大段大段的反复朗读和背诵，最后将原文完全背下来。正是采用了上述有效的学习方法，从而收到了较好的学习效果。高一上学期结束期终考试时，六个主科(即语文、数学、物理、化学、俄语、政治),除数学以外,其余几科都上了80分。到高一学年结束的时候,学习成绩又上了一个台阶,六个主科全部都在80分以上,其中物理还超过了90分,总成绩在班上跃升到了前五名,由此我便逐渐地引起了班上同学和老师的注意。不过当年我们高一班在学年结束时,竟有15个同学因升学考试成绩不合格而留了级,淘汰率几乎达到三分之一。学校当年教学要求之严格及学生学习竞争之激烈,由此可见一斑。

经过高中一年的刻苦努力,我个人的学习成绩明显地获得了提升。但是由于我个人的性格比较内向,平时很少与同学交流,班上开会时也很少发言,大概属于只专不红一类的学生。高一学年结束放暑假时我拿到了成绩通知单,成绩单上班主任老师给我的评语是:"学习刻苦努力,学习成绩优秀,但性格不够开朗,关心时事政治不够。希望在努力学习的同时关心时事政治,努力争取进步。"暑假回到老家以后,吴明亮幺哥像往常一样,照例常来我家聊天,并顺带了解我的学习情况。一天晚上他来我家聊天时,要我把高一的学习成绩单拿给他看一下,我于是便把刚发的学习成绩单递给了他,明亮幺哥看完成绩单后郑重其事地对我说:"兄弟,我看你的学习成绩相当不错呢!六个主科的考试成绩都在80分以上。不过有个事情你可要注意哟!老师说你性格不够开朗,关心时事政治不够,你一定要努力改正过来才行!你们班不是有团支部吗?在班上除了把学习搞好以外,你还要同班干部及党团员搞好关系,积极争取入团。这样的话将来你的前途才会更加光明远大呢!"本来我拿到成绩单时,看到各科考试成绩都在80分以上,而且老师也给予了充分地肯定和表扬,心里还挺高兴的呢。至于评语上说的自己性格不够开朗，关心时事政治不够，我也承认这是事实，但我想要改变这两方面的缺点，也得慢慢来，我只要继续努力把学习抓好就行了。因此，实际上我根本就没有认识到自己今后的努力方向，结果经吴明亮幺哥这么一点拨，我才明白新学年开学以后，我该如何努力了。于是进入高中二年级以后，我便主动地同班干部和团小组的同学们搞好关系，并主动地向团支部递交了入团申请书，与此同时在集体场合或召开班会的时候，我也积极争取发言，平时也抽时间多关心班集体。经过将近一年的努力，我在改进性格孤僻方面有了明显的进步，在公众场合发言或讲话时也不再那么脸红和害羞了，在关心集体及时事政治方面，也获得了老师及同学们的认可。高二学年期终考试时，我的综合学习成绩也跃升到了班上的前三名。1965 年 11 月份，经班上的共青团员兼团小组长王朝明同学介绍，我终于加入了共青团，正式成为了一名共青团员。

　　贵州省的六盘水地区由于蕴藏有丰富的优质煤炭资源，上世纪六十年代初期，中央出于三线建设的需要，决定把六盘水地区建设成为我国西南地区的重要能源基地，于是国务院决定在储藏有丰富煤炭资源的六枝、盘县及水城三个县的范围内分别建立三个特区，而这三个特区又合并起来成立六盘水地区。而当时中央政府之所以把六盘水作为西南三线建设的重点，这是因为在同样地处西南腹地的四川攀枝花地区还发现了储量巨大的优质钒钛磁铁矿，其中的钒和钛因在航空航天领域具有广泛用途而被称为"战略金属"，而六盘水地区不仅具有储量丰富的煤炭资源，而且与攀枝花又相距不远，有煤炭就可以冶炼钢铁，而有钢铁就可以造飞机大炮。

因此，在上世纪六十年代初期，国家为准备打仗而谋划三线建设的时候，六盘水和攀枝花两地便自然而然地成为了国家西南地区三线建设的重中之重。当时六盘水地区成立以后其行政上虽隶属于贵州省，但业务上却接受中央煤炭部的直接领导。由于六盘水在国家三线建设中所具有的特殊重要地位，第一，当时该地区带有极强的保密性，比如在名称上六盘水对外不能称"六盘水地区"而称为"大华农场"，而其下辖的三个特区对外也不能称"六枝特区"、"盘县特区"或"水城特区"，而被称为"XX农场"，比如六枝特区当时便被称为"摩天岭农场"，甚至于连贵阳煤矿学校也被称为"大华农校"。第二，当时的六盘水地区及其下辖的三个特区的党政负责人其行政级别都特别高。比如1965年国务院在六盘水地区成立的"西南煤炭建设指挥部"，其党委书记是由时任煤炭部的常务副部长钟子云兼任，而指挥长则由六盘水地区的党委书记丁丹兼任，而丁丹的级别为行政8级（与副省长同级）；六枝特区的党委书记沈万山，其行政级别为13级，与地委书记级别相当。由此可见中央高层对六盘水地区的重视程度之高是前所未有的。从1963年以后，随着六盘水辖区内各个特区的建立及基建项目的展开，全国各行各业都对六盘水下辖的各个特区的建设给予了大力支持，国家先后从东北（如辽宁的抚顺、阜新）及华北（如河南的平顶山、河北的开滦）等地成建制地为六枝特区迁来了大批煤矿工人及矿山机械设备，于是在从六枝到下营盘这个原来十分寂静、长度仅约为10余公里左右的狭长山谷里，一座新兴的煤矿新城就逐渐拔地而起了。当时六枝特区的范围仅限于盛产煤炭资源的原郎岱县六枝区及部分从普定县划拨过去具有煤炭资源的少数几个公社（乡镇），面积虽然不大，但六枝特区的所在地下营盘至六枝一带到处都在大兴土木，煤矿机械厂、建筑安装公司、电厂、列车发电站、医院、自来水厂等各种配套城镇设施，在短时间内纷纷地就建设完备了。与此同时，在六枝特区建设期间，中央的一些文艺慰问演出团体如煤炭文工团等，每年都会不定期地到六盘水地区来进行慰问演出，各种经典的电影也会在周末时在露天上映向公众开放，我们当时作为中学生，既观看过中央来的各个文艺团体的精彩演出，也观看过不少当时上映的经典影片。六枝特区的所在地下营盘，既是六枝特区的首府，也是郎岱县（六枝县）县机委所在地，我们六枝中学最初虽还不隶属于六枝特区管辖（行政上隶属于安顺地区的郎岱县），但六枝特区下属各机关厂矿单位的子弟均就读于六枝中学，因此，我们六枝中学享受到了特区和县里的双重待遇。直到1966年文革前夕，六枝中学才正式隶属于六枝特区，并改名为六枝特区第一中学。

我们在六枝中学念书的时候，邓小平的三弟邓徐初在六枝县任副县长。邓徐初，原名邓肃初，又名徐初，系邓小平的同父异母弟，另外，邓小平还有个二弟名叫邓垦，邓徐初是三弟。邓小平16岁赴欧洲法国留学参加革命后，邓徐初留在老家协助其父管理家产。1950年初刘邓大军解放四川以后，1950年5月邓徐初在重庆入西南军政大学学习，结业后被派到贵州工作时改名为徐初，历任贵州省普安县青山镇镇长、县财政科长、安顺县财政局副局长等职，1960年任六枝县副县长。1965年11月，邓小平在李富春、薄一波、谷牧等中央领导人的陪同下到六盘水地区的六枝特区视察时，曾在六枝会见了当时六盘水地区的负责人丁丹及其弟弟邓徐初等人。同年12月份，我们六枝中学邀请徐初副县长到学校里来为全校师生作了一场发扬革命传统教育的报告。徐初的面容和长像酷似其兄邓小平，尤其嗓音如出一人，不过身材比邓小平要略高一些，大约为1米65左右的中等身材。报告会上，徐初重点介绍了邓小平青少年时期在家乡的一些基本情况，印象中记得当时他说邓小平在少年时期尤其酷爱读书，而且胆大心细，有一股子闯劲，为人很有担当和正义感，从小就学会了游泳等等。邓小平16岁离家赴欧洲留学，后来在法国遇到周恩来就参加了革命，从那以后就再也没有回过老家。1966年6月文革暴发后，徐初随即受到了极大冲击，尤其是到了66年底67年年初，其兄邓小平连同刘少奇相继被打成中国最大的两个走资本主义道路的当权派以后，有造反派又揭发说徐初当年在四川老家是一个漏网的"恶霸地主分子"，并扬言要把他揪回老家去进行批斗等等，此后，徐初在郎岱县机关就成了常常被挂黑牌游街纠斗的重点对象。1967年3月初，徐初在身心受到了极大地摧残和伤害的情况下，于是就在郎岱县委招待所旁边的冒水龙潭投水自尽了。所幸的是，1978年邓徐初的冤假错案终于获得了平反。

前面已经说过，由于六枝中学是大跃进年代创立的，教学设施及师资力量有限，开头几年的教学质量很不理想。后来经过全校师生员工的艰苦努力，六枝中学的教学质量逐年有了明显的提升。具体表现在，六二年的第一届高中毕业生只有一人考上大学，然后六三年的第二届考上大学的学生增加到了四个，六四年的第三届又增加到了九个，接下来六五年的第四届考上了16个。我们班是学校的第五届即六六届的高中毕业生，校领导下决心争取我们这一届高三班能考上25

名大学生，让六枝中学每年高三毕业班考上大学的学生人数实现自然数的平方增长，给六枝中学增光添彩。与此同时，学校根据上级的有关指示，并借鉴外地的经验，准备在我们这个高三毕业班中推荐少数家庭出身好、家庭社会关系清楚的品学兼优学生，保送去上全国重点大学。为此，从高三上学期开始（即65年的初冬），学校就秘密地对班上为数很少且品学兼优的学生候选对象，开展了家庭及社会关系调查。当年这项工作是由学校党支部委派王宝和王启武两位党员老师具体负责实施的。客观地说，我对学校开展的这项工作当时是一无所知的，因为第一，这项工作是学校领导内部组织开展的，不属公开宣传的内容；第二，学校也不告知候选学生本人。由于我的家庭社会关系相对比较庞杂（即我父亲有四弟兄，另外还有两个姑母，母亲一方又有四个姐妹和两个兄弟），调查祖宗三代显然牵涉的人员相对较多，牵涉的地域层面也相对较广。两位王老师为调查和摸清楚我的家庭和社会关系，先后在六枝、普定两县特区跑了两、三个星期。高三上学期结束放寒假我回家过年时，我们老家生产大队的党支部书记陶玉盛来我家串门时告诉我说："吴明清，我告诉你个事。十一月份，你们六枝中学有两个姓王的老师，其中一个年纪稍大一些戴眼镜的老师好像叫王宝，拿着你们学校开的介绍信来我们大队党支部，找我了解你家的家庭情况及社会关系呢！我已经把你们家祖宗三代的情况都给他们两位老师做了详细地介绍，并着重强调你们家祖祖辈辈都是老实巴交的农民，你父母亲及家庭主要社会关系历史清白，没有任何历史问题。两个老师对你家的情况很满意哩！"我非常吃惊地问陶支书："我们中学的那两个老师来调查这些干什么呀？"陶支书说："我问了他们了，两个老师都说你在学校里的学习成绩非常好，各方面的表现也很不错，学校准备明年推荐你去上全国重点大学呢！所以他们说这次是来搞政审调查的。"陶支书给我说了这些情况以后，我才知道：哦！原来学校还有这么一个计划，而且我还是这个推荐计划的候选学生之一。不过尽管我在寒假中知道了学校明年有可能推荐我去上重点大学的计划，但我并没有沾沾自喜，更没有把这个消息告诉任何人。因为我想这个事还不知道能不能实现呢，最好还是要通过自己的努力争取考上一个理想的大学，才更符合实际。因此，寒假结束返回学校以后，我像什么事也没有发生一样，不过我对高三下学期各个主科的学习抓得就更紧了，一心就想争取考上一个比较理想的大学。终于功夫不负有心人，当年四月底、五月初的高中毕业考试，六个主科的学习成绩有五科都在90分左右，我记得其中俄语考了 96 分，物理考了 93 分，而语文考试由于作文写得不是太理想，从而使语文成绩才考了80几分。尽管我本人对毕业考试的成绩觉得不是太理想，但班上的同学及科任老师们都纷纷前来向我表示祝贺，甚至各个科任老师都纷纷动员我报考他们自己所教的专业。教我们语文的袁名扬老师甚至还对我说："吴明清，不管你报考什么专业，放暑假以后，只要你的大学录取通知书一到达学校，第二天我就会把它送到你们家里去！"（因袁名扬老师是我们普定县马场镇的人，他有时步行回老家要路过我们寨子，故他才有为我送达大学录取通知书之说）。尽管各科任老师对我十分厚爱，但当时我的理想是报考物理系。

然而正当我们六六届的高中毕业生集中精力准备迎接 6 月份的全国高考时，1966 年 5 月 16 号，中共中央发布了《5.16 通知》，全面吹响了在全国开展文化大革命的号角，紧接着报纸、广播电台也发布了全国高考推迟半年举行的通知。于是全校立即停课,并组织全校师生学习中央文件,全校由此卷入了轰轰烈烈的文化大革命运动的洪流之中。岂知这场史无前例的文化大革命洪流来势之猛、持续时间之长及影响之大,是任何人都始料未及的,它不仅摧毁了我们六六届高中毕业生即将实现的大学梦,也完全彻底地改变了我们这一代人的命运,而且给整个国家也带来了极大的灾难。

中学是人生学习知识的黄金阶段,它见证着一个人从少年到青年的生命历程,也是一个人的性格发展和吸取知识的关键时期。如果说一个人在童年时期,受家庭和父母的影响相对比较大的话,那么在青少年时期,影响一个人是否健康成长的最大因素应是学校(中学)这个社会环境莫属。因为在青少年时期,是否上了一所好中学,是否获得了良好的教育,对成年后的个人前途发展将会产生重大的影响。所幸我的中学时代,虽然比较艰辛,但当时的学习环境及社会风气,总的来说还是非常有利于我们青少年健康成长的,从而

使我们得以安定完整地完成了中学六年的学业,为日后的深造和工作打下了坚实的基础。然而个人的奋斗目标及前途规划在一定程度上,虽说可以通过个人的努力来实现,但是实际上个人的前途和命运在很大程度上,却是与国家的政治社会环境或历史的发展潮流息息相关

的。也就是说，个人的奋斗目标及前途规划，只有在国家处于安定的政治社会环境中，通过个人的努力奋斗才有实现的可能。否则在国家处于政治动荡的社会环境中，根本就没有任何个人的奋斗目标和前途规划可言。正如 1966 年 5 月，正当我们 66 届高中毕业生集中精力准备迎接全国高考的时候，一场突如其来的文化大革命运动不仅彻底地粉碎了我们的大学梦，而且彻底地改变了我们这一代人的命运。因此，可以毫不夸张地说，个人在滚滚的历史洪流面前，只不过是其中的一朵小小的浪花而已，根本就没有任何挣扎的余地。

第三章 迷茫的蹉跎岁月

（一）

　　1966 年 5 月 16 号的那一天，中共中央发布了《中国共产党中央委员会通知》（简称《五·一六通知》），号召在全国开展文化大革命，向党、政、军及文化领域里的"资产阶级代表人物"猛烈开火。紧接着，人民日报又在 6 月 1 号发表了《横扫一切牛鬼蛇神》的社论。由此，一场全国性的轰轰烈烈的文化大革命运动就发动起来了。

　　文化大革命刚开始的时候，首先开展的是破除旧思想、旧文化、旧风俗、旧习惯的"破四旧"运动，当时凡是社会上一切与传统文化和外来思想有关的东西，统统都在扫除之列。比如老师家中珍藏的古旧图书、名人字画、古玩及首饰等，抄家搜出来以后统统都被销毁。寺庙里面的佛像、菩萨雕像以及建造得比较豪华的墓碑等也都被统统砸毁。更为荒唐的是，学生上街游行时，见到人们夏天穿的塑料凉鞋也要求脱下来检查，如果发现鞋底后跟处有像"共"字（其实更像"井"字）图案的，学生们便勒令穿凉鞋的人当场脱下来销毁掉，意思是怎么能把"共"字（即共产党或共产主义）踩在脚底下？紧接着是发动全校师生写大字报进行检举揭发，开始在教师队伍中抓"牛鬼蛇神"。于是学校教学楼的楼上楼下走廊里及墙壁上到处都挂满了大字报，很多平时教学工作严谨、对学生要求严格的老师，他们都受到了严重的冲击。许多家庭出身不好的老师被打成了牛鬼蛇神，于是有学生便把这些老师的头发剃成了阴阳各半的所谓牛鬼蛇神头，并勒令他们站在太阳底下暴晒亮相；业务能力较强的老师则被打成了"反动学术权威"而遭到污辱和丑化；有的老教师还被打成了历史反革命或漏网右派分子，不仅被戴高帽游街示众，而且还遭到了捆绑批斗甚至毒打。大约是66年的7月下旬，从北京六中来了几个红卫兵小将，其中为首的一个女生名叫陆璐，他们到我们六枝中学来串联煽风点火。66年8

1967.1.高三班部分老同学摄于六盘水红代会(二排左二为作者)

月份，毛主席的《炮打司令部---我的一张大字报》公开发表以后，以江青为首的中央文革小组，把斗争的矛头对准了刘少奇和邓小平，并指出中央有一个资产阶级司令部，很快刘、邓便被揪出来并被打成了中国一号和二号走资本主义道

路的当权派。于是从上到下，全国各地各级政府机关、企事业单位及学校，开始起来抓走资本主义道路的当权派。我们六枝中学的造反派也积极响应中央文革的号召，起来造学校领导的反，并在校领导中抓走资本主义道路的当权派，于是校长兼党支部书记周光辉及副校长秦洪恩等人，被作为学校走资本主义道路的当权派揪了出来。其后，造反派对学校里的两个走资派及几个"历史反革命分子"和"右派分子"，进行了无休止的批斗。八月中旬，学校成立了红卫兵组织和

校革委领导班子，我们高三班的王正有同学，因其家庭出身贫农根正苗红而被推举为校革委主任，负责领导全校的文化革命运动。到了66年八、九月份，全国又掀起了红卫兵的大串联活动，全国各地成立了红卫兵接待站，负责接待各地来进行革命大串联的红卫兵小将。9月初，随着毛主席数次在天安门城楼上接见全国各地来北京串联的红卫兵代表，我们学校又组织部分家庭出身贫下中农及工人家庭的红卫兵代表，乘火车上北京去接受毛主席的检阅。当时虽然我也是学校红卫兵中的一员，但是由于家庭出身中农，达不到进京红卫兵代表的资格，自然无缘作为学校的红卫兵代表被派往北京接受伟大领袖的检阅。大约是六六年的九月底十月初，我同同班同学喻民福等首次乘火车去贵阳进行革命串联，当时我们住在贵阳六广门体育馆，吃住都在体育馆的红卫兵接待站。由于我们是第一次出远门，又是第一次到贵阳这样的大城市，因而对城里的一切都感到特别的新奇。我们不仅白天上街去看大字报和抄大字报，而且还乘坐公共汽车跑去黔灵山公园及花溪公园等名胜风景区游览。每天在接待站吃完晚饭以后，我们晚上还步行去贵阳大十字、喷水池等热闹的地方，一边看大字报，一边看热闹。当时青年人最时髦的服装是一身（或上半身）黄军装，头上戴一顶黄军帽，腰上再扎上一条军用皮带，而女生则都剪成了齐耳短发。但是并不是所有红卫兵都能有这样的服装，能穿上黄军装的，大多是军人家庭出身的红卫兵。至于黄军帽，当时市面上偶尔也能买到，而我正是在贵阳的什么地方花两、三块钱买到了一顶黄军帽，戴在头上时感到无比地自豪。然而有一天晚上，当我和喻民福等同学去大十字看大字报抢传单时，在拥挤的人群中由于个子矮，不知道被谁把我的黄军帽给摘走了，为此我还曾懊恼了好久。我和喻民福等同学从贵阳返回六枝以后，接着又乘车去昆明进行大串联。那时所谓的革命大串联，对于我们这些青年学生来说，其实就是去凑热闹和免费游山玩水，因为全国各地都设有红卫兵接待站，红卫兵小将们凭借校革委开具的介绍信，在全国各地乘火车、汽车和在红卫兵接待站吃住都不用花钱，而且想去哪儿就去哪儿。不仅吃住不花钱，有的红卫兵去到了北方，因天气冷带的衣服不够，于是他们还在红卫兵接待站借了皮大衣或军大衣，有的人甚至还借了不少的现金和全国粮票。而这些借了衣物和钱、粮的人，据说后来大都没有归还。

我同班上的几个同学在昆明串联结束返回六枝以后，这时已经是 66 年的 11 月初了，但是同学们还是觉得意欲未尽，于是 11 月中旬我又同李志鸿、陈经纬等同学再次乘火车去贵阳。在贵阳玩了几天以后，正当我们计划从贵阳乘火车去北京串联时，突然听到了中央人民广播电台全文播发的中央文革关于停止全国乘车大串联的通知，文件要求学生立即停止全国性的乘车大串联，转而提倡立足于本地的步行串联，于是我们只好作罢乘火车返回了学校。我们从贵阳返回六枝中学以后，咱们高三班的部分同学觉得既然不让乘车串联了，那我们还可以组织步行串联嘛。于是我们班的部分同学同学校里的个别老师商量了一下，决定组织一支徒步串联队，继续开展步行大串联活动。后经请示校革委同意以后，以我们高三班的部分同学为主，学校组成了一支由 15 名学生和老师组成的徒步串联队，准备步行去北京。该徒步串联队的领队是李庭宽老师，成员有我们班的吴九云、戴彩凤、董叙和、喻民福、孙维友、李青素和我以及初中和高一的部分同学。为了去到北京以后能够见到毛主席，我们步行串联队还特意去六枝矿务局地宗煤矿，挑选了一块四、五公斤重的乌黑发亮的煤炭，先用药棉和白纱布里三层外三层的包裹起来，然后再用一块大红绸布包裹得严严实实的放在一个专用背包里，准备步行到达北京以后，以此作为珍贵礼品代表贵州六盘水地区的人民，把它献给伟大领袖毛主席。当年12月初，学校为我们步行串联队专门召开了欢送大会，于是我们一行15人从六枝出发，一路上打着红旗，背上背着背包、腿上裹着绑腿，雄赳赳、气昂昂地就上路了。人们常说：理想很丰满，现实却很骨感。第一天从六枝出发，步行了25公里左右到达到落别住宿，第二天又从落别步行到达丁旗，第三天到达幺铺，第四天到达了安顺，总共4天大约步行了75公里。走了没有几天，大家的脚板都打起了水泡，结果步行的速度一天比一天地慢了下来。说到徒步旅行，开头的十天半月是最艰苦和最难熬的，不仅脚板打起了水泡，而且随着体力的消耗，人的精神状态也感觉十分劳累和疲乏。然而毕竟

2019.4 与老同学吴九云(右)畅谈

那时我们都是一、二十岁的年轻人，大家又怀着一股子接受艰苦锻炼的"革命朝气"，加上年轻人精力充沛，等到熬过了两、三个星期的磨合期以后，大家走起路来也就逐渐地习惯和轻松了。十来斤重的煤块，虽然当时并没有指定专人负责拿，

但一想到它是送给伟大领
袖毛主席的"珍贵礼
物",于是一路上人人都
争抢着把它背在背上。由
此可见那个时代的年轻人
思想是多么的单纯啊!当
年我们正是凭着年轻人的
一股子单纯的所谓革命朝
气,一路从六枝出发,步
行下安顺经平坝去贵阳;
再从贵阳经息烽去遵义过

(后排为作者)

娄山关,经桐梓下綦江到重庆。再由重庆往西,沿长江溯流
而上,过江津去合江;再从合江过长江去内江,经资中、资
阳,过简阳最后到达成都,全程足足走完了一、两千公里。
每到一个有革命教育意义的城市或纪念地,我们都会停下来
参观学习,接受革命的传统教育。比如在安顺,我们参观了
王若飞的故居;在修文,我们参观了张学良将军的囚禁地--
-阳明洞。我们到达遵义时,还在遵义停留了两天,先后参
观了遵义会议会址和红军坟。到达重庆后,我们又参观了歌
乐山上的渣滓洞和白公馆。在四川合江,我们不仅参观了
"32111英雄钻井队"的英雄事迹,而且还住在当地的农民
家中,参与了当地生产队的农业生产劳动,体验了当地老百
姓的生活。我们在步行的过程中,每天尽管走得很累很辛
苦,但全体队员始终团结一致,途中没有一个掉队或半途打
退堂鼓而退出步行的。有时我们走在路上,偶尔也会有汽车
停下来招呼要我们上车,尽管走得很累,但都被我们一一地
谢绝了,队员们始终以饱满的热情坚持步行。记得徒步串联

的最后一天，由于成都遥遥在望，为了尽快赶到终点，我们一早从简阳出发，当天晚上一直步行走到了成都，那天一共走了 140 多华里，是我们徒步串联以来走路走得最多最长的一天。当我们到达成都的时候，已经是 1967 年的元月下旬了，我们准备在成都休整几天，并计划在此地参观和游览一下以后再启程北上。然而就在我们刚到达成都后的一两天，中央文革又下发了全国停止一切形式革命大串联的文件，也就是说连步行串联也不能再开展了，于是我们的徒步串联活动在到达成都后就不得不终止了。接着我们先去成都郊区的大邑县参观了刘文彩庄园，然后又去都江堰参观了秦代李冰父子的古代水利工程奇迹。回到成都市内后，我们又参观了杜甫草堂、武侯祠等名胜古迹。在成都待了大约一个星期左右，最后我们一行便集体乘火车返回了六枝，此时已经是 67 年的二月初马上就要过春节了。对于这次步行串联，以现在的眼光来看，可能觉得那时候的年轻人实在是单纯得有点可笑，有车不坐非要一步步地走路受累吃苦，所得与付出实在不成比例。但仔细想想，当时吃的那些苦，实际上也是对人生意志的一种磨练，它不仅锻炼了我们的筋骨和意志，而且也丰富了人生的阅历。因此，从这个角度去看问题，这样的收获应该还是值得肯定的。不过文革中包括我们青少年在内的绝大多数人的思想和言行，在现在看来确实是十分荒唐和可笑的。

在我们外出开展大串联的时候，大约是在 66 年的 11 月份，我们班以封培定、郑权利、王伟夫及周贤贵等同学为首，在学校里组织成立了一个名为"遵义战斗队"（后来随着组织成员的增多，遂更名为"遵义战斗团"）的群众造反组织，并同时编辑出版了一份名为《驱虎豹》每周一期的四开油印的小报在校内外发行。当时这份小报的内容主要以大批判文章为主，同时也刊登同学们写的一些针砭时弊的小品杂文，内容并不具体针对

1993.7作者(左二)与六枝中学老同学封培定(左一)喻民福(左三)周贤贵(右一)摄于六枝

学校的任何领导或老师，主要是以此满足我们班上部分同学对文学艺术的兴趣爱好和追求而已。由于封培定同学自幼喜好美术和书法，念高中时就在全国发行的《中学生》杂志上发表了美术作品，平时也喜欢写写诗歌或杂文小品等，他的书法在学校更是小有名气，是我们班乃至全校公认的多才多艺的文学才子。因此，封培定同学不仅担任了这份小报的策划和总编辑，同时还是这份小报的美术作者和油印钢板的主要刻写者。1967 年 2 月初，当我们结束徒步串联返回学校以后，我和喻民福同学也参与了该份小报的编辑，并为这份小报撰写了部分大批判文章及杂文小品，有时我也承担了小报的部分钢板刻写及油印工作。

从 1967 年元月份开始，文化大革命发展到了全国各地的造反派开始向走资派夺权的阶段。首先是上海发生了红卫兵和工人造反派夺了上海市委的大权，从而掀起了一场称为"一月风暴"的夺权运动，然后是黑龙江省的造反派夺取了省政府的权力，成立了黑龙江省革命委员会，接着贵州省的造反派紧随其后，也夺了贵州省政府的权成立了贵州省革

委，全面接管省政府的大权。当时贵州省造反派的夺权行为，曾被人民日报特发社论祝贺并比喻为炸响了"西南的春雷"。此后，全国各省市的造反派纷纷先后夺取了本省市政府的大权。到了67年的三、四月份，就基本实现了"全国山河一片红"（意指全国各省、市、自治区政府的权力全部都被造反派接管了）。至于我们学校的领导，早在六六年七、八月份就被打倒靠边站了，校革委取代了校领导，学校到处成了红海洋。每栋建筑物的外墙上到处都有用红油漆刷写上的各式各样的大标语，其中以"无产阶级文化大革命万岁！"、"毛泽东思想万岁！"以及"四个伟大"为最多。《大海航行靠舵手》以及毛主席语录歌曲的歌声到处都可以听到。当时人人都手拿一本俗称红宝书的毛主席语录袖珍本，每天向毛主席"早请示、晚汇报"。学生们除了集中学习中央文件以外，还要结合毛主席语录开班级讨论会，在思想上"斗私、批修"，"狠斗私字一闪念"。课间休息时，学生们还要集体跳忠字舞，向毛主席表忠心。总之，很多在现在看来十分荒唐的行为，但在那个疯狂的年代却是十分流行和时髦的革命行动，任何人都不敢、也不容许对那场轰轰烈烈的文化大革命运动，有任何一丁半点儿的怀疑和违反，否则就有可能被打成"现行反革命"而受到迫害。

1967年四、五月份以后，席卷全国的红卫兵运动接近尾声，代之而起的是各种各样的群众造反组织应运而生。工人和机关干部成为了文化大革命运动的主力军，而且各群众造反组织之间常常因观点不同或者意见不一致，分化成了对立的两派，而对立的两派之间由文斗逐渐地又发展成了武斗。

其中又以于 1967 年 2 月份开始的湖北武汉地区两大派别的群众造反组织，即"工人总部"和"百万雄师"之间的武装冲突流血事件，即是全国不同派别群众造反组织之间由文斗演变为武斗的典型代表。为此，很多工厂、机关和学校实行了

1995.5.作者(中)与六枝中学老同学封培定(右)朱华(左)摄于六枝矿务局

军事管制，机关单位纷纷进驻了军宣队（军人宣传队）或工宣队（工人宣传队）。我们学校也由上级派驻了军代表，并由六枝矿务局地宗矿派出工人宣传队进驻我们学校，协助校革委领导和组织学生学习中央文件和开展大批判运动。

（二）

客观地说，在这场看似轰轰烈烈、实则属于一场内乱的文化大革命运动当中，作为一个中学生，我本人并不是一个积极的参与者，但也不是一个消极的旁观者，而是一个随波逐流的随大流者。文革初期既没有参与过抄家，也没有给老师和校领导贴过大字报；既没有污辱和打骂过老师，也没有在批斗老师和校领导的批斗会上发过言，而更多的是参与编辑小报、抄写大字报和写大批判文章等等，但那些都是应景

之作，并未针对过具体的老师和校领导。也就是说，在文革中自己从未干过任何受到良心谴责的事情。在这场运动中，我之所以是个随大流者，而不可能成为一个抛头露面的人物，第一，这是由我的家庭出身决定了的。在文革中"唯成份论"盛行的极"左"年代，反动的"血统论"大行其道，他们大肆宣扬："龙生龙，凤生凤，老鼠生儿会打洞。"言下之意就是，只有那些"红五类"（即出身于革命军人、革命干部、贫农、下中农（或佃农、雇农）及工人家庭）的子女，才具有天然的革命优越性，他们才是文革的主要依靠对象。而"黑五类"（即出生于地（主）、富（农）、反（革命分子）、坏（份子）、右（派份子）家庭）的子女，则统统地被打入另册。另外，像我们这种家庭出身为中农、或者城镇小手工业者、职员、自由职业、城市贫民等家庭的学生，既不属于"红五类"子女、也不属于"黑五类"子女，而被蔑称为"麻五类"子女，在文革中处于一种非常尴尬的境地，只属于可以团结的对象。第二，我当年的性格特别内向，有时连在公众场合说句话也会脸红，也就是说，在大庭广众之中抛头露面，并不是我的性格。正是这样的主观和客观因素决定了我不可能成为当年的风云人物，而只能是一个随波逐流的随大流者。然而仔细想来，随波逐流的随大流者，当年又何止我一人？应该说当时的绝大多数学生都是像我这样的涉世未深的青年，在文化大革命这样一个前所未有的洪水猛兽面前，我们既不能窥其全貌，更无可能产生任何怀疑而与之相抵触，只能是被动地卷入到这股巨大的历史洪流旋涡之中，泥沙俱下、残渣泛起，身不由己地被裹挟着向前推进，真正积极地投入而又冲锋在前的学生仅是极少数。而当文革进行到67～68年的时候，学生在学校里除了学习中央文件、开批判会和偶尔上街游行以外，平时都是无所事事，逐渐地大家就对这场运动产生了厌倦情绪。由于文革中知识分子已被打成了"臭老九"，"读书无用论"在社会上广泛盛行，同学们在无聊之余，于是就纷纷玩起了扑克牌或偷偷地打起了麻将。尤其是打扑克，更是我们学生百无聊赖时打发时间的主要活动。那时不管是白天还是晚上，除了吃饭时休息一会儿，然后随便走到哪个学生宿舍，准能碰到有学生正在打扑克。其中有打百分的，也有打"找朋友"的，而玩得最起劲的则是"拱猪"，这是同学们当时最主要的娱乐项目之一。谁打扑克"拱猪"输了，不仅会被贴胡子，甚至还会被罚钻桌子脚或钻床脚。整整两年多的时间，学生们就是这样成天在学校里混日子，大好的青春就这样白白地被浪费掉了。

在文革中那种浑浑噩噩的年代，作为一个高中毕业生，有时眼看前途无望，心中难免会感到十分地惆怅，心想这个运动也不知道要搞到什么时候才能结束，如果长期这样混下去，不知道我们的人生将来会是怎么样的结局哟？！1967年年底，由于越南抗击美国侵略战争的战事日趋吃紧，根据"援越抗美"形势的需要，全国各地开展了征兵活动，我们学校里也开展了征兵宣传。当时我想，既然高考已经被取消了，上大学已经毫无希望，而文革也不知道要搞到什么时候，不如报名去参军算了：二十来岁的年轻人去到部队锻炼几年，或许会有意想不到的前程。于是我就毅然地在学校的征兵办公室报了名，后来经过体检和政审，我获得了准备入伍参军的通知，当时我的心情别说有多高兴了！当时我们班除我以外还有李泽荣、孙维友、高二班有谢荣鹏、高一班有袁永光等一共十几个同学一起都上了参军入伍的名单。于是利用周末回家的机会，我把我准备要去入伍参军的"喜讯"告诉了母亲和哥哥姐姐他们，我以为当他们听到我即将参军的消息时，一定也会非常地高兴。谁知母亲一听我要去当兵，当即表示坚决反对，她说："你是我们家里唯一的男孩，哪能去当兵啊？！人家都说'好铁不打钉、好男不当兵'，你干哪行不行，为什么要去当兵？我明天就去学校找你们老师说去！"我从未见母亲对我发过那么大的火，而且我以为母亲或许只是发发脾气而已，过几天或许就没事了。谁知她礼拜一果然就真的去了学校，而且还找到了我们学校的校革委主任、同时也是我曾经的班主任周宗马老师，并向周老师详细地介绍了我们家的家庭情况：即哥哥是外面来的，姐姐是同母异父等等。总之一句话就是："吴明清是我们家里的独子，我不同意他去当兵！"周老师一听这个情况，当即就表态说："老人家，您说得有理！您老人家先回去。现在我已经知道你们家的详细情况了，既然吴明清是你们家中的独子，那我们就不能让他去当兵了！"我回到学校以后，周老师把我叫去了他的办公室，告诉我老母亲已经找到他说了我们家的详细情况了，并说既然你是家中的独子，母亲也不同意，学校已经决定取消你参军入伍的资格了。听了周老师的话，我感到非常的沮丧，心想这个施展人生抱负的大好机会落空了。为此，我对母亲还产生了不少的怨气。眼看着即将参军入伍的同学们一个个喜笑言开，别说我有多懊恼了。六八年元月份，学校里这批获准入伍的同学们高高兴兴地参军去了，而我却怀着闷闷不乐的心情仍然留在了学校，同广大师生一道，又开始了日复一日地无休无止地学习文件和开展大批判的运动，而晚上及周末仍然是和同学们一起玩扑克、打麻将，浑浑噩噩地混日子，要多无聊就有多无聊！

从 66 年六月份开始到 68 年底，我们同全国各地的中学生一样，整整地在学校里瞎混了两、三年。当时全国的大、中、小学校已经完全停课两、三年了，工厂也停止了招工，很多机关单位、工厂都不上班了，国民经济出现了严重的下滑。原本三年困难时期过后，经过从 62 年到 64 年的三年调整，全国的经济形势已经有了很大的转变，到65年时，全国各地已是物资丰富、物价平稳，人民的生活水平有了显著的提高。结果经过 66 年到 68 年两、三年文化大革命的折腾，全国各地又出现了物资短缺、物价飞涨的困难局面。正是在这样的形势下，国家可能已经意识到，聚集在学校里的上千万中学生根本无法进行合理地安排，唯有让他们下农村插队落户、参加农业生产才是最合适的处置。于是六八年底人民日报发表了毛主席的指示："知识青年到农村去，接受贫下中农的再教育，很有必要！"随即就在全国各地开展了一场轰轰烈烈的知识青年上山下乡运动。在这种形势下，我们学校也立即开展了动员学生上山下乡的宣传。当时的做法是，属于城镇户口的初、高中总共三届毕业生，由政府出面组织集体下放到有关地区的生产队插队落户，而家住农村、户口也在农村的学生，则实行哪里来哪里去的政策，各人回自己家乡的生产队参加农业生产。我家在农村、户口也在农村，于是1969年的元月下旬，我自然而然地就回到了老家的生产队。想不到辛辛苦苦地读了十几年书，好不容易熬到高中毕业，以为考上了大学，从此就跳出了"农门"，谁知一场轰轰烈烈的文化大革命，不仅打碎了我的大学梦，而且还把我送回了农村，回到了生我养我的地方。当时的那种失落感，简直难以用一个准确的词语来形容，真像是"辛辛苦苦十几年，一夜又回到了解放前！"

（三）

1969年的元月下旬，我怀着十分失落的心情，闷闷不乐地回到了老家。虽然是回到了生我养我的地方，那里有我最亲的家人和邻里乡亲，但毕竟从小在外面读书过惯了集体生活，回到老家以后一个人感到非常地寂寞和孤独。当时头脑里感觉一片空白，满脑子想的是：个人的前途算是彻底完蛋了，将来怎么办啊？回到老家后，由于冬季里生产队也没有什么农活，我当时也不知道从哪里弄来了两、三部小说（记得有《红楼梦》、《清史稿演义》及《隋唐演义》等），成天就坐在家里的火炉旁边看小说，门都不想出，更不想见外人。由于心情不好，也很少同母亲和姐姐他们说话。母亲及哥哥姐姐他们知道我从学校上山下乡回来了，他们开始的时候也是非常高兴的，尤其是老母亲见到她从小就牵挂的宝贝儿子回家来不走了，心里头别说有多么高兴啊，只见她老人家成天总是乐呵呵的！但是见我来家以后心情一直不好，成天总是闷闷不乐地看书，母亲及姐姐她们感到挺纳闷的。有一天，母亲问我学校及其他同学的情况如何时，我情绪低落地对她说："现在学校里的学生全部都上山下乡了，学校里已经没有学生了，学校可能都已经关门了。我不知道回家来以后怎么办哟？！"母亲说："你回家来了，那就干农活呗！"我立即说："妈，你们辛辛苦苦地供我在外面读了十几年书，到头来还要回家来干农活，那我的书不是白读了吗？你们的辛苦不就白费了吗？"母亲接着说："我们辛苦倒无所谓，不过现在国家的政策是让你们上山下乡参加农业生产，目前也没有什么出路，你就先在农村安下心来，干几年农活再说吧，说不定过几年上面的政策又变了呢！"听母亲这么一说，我也无话可说。当时的现实情况确实是无路可走，既然已经从学校上山下乡回老家来了，无奈之下，那就只能在生产队里待着了。

当时回到老家来以后，最想解决的就是自己每个月的零花钱问题。在学校的时候，不管是读书还是呆在学校里"闹革命"，至少还可以向母亲和姐姐她们要伙食费和零花钱，现在既然已经回家来了，我已经没有任何理由再向母亲及姐姐她们伸手要钱了。再说一个二十来岁的大小伙子，还伸手向老母亲要钱，再怎么也说不过去，但是一时又想不出什么挣钱的法子。正当我一筹莫展的苦闷之际，村子里我初中一年级白坟分校的同学、同时也是我的远房侄儿吴兴志找我来了。一见面他就对我说："小爷(幺叔)，听说你回家来了。我同寨里的李生富买了一台爆米花机，我们想邀请你同我们一起去走村串寨，帮人家爆玉米花挣点零花钱，不知道你是否愿意去？"一听是去帮人家爆玉花，开始的时候我还有点犹豫，觉得一个堂堂的高中毕业生去干这样的事，似乎有点抹不开面子。但转眼又想，现在也没有什么门路可以挣钱，不如同他们一起去试试看，于是我也就答应了。第二天，我们三人轮流扛着爆米花机到附近的几个村寨，去给老乡们爆玉米花。当时每爆一锅玉米花收两毛钱，每天大概可爆三、四十锅，因此每天每人可以挣两、三块钱。就这样我们三人每天早出晚归，连续给附近的老乡们爆了三、四个星期的玉米花，每人分得了四、五十块钱。到 4 月份的时候，生产队的农活就开始忙起来了，爆玉米花的活也就停了下来。

　　说到干农活，虽说是长期在外读书，但毕竟生长在农村，放寒暑假时也经常在家里的自留地里干活，有时也参加生产队的劳动。因此，一般的农活都能拿得起来，比如种地、插秧及挑、抬等一般性的农活都没有什么问题。但是农村里男人干的真正的农活，比如犁牛打田、犁地等，我还真没有干过。尤其是犁牛打田的时候，由于田里的土是水淹着的看不清界线，如果没有经验，打田的时候有的土就有可能犁不到，而犁不到的水田种上水稻秧苗后，因泥土板结秧苗扎不进根，水稻就长不好。因此，犁牛打田及犁地这道农活我得从头学起。为此，生产队长特意为我挑选了一头脾气特别温顺的老黄牛，并先教我学习如何犁地，还亲自给我做示范。他首先教我如何训牛，要牛朝左边走时该怎么喊，朝右边走时又该怎么喊；犁地时如果遇到大的石块，如何通过快速提犁把抬高铧口避让石头，以防石块碰碎铧口；调头时又如何抬犁头和放犁头，怎样操作才能把边角上的土全部都能犁到等等，经过不到一个星期的练习，我终于学会了如何用牛犁地这道农活，不久又学会了犁牛打田。

　　在农村，真正的农忙时节是夏收夏种和秋收秋种这两个季节，尤其是夏收夏种的插秧时节。这个季节是在农历的端午节前后，此时，女人们主要是收割麦子和油菜籽，男人们则负责打田插秧。由于生产队有不少高榜田，而这些稻田一般没有水源灌溉，完全靠天上落雨。端午节前后，正是天上下滂沱大雨的涨水季节，此时正是男人们起早摸黑抢水打田的大好时机，如果错过这一涨水季节，高榜田就只能改种旱地了。这样的农活一直要忙三四个星期，等到把秧插完男人们的活相对也就轻松了。我在这一季节的劳动过程中，着实狠狠的锻炼了一回，背上及脖子上都晒脱了一层皮，干起活来，一点也不输生产队的农民社员。生产队长及社员们见了我都说：看来你这个"太学生"，还没有忘掉农民的本色呀！干起农活来一点也不比咱们老农民差。我听了心里非常高兴，但嘴里仍然谦虚地说："哪里哪里，我还差得远呢！"好在那时年轻气盛、20刚出头的人，要力气有力气，要身体有身体，累了睡一觉瞌睡醒来，又活力四射了。

时间一晃半年多就过去了，农活也差不多完全干习惯了，个人的孤独感也逐渐地消失了。到了69年的8月份，村里的两个生产队队长一合计：我们这里有个高中毕业生，让他干农活岂不是太大材小用了吗？干脆咱们在村里办个学校，让吴明清来教小孩子读书算了！于是两个生产队长来到我们家，把在村里打算办学的想法详细地给我作了介绍，并问我愿不愿意教书，至于待遇和报酬，除每年按生产队的一个强劳动力分粮食以外，每个学生每个学期交十块钱作为学费。我当时心想，农活是完全可以干得下去的，但实在是太苦太累，既然生产队要办学校并让我来教书，那就干吧！于是我就同意了村里两个生产队长的要求。当时学校就办在我家老房后面我哥修的新房的堂屋里，桌椅板凳仍然是因陋就简，让学生把自己家吃饭用的方桌、板凳以及条桌都拿来，再买块大黑板挂在墙上就行了。最后又找来了半截钢管，用铁丝拴起挂在屋外的立柱上，以敲钟为号决定上课、下课。就这样，经过两个多星期的筹备，我们的小学准时于当年9月1号正式开学了。学校办起来以后，学生除了本村两个生产队的小孩以外，还有箐脚靛山生产队的，以及罐子窑等地的小孩也都来了，全校总共有学生三十多名分为三个年级，其中以新发蒙的学生为主体，当年我们村子里有吴顺义、吴兴荣、吴东升、叶正翔、叶正鼎及靛山的吴兴林、吴顺林等，都是在我们的学校开始发蒙读书的。罎子窑的邓太和、郭满荣、郭满华及郭满富等，也到我的学校里来读二年级或三年级。由于一年级的新生有十几个，其余的二年级和三年级的学生分别有五、六个或七、八个不等，总共二、三十个学生都合在一个教室里上课，上课时用复式班的形式教学。即一般是先教一年级，上完一年级的课，接着教二年级，最后教三年级。每节课仍然是 45 分钟，上午 8:30 开始上课，课间休息15分钟，上完三节课后中午 12:00 吃午饭。午休两个小时，下午 2:00 又接着上课。下午也上三节课到 5:00 放学。课程除了语文、算术两门主课是按年级分开上以外，音乐、体育两门课是三个年级集中一起上的。由于教的是小学一至三年级，虽然没有用到多少自己所学的知识，但大部分精力主要花在了学生课堂纪律的管理上。这些学生大多数是我们村里吴姓家族中的子弟，由于我在家族中属于老辈，这些娃娃对我有一种敬畏的心理，因此开始的时候他们都很听话，课堂纪律相当不错。但随着时间的推移，他们同我混熟以后，也不再那么拘束了，课堂上有学生也开始不怎么听讲了，于是就要花较多的时间和精力来维持课堂秩序。这样每天五、六节课上下来，精神上感觉还是蛮疲劳的，有时一躺下就睡着了。

转眼到了 69 年 11 月份，70 年春季征兵的宣传工作又开始了。此时我想，这是一个好机会，这次我一定要想办法去当兵了，不能老这样待在家里混日子。68 年春季那次征兵，本来在学校我已经体检和政审通过了，但是临走之前由于老母亲反对，结果就没去成。为此事，我曾经对她老人家抱怨过多次，这次上山下乡回来后，母亲知道我对上次她阻拦我去当兵的事还在耿耿于怀，心情总是不高兴，所以很多时候她也在迁就我。但这次我想再次报名去参军，母亲是否能够同意，我还是没有把握。为了确保能够做通老母亲的思想工作，这次我又想到了吴明亮幺哥，只有把幺哥请来，才有把握说动老母亲。为此有一天晚上，我特意把吴明亮幺哥邀请到我们家里面来，当时屋里有母亲、哥哥和姐姐。吴明亮幺哥来家坐定以后，我首先开门见山地对母亲说："妈，今年的征兵宣传又开始了，我要准备报名去参军了，希望你老人家不要再阻拦我了！"母亲说："妈不想让你去当兵，还不是怕你去到军队里头出危险？家里头只有你一棵独苗苗，你现在连媳妇也没有结，你去到军队里头万一有个闪失，那可怎么办？！"姐姐也给母亲帮腔说："老幺，你现在在家里教书不是挺好的嘛！干嘛还要去当兵？当兵又有什么好？"此时，吴明亮幺哥发话了，他对我母亲说："幺太太，既然明清兄弟想去参军，我看您就不要再阻拦他了！现在是和平年代，您老人家就让他去吧！幺兄弟读了那么多书，去到部队说不定就让他去当个文书或文化干事之类的职务，真正扛枪上前线打仗恐怕还轮不到他呢！另外，自古以来忠、孝不能两全。现在新社会提倡的是好男儿志在四方，幺兄弟的志向是要抓住一切机会到外面去闯世界。他出去替国家服务，万一做得好前途远大，我们家族中的人还不是要沾光！所以我劝您老人家就让他去算了，不要再阻拦他了。否则幺兄弟在家里待着整天都不高兴，您老人家看在眼里还不是心里不好受！"这时我哥也开口说话了，他说："既然老幺不想在家里待，他想去当兵就让他去吧！家里的老母亲有我们照

1994.7与周宗马老师合影于六枝

管。"眼看大家都这么说，母亲最后也只好同意了。她对我说："老幺，你实在想去当兵得很，那你就去吧！不过你去了要注意安全，在军队里头搞两年就快点回来成家！"我一看母亲同意了，高兴地说："好嘛！我去当两、三年的兵就回来。"其实我当时心里想的是，只要我出去了，能在外面待多久就待多久，不一定非要回来不可。于是过了两天，我就高高兴兴地到公社报名参军去了。

　　人们常说：天有不测风云，人有旦夕祸福。12月上旬，公社通知报名参军的年轻人去化处区卫生院进行体检。大约过了一个星期，体检结果出来了，公社革委发来通知要我去公社，我以为我的体检和政审已经通过了，可能很快就要入伍了。谁知到了公社，公社负责征兵的领导告诉我说，医生体检时发现我肛门上有个痔漏，因此体检不合格，不能入伍参军。当我听到这个消息时，犹如被人从头上打了一闷棍似的，整个人一下子腿都软了。心想，我的命运为什么会是如此的多舛呀？前年是母亲不同意，今年又是体检不合格，命运怎会如此地捉弄人啊？本来我的体质向来比较强壮，身上也没有什么毛病，但上山下乡回家以后，过了两三个月，我的肛门附近总是发痒和隐隐作痛，偶尔还会有恶臭的黄色液体从肛门旁边渗出，走路时疼痛感加重。由于当时年轻，心里并不太在意，心想过一段时间也许就好了，所以也就没有去看医生。谁知这次参军体检时却误了大事，因为就这么一点小毛病，把我的个人前程给耽误了。但我当时还不死心，决定去化处区里找负责征兵工作的张指导员说一下情，看看是否还有通融的余地。为表示我坚决要求入伍当兵的决心，去之前的头一天晚上，我咬破了右手的食指，用带血的手指在一张白纸上，写了一封简短的坚决要求参军入伍的血书。去到区里找到张指导员后，我把血书交给了他，要求他让我去参军入伍。张指导员把我叫到了他的办公室，然后对我语重心长地说："小吴，你要求入伍当兵的决心很好！你的文化程度很高，确实也是我们部队需要的人才。不过你的体检确实没有过关，这个入伍的标准是没办法改的。你今年去不了不要气馁，等你把这个小毛病治好了，下一次如果有机会你还可以去嘛！"此后不管我如何再三地请求，张指导员始终就是不松口，于是我只好又沮丧地回到了老家，继续小学教师的生涯。到了70年放暑假时，老母亲在六枝平寨找到了一位专治痔疮的私人医生，花了二、三十块钱，终于彻底地治好了我的痔疮。

(四)

周宗马老师是我读高中二年级和三年级时候的班主任老师，他向来对我很好，我们之间的师生情谊一直都比较深厚，因此即使上山下乡了，有时候周末去下营盘赶集，我也会去他家看望他。大约是1970年的三，四月份左右，周老师已调到六枝特区教育局任文革主任了，主管整个特区教育局的文教工作。一个周末我去看望他时，周老师听说我在村里教小学，便对我说："明清，你想不想来六枝这边教书嘛？下营盘大寨后面新成立了一所抗大中学，现在急需老师，如果你愿意来的话，我给你弄个教师指标！"我一听是当中学教师，当即高兴地就答应了。周老师接着又说："因为你回乡以后属于普定县的知青了，不属于六枝特区管辖，因此我以六枝特区教育局的名义，给你写个征求意见函，你拿去你们普定，从生产大队开始到公社、再到县人事局去征求一下意见。如果他们同意放你了，你把回函拿回来，我就给你办理教师的招工手续！"于是周老师很快就把六枝特区教育局写给普定县人事局的征求意见函写好后交给了我，要我尽快把此事办完，然后把回函交给他。当我拿着这个征求意见函从生产大队到公社，再到县人事局去征求意见时，生产大队倒是没有任何问题，然而到了公社以后公社革委主任不在家，只找到一位副主任，副主任看了看我给他的征求意见函，便说："你是我们的知青，为什么要由六枝那边来安排呀？而且现在主任不在家，也不知道他什么时候能回来，你等他回来以后再说吧！"我一看这个副主任的态度，估计公社这一关肯定过不了，如果等公社革委主任回来，他要是在征求意见函上签上"不同意"三个字，那么这条路就被彻底地堵死了。我想不如先拿到县人事局去找个熟人帮一下忙，如果县里同意了，公社这里就无话可说了。我第二天步行到达县城以后，为保险起见，我先去找母亲外家的一个远房亲戚，他叫张文明，当时在普定县法院任审判庭长，61年我在普定县城读书的时候曾见过他。找到张庭长以后，我把六枝特区教育局给普定县人事局的征求意见函拿给他看了，要他帮我去县人事局说一下情，他答应明天早上可以去试试。当晚我就住在他家，第二天上午上班后，张庭长带着我去到了县人事局，到了人事局长的办公室以后，我把六枝特区教育局的征求意见函递给了人事局长，要求人事局能同意放我去六枝特区工作。张庭长随即把我的情况比如我以前是在六枝特区念中学、然后上山下乡就回到老家来了等向人事局长做了简单地介绍，并希望县人事局能同意放行。人事局长看完征求函后沉思了一会说："这个事情恐怕不好办呢！你们生产大队是同意了，但公社革委没有签署意见。你首先得有公社的意见，公社革委同意了然后你才能拿到我们县上来。你现在没有公社基层的意见，你让我们县人事局怎么签？另外，你现在已经是我们县里的知青了，我们县的知青我们有我们自己的安排，怎么能让六枝那边来安排呢？"人事局长这么一说，我们两人什么话也答不上来。张庭长眼看这个事情没有任何转圜的余地，无奈只好带着我离开了县人事局。回家过了几天，我怀着失望的心情去六枝特区教育局见周老师，并把普定县人事局不同意放我的事告诉了他，周老师听完后只好惋惜地说："既然你们县里不同意，这就没办法了！看来你也只能在普定县那边想办法了。"我知道周老师为我的事已经费心尽力了，谢了周老师的一片心意以后，我又再次怀着失落的心情回到了老家，继续我的教书生涯。

在老家教小学很快一个学年就过去了，转眼到了70年的8月中旬，眼看9月1号逐渐临近，小学的新学期就要开

1994.7.六枝一中部分老同学
与周宗马老师合影 (前排左三为作者)

学了。一天下午，大队支书给我捎来了公社革委的一个口头
通知，说要我去公社一趟，公社革委主任有事要找我谈谈，
但大队支书也没说公社革委主任找我究竟是有什么事，我当
时的心里不免有点忐忑不安。第二天上午我如约步行去到了
播改村的公社机关。那时我们腊柳公社早已于60年代中期同
朵贝公社合并了，两个公社合并后统称为朵贝公社，但公社
机关设在离我们村大约有七、八公里路远的播改村。当时的
公社革委主任名叫马德隆，50岁左右年纪，六枝特区大用湾
寨人；另外还有两个副主任，一个叫李玉槐，也是大用人，
另一个叫李顺义，他是本公社田坝大队的人，贫下中农出身
的老土改干部，不识几个字但记忆力超群，上次去公社机关
签字，见到的就是他。另外还有一位没任职的副主任，名叫
王朝焕，化处区水母的人。我找到公社革委马主任以后，马
主任把我叫到了他的办公室，我坐下来后，马主任对我说：
"小吴，听说你上次来公社找我，我不在家就没有会到你。
我们以前还不知道和认识你，现在才知道原来你是我们公社唯一的一个高中毕业生哩！现在既然你已经上山下乡回老家来了，我看小学你也不用再教了，我们公社革委已经研究决定了，调你来公社机关帮助公社革委做些文字工作，你看怎么样？"本来上次来公社签征求意见函时，遭到拒绝后我心里多少还有些怨气，我以为这次马主任要跟我谈谈上次签征求意见函的事呢，结果听马主任这么一说，真是有点出乎我的意料。我心里想，我这次要是不同意来公社的话，万一以后有什么招工的机会，公社不同意放的话，那不就更糟了？我想干脆还是同意来算了，来了以后设法同公社的领导搞好关系，以后有什么事不就好办了吗？于是我考虑了一会就答应了。马主任见我表示同意后，他又说："调你来公社机关工作，是作为半脱产干部处理的，你的户口仍在原生产队，你仍在原来的生产队分粮，公社每个月给你发25块钱的生活补助费。你回去以后给生产队和大队说一声，就说抽你来公社机关工作是公社革委决定的。你回去把小学的事情处理完以后，九月初马上带上行李就到公社机关来报到。好吗？"我说好的。回到生产队以后，我把公社革委的决定给生产队和大队做了转达，然后把我们学校的小学生全部遣送到了对门寨袁运衡的小学去了以后，带上行李我就去公社机关报到了。

当时的公社机关，除了革委的马德隆主任和两个副主任以外，我的堂兄吴明权也在公社机关工作，当年他是公社机关的秘书，专管公社机关的公章和接转电话等工作。当时全国各地正在开展"一打三反"运动（即打击现行反革命破坏活动、反对贪污盗窃、投机倒把及铺张浪费的政治运动）。农村中最严重的就是贪污和盗窃案件频发，贪污一般多发生在生产队及大队干部的身上，而盗窃则多发生在老百姓中间，尤其是农村中的盗砍、盗伐山林以及盗卖耕牛和集体生产资料时有发生，个别地区盗砍盗伐山林还相当的严重。因此，整个公社范围内已经立了不少案件，其中有个别性质特别严重的刑事案件已经移交给了县公安局侦破，一般较小的案件则由公社革委自己组织调查和处理。由于公社自己负责的案件数量较多、工作量比较大，而公社的脱产干部又少，即使把我抽调来了，也觉得人力不够，于是公社革委又从下半公社的田坝大队抽调了另一个人来参加案子的调查和资料整理工作。下半公社来的这个人名叫郑代和，当年大约30岁左右，他是1960年普定中学高中毕业后并考上了北京石油学院的大学生，入学读了一年大学后，61年因病休学回家，后来就中断学业而留在老家终身务农了。公社把我们抽调来的两个人分开，一个人跟一个副主任再加一名当地的生产大队干部，组成两个三人小组，分别下到有问题的生产大队，负责调查当地的贪污和盗窃案件，逐案收集人证、物证，并对涉案人员做好讯问和笔录工作。案件调查完成后，然后再回到公社机关编写案件的调查报告，并逐案分析案件的性质和严重程度，在此基础上，根据相关政策提出初步处理意见，再经公社革委集体讨论审阅定稿后盖章，最后报送到普定县革委审查备案并存档。由于我编写的调查报告事实清楚、证据充分、分析得当，深得公社及县两级革委领导的好评。在整个一年多的"一打三反"运动过程中，经我参与调查并执笔编写的案件调查报告总共有一、二十份，其中个别有关盗窃及奸淫妇女的重要案件，经转呈县公安局后，引起了警方的重视。后来县公安局在我们调查的基础上，经过进一步侦查和补充证据，最终犯罪嫌疑人均被绳之以法。

　　一九七一年九月份，有关林彪的"9.13"事件发生以后，10月份宣传"9.13"事件的中共中央文件就下发到了公社一级，于是公社又组建了传达中央文件的宣讲小组，下到全公社的各生产大队去向广大社员群众，传达宣讲中央文件的精神。我被抽调加入了公社的宣传小组，并作为主要宣讲员，自始至终参与了为期一个多月的中央文件宣讲工作。在这一个多月的中央文件宣讲工作中，我同公社的李玉槐副主任，先后在十几个生产大队召开了二十多场群众大会，并由我在大会上宣讲中央文件的精神。经过数十场的宣讲，由此获得了在大庭广众之中说话而不怯场的锻炼，从而也为我后来上大学和工作后担任兼职社会工作打下了一定的基础。经过在公社机关与公社革委领导一起工作了一年多以后，几位公社领导对我的为人和工作能力给予了充分的肯定和积极的评价，他们都认为我这个人诚恳、朴实、为人正派、乐观向上，并且有很强的文字工作能力。在公社工作期间，马主任还引导我积极争取进步，鼓励我写入党申请书，积极向党组织靠拢。与此同时，马主任还十分关心我的个人前途问题。当年他曾试图把我转为正式的国家干部，留在公社同他们一起工作，但是由于当时没有招工指标，马主任想把我转为正式公社干部的想法一直难以实现，为此他也时刻留意大中专学校招生的动向。大约是1971年的6～7月份，安顺地区师范学校开始面向上山下乡知青招生，我们公社分到了一个名额。马主任得知消息后，立即来告诉我说："小吴，我知道你是个有工作能力的年轻人，我们公社非常喜欢你并很想把你留下来一起工作，但是现在看来想留也留不住，我们不能耽误了你们年轻人的个人前程。现在安顺地区师范学校已经开始招生了，不知你是否愿意去？"我当然很想继续上学深造，争取再多学些知识，但一听是中专招生，当即对马主任说："马主任，安顺师范学校属于中专，中专招生我就不去了。我都高中毕业了，水平应该与中专生相当，我想我就没必要再去念中专了。以后如有大学招生的机会再说吧！"马主任说："那也好。以后如有大学招生的消息来了，我就马上告诉你！"转眼到了72年的三、四月份，一天下午马主任去县里开会回来后，他高兴地来告诉我说："小吴，现在大学招生的消息来了！我们公社分到了一个名额，招生专业是贵阳师范学院的体育系，不知道你愿不愿意去？如果你愿意去的话，我们公社就推荐你。"我听到这个消息以后心里非常高兴，心想上大学是我多年以来的梦想和愿望，现在只要有大学上，不管它是什么专业我都愿意，即使是体育系也行。于是我说："马主任，行！体育系我也愿意去。"马主任说："那好！那我们公社马上就把推荐你的名字报到县里面去！"到了5月中旬，县教育局通知各个公社推荐上大学的人都去县里面试和体检。到县里面试的时候，给我面试的是来自贵州大学物理系的杨老师，他首先详细地询问了我的学历及就学情况，然后又出了几道初中和高中的数学题给我做，不一会我都准确无误地完成了测试。面试完了，杨老师说："小吴，你就等着录取通知书吧！"我当时心里还嘀咕了一下，心想上体育系还要测试我的数学水平，真是有点奇怪呢！体检也很顺利地通过了，因为我的痔疮70年夏天做了手术后已完全痊愈了。面试和体检结束以后，我又回到公社继续工作去了。过了两、三个星期大约到了6月上旬，我收到了贵州大学邮寄来的录取通知书，告知我7月中旬到学校入学报到，录取的学校和专业不是原先分配给我们公社的贵阳师范学院体育系，而是贵州大学化学系，我感到非常地意外。但仔细一想，我之所以被贵州大学录取，一定是贵大派来招生面试的杨老师在面试时，看到我这个人个头不高，不是搞体育的料，同时见我是66届的高中毕业生，中学基础知识扎实，于是就把我从贵阳师范学院体育系调整到贵州大学化学系去了。公社领导知道我得到了贵州大学的录取通知书，并且七月中旬就要离开公社去贵州大学报到了，于是公社的几位领导在高兴之余，决定在我去大学入学报到之前，争取帮我把加入党组织的问题解决掉。于是公社党委立即通知我所在生产大队的党支部书记陶玉盛，要他赶快召开党支部会议为我履行入党手续。接到公社党委的指示以后，大队党支部马上召开支部会议讨论了我的入党申请，结果支部会议自然是一致同意我加入党组织，介绍人是党支部书记陶玉盛和支委王佑恒。大队支部把同意我入党的支部决定报到公社党委去以后，1972 年 6 月 12 日晚上，公社党委立即召开党委会审查我的入党申请，结果公社党委会也是一致同意我加入中国共产党，并当即在党委会上为我举行了入党宣誓。由于文革时期党员已经取消了预备期，因而只要党委会讨论通过，新党员从入党宣誓之日起，就是一名中共正式党员了。不过说句心里话，当时接到贵州大学的录取通知书以后，心里简直高兴得把其它的事情统统都抛到九霄云外去了，对于是否入党，我当时并没有想得那么多，更没有一心想要在上大学之前把个人的入党问题解决掉，不过后来一想，既然公社领导这么关心，那就入吧。拿到大学录取通知书，我回家以后告诉了母亲和哥哥姐姐，他们听到这个消息也都非常地高兴。然而我思前想后，想到高中毕业后六年来，尤其是上山下乡三年多来所经历的各种酸甜苦辣，一直在苦苦地寻求人生的各种可能出路，现在终于实现了自己梦寐以求的大学梦，心情久久不能平静，由此不禁喜极而泣，于是我在家中痛痛快快地大哭了一场。

人们常说：人分三六九等，命运各不相同，但是上苍对每一个人又似乎是相对公平的。在漫漫人生之路的某一时刻，命运为你关上了一扇门的同时，或许又为你打开了另一扇窗。比如1969年元月的上山下乡，假如我不是回老家而是与同班同学一起集体插队落户的话，那1970年六盘水地区招工时，我有很大可能就是六盘水地区的一名煤矿工人。同样地如果当初普定县人事局同意放我去六枝特区教育局工作的话，那我很可能终其一生就是一名中学教师，而不可能在1972年还有机会跨入贵州大学的校门，我这一辈子或许将与大学无缘，我所走的肯定又会是另一条截然不同的人生之路。

第四章 奋进的金色年华

（一）

文化大革命自 1966 年 5 月中旬"五·一六通知"开始以后，随即就取消了全国性的高考。经过文革 4～5 年的折腾，到了 1970 年左右，尽管上级领导天天都在喊要"抓革命、促生产"，但整个国民经济却出现了严重下滑，人民的生活水平也在逐年下降。由于大学数年不招生，更没有大学毕业生补充到就业队伍中来，因此各行各业都出现了知识和专业人才严重短缺的局面。面对知识界出现的严峻人才断

层状况，中央高层可能已经意识到大学长期停办也不是个办法，但又不能走回头路，必须得另想办法如何对教育界进行改革。于是到了1970年，毛主席对上海机床厂培训工人技术人员的经验进行了总结，他指出："大学还是要办的"，"但学制要缩短，教育要革命"，"要从有实践经验的工人

农民中间选拔学生，到学校学几年以后，又回到生产实践中去。"这就是毛主席当年发表的著名的"七·二一指示"。根据毛主席的这一指示，1970和1971年，北大、清华等几所京内院校首先开始进行少量试招生，学制暂定为三年。接着从1972年开始，又在全国所有大专院校全面铺开扩大招生，这就是文革中工农兵大学生的由来。据统计，从1970到1976年，全国所有大专院校总共招收了九十二万余名工农兵大学生，而我正是这九十多万工农兵大学生之一。

　　1972年7月中旬，我怀着无比喜悦而激动的心情如期到贵州大学化学系报到来了。按理如果不是文化革命中断了大学招生的话，此时的我应该是大学毕业后已经工作两年了，因此，实际上我们这批人完全是被文革整整地耽误了六年，白白地浪费了大好的青春。尽管如此，毕竟我们最终还是跨入了大学的校门，至少也算是同龄人中的幸运儿吧。为此，我心中还是感到非常地高兴，同时也产生了追求知识的强烈欲望和紧迫感，于是在心中就暗暗地下定了决心，一定要在大学里把知识学好。

　　我们班是文化大革命中断大学招生六年后，贵州大学化学系招收的首批工农兵学员，专业是分析化学。当时贵州大学共有七个系(中文、数学、物理、化学、历史、哲学及外语)，每个系招收一个班，所以整个贵大当年首批共招收了七个班，总共约三百来个工农兵学员。我们班当年报到的学生共有 41 名，其中男生 23 人，女生 18 人。41 人中不仅年龄差距较大，而且文化层次也参差不齐，从初中一年级到高中三年级每个年级的学生都有，其中约 60% 的学生仅具有初中文化程度，高中生约占 40%，全班学生中高中全部念完的六六届高中毕业生仅有两、三人。另外，同学中

1972.9 贵大新生摄于黔山车站(右一为作者)

绝大部分是由农村推荐来的上山下乡知青，有少部分是由工厂、矿山推荐来的工人。当年工农兵学员上大学，不仅不用交学杂费，而且国家还给每个学生发放助学金，当年助学金的金额为每个学生每月 19 元 5 角，其中 13 元 5 角由学校食堂发给饭菜票，剩余的 6 元则发给学生本人作为零用钱。如果是上大学之前参加了工作、并且工龄已满五年的同学，他们还可以带全薪学习。由于我们化学系属于理工科，班上没有招收解放军学员。文科比如中文、历史及哲学等系则招收

1992.9.贵大50周年校庆化学系部分师生合影(左二为作者)

有少量的解放军学员。解放军学员一般都是排级以上的干部，他们来上学享受的也完全是部队里相同级别的干部待遇，因此他们在学员中的待遇算是最高的。

由于班上同学之间的文化层次差距比较大，而且大部分学员只具有初中文化水平，中学的基础知识相对比较贫乏，因此开学以后，学校决定先用三个月的时间给学生补习中学阶段的基础知识。也就是说，班上前三个月开的数学、物理、化学等几门课，老师上的全都是中学阶段的基础知识，英语则是从最基础的英文字母和基础音标学起。由于我是班上仅有的两、三个六六届的高中毕业生之一，中学基础知识相对比较扎实，老师在给班上的同学上完数理化的基础课以后，总是让我来给班上的同学们答疑解惑，有时则直接站在讲台上给同学们讲解，俨然像是数理化老师的助教。经过三个月左右的数理化各科基础知识的补习以后，班上的教学开始进入了正规大学的课程，但是有部分学生的基础实在太差，学习根本跟不上教学进度，于是班上的个别同学就从我们理科转系去学文科了。由于文革中极"左"思潮泛滥，再加上招收的是工农兵大学生，当时提倡的是：工农兵上大学，并对大学实行"上、管、

改"，即工农兵不仅要上大学，而且还要参与管理大学、改造大学。在这样的大环境下，老师对学生的要求显然与文革之前完全不一样。一般情况下，老师上完课以后，课外作业不仅留得很少，而且平时也不举行测验和小考，只是在半期和期终举行两次考核，考核时题目也相对出得比较简单，考核的结果是基本上人人都能过关，因此，学生平时的学习压力并不是太大。

我们班学的是分析化学，这是个实用性非常广泛且实践性也非常强的专业，但凡水泥、矿山、冶金、环保、食品、医药、地质勘探甚至公安破案等都离不开分析化学技术。由于文革中断了大学数年的招生，国家非常急需这方面的人才，因此大学刚一开始招生，很多大学的化学系都选择招收了这个专业。在大学学习期间，学校和老师的要求虽然不高，但是我本人对学习丝毫没有放松。由于我是班上的四个党员之一，中学的学历也最高，于是我便被系党总支指定为班级的党支部书记，另一个党员李万智同学则被指定为班

1984.9.部分贵大老同学摄于
韶山火车站(前排左三为笔者)

长。作为班上的党支部书记，除了要完成自己的学习任务以
外，平常还要协助我们班的指导员(当时学校给每一个班配
备了一位教师，而这位教师则被称为指导员)管理整个班级
的各项工作，包括学生的思想教育、班级学习情况、班上团
支部的活动以及新党员的发展等等，业余时间我要花大量的
精力来处理这些社会兼职工作。次年73级的工农兵学员进校
以后，我又被系领导指定兼任了系团总支书记。由于大部分
业余时间都被社会工作占用了，我的学习就只能利用上课的
时间，尽量提高自己的学习效率。尽管自己平常比较累，但
自我感觉心情舒畅，而且学习成绩也没有受到多大的影响。
我心里也非常清楚，系领导之所以让我担任班级党支部书记
的工作，体现的是系领导对我本人寄予的厚望和信任；另一
方面，因为全班同学都知道我是66届的高中毕业生，在学习

1973.7.贵大老同学(后排右三为作者)

方面有一定的优势，我应该在各方面做出表率。因此，在平常严格要求自己的同时，学习上也是做到了刻苦努力。我基本沿用中学时候的学习方法，即课堂上抓住老师讲课的重点，并做好课堂笔记，课后及时完成作业和做好复习。对于老师要讲的新课，力求先预习一至二遍，做到心中对新课内容先有个了解。对于英语，则利用早上上课前或业余时间多读多练。由于中学基础扎实，加上自己又有一套行之有效的学习方法，因此，在三年的大学学习期间，我的学习成绩在班上始终名列前茅。正是因为学习成绩突出，再加上平常解决疑难问题时思维较为敏捷，我被班上的同学戏谑为"大神童"，而另一个年龄较小、原来学习基础较差，但学习成绩同样非常优秀的陈维明同学则被称为"小神童"。然而世界上哪有什么"神童"？只不过是在背后比别人多付出了些时间和精力而已。

由于工农兵上大学是文革废除高考后的新生事物，当时被赞誉为教育革命的伟大创举，并大力提倡实行开门办学，

瞻仰革命纪念地湖南第一师范

(左为作者右为徐渝春)

1974.9. 湖南长沙

把教育同三大革命实践活动紧密地结合起来。强调工农兵不仅要上大学，还要管理大学，改造大学，要求学生不仅要学工，也要学农，还要学军。为了学农，我们班在离学校十几华里远的磊庄机场附近，开辟了一块四、五亩大的土地作为农场，并在农场里种上土豆、辣椒、茄子等蔬菜，我们全班同学定期带上农具步行去农场参加劳动锻炼。每到秋天的农作物收获季节，我们就会把收获的土豆等蔬菜交到学校的食堂去，用以改善全校师生的生活。为了使班上的学农工作做得更好，班上还推举了一位从农村来的同学担任劳动委员，而这位劳动委员就是潘治海同学。潘治海虽然年龄不算大，但个子高身体壮实、人也很朴实，于是大家都叫他老潘。老潘是贵州省麻江县的苗族后生，干农活是把好手，他既有力气，也懂得如何干活种地，是个非常称职的劳动委员，深得同学和老师们的信任和赞赏。

实行开门办学的第二项就是学工的实践活动。开学后的第一年，系里首先有针对性地选择让我们班到化工或冶金工业部门的化学实验室去参观学习，让我们实地体会和了解分

(前排右为作者)

1949于湖南韶山毛
主席故居前留影

析化学的实用性和重要意义，从而促进我们的专业学习。为此1973年的暑假，系里由专业老师带队，我们全班同学去到遵义碱厂和遵义铁合金厂分析化学实验室进行了为期两周的参观和学习。1974年的8月份，学校又组织我们全班同学去到湖南株洲冶炼厂的分析化学实验室实习了一个半月。当年8月中旬，我们全班同学由系上老师带队，乘火车经广西柳州、桂林去湖南株洲（当年湘黔铁路尚未通车，从贵阳乘火车去往北方须绕行广西）。在乘车途中，同学们还在桂林中途下车，游览了桂林风光。株洲冶炼厂是一个拥有数千名工人的大型铅锌矿冶炼厂，除了生产铅锌等有色金属外，还回收和生产诸如锗、镓、铟、铊等稀有金属，该厂的分析实验室规模很大，既设有化学分析实验室也有仪器分析实验室。化学分析实验室又分重量分析、容量分析及原子吸收光谱分析等几个小组，同学们分别轮流在各个分析方法组之间交换实习，进一步将所学的书本知识紧密地结合了生产实际。实习期间，同学们还拜厂里的实验技术员为师，虚心地向老师傅们学习，从而加深了同厂里工人师傅之间的友谊，真正达到了学工和开门办学的目的。我们当年在株洲实习的时候，正值八、九月份的盛夏季节，每天气温都在三十五、六度以上，这样的酷热天气在贵州是从未经历过的。到了株洲，才使我们这些从小生长在云贵高原的人，真正地领略了中南地区的湿热气候。上世纪七十年代中期，正是文革开展以来，经济形势逐年走下坡路的时候，全国各地粮、油、副食品一直都在实行凭票定量供应。由于湖南地处湖泊、河流众多的丘陵地带，属于农业比较发达的鱼米之乡，猪肉的供应相对比贵州要充足得多，在乡镇的集市上也常有私人宰杀的猪肉出售。相比之下，贵州的猪肉不仅少，而且价格更高。为此，我们在株洲冶炼厂实习的不少同学，在实习结束之前利用周末到株洲的乡镇集市上买了不少肥猪肉，然后熬成猪油和油渣后带回贵阳去改善生活。这也算是外出实习的另一额

1974.12.全班同学与地矿局马工程师合影 (第三排右三为作者)

外收获吧。另外，我们在实习期间，还利用周末组织同学们去韶山参观了毛泽东主席的故居，接受了革命传统教育。总之这次全班同学赴湖南株洲冶炼厂的实习实践活动，大大的

开阔了同学们的眼界，无论在思想上还是在业务上都有了很大的收获。

（二）

开门办学的实践活动，除了学军的这一项由于没有条件或时间来开展以外，根据所学的专业特点，学校主要紧紧抓住学工的实践活动，重点强调通过学工来促进和提高学生的专业技术水平。为此，我们全班从湖南株洲冶炼厂实习回来以后，系里又组织全班同学到贵州省地矿局分析化学实验室去参观学习。此后，系里又将省地矿局中心分析室的马工程师请到学校来给学生讲课，进一步提高同学们的专业理论水平。"走出去、请进来"的这项活动前后经历了一个多月，进一步地增强了学校与生产单位的联系。

由于工农兵学员的学制为三年，我们是 72 年 7 月份入学的，75 年七、八月份我们这一届学员就应该要毕业离校了。按照学校的安排，从 75 年 4 月至 7 月，是我们 72 级学

1975 文 地化所毕业实习（合上答辩者为作者）

1987.贵阳
花溪公园
(居中者为作者，两侧为渝春和磴农)

生的毕业实习时间。为此，由学校出面联系了贵阳市区及附近有关的厂矿及科研单位为同学们开展毕业实习。其中，中科院贵阳地球化学研究所中心实验室、省地矿局中心实验室、省冶金设计院化学分析实验室等单位是实验技术条件相对较好的实习单位。当年 4 月中旬，我有幸同班上的其他九位同学一道，由化学系的薛赛凤老师带队，到中科院贵阳地球化学研究所中心分析室去做毕业实习。中国科学院贵阳地球化学研究所，当时是中科院直属的国家级地学科研单位，当年全所有十余个研究室，其中有一个中心分析室，是专门为全所科研人员服务的，该所的工作条件及仪器设备在当时的同类型实验室中是最好的。中心分析室分为化学分析和仪器分析两大部分，其中化学分析又分为岩石分析组、矿物分析组及原子吸收分析组等。到地化所以后，我分在岩矿分析的原子吸收组，指导老师是该室的郭安贞老师，毕业实习的题目是：利用原子吸收光谱仪测定硫化矿样品中的微量铊。由于铊这个金属元素在地壳中是一个分散元素，很少有独立的矿物或矿床，它总是呈分散状态分布在岩石和某些硫化矿物中，而且这些岩矿中铊的含量非常低。因此，岩矿样品中微量铊的准确测定在当时还是比较困难的。为此，中心分析室的领导决定让郭安贞老师指导我来把这一难题加以解决掉。铊在岩矿样品中的含

1975.7.地化所实习结束时与所领导合影
第二排左四为所党委书记
杨敬仁
第二排左2为作者

量很低，1 克样品大约只含有 1～2 微克的铊，而当时原子吸收光谱仪的检测限则为 3 微克。因此要达到准确测定样品中的铊，则必须加大称样量，亦即必须首先对样品中的微量铊通过化学前处理来进行分离和预富集，这样才能达到测定的要求。为此，我在指导老师的协助下，首先从化学溶样的条件试验做起，一步步地开展条件试验。在完成化学溶样条件试验的基础上，接下来又进行微量铊的分离与化学富集条件试验及原子吸收测试条件试验。在上述繁琐复杂的化学条件试验过程中，也曾反复经历过数次失败，但最终还是取得了成功。经过将近三个月的艰苦工作，终于完成了岩矿样品中微量铊的原子吸收光谱测定方法研究的毕业论文。毕业实习结束时，我还在地化所的中心分析室举行了毕业论文答辩，分析室的几位领导及指导老师都出席了答辩会，他们对我毕

2007.10.贵大化学系72级部分老同学(后排右二为作者)

业论文的工作成果表示非常满意。本来按照学校和系里的规定，对于分析化学专业的学生，只要求学生经过三年的学习以后，能熟练地掌握化学分析技能，并能圆满地完成生产任务，即为一个合格的化学分析技术人员，从而达到了毕业实习的目的。然而我们到地化所中心分析室以后，室领导并不单纯要求我们能够完成地质样品的分析测试工作，而是让我们开展新的测试方法研究，锻炼我们分析和解决问题的能力，这就对我们的毕业实习提出了比学校里规定更高的要求。而我们班在地化所实习的十位同学，绝大多数基本上也都完成了毕业实习的任务。

三个月左右的毕业实习结束以后，同学们都回到了学校，马上就要面临毕业分配了。当时是计划经济的年代，大中专毕业生都是由国家统一分配。按照当时的政策，工农兵学员毕业以后，原则上是从哪里来，还回到哪里去。比如由

1975.12.地化所镇宁社教工作队黄果树瀑布留影(前排左二为作者)

工厂推荐来上大学的，毕业后原则上仍回到原来的工厂里去，而由农村推荐来的学生，毕业后原则上仍回到原来的县里去，然后再由县人事局重新分配专业对口的工作。不过学校和系里仍然掌握有学生分配的主动权，一是学校每年根据教学的需要，每个班可择优选择1～2名毕业生留校当老师；二是如果当年国家急需某个专业方向的毕业生，学校则优先满足国家的需求。有关我毕业后的分配去向，在毕业实习之前，系里的负责同志就曾向我透露了我们班准备选择一、两个同学留校任教，具体的人选一个是我，另一个就是陈维明。从我本人来说，我是从农村来上大学的，毕业后如果能留在大学当老师，那自然是非常理想的了，因为毕竟大学教师也是一份非常体面的工作，因此我对毕业分配没有什么可担忧的，安安心心地等待 8 月份学校的毕业分配通知就行了。然而大约是75年8月中旬的某一天，贵州大学负责学生分配工作的学生处的处长邵大秀老师打电话到化学系系领导办公室，说要我去校学生处一趟。我按时去到了学校学生处的处长办公室，见到处长邵大秀老师以后，邵老师对我说："小吴，今天叫你来是有关你的毕业分配问题，我们想征求一下你本人的意见。本来你毕业后的去向，按照系里和校领

2006.7.与赵钢军老同学(右)摄于贵阳甲秀楼

导的意见是留校当老师的。现在的问题是，地化所人事处两次派人来我们学校要数、理、化三个系的毕业生，两次他们都点名非要你去地化所不可。上个星期他们第一次来人点名要你时，当时我们学校没有同意，我对他们说："吴明清已被我们留校了"。但是这个星期他们又第二次来人了，并说一定要你去地化所不可，至于化学系的其他毕业生，可以由学校推荐。因此，我们想征求一下你的意见，看你是愿意留校当老师呢？还是愿意去地化所？如果你愿意去地化所，为了保持同地化所这个国家级科研单位的良好关系，我们同意放你去！"听了邵处长的话，我当时吃了一惊，没想到地化所会派人到学校来要我，而且还来要了两次。虽然我在地化所实习了三个月，但我跟他们的各级领导都没有任何交集，而我在地化所更无任何私人关系，因此当听到地化所来人要我时，我是非常意外的。我知道地化所不仅是国家级的科研单位，而且各方面的工作条件比大学里强多了，我当然非常希望能去研究所工作，于是我便毫不犹豫地对邵处长说："邵老师，原来听说让我留校当老师，我是非常乐意的。现在既然地化所来要我，那我就去地化所算了！"邵处长说："那好吧！这就分配你去地化所。这次地化所来我们学校要毕业生，化学、数学、物理三个系的都要，但化学系的毕业生他们指名道姓地一定要要你，看来你在地化所的毕业实习做得不错啊！你给我们学校争光了！"谈话结束时邵老师还对我说："两、三个星期之前，我们还收到了你们普定县委办公室的来信，也说要要你回普定县委办公室去工作呢！结果被我们给回绝了。我给他们回信说：吴明清是化学系的毕业生，不是学中文的，我们已经把他留校了！"就这样，我从本来毕业后留校当大学老师的，结果鬼使神差地就去了中科院地球化学研究所，走上了人生的另一条道路。而另一个意想不到的是，普定县委办公室竟然也写信来贵大要我。当时我心里也在想：我从未在普定县机关工作过，更不认识普定县委的任何领导，他们怎么会知道我的名字？经过再三的思考，我想也许是当年我在公社机关工作时，曾编写过一、二十份"一打三反"运动案件的调查报告，这些报告在上报给普定县委办公室审查备案的时候，可能曾引起过当年县委负责人的关注吧。

1975 年的 9 月初，当我拿着毕业分配报到证去地化所人事处报到时才知道，我们班除我而外，还有王道迺和孙福庆总共三个同学，一起分到了地化所。另外物理系还有四个同学（犹嘉槐、伍勤宪、王明再和李永明）、数学系也有三位同学（张黔凯、宁东海、刘家兴）总共十个人一起分配到了地化所。随后相继又从贵州工学院、成都地质学院、北京大学、南京大学、中国科技大学等高等院校陆续分配来了部分工农兵大学生，总共大约有三十多人。这是地化所自文革开始以来，九年后第一次补充新人。

（三）

我们这批贵州大学分配来的毕业生是当年九月初最先到地化所来报到的，由于当时省科委根据省里的要求，要地化所选派部分科技人员到镇宁县去参加社教运动，于是我们这批最先报到的大学毕业生，便被派上了用场。当年 9 月下旬，所里由薛承林老师带队，以我们贵大分配来的学生为主，一行十余人下到了贵州省镇宁县城关镇去开展社教运动。当时我们下去的这十来个人共分为两个小组，每组四、五个人，一个小组住在镇宁县城关镇的城西大队，另一个小组住在城南大队。我原先分在城南大队这个小组，但后来工作组长分配我给大家煮饭当炊事员，我就没有下队了。我们这个社教运动工作组，白天有时要同生产大队的社员一起参加生产劳动，晚上给群众开会学习中央有关社教的文件，这项工作从 75 年 9 月下旬一直持续到 76 年的 3 月中旬，在下面几乎待了六个月，我也为我们工作队的同事们整整煮了半年的饭，由此厨艺也练出来了，但凡包子、馒头、花卷以及煎、炒、烹、炸，样样都能做。虽然数十年过去了，但至今我的厨艺仍然还没有荒废。

76 年 3 月底社教工作结束回所以后，我和王道逦分配在地化所的中心分析室。其中我分在岩石分析组，王道逦分在矿物分析组。当时中心分析室的负责人仍然是支部书记李明，副主任吕银忠，与我实习时没有什么变化。因此，从某种意义上来说，我又回到老单位来了，两位室领导与我都很熟悉（尤其是支部书记李明，他是我毕业实习时的指导老师之一），他们对我都非常了解和关心。后来听说我们毕业分

配的时候，地化所人事处去贵大要数、理、化三个系的毕业生，其中还专门点名要我，据说就是中心分析室的负责人提出来的。地化所中心分析室共设有五个分析测试小组：即岩石组、矿物组、原子吸收光谱组、X-荧光光谱组及可见光光谱组。其中岩石组和矿物组属化学分析，其它三个组属仪器分析。原子吸收及X-荧光光谱组虽属于仪器分析，但样品离不开化学前处理。也就是说，化学分析是所有分析测试手段的基础，也是一个合格的分析测试工作人员的基本功。只有熟练地掌握了化学分析测试的技术和技能，才能更好地完成各项仪器分析测试工作，进一步提高仪器设备分析测试的精确度和准确度。而岩石矿物的化学系统全分析则是化学分析的核心和重要组成部分，一个分析化学技术人员如果熟练地掌握了岩石化学系统全分析的技术和操作技能，要学习和掌握其它的分析测试方法和技术（比如有机分析、食品和药物分析、同位素的分离和测定，以及仪器分析等等）就相对地比较简单和容易了。我知道室领导之所以把我分在属于最基础的岩石化学分析组，显然是想要好好地锤炼我的化学分析操作技能，提高我的分析化学基本功。

　　岩石分析小组在整个中心分析室里是最大的一个组，总共有十来个人，这是因为中心分析室承担了全所地质样品的分析测试任务，而其中的绝大多数地质样品又均为岩石样品，因此日常工作量非常大。岩石组的组长名叫叶传贤，63年云南大学化学系毕业的，是一个说话十分幽默的四川人。由于我是新人，所以室里就指定由叶传贤老师带我，在分析测试工作中我如有什么问题就找组长帮助解决。我们岩石组的工作任务，就是承担所里地质科研人员送检的所有岩石样品。一般每周星期一上午，组长向全组工作人员分发地质样品，每批样品大约为30个，而每批样品的分析测试周期根据分析测试项目的多少和样品的分析测试难易程度而定，有的两三天即可出结果，有的则需要一个星期。由于我是新人，开始时组长每批样品只分配给我15个。经过两三个星期左右的练习，如果操作技能提高了，操作程序熟练了，那就增加到30个，达到一般工作人员的水平。岩石样品的分析测试，一般都是对样品进行系统化学全分析，即对岩石样品中的硅、铝、钙、镁、锰、钠、钾及含水量、挥发份等总共十二个检测项目进行定量测试，每项测试结果都要精确到小数点第二位。由于是定量全分析，分析测试的所有各项加起来，总量必须要达到99.5%以上才算合格。如果总量低于99%或大于101%，则有可能要重新测试。与此同时，为了检验分析人员的操作技能和分析测试的准确度，组长在分发样品的时候，常常会在其分发的送检样品中插入数个国际标准样，因此，地质样品的化学系统全分析对分析化验人员的操作技能要求是非常高的。刚开始的时候，我的实验操作技能还不够完全熟练，个别样品的测试数据总是超出误差范围。经过两、三个星期的反复强化训练，我负责的地质样品的分析测试数据，终于完全达标了，两个月以后我就能独立地承担分析测试任务了。

上世纪七十年代中期我进地化所工作的时候，所里有三位老专家，一位是原西南联大毕业后留学美国、1950 年回国的涂光炽先生，他当时是地化所的所长，也是一位享誉国内外的著名矿床地质学家；第二位是留学日本近十年、于 1952 年回国的郭承基先生，他是国内著名的稀有稀土元素矿物地质学家，曾为中国内蒙古包头白云鄂博超大型稀土铁矿床的地球化学研究作出过重大贡献；第三位是 1942 年毕业于西南联大地质地理系的刘东生先生，他是中国著名的环境地质学家，有中国"黄土研究之父"之美誉。他们三位都为祖国的地质科研事业作出过杰出贡献，是国内地学界享有很高声誉的地质地球化学家。由于有三位老专家的传帮带，即使在文化革命中极"左"思潮泛滥的大环境中，地化所的学术氛围仍然十分浓厚。地化所当时主编和出版得有两种全国性的学术刊物，一本是学术性的季刊叫《地球化学》；另一本则为文献综述性质的月刊《地质地球化学》。所里的科研人员经常在所里主办的刊物或全国性的有关学术刊物上发表论文。所里图书馆的馆藏专业图书、期刊及杂志非常丰富，不仅有大量的中文书刊，而且还有种类齐全的各语种外文专业书刊，是所里科研人员最喜欢驻足的地方。到了地化所的图书馆我才知道，地化所的科研成果之所以那么多、名气那么大，原来是有原因的，那就是科研人员的敬业和钻研精神，是我们过去在大学里从未见过的。上班时候的图书馆里常常坐无虚席，人们或是查阅科研资料，或是阅读专业书刊，整个图书馆里非常安静，偶尔听到的只是翻阅图书的沙沙声。

此情此景，我深为他们的这种敬业精神所感动。到了这样的科研单位，我感到非常荣幸，觉得我到地化所来工作算是来对了。作为一个分析测试的科技人员，我想我不能仅满足于能完成样品的分析测试工作，在熟练掌握分析化学操作技能的基础上，还必须要熟练地掌握外语，要能够快速地阅读外文资料，进一步提高自己的科研能力。因此，在工作之余，我经常去图书馆借阅有关分析化学的英文书刊，强迫自己大量地快速阅读英文文献。经过两、三个月的艰苦训练，我就可以熟练地阅读本专业的英文文献了。但我并不想光满足于能看懂文献，对于某些不仅是最新的而且也是比较优秀的专业论文，我还想把它们翻译成中文以进一步加深理解，同时还想把翻译的文章发表在中文的有关专业期刊上，以供同行参考。但是看得懂是一回事，而要准确地将外文资料翻译成中文，也不是一件容易的事情。因为这不仅要外文功底好，而且中文功底也要非常好才行。因此，我在能熟练地阅读英文专业文献的基础上，又有选择性地选取一些优秀的英文专业文章，试着译成中文。刚开始时译得比较慢而且文字读起来也显得比较别扭和生硬，但练习了一段时间以后，随着自己对英文文法熟练程度的提升和词汇量的积累，翻译起文章来也就越来越顺手了。

另外，到了地化所以后，我亲眼看到的另一个与在大学时代不同的景象是，即使是在文革尚未完全结束的年代，偶尔也会有一些外国同行专家到所里来访问，同时偶尔也会有所里的科研人员出访国外。凡有外国专家来访，所里都会举行学术报告会。有时出于好奇，我也想去看看外宾在所里作学术报告时是个什么样的阵仗。记得第一次去所里一号楼会议室听外宾作学术报告时，会议室里挤满了来听报告的科研人员。当时外宾讲的是英语，虽然自己也学了几年英语，结果是到了现场一句也听不懂！但学术报告会上做翻译的都是所里的科研人员。看到这个场景，我心想所里的科研人员真厉害呀！他们不仅经常在学术刊物上发表文章，而且外语还这么好，与外国人说话和给外国人当翻译一点问题也没有，我从内心里着实羡慕这样的人。总之，随着对地化所的认识和了解的逐渐加深，自己越来越觉得更喜欢这个研究所了，同时也觉得自己离一个合格的科技人员还差得很远，还必须要继续努力学习才行。现在虽然大学毕业工作了，但身在这样的科研单位，感觉自己要学习的东西还很多很多。因此，平时除了努力干好本职工作以外，业余时间也常常用来学习外语或专业书籍。

（四）

中国科学院地球化学研究所是上世纪六十年代中期，中国科学院因应党中央国务院关于加强三线建设的战略部署，并结合地球化学学科发展的需要，于 1966 年春在贵阳成立的。为此，当时的中国科学院院长郭沫若先生还专门为地化所的建立题了词："地球化学是一门新兴科学，成立专门研究机构在我国是一件大喜事。望于矿产资源综合利用的物质成份、成矿作用、成矿规律研究中作出优异的成绩，以促进社会主义建设事业"。

当时地球化学研究所的建立基本上由三部分组成，即主体是由中科院北京地质所分迁出来的 400 多人，其次是 1958 年成立的中科院贵阳化学研究所的 170 多人，再加上由昆明迁来的中科院北京地质所昆明工作站的 20 多人，三部分加起

来全所总共有职工 600 余人，所址就选在毗邻中共贵州省委的贵阳市观水路杨家坝。地化所成立以后，直到上世纪九十年代中期，它一直是中国科学院直属的地学专门研究机构，主要承担有关地球化学的重大基础理论研究课题，以及重大矿产资源的物质成份、成矿规律及如何指导找矿等的基础理论研究。在计划经济年代，地化所的科研任务主要由国家有关部门拟定并通过科学院下达，科研经费也由科学院拨给。

1975 年，国家为解决我国优质铁矿资源严重不足的问题，给中国科学院的有关地学科研单位下达了在全国寻找富铁矿的科研任务（即俗称的"富铁矿会战"），我们地化所即是"富铁矿会战"的主要科研单位之一。1976 年 6 月上旬，中心分析室的领导决定要我同原子吸收组的燕金寿老师一起，出差去山西承担所里晋北富铁矿会战队的地质样品的分析测试工作。当时晋北富铁矿队的分析测试工作定点在太原钢铁公司的中心分析实验室，时间为八、九月份。但是在去太原工作之前，所里第四纪研究室的文启忠教授又邀请燕金寿和我二人，参加他们室里七月份承担的山西省昔阳县大寨大队的土壤调查和分析测试任务，于是文启忠、余素华、燕金寿及我总共四人于六月中旬乘火车离开贵阳北上去山西了。

当我们乘坐的火车经过河南驻马店一带时，忽然从车窗望出去，只见铁路两边许多电话线杆顶部瓷壶绝缘子上都挂满了麦草，正当我们指指点点地感到奇怪时，忽听邻座有人小声地说："去年(1975年)夏天河南暴雨成灾发洪水，导致十几座水库垮坝溃堤，特大洪水一共淹了十几个县，当时还死了很多很多的人哩！但是各级领导都不让对外讲。"此时我们才知道原来是这么一回事哟！洪水把电话线杆都淹没了，足见当时的洪水至少应该有十来米深吧。然而这么大的灾难，当时全国性的报纸电台却从未见报道过，全国老百姓压根就不知道有这么一回事。可见文革时期的广播电台天天都在说全国各地"到处莺歌燕舞"，实则是报喜不报忧啊！

坐了两天多的火车以后，我们终于到达了山西省昔阳县大寨大队，并住进了大寨大队招待所。由于当时正值全国掀起轰轰烈烈的"农业学大寨"的高潮，全国各地不断派人前来大寨参观学习，因此尽管大寨离昔阳县城仅有十来公里，但为了接待全国各地前来参观学习的代表，大寨建起了一座十分气派的招待所(实际上就是宾馆，然而当年都叫招待所)。经过文革十年的折腾，当时全国人民的生活非常紧张，不仅粮、油及副食品一律凭票定量供应，而且主食中的粗粮占比也相当大。

刚到达昔阳县时，我们曾在县政府招待所吃住过一两天，结果住到大寨招待所以后，发觉大寨招待所的伙食比县政府招待所还要好。县政府招待所食堂的主食不仅经常以玉米面做的窝窝头和抿坷斗为主，很少能吃上白面馒头，早餐的小米粥也差不多就是一碗清汤，碗里没几颗小米，而且菜的油水也很差。然而大寨招待所不仅粗粮少，主食经常能吃到白面馒头，而且还能吃上肉。我们在大寨大队住了一个多星期，一是对大寨大队的不同土壤类型进行了系统的采样，二是当时正值夏季麦收时节，我们又同大寨大队的社员们一起参加了收割麦子的劳动。

当时我们一边工作一边心里还寻思，在大寨工作期间看看是否能有机会见到陈永贵，然而当年的永贵大叔已经担任了国务院副总理，长年都住在北京，原来的大队党支部书记郭凤莲也已担任了昔阳县或更高一级的领导职务，大寨大队的党支部书记已换成了昔日的妇女主任宋立英。我们虽是科学院派去为大寨做工作的科研人员，但是不要说陈永贵，就连郭凤莲也都没见到。我们在大寨进行土壤取样的时候，曾经登上了大寨背后的虎头山，放眼望去：只见位于太行山土石山区的大寨，其背靠的七沟八梁一面坡(俗称狼窝掌)，经过大寨人的精心治理，已把这穷山恶水开辟成了层层梯田，并通过在山梁上建蓄水池引水浇地，彻底改变了过去靠天吃饭的状况。看到这样的景象，我们一行人打心眼里还是蛮佩服的，心想要是全国农业都像大寨人那样苦干加巧干，那整个农业就全改观了，全国人民的吃饭问题应该就可以完全解决了。我们在大寨工作了十来天采集完土壤样品以后，又回到昔阳县城住到了县政府招待所，在县土管局实验室做土壤的分析测试工作。大约7月20号左右，我们完成了大寨土壤样品的分析测试工作以后(后来文启忠教授根据大寨土壤样品的分析测试结果曾在有关学术刊物上发表了一两篇学术论文)，我和燕金寿二人乘车离开昔阳去太原同所里的富铁矿科研人员汇合，准备在太原钢铁公司中心实验室完成所富铁矿队采集的地质样品的分析测试工作，而文启忠同余素华两人则乘火车返回了贵阳。

我们到达太原以后，因所里晋北富铁矿工作队采集的地质样品尚未运抵太原钢铁公司的中心实验室，我和燕金寿二人暂时尚无工作可做，于是便在太原市及周边游览了起来。我们二人在太原先后游览了晋祠、双塔寺及迎泽公园等名胜古迹后，7月25日，所党委副书记柴云山由莫明山陪同，乘坐所里派的北京吉普车从北京也来到了太原，然后准备去晋北看望所富铁矿工作队，我们当时都住在太钢招待所。柴书记他们决定7月27号乘车去晋东北五台山游览，问我们是否愿意同行，我们当然求之不得，于是我们四人7月27号一大早乘车从太原出发前往五台山。从太原到五台山大约有200多公里的路程，但是由于当时的公路全是沙土路，夏天经雨水冲刷后道路条件非常差，中途又停车休息吃中饭，因此全程开了五、六个小时，下午二、三点钟才到达五台山风景区。位于山西东北部的五台山寺庙群，位列中国四大佛教名山之首(其它三个佛教名山是：浙江普陀山、安徽九华山、四川峨眉山)。五台山供奉的是文殊菩萨，其寺庙始建于汉代，兴盛于隋唐。早在唐代，五台山的寺院建筑就多达三百余所，有僧侣五千余人，是名副其实的佛教圣地。文革初期，五台山的寺庙建筑曾遭到一定程度的毁坏，但整个寺庙建筑群仍呈现出宏大的规模和庄严肃穆的佛国氛围，其中佛光寺和南禅寺即是中国现存的两座最早的木结构建筑。我们游览时虽处在文革时期，但寺院内仍有少量僧人住持，他们负责打扫卫生和保护庙产。当天下午游览结束后，我们四人又乘车前往五台县城，入住在五台县政府招待所，我同燕金寿老师准备第二天乘公交车返回太原，而柴书记和莫明山二人则准备直接乘车去晋北。当时五台县政府招待所的吃住条件不是很好，我们住的不仅是平房，而且都是三个人一间的大房间。当晚我同莫明山及柴云山副书记同住一屋，燕金寿与所里开车的司机则住隔壁房间。睡到半夜时分，睡梦中我突然听见我们房间的门框哐啷哐啷直响，当时以为是燕金寿老师敲门叫我起床去赶一大早回太原的公共汽车哩，于是我接连叫了两声："燕老师，燕老师！是你敲我们的门吗？"但无人应答。此时，突然听到屋外有人在大声呼喊："地震啦！地震啦！大家赶快出来！"听到呼叫声后我立即起床并准备穿好衣服再出去，结果只见睡在我旁边的柴书记一听到"地震啦！"的呼喊声后，马上赤身裸体地就从床上跳了下来，连衣服裤子都来不及穿，操起条大毛巾往腰上一围就冲到屋外去了。我穿好衣服后来到屋外，只见招待所的大院里男男女女的到处站满了人，不少人也都只穿了背心短裤，此时招待所屋檐上吊着的路灯仍在来回地摇晃，人们七嘴八舌地议论纷纷，都说这次地震震级一定不小，但都不知道究竟是发生在哪儿。柴书记见没什么危险后，才又返回屋内去把衣服裤子穿上了再出来。见到这样的场景，当时我心里还嘀咕：这些人怎么连衣服都没穿或没穿好就跑出来了？难道他们不感到难为情吗？事后有人告诉我说，像在突发地震等可能危及生命安全的特殊紧急情况下，保命是第一位的，其它的都不重要。柴书记他们很多人听到喊"地震啦！"就立即往外冲，此种堪称教科书式的经典求生方法，显然是非常值得肯定的。大家分别回屋以后，此时已是凌晨4点过钟了，人们早已无心再睡，大都三言两语地聊天直到天亮。第二天一大早起床吃完早餐后，我和燕金寿老师乘公共汽车返回太原去，而柴书记他们二人则坐着所里的北京吉普直奔晋北去了。我们到了太原以后才知道，原来凌晨的大地震发生在唐山。听中央人民广播电台的新闻报道说，地震震中位于唐山市，震级为 7.8 级，并有大量建筑损毁和人员伤亡，但没报具体的伤亡数字。然而直到过了很多年以后人们才得知真相，原来 76 年 7 月 28 日凌晨 3 点 43 分发生在唐山的大地震，实际震级超过了 8 级，震中裂度为 11 度，震源深度为 12 公里，属于浅源地震，破坏力极其巨大。地震后整个 100 多万人口的唐山市被夷为了平地，地震直接造成的死亡人数高达 24 万多人。此次地震造成的生命、财产损失及惨烈场面，为世界所罕见。

当年唐山发生的大地震还波及到了天津、北京、石家庄等众多的华北城市，而且大震后余震仍然不断，搞得整个华北地区人心惶惶，各方面的正常工作全都停了下来，防震及抗震救灾成了主旋律。地震过后人们普遍都不敢住在屋里睡觉了，于是纷纷在院子里搭建起了防震棚，人们吃住都在防震棚里。地震后中央立即发出了动员全国支援唐山抗震救灾的紧急通知，各地到北京及周边城市来出差的人员纷纷离京返回原地，太原也因抗震救灾的需要，要求外地人员尽快离开，于是我和燕金寿老师只好乘火车于七月底返回了贵阳。

1976 年在中国的现代历史上，绝对是一个极其特殊的年份，因为在这一年之内接连发生了数起中国历史上非常罕见的重大事件。首先是 76 年 3 月 8 日在中国吉林省发生了一场世所罕有的重大天文事件，即吉林陨石雨。3 月 8 日下午 3 时左右，一块重达 4 吨左右的陨石以约 1000 公里/小时的速度从太空飞驰而来，在吉林市郊区 19 公里的高空凌空爆炸，在约 500 平方公里的范围内形成了大大小小的陨石雨，其中最大的一块陨石重达 1770 公斤，是世界上已知最大最重的一块石陨石。而这场陨石雨其分布范围之广、碎块数量之多、场面之宏大为世所罕见。另外这次陨石凌空爆炸其威力之猛如同核弹，然而在如此大的范围内却竟未伤及一人一畜，堪称世界奇迹。其次是在这一年之内，影响中国现代历史的三位举足轻重的伟人毛泽东、周恩来、朱德相继在数月内先后辞世(即 76 年 1 月 5 日国务院总理周恩来逝世，接着 7 月 6 日全国人大委员长朱德逝世，最后是 9 月 9 日中共中央主席毛泽东逝世)。当年三位伟人的谢世极大地震撼了中国政坛，尤其是中共中央主席毛泽东的去世，宣告了一个时代的终结，同时也极大地影响了中国政坛的政治走向。因此，从某种意义上来说，毛泽东的逝世，在客观上为其后粉碎"四人帮"及结束为期十年的文化大革命创造了条件。第三，76 年 4 月 5 日清明节，北京 100 多万市民自发在天安门广场集会悼念周恩来总理，借以声讨"四人帮"，此次事件被称为"天安门事件"或"四五运动"。第四，76 年 7 月 28 日凌晨 3 时唐山发生特大地震，100 多万人的唐山市被夷为平地，此次地震造成的死亡人数高达 24 万多人，其生命财产损失及其惨烈场面为世所罕见。第五，76 年 10 月 6 日，中共中央在新任主席华国锋的领导和叶剑英元帅等老一辈革命家的协助下，成功地粉碎了以王洪文、张春桥、江青、姚文元为首的"四人帮"，结束了为期十年的文化大革命，中国历史翻开了新的一页。总之，1976 年注定是中国现代历史上极为特殊的一年，在后世撰写的中国现代史书上，必将会浓墨重彩地注上一笔。

（五）

1976 年 10 月上旬粉碎"四人帮"以后，标志着为期十年的文化大革命运动宣告结束了，为此，全国人民感到十分高兴。1977 年 7 月，邓小平复出，并由邓小平来主持国务院的工作。邓小平上台以后，立即大刀阔斧地进行了一系列改革。当年 7 月中央决定废止文化革命中推荐上大学的做法，改为恢复中断了十一年的高考制度；10 月份教育部又决定恢复研究生招生制度。而正是当年的高考和研究生招生制度的恢复，不知改变了多少知识青年的命运。

当年十月听到教育部宣布恢复招收研究生制度的时候，当时并没有引起我多少特别地关注，心想招收研究生嘛，也许纯粹是高等院校的事。到了 78 年 1 月下旬，所里接到了中国科学院 1978 年关于下属各研究所恢复招收研究生的文件，文件中列出了各个研究所当年有资格招收研究生的导师名单和招收名额。我们地球化学研究所当年只有涂光炽、郭承基、刘东生三位老先生有招生资格，并且每个老先生分别只招收一名，其中涂先生招收的是矿床地球化学专业，郭先生招收的是分析化学专业，刘先生招收的是环境地球化学专业，考试时间定在当年 5 月中旬。与此同时，所里还把招生简章贴到了布告栏上，动员合资格的科研人员积极报考。当时由全国各地有关大专院校毕业后分配到地化所来工作的工农兵学员，总共大约有五、六十人，他们看到招收研究生的招生简章以后，绝大部分人都认为那是高不可攀的事情，我们没有那个奢望，能把自己的本职工作干好就行了，哪敢报名去考研究生哟？因此，绝大部分工农兵学员的心态都是对此漠不关心视而不见，好像与我无关一样。当我看到所里贴

1977.8 上海豫园

出的研究生招生简单以后，头脑里也是经过了一番激烈的思想斗争的。首先我想到我们这批进所的工农兵大学生虽说是单位上的新生力量，但是由于某些特殊原因，造成我们这批人本身知识水平上先天不足，因此社会上对工农兵学员有"水平低、业务能力不行"的普遍看法。即使是学得比较好专业能力和水平也比较高的工农兵大学生，单位上的人也总会以异样的目光看待你，提职提级时也常会受到不公正的对待，我想我不能总是生活和工作在这样的阴影里。现在所里既然有报考研究生的机会，又何不努力地拼搏一把，考上了以后不也就改变了自己的身份了吗？但随后又想考研究生应该是特别高难的一件事情，而我们所面对的是向全国招生，竞争肯定非常激烈。另一方面准备考试的时间也非常短，从报名到考试只有短短三个月左右的时间。因此，开始的时候我确实也是有些犹豫不决：

究竟要不要报名？报了名要是考不上会不会很丢面子？但后来我又想，既然是本所的导师招收研究生，招的又是本人所学的专业，无论如何应该报名试一下，即使考不上，自己仍然还在所里面工作，个人并没有什么损失。主意拿定以后，我就去所里人事处报了名。78 年 2 月上旬所里又接到科学院的通知，

进一步明确了各专业招生所考的科目和考试的具体日期，其中分析化学专业的考试科目为：政治、外语

1977.8.贵阳黔灵山

（英语或者俄语自选一门）、无机化学和分析化学，外语和政治由全国统一命题，专业基础课和专业课则由招收单位和导师自己命题，考试时间全国统一定在 5 月中旬。我决定报名参加研究生的招生考试以后，心里压力自然是非常大的，因为从报名到考试只有短短两、三个月的时间，自己既要系统地复习好四门功课，又要承担日常的分析测试工作，时间是非常紧张的。也就是说由于白天要工作，整个四门必考功课的复习，只能利用业余时间来进行。为此，在这两、三个月的时间内，每周从星期一至星期六（当时每周工作六天），除

了白天上班以外，晚上和周末，我都把全部精力投入到了复习备考当中。首先我对要考的专业基础课和专业课（即无机化学和分析化学），逐章逐节地对教科书上的理论进行系统地复习，并做到能够完全理解和复述；其次，对这两门教科书上的所有习题，全部逐一地进行解答并书写在专用的练习本上。对政治科目的复习，主要是对当时所有的重大时事问题和重大政治事件的要点，进行全方位的阅读和理解，并总结写出书面提纲且全面背熟。英语则系统地复习和熟悉语法，并进行了适当的听力训练和大量地做英语练习题（比如针对语法和词汇的多项选择题、英译汉、汉译英等等）。在这两、三个月的时间内，白天照常上班，晚上和周末则去办公室复习（因当时住的是四、五个人的集体宿舍，干扰比较大）。当时地化所报考研究生的工农兵学员只有犹嘉槐和我两个人，而他的办公室也在地化所三号楼三楼我的办公室隔壁。当年他在地化所没有分到宿舍，还住在所外他父母亲的家里，每天晚上我们两个人各自在自己的办公室里专心致志地复习功课，直到半夜一、两点钟后，我们一起下班时，他才骑单车回家去休息。

由于我们地化所的三位老先生在全国地学界的知名度非常高，因而当年全国各地报考三个老先生研究生的科技人员十分踊跃。据地化所人事处当时负责招生工作的人员说，当年全国各地报考涂光炽先生研究生的科技人员有六十多人，而报考郭承基先生研究生的则多达七十多人，但招生名额却分别只有一名，可见当年的竞争是非常激烈的。78年所里报名参加考研究生的科技人员也非常踊跃，全所总共大约有二十多人，但基本上都是文革前毕业分配到所里来工作的大学生。尽管文革中历届毕业分配到所里来的工农兵大学生总共

已有五、六十人，但其他人都没有报名，只有我们贵州大学
75 年毕业分配来所里的两个学生报考（即犹嘉槐和我），其中
犹嘉槐报考的是中科院北京计算所高庆狮教授的电子计算机
专业研究生，而我报考的则是本所郭承基先生的分析化学专
业研究生。地化所本所的其他考生，因他们都是文革前毕业
分配到地化所来工作，66 年又随所搬迁来贵阳的，由于地理
环境或其它方面的原因他们总想离开贵阳，因此他们报考的
都是中科院北京地区有关研究所的研究生，也就是俗话说的
想考个"北京户口"而达到回京的目的。1978 年 5 月中旬，
贵阳地区的考生大约有三、四十人，被安排在贵阳市南明区
箭道街小学参加考试，四门课连续考了两天，每天上午考一
门、下午考一门。由于我们是文革后的首届研究生招生，当
年的外语考试还允许带外文词典。当时我参加完考试以后，
总体的自我感觉不是很好，因为政治、英语及分析化学这三
门课，感觉考得还行，但是无机化学的考试则没有把握。为
什么没有把握？因为无机化学这门课考的只有一个题目：
"试论化学反应的基本原理"，这个考题完全出乎所有考生
的意外，而我们满脑子里准备的东西则没有考。可以说，这
个题目既没有超出无机化学的范畴，但在无机化学的教科书
里，似乎也找不到相关的内容和标准答案。因此这个题目考
的是考生对化学反应机理的深刻认识和理解。也可以说是出
题人（即研究生导师）在多年的科研实践工作中，对化学反应
机理已有深刻认识的基础上，检验一下考生对这一问题的深
入看法和理解。由此也可以看出这个题目出得十分的精妙。
当我拿到试卷看到只有这么一个题目时，和其他考生一样也
是大吃一惊。开始时也是感觉无从下手，待镇定下来以后，
仔细琢磨化学反应的基本类型，再从化学反应的基本类型推

演到化学反应的基本实质，即原子核外电子的得失和转移等等，如此洋洋洒洒地书写了一个多小时大约 4～5 千字就交卷了。卷子是交上去了，但心里却没有一点底，心想反正听天由命吧！

1977.9.贵阳黔灵公园

　　前面说了当年社会上普遍有一种偏见，认为凡是工农兵大学生都是混出来的，都没有什么水平。因此，工农兵大学生在工作单位上一般都不被看好，提职提级常常会受到不公正对待（当年我之所以报考研究生，就是想通过考上研究生而彻底地改变一下自己的工农兵学员身份）。78 年我报名考研究生的时候，不仅所内、而且所外有熟悉我的人也认为我肯定不行，都想等着看我的笑话。比如当年贵阳地区报考郭承基先生研究生的，还有一位 XX 大学化学系 65 年毕业分配在贵州省冶金设计院化学实验室工作的许 XX，他是该实验室的负责人。75 年春季我们班毕业实习的时候，曾有部分同学分在他的实验室里实习，而且他还是我们同学的指导老师。因冶金设计院离地化所不远，我也曾去他们的实验室里找同学玩过，所以我与许 XX 有一面之交。后来我们班又有三个同学毕业后分配在他的实验室里工作，我又去过他们实验室几次，这样一来二去，我和许 XX 就认识了。到了 78 年恢复研究生招生的时候，许 XX 也报考了地化所郭承基先生的研究生。当他得知我报考的也是郭先生的研究生时，他在实验室里对我的同学说："如果吴明清能考上郭先生的研究生的话，那我肯定也能考上；如果我考不上的话，那他也不可能考得上！"言下之意，我肯定考不过他，而他肯定比我行。招收研究生的考试结束以后，大约过了两、三个星期，地化所研究生招生考试的成绩出来了，在报考郭先生的数十个考生当中，云南个旧云南锡业公司中心分析实验室的一位姓张的工程师(也是文革前毕业的大学生)四门功课总分考了第一名，而我的总分则名列第二，省冶金设计院化学实验室的许 XX 据说名列在第十几名以后。由于当年报考郭先生的研究生只取前两名进行复试，许 XX 自然而然地也就名落孙山了。事后，许 XX 在得知我考了第二名并被录取了以后，他表现出极其不服气的口吻对我的同学说："哼！吴明清能考上地化所郭先生的研究生，肯定是他们所里判卷老师关照的结果！要不他怎么会比我考得还好？"其言下之意是，我很可能是在所里开了后门才考上研究生的。其实当年我只是一个进研究所才两、三年的新人，与导师及所里的老同志之间，根本就没有任何私人关系。而且所里的阅卷老师系由多人组成，最后的排名完全以四个科目的考试总成绩为标准，说我考上研究生有走后门之嫌，纯粹是无稽之谈。诚然，文革中招收的工农兵大学生总体上的确良莠不齐，但也不排除有学得很好的学生，其中更不乏品学兼优的佼佼者。因此，对具体的人要做具体的分析，不能简单地一概而论。

地化所的两个老先生原计划是分别只招收一名研究生，考试结束以后从考生中取考得最好的前两名到所里来复试，然后根据复试结果择优录取一人。郭先生的研究生复试时，原计划是云南个旧云锡公司的那个张工程师（第一名）和我（第二名），后来因云锡公司不放张工程师走，复试时张工程师就没有来，于是又在报考郭先生的考生中从后面递补了一名叫林铁的考生来参加复试。林铁也是1975年毕业于贵州工学院化工系的工农兵学员，当年毕业后分配在贵州赤水天然气化肥厂工作。与此同时，所里涂光炽教授也复试了两个考生，其中一位是来自西北大学的李英，另一位是来自湖北宜昌地质所的谭运金，复试结束以后，我们参加复试的四个考生双双都被录取了。当年7月下旬，我们都收到了中科院下发的研究生录取通知书。

（六）

1978年8月下旬，我们新录取的四个研究生到所里报到时，郭先生的名下突然又增加了一个名叫郑宝山的大个子研究生。原来他最先报考的是地化所刘东生先生的研究生，郑宝山被录取时，刘先生正准备从地化所调到北京地质所去工作，于是刘先生在临去北京之前，就把他录取的这名研究生转给了郭先生，这样地化所78级的研究生就从原先的4名增加到了5名。根据后来的公开资料显示，78年全国的首届研究生招生，除了中科院所属的研究所以外，教育部所属的高等院校，仅有北大、清华、复旦、浙大、南大、华中科大以及中国科大等少数几所大学获得了招生资格。全国当年报名参加研究生招生考试的考生总共有六万多人，实际录取了1万名左右，其中中科院系统共录取了约1000人。78年我们地化所有约20多名科技人员报考研究生，其中被录取的总共只有10人，这些被录取的78级研究生是：吴明清（地化所)、犹嘉槐(北京计算所)、孙世华(北京地质所)、于洁(北京地质所)、许荣华(北京地质所)、张流(地震局地质所)、卢演俦(地震局地质所)、李长生(北京环化所)、梁卓成(北京地质所)、程洪德(北京地质所后转地化所)。10 人中除犹嘉槐和我是75年毕业的工农兵大学生以外,其余的均为文革前毕业的大学生。除我以外,其余 9 人均考上了中科院北京有关研究所的研究生的,毕业后他们也都如愿地留在了北京工作,其中程洪德在北京地质所研究生基础课结束后,又转为地化所涂光炽先生的研究生,毕业后留贵阳所工作;犹嘉槐考上研究生以后,1980 年由中科院北京计算所公派去美国犹他大学留学,1985年博士毕业后,1986 年就职于加拿大阿尔伯塔大学计算机系,现为阿尔伯塔大学计算机系的终身教授;李长生也于上世纪80年代留学美国,其后也留在了美国工作。

我们科学院系统的研究生按照原先的计划是,全部集中到中国科技大学北京研究生院(即现在中国科学院大学的前身)去上一年的基础课,但是由于当年科大北京研究生院的筹备工作

尚未完全就绪，要10月中旬才开学。我们贵阳地化所的研究生于当年八月底九月初报到以后，郭承基先生则希望我们能尽快早一点上学，并且还要求林铁和我两个学化学的除了要完成研究生的基础课学习任务以外，还增加了地质学、岩石学和矿物学等地质基础课的学习，于是所里人事教育处决定让我们郭先生的三个研究生，9月初就去合肥中国科技大学报到，参加科大的研究生学习，并旁听科大地球化学系的地质基础课。而涂光炽先生的两个研究生李英和谭运金，当年10月份则去到了中国科大北京研究生院报到，参加中科院北京地区研究生的基础课学习。我们三人如期于78年9月初到达合肥中国科技大学，与科大的研究生一起被编为两个研究生班。研究生班开的公共课共有三门：政治、英语及第二外语(当年78级的首届研究生，要求毕业时要能熟练地掌握两门外语)。二外我当时选择了俄语，因为中学我学过六年俄语，有一定的基础。中国科技大学1958年创建于北京，上世纪70年代初因响应国家的战备需要，辗转迁移到了安徽省合肥市，选址在原合肥师范学院的校园内。由于文革十年浩劫，科大虽在合肥经历了七、八年的建设，但进展不大。当年为了迎接恢复高考后的77级和78级新生，学校在校址西侧征用的蔬菜地里修建了四栋五层楼高的教学楼(俗称四牌楼)。由于合肥地处淮河以南，按照当时国家的有关政策，淮河以南为南方，而南方的机关单位，包括学校的教学楼和宿舍等都不能安装冷暖设备，冬天合肥的气温最冷可降到零下十几度，而夏天的梅雨季节气温则常常保持在零上36～37度以上。因此，可以说冬天合肥的气候冷如冰窖，夏天的气候又热似火炉，所以当年我们在合肥中国科大学习的那一年，学习条件非常艰苦。所幸去合肥科大之前，我在所里后勤仓库借了一件皮大衣。冬天天冷教室里坐不住的时候，我就披上皮大衣坐在床上盖上被子看书；而夏天五、六月份的梅雨季节，潮湿的气候使得室内的皮大衣回潮湿润了，于是我便将皮大衣拿到室外的太阳底下去晾晒。结果皮大衣拿到室外去晾晒以后，皮大衣上的水分不但没有减少反而还增多了，皮大衣在太阳底下竟然还晒滴出了水珠来，于是我又只得将皮大衣拿回室内去自然阴干。由此可见空气中的水蒸汽几乎已经达到了饱和状态，这就是江南地区梅雨时节的典型气候特点，我们从云贵高原去的人，首次经历如此高热高湿的气候，整个人感觉就像进入了蒸笼一般。晚上睡觉的时候由于天气十分闷热，我们一般都不关闭门窗，于是宿舍楼旁边农田里的大量蚊虫便由门窗飞入了室内。熄灯以后，宿舍里到处都是蚊虫，睡觉时蚊帐外的蚊子仿佛就像蜂群一样嗡嗡作响。第二天早晨起床以后，靠在蚊帐边的臂膀或大腿

1980.1.作者(右二)与小导师王贤觉(左一)雷剑泉(右一)及陈毓蔚赵××合摄于青岛

上，全是蚊虫叮咬后留下的红斑。好在当时年轻，那时合肥的生活物资也相当丰富，鸡蛋猪肉比较便宜，学校食堂的伙食也相当不错，两毛五分钱就可以吃到肉菜，而五分钱一碗的菜汤里还有蛋花或肉沫，因此当时并没有感觉到学习有多辛苦。经过一年的艰苦努力，我们终于胜利地完成了在合肥科大研究生班的学习任务，79年8月初回到贵阳的研究所以后，又要准备开展下一阶段研究生毕业论文的工作了。

（七）

我的研究生导师郭承基教授是中科院院士、中国著名的稀有稀土元素矿物地质学家。他1943年毕业于北京大学地质系，同年赴日本京都大学留学，

郭承基院士
（恩师）

在日本京都大学郭先生又系统地专攻了化学和分析化学。在熟练地掌握化学知识和分析化学技能的基础上，1947年他又师从日本著名的稀有元素矿物地质学家田久保实太郎进入京都大学大学院(即研究生院)学习，研究稀有元素矿物地质地球化学，1952年研究生博士毕业后，郭先生带着日本籍妻子和三个孩子回到了中国。

郭先生既懂地质又懂化学，是名副其实的地球化学家。回国后，郭先生起初先供职于中央人民政府地质部，后于1953年转入中国科学院地质研究所工作。1955年他带领科研人员首先在中国山西及内蒙古等地开展寻找稀有元素矿产资源的研

究，经过数年工作终于在祖国各地找到了许多稀有元素的新矿床和新矿物，并根据科研实际的需要创立了矿物化学这一门新的边缘学科，使我国在这一研究领域跻身于世界先进之列。

内蒙古包头的白云鄂博铁矿床是 1927 年由丁道衡先生首先发现的，后经地质学家们的多年研究，探明白云鄂博矿床是一个世界级的富含稀土、铌、钍等稀有金属的特大型多金属铁矿床。上世纪五十年代中后期，以何作霖、彭琪瑞、司幼东等为首的中国地质学家会同以索科洛夫、阿列克桑德洛夫以及谢苗诺夫等苏联科学家联合组成的中苏合作队对白云鄂博稀土铌铁矿床进行了综合研究，然而他们历经数年有关白云鄂博矿床复杂的稀有稀土元素的分布、赋存形式以及物质成份等诸多方面均未完全弄清，致使五十年代中后期建成投产的包头钢铁公司因缺乏经济科学的矿石选冶工艺流程，使得白云鄂博铁矿石中富含的稀土稀有元素金属未能获得回收利用而混入炉渣废料中被排掉，从而使国家遭受到了重大损失。为了尽快弄清白云鄂博铁矿床的物质成份，为包头钢铁公司制定一个科学合理的选冶工艺流程提供科学依据，郭承基教授于1962年临危受命主持了这一当时由国家科委、冶金部和中国科学院联合下达的国家级重大科研攻关项目，他带领一班新中国培养出来的青年科技人员，仅用短短两、三年的时间，便基本上弄清了中、苏科学家多年来未曾解决的问题，他们提交的内蒙古白云鄂博铁矿床物质成分的科研成果报告（被收录于国家科委 1965 年出版的重大科研成果汇编《国家科委科学技术研究报告》中），为包头钢铁公司的采矿、选矿及冶炼工艺流程的制定作出了巨大贡献，从而使白云鄂博铁矿床中富含的稀土稀有金属获得了回收利用，为国家作出了重大贡献，当年受到了国家科委、冶金部和中国科学院的表彰。与此同时，在历年科研实践和理论工作总结的基础上，郭承基教授在文革前就已经先后撰写发表了大量学术论文，并编撰出版了《铀矿化学》《放射性元素矿物化学》《稀土矿物化学》以及《稀有元素矿物化学》等将近十来部理论专著。因此，郭承基先生凭借其在上世纪五、六十年代取代的这一系列科研成果及学术成就，从而奠定了他在中国地质学界和地球化学界的崇高地位和学术威望。此后郭承基教授带领科研人员历经三十余年的研究，于八十年代中期终于完成了内蒙古包头白云鄂博超大型稀土铌铁矿床地质地球化学、成矿机制和成矿规律研究，此项重大科研成果曾先后荣获全国科学大会成果奖和中国国家自然科学二等奖。1981 年 3 月身兼国家科委主任和中科院院长的方毅副总理到贵州视察时，专程到访贵阳地化所接见了郭承基先生和全所科技人员，并当场对郭先生为国家做出的重大贡献进行了充分的肯定和表扬。

郭先生在中国科学院北京地质所工作时，从 50 年代起就曾经招收过研究生，为国家培养了一大批稀有稀土元素矿物地质地球化学的专门人才。文革后恢复招收研究生时，首批招生专业虽然是分析化学，但实际上郭先生是想通过招收化学专业人才，然后把他们培养成为既懂化学又懂地质的地球化学专业行家。为此我们刚一入学，郭先生就要求我们在上研究生基础课的时候，要把地质方面的基础课作为主要的学习内容，因此我们在开始进行研究生毕业论文工作之前，郭先生就对我们两个研究生提出了更高的要求：你们两人的毕业论文不是纯粹的分析化学工作，而是要有一个地球化学的专题，用你们所掌握的分析化学技能，对地质样品进行有特色的分析方法测试，取得数据以后，在此基础上再进行地球化学问题的分析和探讨。也就是说我们的研究生毕业论文应包括两个方面的内容：一是分析化学的工作，即样品的分析方法试验和样品测定，二是用自己测试所取得的数据进行地球化学分析和讨论。为此，郭先生还为我专门指定了两名指导老师，一位是指导我做化学实验的老师名叫雷剑泉，另

2007.10.郭承基院士历届部分研究生合影(右二为作者)

一位是指导我做地球化学研究的老师名叫王贤觉，这两位指导老师都是郭先生所在研究室的业务骨干，也是郭先生研究工作的得力助手。当时导师给我定的论文题目是：台湾浅滩海底沉积物中微量稀土元素的纸色层分离技术及地球化学研究。

稀土元素或称为稀土金属，是化学元素周期表中的 15 个镧系元素及钪、钇等总共 17 个元素的总称，由于最初在瑞典发现的稀土氧化物呈土状，而且很稀少，故人们称其为"稀土"。稀土金属是宝贵的战略物资，有"工业味精"和

1980.4.地化所稀有稀土研究室职工合影(二排左三为作者、左七为郭承基教授)

"新材料之母"之称谓,广泛应用于尖端科技领域和军工。在冶金工业领域,只要往很多金属材料里添加一定份量的某种稀土元素,其物理化学性能将会获得极大的提升或改变。比如在铁基的铁硼磁铁中加入一定份量的稀土元素钕以后变成了钕铁硼磁铁,其磁性就比原先的铁硼磁铁增强了数十倍。目前由稀土开发的永磁体、发光、储氢、催化等新功能材料,已是先进制造业、新能源等高新技术产业不可或缺的原材料。与此同时,稀土元素还广泛应用于电子、石油化工、冶金、机械、轻工、环境保护及农业等领域。我国具有世界上储量最丰富的稀土矿产资源,因此,加强对稀土元素的基础理论和应用研究具有极其重要的理论意义和实用价值。另外,由于稀土元素的化学性质极其相似,在地质作用过程中它们常常相伴共生,因此要分别对地质样品中的单个稀土元素进行分离和测试,通常是比较困难的。尤其是稀土元素含量特别稀少的岩石样品,要对其中的单个稀土元素进行分别定量测定,在当时的仪器设备条件下,尤其显得特别困难。根据导师的要求,我的硕士论文就是以台湾浅滩海底

沉积物作为研究对象，利用纸色层分离法来分离其中的 7～8
个单一稀土元素，在此基础上再进行定量测定。取得实验数
据以后，再对台湾浅滩海底沉积物的稀土元素地球化学特征
进行研究和探讨，而整个硕士论文的关键和难点，正是海底
沉积物中单个稀土元素的分离和测定。为了解决这一实验工
作难题，我在雷剑泉老师的指导下，投入了大量的时间和精
力来做这项工作，周末和节假日常常都是泡在实验室里。如
此经过将近一年半左右的艰苦努力，最后终于顺利地完成了
研究生毕业论文的实验工作。

(后排右5为作者)

1981 年 7 月份，在实验工作完成的基础上，我又在地球
化学指导老师的帮助下，用自己实验所取得的数据完成了
《台湾浅滩海底沉积物稀土元素地球化学分布特征的研究》
的研究生毕业论文。但当我和林铁把完成的研究生毕业论文
提交给所教育处，准备申请硕士学位论文答辩时，却遭到了
当时人事处分管教育的 PXX 的拒绝和刁难。其理由是当初我
们二人报考的是分析化学专业，而地化所没有分析化学硕士

1981.11 作者(右)与中科大化学系主任张懋森教授(中)及尹方(左)教授合影

学位的授予权。然而事实上 1977 年 10 月在决定恢复招收研究生的时候，授学位的事在首届研究生招生时尚未提到议事日程，也就是说，78 级首届研究生的招生导师并不是以是否具有学位授予权来进行招生的，而是以导师的学术水平及其在同行中的威望来确定是否具备招生资格的。因此实际上，首届获得研究生招生资格的导师基本上都是全国各学术界最著名的专家及学者，可以说都是院士级的人物。其次，我们二人的研究生导师是国内稀有稀土元素地球化学界的权威专家，1980 年，地化所郭先生同涂先生一道同时被遴选为中国科学院学部委员（后改称院士），1981 年又被国务院确定为中科院的首批博士生导师，因此，郭先生指导的研究生难道就不具备授予硕士学位的资格和水平吗？第三，我们的研究生毕业论文并不是纯粹的分析化学，而是利用分析化学的手段来解决地球化学问题。何谓地球化学？地球化学就是用化学的理论、方法或手段，来研究和解决地质学的问题。也就是说，地球化学是地质学与化学杂交的一门新兴的边缘学科。因此，无论是从学科定义上还是从工作内容上，我们的研究生毕业论文完全符合申请地球化学硕士学位的要求。然而即使经导师和两位指导老师反复与人事教育处交涉，仍遭到断然拒绝。教育处给出的答复是，如果我们二人要申请理学硕士学位，只能自行联系所外的科研单位或者大学，向他们申请分析化学硕士学位的论文答辩。在此情况下，导师只得出面联系中国科技大学化学系（上世纪 50 年代末期中国科技大学创立之初，郭先生曾作为兼职教授在科大地球化学系授过课），申请去科大答辩或是请他们派人来地化所为我们二人主持答辩，以此为我和林铁申请中国科大的理学硕士学位。当年 11 月中旬中国科技大学化学系派来了化学系系主任张懋森教授和尹方副教授，到地化所来主持林铁和我二人的硕士论文答辩。答辩的结果是我们二人都获得了"优秀"的评价，并顺利的通过了硕士学位论文答辩，次年年初我们都获得了由中国科技大学颁发的理学硕士学位证书。我和林铁二人举行硕士学位论文答辩的时候，人事教育处 PXX 也列席了答辩会，但当我们二人的答辩

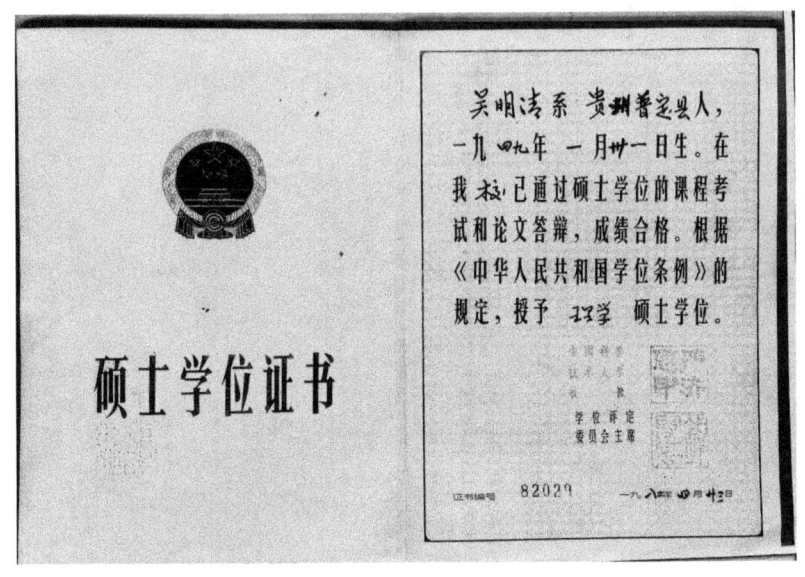

都取得"优秀"的成绩后，会后这女的竟对其办公室的手下人说："哼！科大的两位教授简直就是胡来！"言下之意，科大的两位教授就不应该给我们二人的答辩打那么高的分。与此相反的是，我们的硕士论文答辩结束后，科大化学系主任张懋森教授对郭先生说："郭先生，您的两个研究生的毕业论文已经做了大量的工作，他们毕业论文的工作量比我们学校里很多研究生的还要多，而论文的绝大部分涉及的都是地球化学方面的内容，他们完全有资格在本所申请理学硕士学位，完全没有任何必要到所外去申请啊！"对于地化所人事教育处的刁难行为，当时不仅我和林铁两人不理解，而且不少人也不理解，认为这个女的为什么办事会是如此的古板，丝毫没有半点通融的余地。然而对于某些了解内情的人来说，他们非常清楚，这个女人的行为并不是一个单纯的古板问题，而是有其深层次原因的。换句话说，假如我和林铁的导师不是郭先生而是涂先生，你看她还敢刁难不？相信就是借给她一百个胆子她也不敢。当然啰，在对待我个人不管是提职提级，还是出国等问题上，绝不是这个女的唯一一次、更不是最后一次刁难，后面她还有更精彩的表演。

第五章 顾全大局 放弃梦想

(一)

1981 年 11 月硕士研究生毕业以后，我和林铁都留在了所里工作，并且都分在了研究生导师郭先生的稀土元素地球化学研究室。当时的研究室主任就是郭先生，副主任是林传仙，而林也是郭先生五十年代末的研究生毕业的。地化所当时总共有十三个研究室，其中除了我们稀土研究室以外，还有一个稀有元素地球化学研究室，以前这两个研究室是合在一起的，统称为稀有元素地球化学研究室(本质上稀土元素亦属于稀有元素的范畴)，文革前郭先生就是这个研究室的主任。后来随着稀土元素地球化学学科发展的需要，稀有元素研究室里一部分专门从事稀土元素地球化学研究的科研人员，独立出来成立了稀土元素地球化学研究室，郭承基教授

1985.11 稀土室欢迎康旭(前排左二)回访(前排右三为作者)

任室主任，同时也兼任稀有元素地球化学研究室的主任。地化所稀有、稀土元素研究室的科研实力及研究成果从上世纪六十年代起还在北京地质所的时候，不仅在全所、乃至在全国地学界都是出类拔萃的。即使是在文化大革命闹腾得正欢的时候，经国务院和中国科学院批准，地化所于 1972 年 12 月在贵阳组织和领导召开了全国稀有稀土元素地质科研工作交流会(实际上就是学术会议)，开了文革中国内科研单位主持召开全国性专业学术会议的先河。1985 年 10 月，以地化所的稀土元素地球化学研究室为牵头单位，又在浙江宁波主持召开了第一次全国性的稀土元素地球化学学术讨论会，会上成立了中国稀土学会，郭先生被选为中国稀土学会的副理事长。由此可见地化所稀有稀土元素地球化学科研水平在全国地学界的地位和影响力之大，是不言而喻的。另一方面，地化所的稀有稀土元素地球化学研究之所以能取得如此显著的成果，除了主要依赖于科研人员艰苦努力地工作以外，同时也是以稀有稀土元素地球化学研究的学科带头人郭承基先

生等老一辈科学家的领导及传帮带密不可分的。因此，从某种意义来说，我和林铁能够在1978年考上郭承基先生文革后的首批研究生，毕业后又能留在郭先生的手下工作，应该说是十分幸运的。为此，我们感到非常地高兴。

　　1982年元月初的某一天下午，正当我研究生刚毕业还未来得及很好地考虑自己下一步的科研工作如何开展的时候，我们研究室的党支部书记沈丽璞老师通知我参加支部会议，议程是讨论党支部的改选问题。也不知是支部书记沈丽璞老师要准备调回北京了（沈书记的丈夫许荣华 78 年考取了北京地质所的研究生，毕业后已留在了北京工作），还是因为干了多年的党支部书记后感到困倦了想换人，于是她就在支部会议上提议让我来代替她担任研究室的党支部书记，而且与会的几个党员老同志竟然也都一致地表态同意了。此事来得是如此之突然，搞得我一点思想准备都没有，而且他们几个老同志好像是预先就商量好了似的，会上即使我再三竭力地想推辞但就是推不掉，他们硬生生地就把研究室党支部书记的职务推到了我的头上。会后室里党支部把改选结果报到所里面去以后，所党委居然也批准认可了，我当时感到真的是有点赶鸭子上架的味道。按照中科院有关行政级别的文件规定，中科院属部级单位，其下属研究所的行政级别相当于司局级，因而所长、书记的行政级别亦分别为正司局级，研究室的主任和党支部书记的行政级别相应地为正处级。但文革以后，各研究室的党支部书记大多数都是由科技人员中的党员兼任，只有极个别的研究室才配备有专职的党支部书记，并兼任研究室的行政副主任。各研究室兼职的党支部书记，名义上是处级干部，但实际上并未享受处级干部的待遇。也就是说研究室的兼职党支部书记，纯粹只是一份社会兼职工作而已，并不享受任何额外的待遇。

虽然我是一个研究生刚毕业的新人，但作为一个有近十年党龄的老党员，在此情况下，我没有任何讲价钱的权利，好在我在上大学时曾担任过班级的党支部书记，多少还算有点经验，于是只好硬着头皮承担了下来。作为党支部书记，上任以后我首先着手抓的是新党员的发展工作。根据研究室党支部历年来的工作记录显示，从文革开始以来，我们党支部已有十几年没有发展过一个新党员了。为此研究室里有不少人对原来的党支部书记意见很大。其实早在文化革命之前，室里就有部分老同志写了入党申请书，但由于受到极"左"思潮的影响，认为这些写了申请书的同志，他们有的家庭出身或者社会关系或多或少存在着某些问题，因而这些同志要求进步的问题，多年来迟迟没有获得解决。我接手支部的工作以后，详细地了解了室里过去写过入党申请书的几个老同志的情况，认为他们不仅是研究室里的业务骨干，而且多年来一直对加入党组织始终怀有强烈的愿望，于是我想

2007.10.地化所稀土室部分老同事(右一为作者)

尽快地逐个把他们的入党问题加以解决掉。首先我把以前写过入党申请书的几位老同志召集在一起开座谈会，同他们谈心了解他们的思想状况，并了解他们对入党的看法和要求入党的迫切程度。同时也向他们交底，党组织的大门始终是敞开着的，只要符合条件、个人愿意，组织上随时都欢迎他们加入。为此，几个参加座谈会的老同志心情都很激动，纷纷表示要努力创造条件，争取早日加入党组织，而且会后又纷纷再次提交了入党申请书。经过半年多不到一年的工作，我们党支部就把要求入党多年的三个老同志（一个是家庭出身资本家的研究室副主任，另两个是家庭社会关系中过去认为多少有一点所谓历史问题的业务骨干），都发展成了新党员。其后又在 84 和 85 年，支部又先后发展了两个年轻的党员，进一步壮大了我们研究室的党员队伍，此后研究室的科研工作呈现出了欣欣向荣的新气象。室里的老同志们都说，我们这个室的新支部书记很有魄力，并说年轻人就是不一样，思想比较开放，一上来在不长的时间内就把研究室里要求入党多年而没有获得解决的问题，痛痛快快地都解决了，室里的研究工作和人的思想面貌发生了很大的变化，事实上也的确如此。从83年开始，研究室在组织科技人员积极申请和承担科研课题的同时，一方面积极组织筹备召开一次全国性的稀土元素地球化学学术会议，另一方面又组织室里的科研人员集体编撰《稀土元素地球化学》专著，其中我本人还承担了编写《稀土元素在生物圈中的分布》一个章节。此书于1985年初正式出版发行以后，在全国同行中引起了极大的反响。1985 年 10 月，以我们地球化学研究所为牵头单位，由我们研究室筹备的第一次全国性的稀土元素地球化学学术讨论会在浙江宁波举行，全国稀土学界的数百名精英人士齐聚宁波与会，会上还成立了中国稀土学会，并选出了以郭承基院士为副理事长的第一届全国稀土学会理事会。

（二）

在我个人的学术业务工作方面，其中一项重要的工作就是协助我的导师、研究室主任郭承基先生开展科研工作，也就是说给郭先生当助手，协助他解决科研工作中所遇到的困难和问题。另外，我自己还承担有沉积地球化学的研究工作。上世纪 80 年代初，郭先生已年近七旬，虽说学部委员(院士)不存在退休问题，但郭先生还患有严重的冠心病和肺气肿等疾病，身体基本处于半休状态，其科研工作主要以成果总结性质的室内工作为主。由于老先生患有严重的呼吸系统疾病，对燃煤产生的煤烟特别敏感，而贵阳的冬季当时又主要依赖于燃煤取暖，因此郭先生非常不适应贵阳市区的燃煤空气环境。当年贵州省政府了解到这一情况以后，承蒙秦天真副省长的关心，1981 年，省里先是安排郭先生郭师母俩老口在花溪公园的西舍宾馆疗养了将近一年，其后又协调贵州省科委为郭先生在省植物园弄到了一套平房。于是1982年以后，郭先生和郭师母老两口就住到远离贵阳市区的贵州省植物园去了。住的问题解决以后，老先生考虑的问题就是，他要对其数十年的科研工作进行系统性地总结，准备编写出版一部数百万字的《稀土地球化学演化》的学术专著。但是要编写和出版这么一部大部头的著作，第一要收集大量的科研文献资料，第二需要一笔数额相当大的出版经费。83 年初，当我把郭先生的要求向所领导反映以后，所里的意见是收集资料的事，主要由研究室指定专人负责，而有关出版经费的事所里无法解决。但所领导又说，中国科学院的院长手头每年都掌握得有一定数额的资金即院长基金，这笔资金一般作为院下属单位某些紧急项目的应急经费，并建议郭先生去申请这个院长基金，或许会有所收获。我向郭先生汇报了这一情况以后，先生听了非常高兴，马上就对我说："明清呀，我最近身体不是太好，我看这个申请院长基金的事，能不能交由你来给办理一下？这样吧，你先写个申请报告的初稿出来，然后我再看一下就行了。"本来我想既然我已打听到了出版经费的申请渠道，这一下老先生肯定要自己亲自来写申请报告了，谁知老先生竟然要我来为他写申请报告，这真的是完全出乎我的意料。我当然知道这是郭先生对我的信任，但这个任务实在是太重大了，我担心怕把事情办砸了承担不起这个责任。但是既然老先生已经发话了，我也不好直接推辞和拒绝，于是只好勉为其难地应承了下来。接到郭先生交给的任务以后，我首先在头脑里反反复复地思考酝酿了好几天，我想既然是申请院长基金，但对申请报告的格式我又不是很清楚，不如把这个申请报告换成直接给院领导写一封信算了，这样的效果或许会更好一些。当我觉得思考得差不多以后，于是便模仿郭先生的口气，给当时中科院主管地学口的周光召副院长写了一封信。信的开头首先自我介绍了一下郭先生自己的个人经历，其中重点提到上世纪50年代初回国以后，为解决内蒙古白云鄂博超大型稀土铌铁矿床的选冶问题，首先攻克了矿石中磷的赋存状态，其后又组织科研攻关，弄清了白云鄂博超大型稀土铁矿床中有用元素的赋存状态、矿物组成及分布规律，正式确定了该矿床为含稀土、铌、铁的世界上独一无二的超大型综合性矿床。信中还特别强调，稀土元素、尤其是某些具有独特性能和特殊用途的特殊稀土元素，是未来高新科技领域的战略物资，亦是各国竞相研究和争夺的对象，我国具有巨大的资源储备优势，应加强对特殊稀土地球化学的研究。最后再强调指出，申请者经过对内蒙古白云鄂博超大型稀土铌铁矿床三十多年的研究，已经积累了大量的科研资料。因此，申请者想利用有生之年进行系统性总结，准备编写一部大型学术专著出版发行。现在的问题是缺乏出版经费，为此特向院领导写信，希望能够获得一定数额的院长基金资助，用于现正编撰中的专著的出版发行云云。当我把给周光召副院长的信初稿写好誊正以后，怀着忐忑不安的心情送到贵州省植物园郭先生的住所，希望老先生亲自来修正定稿。然而又令我意想不到的是，郭先生看完初稿后马上就对我说："明清，我看你给周院长的这个信写得很好嘛！我没有什么要修改的了。我现在签个字以后，你立刻把它发出去算了！"听了郭先生的话，我提到嗓子眼的心总算落了下来，心想终于获得老先生的认可了。接下来信是发出去了，但管不管用心中还是没有底。然而大约过了两个月左右，郭先生就收到了中科院周光召副院长的回信。信上周院长首先对郭先生研究白云鄂博超大型稀土铌铁矿床为国家作出的重大贡献表示感谢，其次为支持老科学家总结科研成果，特拨款 5 万元作为郭先生拟撰写的学术专著的出版经费。郭先生接到周院长的回信以后，心情非常地高兴！要知道，在上世纪 80 年代初，5 万元的经费已经不是个小数字了，更何况这笔钱还是来自中科院的院长亲自掌握的院长基金，一方面足见院领导对郭先生文革前的科研成果及贡献是十分了解的，另一方面也体现了院领导对老科学家的关心和爱护。后来中科院又有一位副院长来贵阳地化所视察和检查工作，院领导去看望郭先生时，了解到郭先生的专著出版经费尚存有一定缺口，并希望郭先生再向院里写个报告说明一下专著出版的情况，于是我又为郭先生编写了第二份申请报告。院里接到郭先生的第二份报告以后，于1985年年初，周光召院长又从院长基金里下拨了另一笔5万元的经费，这样郭先生当年总共就获得了10万元的专著出版经费。经费解决以后，郭先生便安安心心地从1985年开始，日以继夜地编写他的大型学术专著《稀土地球化学演化》。历经七、八年呕心沥血地精心编撰，于1993年左右，一部大约400万字的鸿篇巨著《稀土地球化学演化》终于由贵州人民出版社先后分五卷出版发行了，郭先生终于完成了他的平生夙愿。

(三)

我虽然是郭先生的研究生，但从研究生的毕业论文工作开始，研究方向与郭先生本人从事的专业领域并不完全一致。研究生毕业以后，我仍然沿袭研究生毕业论文的专业方向，继续开展海洋沉积地球化学的研究工作。我研究生毕业论文所做的工作是台湾浅滩海底沉积物稀土元素地球化学，这个工作的样品是由中国科学院青岛海洋研究所提供的。也就是说从我的研究生学习阶段开始，我们所就同中科院青岛海洋所开展了科研合作，而青岛海洋所的赵一阳教授也是我研究生毕业论文的指导老师之一。

1983年10月份，青岛海洋所有一个东海冲绳海槽的科考项目，海洋所地质研究室的赵一阳教授给我来信，询问我是否愿意参加。我想海洋科考应该与陆地上的野外地质考察截然不同，很想去亲身体验一下这个海洋科考工作，于是便

1983.10.作者(左)与肖小月摄
于东海海洋科考船上

欣然答应前往。当时我们所和我一起应邀同行的，还有欧阳自远副所长的研究生肖小月，他的任务是在科考船上搜集宇宙尘，为他的研究生毕业论文采集样品。中国科学院青岛海洋研究所是国内最大的综合性海洋科研单位，当时全所有科技人员七百来人，该所装备有一艘排水量约为4000吨的海洋科考船，船名为"科学一号"，船上装备有先进的海洋科考仪器设备，是当时国内最大、也是最先进的海洋科学考察船之一，可同时进行海洋生物、海洋地质、海洋物理、海洋化学等多学科的综合科学考察，也是当时国内能够承担远洋科考的几艘大型船舶之一。之所以选择10月份出海，主要考虑的是这个季节海洋气候条件相对比较稳定，海洋热带风暴及台风相对较少，洋流流速也相对较为稳定，这样的气候条件有利于海洋科考作业。当年10月下旬我们二人抵达青岛时，船员及科考人员已经提前半天登船了，待我们二人上船以后，船上的最佳床位基本上已满，于是我们两个只能住到离轮船汽轮机较近、噪音也比较大的机动床位上去了。我们与海洋地质室的科考人员一共大约有 14～15 人，其中有 4～5 个年轻人是海洋地质室的研究生，他们当中有杨永亮（原地化所老党委书记杨敬仁的儿子）、翟士奎、王金土等。他们这次出海也是去采集毕业论文的海底地质样品，我需要的样品与他们拟采集的样品类型大致相似，只是各自的研究内容和领域不同而已。因此我们地质室的人员就编为一个工作小组，其他海洋物理、海洋化学、海洋生物的又分别各为一个组。各个组有各自的采样方式和采样要求，然而和我一起去的肖小月则与众不同。由于他的任务是收集宇宙尘，于是他就在船顶的某个部位放上一大块表面光滑的塑料面板，守株待兔式的等待宇宙尘从太空自然飘落，然后每隔7～8个小时去搜集一次就行了。因此全船就数他的工作尤其轻松自在。

我们的科考船是 10 月下旬的一天中午离开青岛开赴东海的。当天天气非常晴朗，海上风平浪静，科考队员们都站在甲板上挥手与青岛告别。这是我平生第一次乘坐这么大的轮船出海远航，不用说当时的心情有多么的激动和高兴。一会儿跑到船头，看着船尖劈波斩浪前行；一会儿又跑上船顶，放眼极目远眺，只见蓝天白云与大海相连，成群的海鸥在轮船四周翻飞，当时的心情别说有多高兴了。然而更使我和肖小月吃惊的是，下午吃晚饭的时候，没想到船上的餐饮档次会如此之好，副食光菜品就有五、六个，每顿不仅有肉有白菜豆腐，而且还有鱼有虾，至于主食比如米饭、馒头则不限量，想吃多少就吃多少，而且我们在船上吃饭还不用交伙食费。这在上世纪80年代初期全国各地主、副食都还在实行凭票定量供应的情况下，真是一件意想不到的大好事。不过接下来我们遇到的第一个考验是，由于我们睡觉的地方离汽轮机太近，这里噪音非常大，我和肖小月住在同一个房间里，说话都得提高很大的嗓音互相才能听得清楚。晚上睡觉更是一大挑战，由于汽轮机的噪音始终在耳边嗡嗡作响，因此人躺在床上根本无法入睡。不过相比之下，我的耐受能力

相对要好一点，到了下半夜我就基本上睡着了，然而肖小月则始终睡不着。第二天我们把这一情况向科考队长做了反映以后，过了一、两天，船上就把我们二人的房间调到离汽轮机较远一些的位置上去了。这个位置噪音虽然还有，但明显小多了，这才基本上解决了我们二人的睡觉问题。我们遇到的第二个考验是晕船。科学一号考察船的最大航行速度为 15节（1 节等于 1 海里，即 1.852 公里），即大约相当于每小时将近30公里的时速，如果海上风平浪静，人们在船上丝毫也感觉不到有任何颠簸和摇晃。从青岛到东海冲绳海槽的距离大约有一千三、四百公里，科学一号考察船要开四十多个小时才能到达考察的预定海域。第一天白天海上风平浪静，但是晚上睡觉以后，不知睡到半夜什么时候，忽然觉得身体在床上一会儿翻过去，一会儿又滚过来。这时醒来后才知道海上已经起了风浪，轮船颠簸起来了。早上起床以后，从房间的舷窗往外看去，只见海上风浪大作，天空乌云密布，船的摇晃也越来越厉害了，人坐在床沿上双手必须紧紧抓住床边的扶手才行。早上吃早餐时我去餐厅就餐，竟没见到有人去吃饭，我以为我去晚了。中午在餐厅吃午饭的时候，餐厅里

仍然没有几个人。听食堂的大师傅说，因轮船颠簸得很厉害，有人晕船就不想吃饭了，而有的人来了以后，把饭直接就拿回房间里吃去了，所以餐厅里的人很少。我吃饭时只见餐厅里没人坐的椅子，随着轮船的颠簸和摇晃频率，一会儿滑向餐厅的右边，一会儿又滑向左边，来来回回地在餐厅的地板上反复地滑动，不过餐厅里的饭桌倒是固定在地板上的。大师傅说，像今天这样的情况，一般来餐厅吃饭的大多为老科考队员，他们已经是久经考验的老水手了，七、八级的风浪对他们来说一点也不在话下。一个厨房大师傅问我是不是新来的？以前是否在船上干过？我说我是贵阳地化所来参加海洋科考的，这是我的第一次出海。这位大师傅又说："你好像还不怎么晕船呢！"我说我好像还能忍受这样的颠簸。我问大师傅像这样的风浪，风力该有多大级别了？大师傅说看船的这个颠簸程度，估计海上的风力应该有 7～8 级了。在这样的风浪情况下，我当时还能吃得下饭，只是不能吃得太饱。不过同我一起去收集宇宙尘的小肖就没有这么幸运了，风浪大一点他就有些受不了，当天的中午饭他好像也没怎么吃。当时一起吃饭的一个老科考队员对我说：今天的风浪还不算太大，真正风浪大的时候，人都没有办法坐着和站立了，必须紧紧抓住船舱顶上的吊环和把手才行，否则人就摔倒了。经过一个下午的航行，到了晚上风浪就逐渐地平息了，人们也不知不觉地进入了梦乡。

冲绳海槽位于中国东海大陆架的边缘，呈北东南西向展布，全长约 800 公里，而宽度在 300 公里左右。我们这次考察是从北端开始，来回横穿冲绳海槽，每隔40～50公里左右的距离布点考察采样，这样既照顾到了海槽边沿，又照顾到了海槽中部。海槽里的海水深度一般在1000米左右，最深可达2000余米。我们的科考船于第三天的凌晨3:00点左右到达冲绳海槽北端第一个预定的采样站点。轮船抛锚停下来以后，甲板上亮起了大灯，各个学科的考察队员立即出动，只见海洋化学的人在采集不同深度的海水样品，海洋物理的在观察海流，海洋生物的则打捞海水中的各种浮游生物和底栖生物。我们海洋地质的则准备采集两种类型的海底沉积物样品，一种是海底表层沉积物，另一种是海底的柱状沉积物。海底表层沉积物用抓斗式取样器采集，而海底柱状沉积物样品则用重力取样器取样。这两种取样器都是通过船上的机械来操作的，老科考队员们都是这两种机械的熟练操作能手，我们年轻人则在一旁做帮手。每个站点的工作时间取决于取样工作的难易程度，工作顺利的话，一个多小时就可以完成，如果不顺利或者风浪大的话，则需要反复进行两、三次重复操作才能获得成功。这样的话，有时需要两个多小时才能完成一个站点的工作。一个站点的工作完成以后，又转移到下一个站点，接着又开始新的采样工作。站点与站点之间科考船开行大约需要2个小时。我们采用的是连轴转的工作方式，轮船开行转点的时候，我们就回船舱休息；轮船到达站位时，我们立即到舺板上去开展工作，即工作两、三个小时后休息两、三个小时，如此循环往复。而且这样的工作方式往往需要连续干上三、四天甚至四、五天才能轮换休息一天。有人或许认为这种工作方式人也许不会太累，其实不然。由于轮船从这个站点到下一个站点之间，只有二、三个小时的间隔时间，在这么短的时间内，人根本没法安心休息入睡。因此，人们在这样连轴转的工作环境中，连续干上两、三天以后，由于睡眠严重不足，人的总体感觉非常疲劳，如果海上再有风浪，干活时人又总是摇摇晃晃的，那整个人就更加疲惫不堪了。再加上在船上进行取样操作时，常常需要搬动数十公斤重的地质样品和工具，这基本上都是重体力活，因此人们工作时体能的消耗是非常巨大的，不是年轻力壮的人，是很难胜任这种海上作业的。很显然，海洋地质考察工作的劳动强度明显比陆地上的地质考察工作要大得多了。到了此时我们才真正明白，原来船上的伙食为什么会开得那么好，这显然是很有道理的。海洋科考时人们承受如此大的劳动强度，人的体能消耗是非常巨大的，如果没有营养丰富的饮食加以补充，身体明显是吃不消的。因此，这次海洋地质考察实践，我们总算是亲身实地地体验了海洋地质考察工作的艰辛。

我们在海上连续工作了半个月左右以后，正当人们疲乏得几乎难以坚持工作的时候，船上的气象预报说，西太平洋上有一股热带风暴正向冲绳海槽方向袭来，船长立即通知船上停止一切科考作业，科考船需要全速驶往舟山群岛进港避风，于是我们就可以放心大胆地休息睡觉了。第二天早上一觉醒来，船上有老科考队员说，我们的船已经抵达了舟山群岛的沈家门港。船抛锚停好上岸后，整个人在陆地上的感觉好像与在船上就完全不一样了。在船上工作了十几天，即使船停下来一动不动，但仍觉得脚底下轮船舢板的地面总是在不停地摇晃中，而如今一踏上岸才觉得这样才是真正的"脚踏实地"，当脚板踩在岸上地面纹丝不动时，心里顿时才感到无比地踏实。

沈家门港位于浙江舟山群岛舟山本岛的东南侧，面临东海，背靠青龙、北虎两山，是东南沿海的天然避风良港，同时它既是中国最大的天然渔港，也是世界三大渔港之一（其二为挪威的卑尔根和秘鲁的卡亚俄）。为了避风，我们的科考船需要在沈家门港停留两、三天。上岸后，我们海洋地质室的七、八个年轻人，有人提议到码头的海鲜市场去买螃蟹煮来吃，于是我们一群人在海鲜市场买到了二、三十斤大梭子蟹。拿到船上以后，交给食堂的大师傅替我们烹调（当时的梭子蟹卖三毛八分钱一斤）。当天中午我们七、八个年轻人光吃螃蟹喝啤酒，大家通通快快地享受了一顿海鲜大餐。沈家门港距离普陀山不远，第二天我们地质室的这群年轻人又游览了普陀山风景区。沈家门港属普陀区，距离普陀山景区不到10公里，但却是隔海相望，我们需要乘坐渡轮过海。普陀山说是山，其实它是舟山群岛中的一个小岛，岛的面积大约仅为30平方公里，岛的中部有座山峰，海拔高度大约为300米，取名为佛顶山。相传普陀山是观世音菩萨下凡教化众生之地，所以普陀山在民间的名气很大，号称海天佛国。不过当时岛上的游人很少，究其原因，一是因为改革开放才没几年，人们还比较贫穷，旅游尚未形成风尚；二是普陀山地处东海前哨的舟山群岛，交通极为不便，因此前来游览的大多数是当地人。由于地处偏远、交通不便，加上普陀山的旅游设施相对比较落后，观音菩萨的庙宇也年久失修，所有这些与普陀山的名气极不相称。

我们在沈家门港停留了两、三天以后，西太平洋的热带风暴已经平息，于是我们又乘船返回冲绳海槽连续工作了十几天，最后终于胜利地完成了为期将近一个月的海洋地质考察工作，顺利地回到了青岛海洋研究所。在青岛休息了几天后，分取了六、七十个冲绳海槽的表层沉积物样品。带着这批样品，我和肖小月乘火车辗转回到了贵阳。后来我对这批样品分别进行了化学成分、微量元素和稀土元素的分析测试和地球化学研究工作，最终分别在《海洋学报》、《地球化学》等学术刊物上发表了两三篇科研论文。

（四）

我的导师郭承基先生，1943 年毕业于北京大学地质系，同年赴日本京都大学留学，1952 年回国。郭先生在留学期间与日本太太结婚，回国后，日本太太也加入了中国籍，是一名日裔中国人。从回国后到 80 年代初的三十多年间，郭先生从未回访过日本。80 年代初期，随着科技领域的改革开放逐渐扩大，科学院也在努力拓宽渠道，采取"派出去"和"请进来"的方式扩大对外学术交流。派出去，就是将一些曾经留学海外的老专家以及学术骨干派到国外的对口权威学术机构进行参观访问，学习别人的先进理念，同时充分发挥老专家当年留学时结下的友谊和人脉，为我们的科研服务。而请进来就是有针对性地邀请国外对口单位的权威专家和学者到研究所来讲学，借鉴和学习国外的先进理念和学术思想，实现与国际先进水平接轨。郭先生作为曾在日本留学多年，回国后又为国家的稀有和稀土元素科研工作做出过重大贡献的老科学家，自然属于派出去参观考察的重点对象。经过向中国科学院国际合作局申请及与日本有关单位联系，1985 年 4月，郭先生和我同时收到了日本学术振兴会的邀请，由我陪同郭先生于 1985 年 9 月下旬前往日本有关大学和科研机构访问一个月。得到出国访问的通知以后，我和郭先生分别从所里领取了国家下发的服装制装费，又向贵阳市公安局申请了公务护照，然后通过中国科学院国际合作局向日本驻华大使

自左至右:作者、增田彰正、郭先生

1985.10.参访日本东京大学

馆申办了赴日签证。当年 7 月份我们的签证就办妥了，9 月 20 号左右，我和郭先生从贵阳乘飞机到达北京，先到中科院国际合作局领取了护照和签证，国际合作局的局长还亲自会见了郭先生和我，并交代了一些出国的注意事项，强调到国外以后要注意安全等等。9 月 25 号上午 11:00 左右（相当于日本东京时间 12：00 点，日本时间比北京时间早一个小时）我们师徒二人由北京乘坐国际航班离开首都北京，大约下午 2:00 点左右（东京时间）到达了日本东京成田机场，出海关后，日本学术振兴派了一位日本小姐到机场出口处迎接我们。当天傍晚我们就住到了东京都下榻的宾馆。

这是我平生以来的第一次出国，所以到了日本东京以后，看到什么都觉得非常新奇，感觉中国与日本的差距实在太大了。东京是日本的首都，也是日本的第一大城市，同时也是当时世界上经济最发达、人口也最多的国际大都市之一。东京市区到处高楼林立，但街上的行人并不多，而且人们走路大多都是匆匆而行，很少看到像中国大街上有许多人懒洋洋地漫步的样子。另外，东京市内的街道非常整洁，街道上看不到丁点垃圾。人们过马路时，完全遵从红灯停、绿灯行的规则，人人都从斑马线上快速通过。一旦红灯亮起，没有人会横穿马路。日本的汽车在马路上是靠左行驶的，这大概是日本当初制定汽车交通规则时是仿照英国的交通法规制定的吧。东京市内的商业街，街道两边都是超级商场，这些商场大多只专营一种商品，这在上世纪80年代的中国是闻所未闻和见所未见的，因为我们中国当时的大商店都叫百货商店，即什么都卖。日本商场每天早晨开门之前，商场里的所有员工都会

站在商场门口整齐地排成两行。商店开门时，有客人进店的时候，站在门口两侧的员工都会向客人行90度的鞠躬礼，并用日语小声地向客人打招呼："欢迎光临！"即使只有一个顾客进店也照样鞠躬致敬，这样的欢迎仪式大概要持续十分钟左右。据说一年365天，只要商店开门营业，天天都是如此。进了商店，只见店里的商品琳琅满目，货品十分丰富。比如卖电视机的商店，从几英寸的到三、四十寸的大屏幕彩色电视机一应俱全，而且都是同一个牌子的电视机，并按照屏幕由小到大整整齐齐地摆放在货架上，场面十分的壮观和震撼。要知道在上世纪80年代中期，我们国内的黑白电视机都还尚未完全普及，普通人家能买上一台12～15英寸的黑白电视机就已经很不错了，至于彩电基本上就很难见到，价格就更不用说了那是非常的贵。

我们当时计划在东京访问四天，这里有两个单位需要参观访问。一个是位于东京都附近的筑波日本地质调查所，另一个就是东京大学。我们到达东京的第二天，日本学术振兴会派人陪同我们，乘车前往筑波科学城参观日本地质调查所。日本地质调查所成立于1882年，是日本唯一的综合性地质调查研究机构，我们参观访问时，日本地质调查所已经走过了百年的历程。该所的藤井所长向我们详细介绍了日本地质调查所的机构设置概况，以及近年来的工作重点任务及成果，其后又带我们参观了该所的地质博物馆。我们重点参观

1985.10 日本东京

了该所地质博物馆第四展室展出的众多日本矿物及化石标本，下午郭先生又同藤井所长相互交流了各自的研究领域及成果。此外，我们还观看了用投影仪展示的日本列岛立体地质图以及断层和火山的位置等等。当天晚上，日本地质调查所藤井所长宴请了郭先生我们二人。我们从筑波回到东京市内后，第三天便开始了对东京大学化学系的访问。東京大学化学系的增田彰正教授是日本著名的稀土元素地球化学家，他的实验室装备有当时国际上比较先进的等离子体质谱仪，可以对地质样品中的微量稀土元素进行准确测定。增田教授及其研究

（前排左一为作者）

1985.10.日本京都大学会馆
郭先生会见老同学合影

团队经常在有关的国际学术刊物上发表稀土元素地球化学学术论文，在国际上自成一家，并具有相当的知名度和影响力。郭先生同增田教授交流了各自的研究成果，并商讨双方进一步开展科研合作和学术交流的可能性，其中包括共同培养研究生和派遣访问学者到增田彰正教授的实验室来工作等。后来我们访问结束回国以后，向当时的所领导做了汇报，1987年所里将涂先生的硕士研究生毕业的刘丛强派到了日本东京大学化学系增田彰正教授的实验室做访问学者，其后又转为攻读博士学位的研究生。刘丛强1993年博士毕业后，又在日本理化研究所任研究员，1996年回国后，1997年任地化所所长，2011年当选为中国科学院院士。他算是我们地化所与东京大学联合培养出来的一位地球化学家。当年在增田教授实验室参观访问时，郭先生曾与增田教授商定，拟派我去增田教授的实验室攻读博士学位，但后来因故放弃了，这是后话。

　　我们这次访问日本的重点是参观访问郭先生留学日本时的母校---日本京都大学。京都位于日本西部，是日本的千年古都，不仅历史悠久，而且传统文化积淀深厚，而京都大

学则是仅次于东京大学的日本著名高等学府。郭先生曾于1943 年至 1952 年在京都大学学习了 9 年，他不但在此获得

（左一为作者）

1985.10.日本京都大学会馆

了知识，同时也收获了爱情。因此，我们计划在此停留两周，一是在京都大学参观访问和讲学，二是郭先生也顺便探亲访友。我们在东京大学访问结束后，从东京乘坐日本新干线快速列车到达京都。从东京到京都大约有 300 多公里，新干线快速列车大约开行了两个小时。中午到达京都火车站时，京都大学的接待人员以及郭先生夫人的姐姐及弟弟（妻舅）亲自到车站来迎接。我们到达京都大学时，郭先生当年留学日本时的很多老同学得知这一消息以后，纷纷从日本全国各地赶来与郭先生会面。在京都大学会馆聚会的那天，总共来了二十多位郭先生的老同学，其中绝大多数都是日本各个大学的知名教授，有的则是日本某些大型企业的高级主管，分别三十多年的老同学齐聚京都大学会馆，场面十分的热闹和感人。第二天，郭先生在京都大学地质矿物学系礼堂作学术报告时，场内座无虚席。本来先生留学日本近十年，又娶了个日本太太，除了精通日语以外，英文功底也十分深厚，按惯例作学术报告时，先生可用英语或日语，但先生考虑到祖国的尊严，坚持要用汉语作学术报告。为此，还专门

在地质系找了一位中国留学生小张做现场翻译。但由于小张到日本留学的时间不长，日语尚不够完全熟练，加之对稀土稀有元素的某些专业词汇和术语不是太熟悉，因而现场翻译不甚理想。于是先生常常需要帮助翻译纠正某些日语用字，有时甚至还情不自禁地用日语做起了演讲，为此引得报告厅里响起了一阵阵欢快的笑语声和掌声。

　　郭先生上世纪 40 年代留学日本时，曾在京都大学附近的光华寮居住过一段时间。光华寮是一栋灰色砖木结构的五层单元宿舍楼，它是二战时期京都大学为中国留学生租赁的宿舍楼，上世纪五十年代初，台湾的中华民国政府又出资将房产买了下来。一天傍晚吃过晚饭以后，我和郭先生一起散步时，先生提议一起去访问一下他当年住过的宿舍楼光华寮，我当即欣然同意前往，于是我们师徒二人散步来到了光华寮。随着岁月的流逝，加之年久失修，光华寮建筑的外墙已经斑驳了，外表十分破旧，为此先生十分感慨。不过楼内的生活设施还算完备，楼里也住有不少中国留学生。当我们从一楼逐渐向楼上攀登时，在三楼的一间单身宿舍里，居然遇到了当年与郭先生一道留学京都大学的山西胡姓同乡。当郭先生第一眼看到他的老同学时，不禁大吃一惊，差一点没能认出来，因为眼前分明就是一位看上去

年逾七旬、头发胡子已经花白、衣着也十分简朴的普通老者。郭先生简单地与他交谈了一会儿，得知这位仁兄仍是孤身一人，既无家室，更无财产，只能寄居在光华寮，狭小的室内空间陈设十分简单陈旧，有的家俱像是从垃圾堆里拣来的（在西方社会、包括日本，每到月底的时候，搬家的人总会往垃圾堆里扔不少功能齐全的旧家俱或旧电器，需要的人往往会拣回去使用）。看到胡姓同学的这种生活窘况，先生亦不便再多问他这几十年来的详细情况，于是我们师徒二人只好怀着一种难以名状的心情匆匆地离开了光华寮。

郭先生与他的日本太太是在京都大学留学期间相识的，当时先生住在光华寮，而郭师母家就在光华寮附近开了一间洗染店。周末时郭先生常去师母家的洗衣店洗烫衣物，一来二去就与郭师母相识了。去的次数多了，先生与师母逐渐就由相识到相知，最后双方便产生了爱情，1947 年左右先生就与师母喜结良缘了。师母家原姓柏野，婚后郭先生为师母取名为郭秀君。2006 年夏天我回国探亲时，去所里探望郭师母（彼时郭先生已去世），师母曾向我回忆起她与郭先生年轻时相识的情景，师母告诉我当年郭先生向她表白时，师母曾有不少顾虑，她对郭先生说："你是个大学者，而我只是个高中生，我怕配不上你！"然而郭先生却坚定地对师母说："文化层次的差距不是问题，只要我们相爱就行了。以后你只要管好家庭照顾好孩子就行了！"郭先生与郭师母共结连理整整五十载，果然是一对恩爱情深的模范夫妻，他们一共养育了 7 个子女（2 男 5 女），而且全都由郭师母一人亲手抚育成人，从未假手于她人。郭师母的确堪称贤妻良母的典范！

　　郭先生是一位极富爱国情怀的科学家。先生留学日本近十年，是稀有稀土元素矿物地质学大家，当年又娶了个日本太太，按理他要留在日本治学一点也没有问题，但是他却在上世纪五十年代初，博士毕业后毅然决然地携妻带儿回到了百废待兴的中国，并为祖国的稀有稀土元素地球化学科研事业做出了杰出贡献。访日期间，我们师徒二人常常一起外出散步谈心。当年先生曾告诉我，在他留学日本博士快毕业时，曾有几所日本大学准备聘请他当教授，但都被他一一谢绝了。郭先生说，有两个原因决定了他不想留在日本而要回来为祖国效劳。他说："在日本只要一提到中国古代，日本人没有哪个不伸大拇指的，但是一提到中国的近现代，日本人没有谁能看得上中国。这是第一个原因。其次，我学的是稀有稀土元素矿物地质地球化学，但日本没有这方面的矿产，而中国则是稀有稀土元素矿产资源大国，只有回到中国，我的所学才有用武之地。正是这两个方面的原因，促使我博士毕业后就回到了中国。"由此可见，郭先生的一番肺腑之言，真诚地道出了一个拳拳报国的赤子之心。然而郭先生回国后，先后在文革中受到了冲击和不公正地对待，所幸后来都平了反。

　　另外，当我和先生在一起散步谈心的时候，先生也不忘对我加以谆谆教导。在谈到如何做科研工作时，郭先生说："做研究最关键的一点，就是要全身心地投入进去，其它的什么事都不要想，你唯一所想的就是你的研究专题。要知道搞科学研究是没有八小时工作制的，如果你钻进你的研究专题里头去了，可以说除了吃饭睡觉，你无时无刻不在考虑你的研究专题，比如实验应该如何做才能取得准确数据呀，测试数据出来了又该如何解释，研究报告或论文应该如何编写

1985.10.日本京都岚山与导
师撰不周学理诗碑前

呀等等。等到你把研究报告或学术论文撰写完成了，你心中的那股子高兴劲儿和成就感简直是难以形容的，此时你就享受到做研究的乐趣了！"开始时我对先生所讲的"做研究时你什么事都不要想，你所想的只能是你的研究专题"这句话并不怎么理解，心想我们作为普通老百姓，下班以后哪有不想老婆孩子、不想一日三餐及柴米油盐的？我们实在是做不到哇！然而到后来我自己独立承担科研项目做研究的时候，才知道先生所讲的这些道理原来一点也不假。从酝酿选题到编写项目申请书，在科研过程中遇到困难了该如何解决，取得实验数据后如何解释以及如何撰写科研报告或论文等等，整日整夜地都在思考科研项目中碰到的困难或问题，而且真的是几乎到了废寝忘食的地步。此时，我才真正体会到先生的教诲是何等的深切啊！

我们在京都逗留期间，除了重点参观访问京都大学以外，我们还先后参观访问了京都教育大学、奈良教育大学、奈良女子大学以及大阪大学等，并与京都大学达成了扩大学术交流和合作的意向。其间我们还游览了京都御所(即日本

平安时代位于京都的皇宫)、京都岚山的周恩来总理诗碑
(1919 年周恩来留学日本时游览京都岚山曾作《雨中岚山》
一诗，1979 年日本友人为纪念周总理而集资立碑刻诗于岚山
公园)、奈良公园等名胜古迹。1985 年 10 月 25 日，我们师
徒二人的访日行程圆满结束后，我们从大阪乘飞机返回了北
京。

　　我们当年访问日本是由日本学术振兴会(相当于中国的
国家自然科学基金委)邀请的，访日期间的经费由日本学术
振兴会承担，而且待遇相当高。当时郭先生享受的是教授级
别的待遇，日方发给他一个月的生活费是 53.5 万日元，而我
享受的则是讲师的待遇(当年我在所里的专业职称为助理研
究员，相当于大学讲师或工程师级别)，日方发给我一个月
的生活费是 48.5 万日元。当时 1 美元大约可兑换 250 日元左
右，因此，我们一个月的旅日生活费大约分别为 2000 美元左

右，相比当时派往欧美国家参观访问的中国学者，日本学术
振兴会给的待遇算是最高的了。

(五)

1985 年 10 月访问日本期间，郭先生为我初步联系了京
都大学和东京大学，我准备于 1986 年年底或者 1987 年初赴
日本留学攻读博士学位。于是86 年 2 月份，我报名去中科院
成都外语培训中心学习英语，3 月初就赴成都学习外语去
了。当年我的英语水平还相当有限，一般的阅读理解和浏览
专业文献问题都不大，短板是听力和口语交流还比较吃力。
访日期间，由于我的英语口语和听力能力有限，限制了我和
日方同行直接交流的机会。我回国后，觉得哪怕以后再也没
有机会出国，也必须要把英语听力和口语能力提高到能自如
交流的程度，所以到了中科院成都外语培训中心以后，我就

1986.9.与日本坂本浩教授
(右)摄于桂林

想好好利
用这个学
习机会，
把自己的
英语水平
提高一至
两个档
次。因而
在英语学
习期间，

整个人好像又重新回到了学校一样。每天的课程都排得满满
的，既有听力又有口语，还有阅读理解和语法等课程，过去

从来还没有如此系统地学习过英语。4 月底外语培训中心"五一"劳动节放假，恰好又逢周末，于是我请假两天回贵阳所里处理有关工作事务。回所后我才听说所党委已经换届改选了，而且我已被选为所党委委员进了所党委。当时新的所党委书记是朱正强，新的所长是谢先德，副所长有欧阳自远、陈毓蔚，党委副书记是许景荣，党委委员有：谢先德、欧阳自远、陈福明、梁卓成、李加田、吴明清。朱正强书记听说我从成都回来了，于是就把我叫到了所里一号楼的书记办公室，朱书记严肃地对我说："小吴，听说你去成都学习外语去了，下半年还要准备去日本留学是吧？所里的同志都很信任你，你已经被选进所党委了。我们党委是个常务班子，7 个党委成员各自都有具体分工，每个委员各分管一摊工作。因此你留学日本的事希望你认真考虑一下，能否放弃算了，因为你一旦去日本留学，至少也需要四、五年的时间。你现在是我们所里培养的接班人，希望你不要辜负了所里对你的期望！"我当时的答复是，我说："朱老师，我现在是去学英语。日本留学的事现在还处在联系当中，如果留学的事确定了，学完英语后我还要去学习一段时间的日语才能走。过两天我还要返回成都去学英语，等我学习完英语回来后，我再答复您。"五一假期结束后，我又返回成都，继续学习了两个月的英语，7 月中旬学习结束后返回了贵阳。回到所里以后，谢先德所长又找我谈了一次话。谢所长说："小吴，今天找你来是想跟你说一下，今年所里换届刚把你选进了所党委，这是全所同志对你的信任。希望你再认真考虑一下，留学日本的事能否放弃算了。以后有短期的参观访问再去行不行？朱书记上次已经跟你说了，我们党委成员都是常务班子，你走了以后，党委班子里就少了一个人。所以希望你再次认真地考虑一下。”我听了谢所长的话，再结合5月初朱正强书记第一次跟我谈的话，两位所领导的意思都是要我放弃出国留学而安心留所工作。我在心里想，我这个人的架子是不是太大了点？！既然两位所领导都找我谈话了，要我放弃出国留学，我还是同意他们的意见算了，留学的事先放下以后再说吧。于是我对谢所长说：“谢老师，既然你们两位所领导都跟我说了，要我放弃留学日本的事，出于所里的工作考虑，我可以放弃这次去日本留学的机会。但我有两点要求：第一，我进了所党委以后，我仍然要坚持继续搞我的科研工作。在专业技术职称方面，如果我达到了标准，我的专业技术职称该提还得要提。第二，以后所里如有短期出国访问的名额，比如半年或者一年期的公派访问学者的指标，所里要给我一个短期出国的机会。如果所里能满足我这两个条件，那我就放弃这次去日本留学的机会！”谢所长说：“你这两个要求没有任何问题，所里能够完全满足你！”就这样，当年我就放弃了去日本留学的机会，留在所里工作了。然而，两个所领导当时虽然是痛痛快快地答应了我的要求，但是随着后来地化所广州窗口和分部的开办，他们两位头头一拍屁股就去了广州，后来的所领导根本就没有把我的要求当回事，不仅公派访问学者的事始终与我无缘，而且在我的专业技术职称的评定上也是一压再压。当然这都是后话了。

进入所党委后我在党委里的分工是，作为青年委员兼任所团总支书记，主管全所共青团的工作，原兼任的研究室党支部书记仍然还在任，办公地点仍在原来的研究室里。具体的工作方式是，如党委有事或开会时，我就去党委参加会议，党委没有事时我就回研究室工作。也就是说，除了我的科研工作以外，我还有三项社会兼职工作，一是党委的党务工作，二是所团总支的青年工作，三是研究室的党支部书记工作。对一般人来说，全职担任这三项党务及青年工作，应该是够忙的了，更何况还要承担科研任务。其实对我来说，完全可以卸掉科研工作，全身心的投入到党政工作中去，再设法同所里的头头搞好关系，这或许对我个人的政治前途会更有好处，即也许有朝一日还能走上所一级的领导岗位，因为毕竟所长、书记的行政级别属于正厅局级，这是我们所里不少行政人员所终身追求的目标。可是我当时的头脑里压根就没有这样的观念和想法，一心只想从科研业务上去发展，心想我的老师是个著名的科学家，我一心一意就只想做一个研究教授，对将来是否能当上个什么级别的官丝毫不感兴趣。因此，尽管肩负的行政和科研两个方面的工作是如此的繁重，但我还是勇敢地把它承担了下来。

然而当实际参与所党委的工作以后，真正才知道党委的工作是十分繁忙的。由于当时实行的是党委领导下的所长负责制，所里很多具体事务的实施方案，都要首先经所党委讨论审定通过以后才能布置实施，再加上党委本身就有很多非常具体的党务工作，比如党的组织发展工作、全所员工的政治思想教育工作、中央及地方各级党委的方针政策的传达学习等等。因此，所里差不多每个星期都要召开一、两次或两、三次党委会，而这样的会议有时长达一天，短则两三个小时。至于研究室党支部书记的工作也是事务性的居多，那时实行的是每周六天工作制，每逢星期六上午是研究室职工的政治学习时间，由党支部组织员工开展政治学习。这是当时全国各个单位每个星期六上午雷打不动的政治任务，星期六下午则是集体打扫室内外环境卫生的时间，仅星期天休息。相对来说所团总支的工作比较灵活一些，我的任务就是抓好全所十几个团支部书记的工作，放手让团支部书记去组织开展活动，不搞包办代替。以上这几项行政工作，可以说基本上占据了我一半多的精力和时间，科研工作几乎完全成了我的副业。为了弥补科研业务工作时间的不足，从86年开始，尤其是89年调到所党委办公室全职从事党政管理工作以后，我就充分利用晚上、周末及节假日的业余时间，一门心思地钻研和开展我的科研工作。一般来说，星期一至星期五晚上吃过晚饭以后，7:00～7:30看《新闻联播》，《新闻联播》完了以后，我就去业务办公室从事我的科研工作，比如整理或处理地质样品、查阅科技文献资料、整理实验数据或撰写学术论文等等。一般每天晚上工作四个小时，晚上11:30下班回家，12点洗漱完毕上床睡觉。早上7点起床以后，随即打开半导体收音机，收听美国之音的英语广播，以此强化自己的英语听力。即使星期天休息时，也经常泡在实验室或者办公室里。这样的私人作息制度从86年下半年开始，一直持续到90年代中期出国之前。因此，可以毫不夸张地说，从86年～95年，差不多十来年的时间，我基本上没有完整的看过一部电视连续剧或电影。正是这样一种见缝插针的拼命三郎似的工作精神，虽然身兼几项党政工作，89年以后又调到所党委办公室任专职的党办主任，但我的专业科研工作始终并未受到多大影响，平均每一、两年至少总会有一两篇质量比较高的学术论文在有关学术刊物上公开发表。

第六章 脚踏新疆荒漠 汗洒黄土高原

（一）

东海大陆架边缘冲绳海槽沉积地球化学的研究专题，到 1986 年基本上就结束了。到了 1987 年，我们研究室的王中刚研究员邀请我参加他承担的新疆花岗岩的野外地质考察工作，这是我非常乐意参加的项目。因为第一新疆不仅幅员辽阔，而且矿产资源十分丰富，但凡搞地学研究的人都很想去那里考察。第二，我是化学出身，虽然上研究生以后学了地质，但只能算是半路出家，野外地质工作经验非常贫乏，很想跟所里的地质专家老师们到野外去学习学习。因此，当王中刚老师问我是否愿意去时，我就满口答应了。王中刚老师是1954年在南京大学地质系读三年级时，因国家亟需地质科技人员而提前毕业参加工作的，从上世纪50年代中期开始，

1987.8.新疆
乌鲁木齐天池

他就跟随我的导师郭承基先生开展对内蒙古白云鄂博超大型稀土铁矿床的研究，是郭先生研究工作的得力助手，也是郭先生研究团队的中坚骨干，具有丰富的野外地质考察工作经验和渊博的知识。因此，我很乐意在王老师的指导下学习野外地质考察的有关知识。当时我们研究所在新疆承担了一项国家的"305"项目，题目叫做《加速查明新疆矿产资源的地质、地球物理、地球化学综合研究》，而王中刚研究员承担的是"305"项目中北疆花岗岩类地球化学的研究。按照王中刚课题组长的计划，87年8～10月到新疆做第一次地质考察，88年7～9月再做第二次补充考察。后来两次考察我们都按计划做了，而且都各有惊险的经历，虽说已经过去三十多年了，但当年很多野外地质考察的场景至今仍历历在目。

　　87年夏秋季的新疆北疆地区花岗岩的野外地质考察，原计划是八月中旬出队，但因领队王中刚老师七、八月份需要处理他女儿上大学的某些问题，因而他要晚一点进疆，要我和董振生、张杰及司机姜燕华几人先出发，8月中旬在乌鲁木齐中科院新疆分院招待所会合。我女儿当年六岁半，预定9月1号开学时上小学一年级，而我爱人有

1987.8.新疆哈密星星峡大白石头泉考察天河石花岗岩

个姑姑在新疆哈密工作，于是我决定利用孩子放暑假这个机会，带着老婆孩子先到北京旅游，然后再从北京乘火车去新疆探亲访友兼旅游。7 月下旬，我们一家先乘火车离开贵阳赶赴北京了。我们到达北京后，先后游览了故宫、颐和园、八达岭长城以及十三陵水库等名胜古迹以后，从北京乘坐直达乌鲁木齐的特快列车奔赴新疆哈密。我夫人与她三姑一家已经有二十多年未见面了，此次我们全家前去拜访，亲人相见自是格外亲热。三姑一家留我们在哈密玩了一个星期，然后我们一家又乘火车前往乌鲁木齐。在乌鲁木齐又先后游览了新疆天池及乌市市内的各个名胜景点。8 月中旬，我夫人及孩子又乘车返回哈密，然后于 8 月底乘火车辗转回到了贵阳，而我则留在乌鲁木齐与其他考察队员会合了。

　　当年我们野外地质考察小组总共有四位成员，即队长王中刚，队员有董振生、张杰和我。其中老董是一位 60 年代中期北京地质学院毕业的老地质，张杰则是王中刚老师 86 年招收的研

究生。我们四人配有一辆八座的北京吉普车，司机是本所司机班的一位年轻姑娘名叫姜燕华。因队长王中刚老师延迟到疆。到了 8 月下旬，我们三人决定先到东疆哈密及星星峡一带去开展对当地天河石花岗岩的考察。我们在星星峡东疆地区野外考察工作了几天，由于此地距甘肃的敦煌不远（大约只有三百多公里的路程），于是我们又驱车赴甘肃敦煌游览。待我们从敦煌返回新疆乌鲁木齐后，此时已是 9 月中旬了，但队长王中刚老师仍未来疆。由于队长不在，我们队员又无事可干，我们只好在中科院新疆分院招待所休息等待。

正当我们天天像盼星星盼月亮一样等待的时候，9 月 30 号我们终于把王中刚老师盼来了，第二天 10 月 1 号国庆节，王老师休息了一天。10 月 2 号我们考察小组便驱车直奔阿勒泰而去。按照王中刚队长的安排，我们这次考察的对象是阿勒泰北部山区位于中蒙边境、布尔津县禾木乡山中的海西期花岗岩，我们当天晚上到达阿勒泰市以后，入住在阿勒泰地区招待所。第二天又从阿勒泰奔赴布尔津，当晚住在布尔津县政府招待所，准备第三天即 10 月 4 号进山去禾木乡考察。从布尔津县城去禾木乡的禾木村大约有两百七、八十公里的路程，但听当地人说由于都是土石山路，路况非常差，汽车至少要开一整天才能到达。而当县里的人听说我们十月初还要准备开车进山去禾木乡时，不少人都说现在已是 10 月份了，这个时节山里头可能都已经下雪了，你们不一定能进得去；即使进去了，但恐怕也不一定能出得来呀（因下雪以后土路不好走，汽车就很有可能被困在山里没法开出来了）。意思就是说季节已经很晚了，劝我们不要再进山了。但队长王中刚老师认为，新疆这么远来一趟很不容易，既然来了，还是坚持要进山去看一下。于是 10 月 4 号早晨吃过早餐后，我们一行就开车上路了。当天是个大晴天，汽车离开县城公路进入山区以后，路况的确非常差，公路上常有水坑或石块，我们的吉普车时不时需要停下来，人下车去清除障碍后才能开行，因此，我们的汽车每个小时最多大约只能开行三、四十公里。新疆阿勒泰地区由于纬度高，10月份已进入初冬，下午三、四点钟天空就开始暗下来了，然而此时我们才走了一百七、八十公里的路程，离禾木乡尚有将近一百来公里。正当我们进退两难之际，忽见前面路边拐弯不远处有一个骒马店，我们开车进了院子，一问可以住宿，于是当晚我们就在骒马店住了下来。住下来后问店主人家有什么可吃的，店家说只有土豆和包尔萨克。我们听了一头雾水，不知道包尔萨克是什么东西，有人说包尔萨克会不会是当地少数民族吃的牛羊肉噢，因为店主是哈萨克族。大约过了四、五十分钟，等到店主将晚饭端上来时，呈现在我们眼前的是一盆用羊油煮的尚未完全熟透的土豆片，外加一包用一大块显得很旧也很脏的白布包裹着的用羊油炸过又冷又硬的菱形面块，原来这就是店家所说的包尔萨克---哈萨克牧民的主食。到了这里，我们也只能入乡随俗了，主人家有什么就吃什么吧，更何况我们是早晨在县政府招待所吃的早餐，中午也没有遇到过任何村庄和人家，大家都没吃中饭，此时肚子早就饿得咕咕叫了。尽管新疆的羊肉吃起来没有什么膻味，但我们南方人第一次吃羊油煮的菜和食品，感觉羊膻味特别重，尤其是羊油煮的土豆片，凉了以后膻味更浓。相比之下，包尔萨克虽是羊油炸的，但由于是干货（只是不怎么新鲜），膻味并不太重，不过大家又冷又饿，实在也管不了那么多，三下五除二，十几分钟我们几个人就把那一大半盆土豆片全吃光了，包尔萨克也吃了不少。吃完晚饭以后，队长把店家叫来算账，我们一共五个人，店家总共收了我们十块钱的饭费（平均每人两块钱）。店主又问我们明天早晨是否还要吃早餐，我们说吃，他又收了我们十块钱的早餐钱。吃完晚饭以后，店主把剩下的包尔萨克还用那块布包裹起来捆上口，然后就悬空挂在我们吃饭的饭桌上方，店主说明天早上你们早餐还接着吃，挂起来是防备老鼠咬。完了以后，我们又问睡觉的房间在哪儿？店主说我们这里只有一个五、六个人的大房间，没有单人房，每个人每晚收五块钱的住宿费。我们总共是五个人，而且还有一个女司机，这怎么办？王中刚老师跟司机姜燕华商量，司机小姜说："那就大家在一个房间里将就住一个晚上吧！现在别说没有，就是有单人房间，这荒天野坝的，我一个人也不敢单独住啊！"在此情况下，于是当天晚上我们大家只好躺在同一个房间里和衣而睡了。睡到半夜时分，不知谁探头往窗外一望，大叫一声："哎呀！不好啦，外面下雪了！"这一叫大家也都醒了，一齐往窗外望去，外面果然下起了鹅毛大雪，山上和地上全都白了。这时王中刚老师说："哎呦！看来咱们这次运气真不好哇！明天一大早，咱们就得赶快往回赶了，否则我们怕真的就回不去了！"第二天一早起床以后，雪还在一直不停地下着，我们让店家赶快弄了些土豆和着包尔萨克吃了，急匆匆地冒着雪开车出门就往回走了。阿勒泰山区的公路大多为灰黑色的淤泥土路，晴天汽车还能走，如果是雨雪天气，路面就变得十分地湿滑了。汽车司机小华（她名叫姜燕华，但大家都习惯叫她小华）由于是个新手（刚有三年的驾龄），开起车来还不是那么地得心应手，因而有时不是车轮陷在淤泥中了，就是被石块卡住了，我们坐车的人得经常下车去帮她清除路障，或者是帮着推车。我们的车在山上的时候，天上下的是雪，到了海拔较低的山下，雪就变成了雨。我们几个人就是这样跌跌撞撞地经过一整天八、九个小时的折腾，终于在下午四、五点钟疲惫不堪地返回到了布尔津县城。此时除司机姜燕华以外，我们四个人不仅全身都湿透了，而且满身都是泥浆，一个个简直成了泥猴。好在到了县政府招待所，我们终于可以痛痛快快地洗个热水澡和换洗衣服了。

　　北疆阿勒泰地区的野外考察工作是肯定做不成了，但王中刚老师认为西天山或许问题不大吧，于是他又决定转往新疆西部的伊犁地区再选点考察。我们从阿勒泰地区退出来以后，南下经福海、克拉玛依、奎屯，再转向西经乌苏、精河，过果子沟去伊宁。然而毕竟当时的季节已是十月中旬，伊犁地区也下了大雪，我们的汽车在果子沟因大雪封路导致交通堵塞，在路上被困了四、五个小时，结果当天很晚才到达伊犁地区的首府伊宁市。我们在伊宁修整了两天，接着驱车前往新源县进行野外考察。到了新源，那里也下了大雪，

1987.10 新疆赛里木湖畔

满山遍野都是白茫茫的，不过既然来到山前了，山还是要上的。但是上山以后，花岗岩露头已经被大雪覆盖看不到了，于是我们只得用地质锤一点点地刨开积雪，勉强打了些花岗岩标本。当年我们虽然名为野外地质考察队，装备却极其简陋，既无专用的工作服，也无爬山用的登山靴，每人仅配备了一个地质包、一把地质锤、一个罗盘及一顶防晒的地质帽。我们夏天离开贵阳时，带的都是夏秋两季的衣服，到北疆野外后穿的都是单薄的单衣单裤和球鞋，此时新疆已进入了冬季，山上下着雪，下山雪又变成了雨，我们的衣服到了野外既不防寒也不防水。半天下来，我们浑身上下全湿透了。在如此恶劣的气候条件下，王老师不得不决定终止野外考察开车撤回伊宁去。当天下午三、四点钟我们开车从新源返回伊宁时，途中在我们的小车前面有一辆拉煤的解放牌卡车，也许是前面的煤车司机从后视镜里看到我们的司机是一位年轻漂亮的女孩想戏弄一下吧，或是别的什么原因？煤车司机于是降低了车速，以每小时三、四十公里的速度，在我们车子前面的马路中间摇摇晃晃地开起车来，其用意大概就是不想让我们的北京吉普超他的车。即使我们的司机小华再三鸣笛，他在前面就好像没听见一样，死活就是不给我们的汽车让道。当时我们大家在野外跑了大半天，浑身上下又湿又冷又饿，很想超越前面的煤车早一点赶回招待所去休息吃饭，但前面的大车不让道咱们也是无可奈何。忽然前面的大车逐渐偏向路的左边开行，路的右侧空出了大约一个车的位置，司机小华见状就想加速从煤车的右面超越过去。然而当我们的小车刚与煤车平行时，煤车司机突然加速并随即把他的方向盘往右侧一打，我们的北京吉普躲闪不及，结果是我们小车司机一侧的后视镜就被煤车车厢挂掉了。于是我们只得停下车来，捡起撞碎在地上的后视镜，大家只好自认倒霉地连骂了几声娘。由于我们的车是企图从右侧超车，这一动作明显属于违章行为，即使我们的汽车遭到了损坏，责任也在咱们的司机，我们也不好报警。因此，我们的小车只好哑巴吃黄连似的慢慢地跟在煤车后面，一直以二、三十公里的时速开行。就这样我们无可奈何地跟着煤车大约又开了半个多小时，直到煤车分路出去了，我们的小车才开始奔跑起来。按照以往的经验，我们觉得新疆人还是比较热情的，尤其是看到我们从内地去的人，他们显得更为亲热。先前我们在东疆哈密地区跑野外的时候，有时我们的车子在路上抛锚了，有新疆司机见了，都会立即停下车来帮我们检修。但是今天碰到的这个主就不知道是咋回事了？也许正如俗话说的，林子大了，什么鸟儿都可能会有的吧。

　　我们回到伊宁市修整了两天，然后开车回到了乌鲁木齐。此时已是十月下旬了，但王中刚老师总是心有不甘，还是不想收队。他坚持认为来新疆一趟不容易，总不能什么收获也没有就收队回贵阳去吧，于是又决定开车前往哈密地区的东天山去进行考察。于是我们又先后在东疆的巴里坤、木垒及奇台等地又转了十来天，结果仍然是无论走到哪儿，哪儿都在下雪，不仅没有采到理想的地质标本，而且人还非常的受累。到了 87 年 11 月上旬，北疆的阿勒泰及东、西天山都转到了，王老师这才感到气候条件实在不允许再跑野外了，于是才下决心收队明年再战，等到我们收队回到贵阳时，已是 11 月下旬了。

　　当年我们从 10 月初到 11 月上旬这一个多月的时间里，在风雪交加的气候条件下，在北疆地区从南到北、又从西到东，前后跑了几千公里，由于季节太晚，不仅野外考察效果不佳，而且人还特别受累。加上当年的汽车司机是个新手，对汽车的性能缺乏了解，每当汽车多少有点故障，她也不会处理。尤其是当年的汽车轮胎普遍都装有内胎，汽车天天在山路上跑，有时免不了会被扎破轮胎。而在路上更换轮胎或补内胎，这不仅是个技术活，而且还是一项气力活，由于司机小华力气不足，这个任务自然就落在了我们几个男考察队员的身上。更要命的是，内胎补好以后要给轮胎充气时，由于没有电动气泵，车上只有一支给篮球充气的手动打气筒，于是我们只好手动给汽车轮胎充气了。我们四个男队员轮番上阵，一人打一、二千下以后，再换另一人接着打，而要给一只汽车轮胎充足气，至少也得要打上25分钟至半个小时。而这样的爆胎事件，几乎每隔三、五天就有可能发生一次。由于卸胎补胎的次数多了，到后来遇到爆胎，从卸胎、扒胎、补胎，再到上胎打气，总共有30～40分钟也就可以完全搞定了，一个多月干下来，差不多人人都成了修胎能手。

（二）

由于有了 87 年野外考察的经验教训，队长王中刚在计划88年夏季的野外考察时，在时间和司机的选择问题上显然就谨慎多了。首先是出队时间，他选在了七月初，其次是选了一个驾驶经验比较丰富的老司机魏成均为我们开车。七、八月份正处在夏季高温时期，此时是进入新疆阿勒泰山区进行野外考察的最佳时节。另外，由于去年出队时间太晚，又起用了一位年轻的女司机，因驾龄短不太熟悉汽车性能，导致我们在野外考察时遇到了不少麻烦。今年的野外考察不仅出队早，而且又有老司机开车，应该是顺利多了。88 年七月初我们一行四人（王中刚、董振生、汽车司机魏师傅和我）从贵阳出发，先乘飞机到北京办事，然后再从北京转赴新疆，七月中旬我们就到达乌鲁木齐了。由于位于乌鲁木齐的中科院新疆分院，是我们科学院有关研究所赴疆考察的后勤基地，我们野外考察用的汽车每年秋天工作结束以后，都停放在新疆分院的车库里。我们到达新疆分院后，魏师傅把车从车库里开出来，稍加检修一下就可以开展工作了。

　　当年七月中旬我们开车到达阿勒泰以后，在阿勒泰地区招待所会到了我们同一个所的同位素地球化学研究室的一个野外考察小组，对方的领队是胡蔼琴，于是王中刚队长又决定我们两个队合在一起，在阿泰勒市周边一同考察几天。两个队合在一起总共有八、九个人、两辆车，除了四个老地质以外，我们总共有三个年轻人。在这样的场合，正是我们年轻人向老同志们学习的大好机会。于是到了野外，每看到一块新奇的石头，我们总会捡起来向老同志们请教，比如什么样的石头是花岗片麻岩？什么样的又是黑云母花岗岩？他们之间有什么区别？什么是变质岩？斜长花岗岩又长什么样子等等，只要我们有问题，老师们总是不厌其烦地给我们讲解。另外，我们空闲时也常常同开车师傅聊天。当我们提到去年司机小华给我们开车时，在路上经常爆胎，而今年你们老师傅给我们开车，却很少发生爆胎，这究竟是怎么回事？魏师傅说："野外考察因为走的都是山路，路况普遍很差，这就要求司机要根据路况来控制车速和选择路面，尽量避开路坑和石块，这样就可以大大地降低爆胎的机率了。另外，司机至少要为车子准备两套备胎，还要带上气泵，一旦遇到爆胎立即换上备胎就可以走了，这样就可以大大节省时间。

每天野外工作收班后，司机还要对车子进行全面检查，发现有毛病或隐患，要及时开到汽车修理店去加以检修和处理，使汽车始终处于一个良好的工作状态。"因此由此看来，到野外去开展地质考察工作，选择一个有经验的老司机的确非常重要。很明显，今年我们由于有经验丰富的老司机开车，野外考察工作明显就轻松和顺利多了。

　　我们两个队在阿勒泰市周边跑了大约一个多星期以后，就各自分开了。按照王中刚队长的计划，我们今年考察的重点仍然是阿勒泰北部山区喀拉斯附近禾木乡的海西期花岗岩。七月下旬的一天上午，我们从布尔津县城出发，当天很顺利地就来到了禾木乡政府所在地禾木村。禾木是新疆阿勒泰地区布尔津县最边远的一个乡，当时的禾木村虽说是乡政府所在地，但村子其实并不大，大约也就只有二、三十户人家。禾木村的居民大多为图瓦人，而图瓦人属蒙古人种，据说禾木村的图瓦人，就是当年成吉思汗西征时留下来的一个分支，他们世代以狩猎和放牧为生。这里居民的住房大多是用直径大约三、四十公分的原木堆叠而成的，这种看似古朴而原始的原木住房，其实既结实又保暖，可以说是冬暖夏凉，而且一般可历经数百年也不会朽烂。禾木村位于一个山前河谷的开阔地带，村子坐北朝南，北面是阿尔泰山，山顶的皑皑白

新疆喀拉斯禾木村

雪清晰可见，而由山顶冰雪消融的雪水汇集而成的禾木河从小村边静静地流过。禾木村周边约两三公里的范围内均为草地，草地的尽头则连着原始森林。我们考察的目标就是禾木河上游阿尔泰山余脉出露的古老花岗岩。

现在的禾木村已经是享誉国内外的著名旅游胜地了，但在上世纪八十年代，当时别说在中国就是在新疆，人们也只知有喀拉斯而不知有禾木村。因为那时人们纷纷传说喀拉斯湖里有大红鱼，而且还说曾经有人看到过，因此夏天常有人开车去喀拉斯湖游玩，想试试运气一睹湖里大红鱼的真颜。由于禾木村距离喀拉斯湖不远（大约十几公里），去喀拉斯游玩的人顺便来到了禾木村，结果一看禾木村的原始风光及人文景观相当不错，是一处十分难觅的旅游景点。就这样一传十，十传百，去喀拉斯游玩的人，不管去喀拉斯湖是否能看得到大红鱼，他们想既然来到了喀拉斯，何不去禾木村旅游一番或许更有意思。于是去禾木村旅游的人越来越多，禾木村逐渐地也就出名了。再后来政府有关部门重新规划和修建了旅游公路，去喀拉斯和禾木村变得更便捷，到禾木村旅游的人就更多了。从此以后，禾木也就成为了新疆的一张旅游名片。

我们于当天下午三、四点钟到达了禾木村，在乡政府附近的一个老乡家安顿住下来以后，因天气还早，队长王中刚立即去乡政府联系，准备找乡政府给我们安排一个带我们进山的向导。不一会王老师回来说，乡长不在家，乡政府的人说乡长到县里开会去了。乡政府的人还说，这几天由于天气好村里的青壮年男子都上山打（割）草去了（为冬季的牛羊等牲畜准备干草），现在也找不到熟悉山里情况的人为我们做向导。为此，王老师便来找董振生和我一起商量看看怎么办？王老师说："乡里的人说乡长到县里开会去了，也不知道他什么时候能回来。另外，现在村里的男人都上山打（割）草去了，即使乡长回来了，恐怕也不一定能给我们找得到向导。我想我们来一趟不容易，在这里坐等也不是个办法，我看不如咱们自己进山，沿着禾木河往山上走，走到山上有花岗岩露头的地方就到了，你们看怎么样？"我是野外地质考察的新手，拿不出什么主意，于是王老师便问董振生个人有什么想法，老董说："这几天天气这么好，既然不能在这里坐等，也找不到向导，那咱们就自己进山吧！"王老师说："那好吧，咱们也不用等乡长了，明天一早我们自己进山！"事情就这样定下来了。第二天早晨起床吃过早餐以后，大家便分头收拾行装。王老师考虑到进山路途较远，当天有可能回不来，很大可能要在山上露宿一个晚上，嘱咐我把煮饭的炊具和食品带上。于是我就用一个大地质背包装上一只铝锅，同时还装上几把干面条、半瓶酱油、少许食盐及几个午餐肉罐头和火柴等。临走之前，我还从老乡家借了一把斧头带上以备急用。另外，个人用的地质锤、罗盘、电筒等野外考察用品也是必不可少的，我也把它们统统收装进大地质包里。由于从村子背后往山上森林里走的开阔地带，还有三、四公里远的乡村简易公路，于是魏师傅又开车把我们三人送到了山前森林边缘的公路尽头。临别时魏师傅还特别嘱咐我们："你们明天早一点回来啊，我煮好饭等你们！"我们说："好啊！明天见！"和魏师傅挥手告别后，我们三人步行进入了原始森林。

进入原始森林以后，发现有一条沿着禾木河上行的羊肠小道，于是我们就沿着这条小路往森林里头走。刚进入森林时，就感觉到有蚊子在叮咬人，我说："咦！奇怪了！大白天的怎么这树林里还会有蚊子叮人？"王中刚老师说："以前我们在可可托海搞伟晶岩的时候（可可托海就在新疆阿勒泰地区富蕴县），就发现即使是大白天树林里的蚊子也很多，而且咬人还特别厉害。搞不好今天我们在原始森林里要遭蚊子咬了！"果然开始时还没发现有多少蚊子，但随着进入森林越走越远，树林里的蚊子也就越来越多了。这些蚊子的个头普遍有我们内地的两个大，脚和触角都很长，颜色呈灰黑色或灰白花斑纹，我们叫它们花蚊子，这在我们南方基本上没有见过。这种蚊子胆子好像也很大，它们一旦叮在人的脸上、手上，赶都赶不走，而且咬起人来很疼。随着越是往深山里走，蚊子也就越来越多了，简直就像惹到了马蜂窝一样。为了防蚊子叮咬，我们的头上戴着帆布的地质帽，手上戴着帆布手套，一只手拿洗脸毛巾当蚊刷，另一只手则拿着一根有树叶的树枝，两手交替着不停地来回抽打着头面部左右的蚊子。我们三人一起进山的时候，他们两人让我走在最前面，老董居中，王老师走在最后。我想他们两个老同志可能是为了照顾我这个新手，才让我走在最前面吧，于是我也就毫不犹豫地走在队伍前面了。大约走了一、两小时以后，羊肠小道越来越小，如果不拨开路上的荆棘仔细辨认，似乎就无路可走了。于是为了探路，尽管蚊子咬人很厉害，但我还是把右手拿来打蚊子的树枝，换成了一根木棒。我一边走，一边用木棒拍打路两边灌木丛上的露水，同时用木棒拨开路上的荆棘仔细辨认路径，这样一来，我想即使在路上碰到蛇或者其它野兽什么的，它们一听到响声就预先溜走了，这样走起路来也就安全多了。因为以前曾听人说过新疆的大山里常有毒蛇，而且毒性很强，甚至连马都能咬得死。

因此，在这样的原始森林里走路必须得多加小心。平常我们不是常说"打草惊蛇"这个成语吗？今天我们玩的就是这个把戏。由于蚊子实在太多，过不了多久，用于拍打蚊子的洗脸毛巾头上就逐渐出现了鲜红的血迹，那都是蚊子叮在脸或脖子上吸足了血，然后挥打毛巾又将吸足血的蚊子打死了，所以蚊子身上的血迹浸在了毛巾上。这里的蚊子咬人厉害还体现在，即使我们的头上戴着帽子，手上也戴着帆布手套，而且两只手还不停地来回挥舞，但是蚊子还是会停在头顶或手套上并叮穿了帽子或手套，把手和头皮都叮咬疼了。在这样一种极端恐怖难行的情况下，我们硬是凭着坚韧的毅力，坚持步行了十来个小时，中途都不敢停下来休息。大约到了下午六、七点钟的时候，我们终于来到禾木河边一块大约有两三个篮球场大小的草地上，草地中央还残留着一个看上去不久前有人烧过火的火塘，估计以前有人曾在此地露营过。此时太阳尚未完全落山，抬眼望去，阿尔泰山余脉的花岗岩露头，仍然好像还有几十公里远，于是我们决定今晚就在此地露营不走了。因为如果再走的话，天黑了以后蚊子可能会更多更凶，而且晚上不仅看不见路，还没办法辨别方向，因此，队长王中刚老师说，我们今天晚上就在这块草地上搭个棚子露营吧。

我们在河边的开阔草地上停下来以后，这时我从老乡家借来的斧头就派上大用场了。我先用斧子砍来一些小树干搭成一个窝棚的架子，接着又砍来许多松枝盖在棚子上，然后我又从松树林中捞来许多枯松针及干草铺在窝棚的地上，这样我们露营的窝棚就算大功告成了。窝棚搭建好后，此时王老师和老董已从树林中拉来了不少枯树和干柴，于是我又用斧头将枯树劈成两三尺长的柴火，王老师和老董随即就在窝棚门口生起了一堆大火。为了防野兽和取暖，整个晚上都需要烧着篝火，因此我担心柴火不够，于是又去树林中拉来不少枯树，用斧子截短后放在窝棚门口旁边以备晚上随时添加。棚子门口开始生火的时候，由于烟雾很大，各种蚊虫都被烟薰跑了，等到大火燃起来以后，棚子里及棚子周围的蚊子相对就少多了。不过当天最狼狈的事情还是上厕所解大小便，尤其是在森林中解大溲时两支手忙都忙不过来，即一只手拿树枝抽打头面部的蚊子，而另一只手则负责拿枝叶抽打腰部以下前后两面叮咬的蚊子，整个过程弄的是手忙脚乱，此时每个人都不敢停留太久而只得草草了事，其尴尬丑态简直难以形容。不一会老董负责煮的面条也煮好了，于是我们三人有说有笑地吃起了面条和午餐肉罐头。这顿晚饭大家感觉吃得特别香，因为毕竟在原始森林里走了一天，每个人不仅很累，而且都已经饿得饥肠辘辘了。晚饭过后，我们大家一边坐着烤火，一边漫无目的地聊着天。此时大家才注意到，我们三人的脸上、脖子及手上都分别被蚊子叮起了很多又红又痒的大包，不过也许我当年的皮肤还比较好吧，蚊子叮到的地方只是起了不少发痒的小红疙瘩，过一、两天也就没事了。晚上睡觉的时候，我睡在靠近火塘的棚子门口，而王老师和老董则睡在窝棚里面。由于我们没带卧具，为防蚊虫叮咬，于是我们只好合衣躺在松针和干草上，而且头和脚都用毛巾和衣物严严实实地包裹起来，否则蚊虫叮咬起来就没办法睡觉了。我睡在门边还有个任务，就是晚上时不时地还要起来往火塘里添加柴火，否则篝火里没柴火就熄火了。大约半夜时分，我在睡梦中似乎听到有什么动物在我们棚子周围发出了响声，醒来后发现火塘里快没柴了，于是我马上叫醒了他们两人，一边往火塘里添柴，一边告诉他们好像有什么动物在我们的棚子周围活动。于是我们大家走出窝棚，把手电筒拿出来一齐向窝棚四周胡乱地照射，同时一边大声地呼喊，一时间呜呼连天的吼叫声响彻了整个山谷。第二天早上天亮起床以后，篝火还在燃烧，我们热了些昨天晚上吃剩下的面条，草草地吃完了早餐正准备收拾行装再次出发时，王老师抬眼望了望远处山头上的花岗岩露头，突然对我和老董说："看来昨天我们大概只走了二十多公里，你们看那个远处的花岗岩露头，好像仍然还有好几十公里路远呢！如果再走一天，我们恐怕也不一定能够到达得了那里。更何况现在路径也看不清了，蚊子又特别多，我看咱们今天不要往前走了。我们就在这河边上找几块大的滚石，打点标本带回去就行了。我估计这些滚石都是从那上面的山头上冲下来的。"我和老董听了，心里自然非常高兴，于是也附合着说："好的！好的！这个森林里的路实在太远太艰苦了。那咱们打点滚石标本就原路返回吧！"于是我们三人分头在河边上寻找大的滚石，不一会大家总共打了二十多块标本，全都放在我背的大地质包里。打完标本，我们又将篝火全部弄灭，为防死灰复燃，我又用烧饭的铝锅反复打来几锅河水，浇在火塘的灰烬上，确认火源已经完全熄灭了，我们三人才沿着原路返回。

　　回来的路上同样历尽艰辛。我的大地质包里除了原先的炊具、食品和其他杂物以外，又增加了二十多块花岗岩标本，估计得有四十来斤重吧。但毕竟那个时候人年轻，从小又在农村干惯了农活，也走惯了山路，所以在返回的路上尽管背着那么沉的大地质包，我也不觉得怎么累。返回时我仍然是走在最前面，有时因为我走得快，眼看同他们两人的距离拉得有点大了，于是我便在路边停下来稍等他们一会。到了下午，走着走着，肚子也逐渐地饿起来了，于是我时不时地停在路边上，一边等他们俩，一边采摘路边的各种野生浆果来充饥。就这样走走停停的到了下午四、五点钟，我们终于走出了原始森林，来到了森林边缘的开阔地带。眼看禾木村就在眼前了，然而此时，天空已是乌云密布，旷野里顿时狂风大作，眼看一场暴风雨就要来临了，但我们离禾木村还有三、四公里远。于是我加快脚步小跑了起来，想赶在大雨来临之前到达乡政府驻地。然而无奈这场大雨来得太猛、太快了，在我离村子大约还有一公里左右远的时候，暴雨终于下来了。此时我回头一看，他们两人还在我后面大约五百米开外，等到我一路小跑地回到住地的老乡家时，全身已经完全湿透了。过了一会儿，他们二人到家时更是成了落汤鸡。

我们三个人安全地回到禾木村里的驻地后，闻到厨房里有一大股扑鼻的香气迎面而来，原来是司机老魏师傅正在炖鸡汤。我们问他在哪里弄到的鸡，他说："我知道你们进山一定很辛苦，所以我特意从老乡家买了两只老母鸡杀来炖起，还在乡政府旁边的小买部买了几瓶啤酒，等你们回来后一起喝酒吃鸡。"接着魏师傅又告诉了一些昨天我们进山以后的情况，他说："昨天早上你们走了以后，下午乡长就从县里开会回来了。他听说有人来这里考察要找向导，于是就来问我：你们进山考察的人走了没有？我说已经走了，他又问有没有带向导和蚊帽？我说没有。他说：哎呦，糟糕了！这山里面有黑熊，猎人们在山上放得有打黑熊的铁夹子，要是没有向导带路，万一踩上打黑熊的铁夹子，腿都有可能被打断的哟！另外，山里的蚊子特别凶、特别多，进山如果不带蚊帽，森林里的蚊子都有可能把人咬死，所以进山一定要有向导带路和戴上蚊帽，否则是很危险的！"听了魏师傅复述的乡长说的话，我们三人感到一阵后怕。幸亏我们比较明智，走到半道就折返回来了。如果再继续往前走下去，在原始森林里转悠个三、四天，说不一定真会发生什么意外呢！大家换了衣服洗漱完毕后，端起司机老魏师傅炖的鸡汤，再喝上两瓶啤酒，四人一顿差不多就把那两只老母鸡全都给吃光了，我们几个人着实美美地享受了一顿大餐！饭后晚上闲聊说起这段惊险的经历时，队长王中刚老师深有感触地对我说："小吴啊！想不到你的野外生存能力还蛮强的嘛！看来跑野外你还真是把好手。"我说："王老师，爬山涉水钻山林，我打从小时候就搞惯了，走这点路算不得什么！"王老师又说："哎呀！说实话咱们这一趟经历实在太惊险了！想想这次进山确实很害怕，根本就没想到蚊子会有那么多那么凶，再加上乡长说的猎人们在山上放得有打黑熊的铁夹子，那就更危险了！幸好我们中途就返回来了，如果再继续走下去，还真不知道在那原始森林里会发生什么意外呢！像这种情况，即使昨天晚上掉了五百块钱在我们露营的棚子里，我看我也绝不会再返回去拿了！"王老师说的确实是肺腑之言，要知道那时候王中刚老师他们研究员的月工资还不到200 块钱，因此 500 块钱在那个时候已经不是一个小数目了。后来王老师考虑到我们三人这两天冒着极大的风险进山考察和取样，实在是太辛苦了，应该从经济上适当给予补偿，于是他以队长的名义，给我们每人发了60块钱的补助。

（三）

从阿勒泰山区禾木乡考察结束出来以后，已是八月下旬了，此时我们又转往阿勒泰东边的富蕴、清河一带去继续考察。大约是 8 月 25 号左右的一个下午，我们三人在富蕴县的山区考察时，按惯例我仍走在最前面。当时我们三人正行走在一个斜坡的半山腰上，而斜坡上有一条小水沟，我们准备越过水沟，顺着斜坡到对面的山头上去察看一个花岗岩露头。沟两边的植被非常繁茂，青草长得足有半米多高。由于在野外已经跑了许久了，我的球鞋底已被磨成了一块光板，当我抬起右脚向水沟对面跳过去的时候，谁知对面沟坎外是一大块很陡的被青草掩盖着的偏石板，在我右脚刚落地的一瞬间一脚踩滑，只见身体顺着石板一下子就搓下去了一、两米远。在我身体将要落地的时候，右手也下意识地往地上一撑，此时只听到"咔嚓"一声，起来后整个右手腕就疼痛难忍了，不一会功夫受伤的部位随即就红肿了起来。队长王中刚老师见了，忙问："小吴，手伤到没有？觉得怎么样？"手腕虽然红肿了，而且也非常疼，但我当时也没有完全当回事，心想可能是手掌撑到石板上时韧带触到地面受伤了，所以我对王老师说："没事！也许是手腕受伤了，过几天可能就好了！"当天回到北屯驻地的招待所以后，吃晚饭时我的右手腕已经疼痛得连拿筷子吃饭都拿不住了。本来想等第二天早上去北屯医院看医生的，恰好在我们住的招待所旁边，有一个专治跌打损伤的私人诊所。吃过晚饭以后，我去小诊所看医生，进门后一听口音像是四川人，于是我也就说起了家乡话，他得知我是从贵州来新疆搞地质考察的，很快彼此就拉近了距离。这位中医师姓陈，五十多岁，四川南充人，来新疆行医已经一、二十年了。他问了我一些受伤的情况，看到我的右手腕受伤部位已经红肿淤血了，但他也认为骨折的可能性不大，可能是触倒手腕部位的韧带了。于是他给我弄了些新鲜草药，捣烂后敷在我受伤红肿的右手腕上，并用沙布包上，然后又弄了条绷带把我的右手臂挂在胸前，最后又给我开了一副中药方子，并说这副中药是泡酒来喝的，治跌打损伤很管用，嘱咐我回贵阳后去中药房把药抓了，用玻璃瓶泡酒来服用。完了陈医生收了我十块钱的医药费。后来我们收队回到贵阳以后，我去中药房抓了中药，并用玻璃瓶泡酒来喝了，效果果然不错。我手腕受伤后，王中刚老师问我要不要在招待所休息几天，我想我们考察队总共就三个人，如果我离队养伤，他们两人出野外考察就显得有些过于孤单了。另外，我们因配备有汽车，野外考察的流动性非常大，今天到这个县，明天有可能就去别的县了。因此我右手受伤后，尽管干不了什么活，但我不愿意一个人待在招待所里休息，我仍然愿意跟随车队一起活动。于是我拒绝了王老师要我离队休息的建议，每天胸前吊着个右臂，照样跟着王中刚老师他们两人一起上山，这样虽然我干不了什么活，但三个人一起出野外就热闹多了。

8 月底我们开车来到了克拉玛依市，这是北疆地区因石油而兴起的一座新兴城市。克拉玛依这座石油小城虽然规模不大(仅十几万人)但规划得非常好，城里的建筑整齐划一，街道非常整洁干净，就连公共厕所与一般城市的都不一样，给人一种耳目一新的感觉，这在新疆任何一个城市里都是见不到的。到达这里以后，王中刚老师决定我们在这里休整两天。趁时间有空，我决定去克拉玛依市人民医院看一下骨科医生。我的右手腕受伤后尽管北屯的陈医生给我敷了中草药，但右手腕的疼痛仍然一直未见减轻。到了医院，骨科医生为我照了 X 光片，影像结果显示，我的右手腕桡骨远端骨折了，骨折的裂缝有两三公分长，X 光片上清晰可见。果然是手腕部位的桡骨骨头断裂了，要不我怎么觉得右手腕的疼痛一直未见减轻哩！为了复位，医生于是马上在我的右手腕上打上了石膏，临别又给我开了几片止痛药，嘱咐我两个星期后回到医院来拆石膏。我告诉医生，我们是来新疆做野外地质考察的，流动性很大，两周以后，我们不知道又要转到其他什么地方去了，回不了医院怎么办？医生说，你可以去其他地方的医院拆石膏嘛，当然啰，你也可以自己慢慢地拆，只要注意不要再伤到受伤的部位就行了。并告诉我拆完石膏以后，右手暂时还不能拿重的物品，等骨折部位完全愈合后再慢慢地锻炼恢复功能。9 月上旬，我们来到了伊犁地区，虽然已是秋天，但天气特别好，每天都是二十多度的大晴天。此时伊犁地区到处瓜果飘香，野外考察也格外顺利，到处秋高气爽，山上还有各种野果，比如苹果、杏和梨等，我们走到哪座山，就吃到哪座山。9 月中旬，我们在伊犁地区的野外考察工作圆满结束了。回到乌鲁木齐后，我上医院去拆了右手腕的石膏，9 月下旬我们就回到了贵阳。我的右手腕在新疆跑野外骨折后，后来的恢复经历了一个漫长的过程。首先是受伤后的开头几年，右手拿不了任何重的东西，稍微拿重一点的物品，就会感到疼痛。其次，每逢天气发生变化时，比如天气晴久了要下雨，右手腕提前一两天就会有反应，即手腕部位就开始疼痛了。等到右手腕真正完全恢复功能，即能拿重物而不疼了，整整过了大约十年左右的时间。

　　我们在新疆的野外地质考察工作总共经历了 87-88 年两个夏天，足迹几乎踏遍了北疆的每一个县，其中还有不少有趣的经历，但限于篇幅，本文仅拣了几件精彩的经历加以叙述，总的感觉是新疆很大很美。新疆的面积为一百六十万平方公里，占中国国土面积的六分之一，是中国面积最大的省份。有一句话叫做：不到新疆不知中国之大，到了新疆才真正体会到什么是地大物博。新疆幅员辽阔，物产丰富，不仅盛产石油、天然气，而且其它矿产资源亦十分丰富，是咱们中国不可多得的一个聚宝盆。新疆真是个好地方！不过真得感谢咱们的中国古人，尤其是清末名将左宗棠将军为我们中国保住了这么一块风水宝地！

（四）

1988年上半年去新疆进行野外地质考察之前，在四、五月份的时候，由我本人执笔、与所里第四纪研究室的文启忠教授一起编写了一份国家自然科学基金项目申请书，题目是《黄河中游地区马兰黄土的化学成分与地壳克拉克值的类比研究》。

1989.6.与文启忠教授黄土高原考察

由于我过去没有独立研究过黄土，由我领

衔出面申请不一定能获得批准，于是便将文启忠教授作为主申请人、我排第二位通过所科研处报到了国家自然科学基金委。由于文教授是研究第四纪及黄土的老人，早在60年代他就跟随中国黄土研究之父刘东生先生研究过中国黄土，因此，我们这份由他挑头研究黄土的国家自然科学基金项目申请书报到国家基金委去以后，下半年就获得了批准，获得资助的研究经费为7万元，研究时间从89年初开始到91年底结束，总共为期三年。

按照该基金项目的进度要求，1989年初我们将要开展黄土的野外地质考察。因此，当年4月底，我和文教授就开始筹划去西北黄土高原地区实施野外地质考察和取样的事宜了。按照研究计划，我们将从甘肃兰州地区开始，计划从西向东在黄土高原上拉六、七条大剖面，即从南到北、再从北到南的来回横穿整个黄土高原地区，其中东边延伸到山西中西部的黄土高原，在横穿黄土高原的过程中，按一定的间距布点采样。当年五月中旬，我和文教授等一行四人首先乘飞机到达北京，准备在北京办完事后，再转赴甘肃兰州。当时北京各高等院校的学生因纪念胡耀邦逝世正在天安门广场上闹学潮，很多人还在广场上静坐示威。而且这场学潮已经波及到了北京的社会各界，甚至有部分政府部门的职工也卷入了这场运动，天安门广场附近的街道上常常挤满了社会各界支援学生运动的游行队伍。我们因要忙着出野外进行地质考察，没有多余的时间和心思去仔细观察和思考这场运动，因此我们在北京停留了两、三天以后，乘火车直奔兰州了。

我们大概是在89年5月20号左右到达兰州的，此时我们所的汽车司机田素老师傅也按照之前我们出发前的约定开车来到了兰州与我们会合。于是在到达兰州的第二天，我们的野外地质考察工作就正式开始了。第一天从兰州出发，往南经东乡、临夏到合作再到岷县，当天晚上住岷县招待所。我们的汽车沿县级公路每开行大约 25～30 公里左右就停下来，然后就到路边的黄土地里采集一个 600～700 克重的黄土样品。当然，我们的取样也是有严格要求和标准的，即我们取的既不是表层的耕作土，也不是埋藏很深的离石黄土，而是表土以下三十至四十厘米深度上的黄土，这就是我们要研究的马兰黄土。第一天算是拉了一个从北到南的小剖面。第二天从岷县北上到达渭源，再从渭源东行到陇西，从陇西再北上过定西经会宁，向东北进入宁夏回族自治区的隆德、西吉，也就是宁夏南部著名的贫困山区即西(吉)海(源)固(原)地区。然而与甘肃的定西地区相比，宁夏西海固地区的自然地理环境相对就好多了。定西地区第一缺水，该地区没有什么河流，当地的老百姓人畜饮水十分困难。第二，定西地区的黄土塬上基本没有什么植被，整个黄土塬看上去都是光秃秃的，当我们的汽车在公路上开过时，车后扬起的尘埃能窜到二、三十米高的半空中去，汽车过后这些尘埃大约需要十几二十分钟才会完全消散。当地老乡的吃水则完全依靠房前屋后水窖里储存的雨水，人们一般早上洗脸的水要留着晚上洗脚用，而洗完脚的水又要留着给牲口饮用，因此对当地人来说，"滴水贵如油"一点也不为过。偶尔见公路边地里种有小麦，但麦苗看起来大约只有一尺高左右，麦穗看上去又短又小，估计这样的庄稼也不会有多少收成。因此，我们认为当时甘肃的定西才是西北真正的贫困地区。我们当年路过定西地区的会宁县时，曾在会宁县政府招待所住了一宿。甘肃的会宁，是中国工农红军长征时三大主力红军(红一、红二和红四方面军)胜利会师的地方，县城里建有一座非常高大雄伟的三大主力红军会师的纪念塔。照理说，该县应是各级政府重点扶持和建设的地方，然而当时整个县城竟然还没有自来水供应，县政府招待所食堂煮饭还要靠马车去很远的地方拉水来用，招待所的洗漱用水也都是土黄色的非常浑浊。至于宁夏的西（吉）、海（源）、固（原）地区主要是海拔相对较高，然而自然景观却比甘肃的定西地区就好多了。西海固虽说是山区，但山头上能长树长草，山上有草就能放牧，因此当地老百姓的生活看起来并不特别贫困。我们从西海固继续向北开行时，

海拔逐渐降低，到达同心县时，这里已完全是平原。如果再继续向北就达到宁夏的吴忠、银川地区了，这是一块由黄河河水携带来的泥沙沉降而形成的黄河河套冲积平原。由于北面有阴山屏障和拱卫，这里气候温和、土壤肥沃，是西北地区特有的一块富庶之地，人称"塞北的小江南"。我们在同心县政府招待所住了一个晚上，第二天就在这里考察取样。这里有大片大片的农田，田里的麦子长得非常高大健壮，如果有人钻进抽穗的麦田里，其他人几乎就看不到他了。当时

我们在宁夏的考察只到同心县为止，因为过了同心县再继续往北到达中卫等地的话，那里的黄土已不完全是风成而更主要是水成的了。也就是说同心县以北的黄土已不完全是风力搬运来的，很大可能是由黄河水携带来的泥沙沉降形成的，这种水成的黄土显然不属于我们的研究对象，我们的研究对象是风成的马兰黄土。

我们结束在同心县的考察以后，汽车向南进入了宁夏与甘肃交界的六盘山地区。六盘山因毛泽东主席在红军长征翻越六盘山时写的一首《清平乐六盘山》而名扬天下。在我们原先的想象中，地处大西北腹地的六盘山，应该是比较荒凉而贫瘠的不毛之地，然而当我们的汽车进入六盘山地界以后，呈现在眼前的却是大片大片的原始森林。为此，我们初到黄土高原的人感到有些疑惑不解，心想干旱少雨的黄土高原怎么会有这么好的植被？正当我们年轻人感到困惑时，长期在黄土高原地区研究第四纪古环境古气候的文启忠教授告诉我们说，由于六盘山地处中温带向半干旱的过渡带，这里具有大陆性和海洋季风边缘气候带的特点，因而降雨量较周边其它地区更为丰沛(年降雨量可达六、七百毫米)，从而使此地成为了陕甘宁交界处的一块"湿岛"，因此其原始植被自古以来就比较丰富，由此形成了六盘山地区独有的一片原始森林。文教授还告诉我们，六盘山还是古丝绸之路东段的必经之地，地理位置十分重要，历来是兵家用武的要塞重地。由于这里生态环境好，气候凉爽宜人，六盘山夏天又被誉为黄土高原上的"绿色明珠"和清凉胜境。据史籍记载，成吉思汗西征时，曾在此地休养生息和整肃军队，后病逝于此。

离开六盘山区以后，我们进入了甘肃的庆阳地区。与宁夏毗邻的庆阳地区，是甘肃省嵌入陕西境内的一块风水宝地。庆阳因地处甘肃省东部故又称为"陇东"，这里有黄土高原地区面积最大的黄土塬---董志塬，也是世界上面积最大、土层最厚、保存最为完整的黄土塬面，堪称"天下黄土第一塬"。而位于庆阳地区子午岭的四百多万亩次生林，则是黄土高原上面积最大、植被最好的水源涵养林，有黄土高原上的"天然水库"之称。这里地势平坦，土壤肥沃，物产丰富，自古以来就被视为甘肃的粮仓。我们在庆阳地区结束了甘肃省内的黄土考察后，继续南下经合水、宁县，进入陕西的长武、彬县以及乾县等地。这一地区因人口稠密，工农业极为发达，素来号称"八百里秦川"。所谓八百里秦川，又被称为关中平原，是渭河所携带的泥沙沉降而形成的冲积平原，因此又被称为渭河平原。这里自古以来风调雨顺，土地肥沃，农业发达，为秦国文明的兴起和秦始皇统一天下奠定了强大的农业基础，"八百里秦川"之名即由此而来，当然此地同时也是华夏文明的发祥地之一。

我们在彬县、乾县、礼泉及咸阳一线考察结束以后，又经泾阳、三原、铜川北上到宜君、黄陵、洛川及延安等地进行考察。途经黄陵县时，我们在黄陵县政府招待所住了一宿，第二天还瞻仰参观了黄帝陵。黄帝与炎帝同被称为中华民族的人文始祖，所以我们中华民族又被称为炎黄子孙。相传黄帝之前是由炎帝统治，但属九黎部落的头领蚩尤想取炎帝而代之，于是炎帝便与黄帝联合起来抗击蚩尤，最后双方在涿鹿展开决战，结果蚩尤战败被杀。后来黄帝成为了华族部落的天下共主，使华夏民族由蛮荒时代跨入了文明时代。

黄帝死后，便在陕西省黄陵县城北的桥山建起了陵墓，并立庙祭祀。黄帝陵位于县城北一公里以外的桥山山腰之上，背靠桥山，面朝东南，山下有沮水三面环绕。相传黄帝去世时已得道升天，此陵仅为衣冠塚。黄帝陵高大雄伟（墓高 3.6 米，周长 48 米），号称"天下第一陵"。陵寝周围有数万株千年古柏"守护"，其中有一株据说系黄帝亲手所植的柏树树龄已达五千岁以上，有"世界柏树之父"之美誉。每逢清明节，国家会定期在此举行公祭，全国各地乃至世界各地的华人也纷纷前来瞻仰和祭拜。

1989.6.与文启忠教授摄于陕西黄帝陵黄帝手植柏树前

　　结束了黄陵县的参观考察，向北我们来到了毗邻的洛川县。由于洛川县境内有发育良好的黄土剖面，为此我们在洛川县停留了一天。位于洛川县黑木沟的黄土地质遗迹，是地质历史时期内力和外力地质作用的综合产物，是 240 万年以来第四纪地球地壳结构、构造运动和地貌形态演变的真实记录。洛川黑木沟的黄土剖面，各个时期的黄土地层出露齐全，层位清楚稳定，是研究第四纪以来古气候、古环境、古地理以及重要地质事件的理想标准黄土剖面，历来受到第四纪地质学家的重视和青睐。尽管我们此次考察和研究的重点是马兰黄土而不是黄土剖面，但是既然来到了黄土剖面出露如此完整的洛川县，我们也不得不慕名前来仔细参观考察一番。

黄土景观是在长期的地质作用侵蚀下形成的。黄土是灰黄色且质地均一的土状堆积物，大片的黄土是两百万年前第四纪以来，风力将黄土高原西北部广袤戈壁及沙漠地区的微尘粒搬运而堆积形成的，是一种典型的风成沉积物。洛川地区有大面积的黄土平台及黄土塬。黄土塬经长期的流水侵蚀分割以后，形成了千沟万壑、支离破碎的景观，并伴随滑坡、崩塌以及沉积等各种地貌形成过程，最终形成了现在的黄土景观。来到洛川的黑木沟，此地的黄土剖面果然十分壮观，这里既有出露十分完整的黄土古土壤剖面，也有黄土滑

1989.6 黄土高原考察小组参观延安合影

坡、崩塌、黄土悬沟、黄土落水洞、黄土桥、黄土柱、黄土墙等等各种各样的地质景观，观赏性极强，现已辟为国家级黄土地质公园。

　　离开洛川继续北上，我们来到了延安地区，自然少不了要参观游览一番。革命圣地延安，是中国工农红军长征到达陕北后的革命根据地，从 1937 年至 1947 年，延安一直是中共中央的所在地和陕甘宁边区政府的首府。延安地区的革命纪念地比较多，比如凤凰山中共中央旧址、杨家岭中共中央旧址、枣园中共中央书记处旧址以及王家坪中共中央军委旧

1989.6 延安

址等等。第二天我们先后参观了杨家岭、枣园及王家坪等革命旧址，还在延河边留了影。参观游览完延安以后，我们经安塞继续北上去靖边、横山一带考察取样。然后由横山县东去米脂，接着南下绥德、清涧、延川、延长等县沿途取样，再到宜川。关于陕北上述这几个县的物产及风土人情，过去当地的老百姓曾流传有几句顺口

溜，叫做："清涧的石板，瓦窑堡的炭，米脂的婆姨，绥德的汉"。意思是说，清涧县盛产质量上乘的石板，瓦窑堡则出产煤炭，米脂则出美女，而绥德的男子汉则高大英俊。至于这几句顺口溜说的是否属实，我们一无时间二无兴趣去实地考察了解，不过相传古代四大美女之一的貂蝉就是米脂县人，因此，上述几句顺口溜应该是有根据的。结束了延川、延长县的考察以后，我们由宜川过黄河去山西的吉县，在过黄河的时候，我们又游览了黄河壶口瀑布。黄河是山西和陕西两省的界河，黄河流经中游的内蒙古南部以后，突然转向由北而南奔涌而来，当滚滚的黄河水奔腾到晋陕大峡谷时，五百多米宽的洪流骤然被上宽下窄的两岸所束缚，河口则收拢状如壶口，水流在50多米高的落差中翻腾奔涌，如同在一只巨大无比的壶中倾泄而出，，故此得名"壶口瀑布"。壶口瀑布宽约 30 米，高约 50 米，与贵州黄果树大瀑布同为中国的著名瀑布。我们到达壶口瀑布时为 6 月中旬，此时正值黄河汛期，于是水量陡涨，壶口瀑布尤为壮观。

　　过壶口瀑布进入山西省以后，我们由山西吉县经大宁去隰县，继续北上到达交口，由交口再向东到达灵石县。然后由灵石南下霍州、洪洞到达临汾。再继续

1989.6.陕西潼关黄河大桥

南下到达侯马、运城，最后到达三门峡市，结束了山西的考

察。此后我们再由三门峡向西越过黄河过潼关，再次回到了陕西境内。到此为止，经过将近一个半月的艰苦跋涉，足迹遍及甘、宁、陕、晋四省区，汽车开行里程大约3000公里，我们终于胜利地完成了预定的黄土高原地区的野外地质考察工作。

（五）

当天下午到达陕西省华阴县以后，我们考察小组的同志们想好好地放松一下，于是大家便决定当天晚上去夜爬华山。下午在华阴市内享用了一顿陕西特色美食---羊肉泡馍以后，傍晚便驱车直奔华山而去。为了爬华山，我们特意驱车来到华山脚下，落脚在华山脚下的招待所。司机田素师傅因腿脚不便，他留在招待所等我们第二天下山。当天晚上8:00左右，我和文启忠教授、孙继敏、黄万才等四人从招待所出发，沿着上华山的小道便开始夜爬华山了。或许有人会问，爬山不都是在白天吗？为什么华山要晚上去爬？另外，晚上爬华山岂不是沿途的什么美景都看不见了吗？而且晚上天黑爬山看不清道路应该挺危险的吧？其实人们选择夜爬华山显然是有一定道理的。首先，由于华山独特的花岗岩地质地貌，登山的险道基本上都是光秃秃的，如果白天爬华山会遭遇到强烈的阳光暴晒，再加上路途非常艰险，从而会使登山变得十分的辛苦和劳累，而晚上爬山就显得凉爽多了。其次，夜爬华山虽然看不到华山险峻的秀色美景，但是也看不到攀爬华山的险峻路况，因而爬山时也就不会有恐惧的心理和压力，爬山时会显得比较轻松自然。第三，选择晚上爬华山，凌晨到达山顶后，第二天早晨还可以在顶峰观看日出，而在华山顶上观日出，也是华山旅游的一大胜景。正是由于夜爬华山有上述几大优点，因此很多去华山游览的人，大都选择夜爬华山。不过当年的华山不像后来修了索道，人们可以选择乘坐索道缆车上山或者下山，而那时上山和下山只能完全依靠两条腿。由于我们刚刚在黄土高原地区进行了一个多月的野外地质考察，体力比较充沛，因而对夜爬华山充满了信心。

华山向来以"险峻"闻名于天下。常言道："自古华山一条路"。我们一路上手脚并用地匍匐前行并不断地向上攀登，首先来到的第一道险关便是千尺幢。所谓"千尺幢"，就是古人在几近垂直的崖壁沟槽内开凿出的数百级石阶，以供游人向上攀爬的险恶便道。晚上虽说看不清道路的全貌，但感觉山崖非常陡峭，坡度应该在70度左右。便道虽说可供两人上下穿行，但阶梯的宽度却仅仅能容大半个脚掌，好在阶梯两边皆安装有铁链扶手，安全性尚不成问题，不过人们每走一步都要格外小心。上完"千尺幢"，爬山的险道似乎稍微平缓了些，不久就来到了第二道险关百尺峡。"百尺峡"又叫"百丈崖"，晚上爬山因天黑什么也看不见，然而我们白天下山时才完全看清全貌，原来是两堵崖壁仿佛正要交合时，却被两块突然飞来的巨石从中硬生生地撑住，于是古人便在两块巨石下的凹槽中开凿出了爬山的险道。当人们从巨石底下的便道钻过时，不由得心惊胆颤，担心巨石会突然从头顶上落下，于是"惊心石"便由此得名。晚上爬山时因一片漆黑而全无感觉，然而当白天身临其境看到"惊心石"时，才感到的确非常震撼。接下来我们又经历了上天梯及苍龙岭等险绝要道，尤其是上"天梯"更为惊险。我至今仍清楚地记得，上天梯这一险关是在一堵几近垂直的绝壁上，从上到下垂挂着一架出铁链打造成的仅供一人上下的软云梯。这堵绝壁虽然仅高约十余米，但因面临万丈深渊，却是惊险异常。游人到此须全神灌注地面壁揽索登梯，且只可屏心静气，不可回头张望。下梯之人亦只可垂索背壑一步步地缓缓退下。上了天梯再过苍龙岭，大约半夜 12:30 左右我们就到达了西峰的山顶，当天晚上入住在西峰峰顶的招待所。与我们一路同行的还有五、六个人，大家相约早上起来在西峰顶上看日出。第二天早晨 5 点过钟，天刚麻麻亮时，大家就都纷纷起床了，于是众人来到西峰山顶的岩石上或坐或站，翘首以待日出。大约等了半个多小时，因天气不好，东方雾蒙蒙的，此时天已大亮，但始终未见太阳喷薄而出，人们难免感到有些扫兴。既然看不到日出，我们回到招待所吃了早餐，带上自己的洗漱用品以后，索性就在西峰山顶跟随游人游览了起来。

　　华山古称西岳雅称太华山，是中国著名的五岳之一（即东岳泰山，西岳华山，南岳衡山，北岳恒山，中岳嵩山）。与其它四岳相比，因华山山势最为陡峭险峻，故华山自古就有"天下第一奇险山"之美誉。华山峰顶共由东、西、南、北、中五个山峰组成，五峰之间有便道相连。其中西峰峰顶有数块巨石状如莲花，故又称为莲花峰或芙蓉峰。登上西峰峰顶极目远眺，只见云霞飞涌、四野屏开，千山万壑，若隐若现，游人独立于山巅，仿佛置身于仙乡神府，于是万种俗念，一扫而空。此外，西峰顶上的景观比比皆是，比如翠云宫、莲花洞、巨灵足、斧劈石、舍身崖等等，其中斧劈石即是沉香劈山救母的神话故事《宝莲灯》的发生地。另外，西峰顶上的摩崖石刻也比比皆是，而且工、草、隶、篆皆有，可谓琳琅满目。我们在西峰游览结束后，过中峰去游南峰。

南峰的海拔为2154.9米，是华山的最高峰，古人称其为"华山元首"。登上南峰绝顶，顿感天近咫尺，似乎手可摘星。举目环视，但见群山起伏，莽莽苍苍；黄渭曲流，细如麻丝；万千气象，尽收眼底，使人真正领略到了华山高峻雄伟的博大气势，享受了如临天界、如履浮云的神奇情趣，大有"华山归来不看岳"之感慨！

由于时间关系，我们游览完西峰和南峰后，便准备下山了。人们常说：上山容易下山难，意思是说上完山后体力消耗了，所以下山就显得更吃力了。然而从华山上下来不仅仅是体力的问题，更主要是山路陡峭，人们下山需要格外小心谨慎才是。由于不少路段是几近垂直的直上直下，路侧则是万丈深渊，而且很多阶梯的宽度仅能容半个脚掌，感觉下山的难度比上山还要艰难得多。因此，下山不仅消耗体力，而且对膝盖的冲击力还非常大，腿脚不好的人绝对受不了这个苦。我就是因为上中学的时候跑山路伤了膝盖，这次从华山上下来着实让我吃了不少苦头。然而在我们下山的途中，竟然还看到有不少农民工，他们或挑或背着数十斤重的各种生活物质，拼着吃奶的力气往华山顶峰上爬。看到他们气喘嘘嘘、汗流浃背，我们此时才真正体会到，谁说我们这些游玩的人辛苦？这些农民工为了家庭和个人的生计，拼着性命背负几十斤重的生活物资往华山的悬崖峭壁上爬，他们才是真正的苦命人，而我们同他们相比起来不知要幸福多少倍啊！

游览完华山以后，我们开车来到了西安市，当年的黄土高原野外地质考察工作就胜利地结束了。我们在西安停留了几天，先后又游览了西安的半坡原始社会遗址、秦始皇兵马俑及秦始皇陵等名胜古迹以后，然后于当年七月下旬乘火车辗转回到了贵阳。

第七章 一分耕耘 一分收获

（一）

我在贵州大学化学系念书时，大概是大学三年级的时候，偶尔听到有老师说，我们系里的某某老师最近在化学学报上发表了一篇文章。当时我心里就想，这个老师厉害呀！居然能在专业刊物上发表论文，心里很是羡慕。工作以后由于自己的工作单位是国家级的研究所，所里的图书馆不仅有各种中外文期刊，而且本所当年还编辑出版了两种公开发行的全国性学术刊物，其中一个是《地球化学》，另一个是《地质地球化学》。所里的科研人员经常在这两种刊物或国内其它有关的学术期刊上发表科研论文。我上研究生以后，我的导师郭承基先生不仅是全国著名的稀有稀土元素矿物地质学家，而且在文化革命前就曾发表过不少学术论文，并撰写出版了七、八本学术专著，是一位著作等身的高产科学家。身处在地化所这样一种学术氛围当中以及导师的榜样，无形中就时时刻刻地鞭策着我，从上研究生的时候开始，心里就有一个念头，即一定要好好的做科研，力争多发表点学术论文和发高水平的论文。

然而从事科学研究可不是一件简单容易的事情。首先你必须在你所从事的科研领域具有扎实的基础理论知识，其次你必须对你所从事研究领域的国内外研究现状和发展趋势，有一个全面的了解，并能从发展趋势中发现新的问题和生长点，同时还要设法找出解决问题的方法和途径。比如说，你要从事地球化学研究，由于该学科是地质学与化学杂交的一门新兴边缘学科，首先你必须要具有地质学、岩石学、矿物学以及地层古生物学等方面的基础理论知识，同时你还必须具备无机化学、有机化学、物理化学等化学各分支学科的基础理论知识，因为光有地质学方面的知识，而没有化学基础理论知识，是很难从事地球化学研究工作的；同样地，如果一个人只具有化学基础理论知识，而不懂地质学，同样也是不可能从事地球化学研究工作的。

我的导师郭承基院士是地质与化学相结合的典范，他青年时代在北京大学本科学的是地质学，到日本京都大学留学后先是修了四年的化学，其后又师从日本著名的稀有元素矿物地质学家田久保实太郎，研究稀有稀土元素矿物地质地球化学。因此郭先生既精通地质又精通化学，是真正的地球化学家。他深知化学知识在地球化学研究中的重要性，于是在文革后恢复招收研究生时，首先就招了分析化学专业的研究生，想经过严格训练以后，培养成为合格的地球化学研究专才。

我本人的硕士研究生毕业论文包括两个方面的工作，一个是分析化学方面的工作，即海底沉积物中微量稀土元素的纸色层分离和测试，另一个是地球化学方面的工作，即讨论台湾浅滩海底沉积物的稀土元素分布特征及物质来源。在上世纪的六、七十年代，岩矿样品中微量单个稀土元素的测定仍是一项非常困难的工作。镧系元素族的这15个稀土元素就像15个孪生兄弟一样，它们不仅长得非常相像，而且它们的性格及兴趣爱好也都差不多，15个兄弟要去哪里，常常都会一起行动；无论走到哪儿，大家都会一齐出现，因此，要把它们一个个地区别和分离开来是一件非常困难的工作。也就是说作为一个元素族的15个稀土元素，由于他们的化学性质极其相似，在地质作用过程中，他们常常伴生在一起。因此在对单个稀土元素进行分析测试的时候，首先面临的困难就是如何把它们分离开来。上世纪六、七十年代常用的方法是，首先对岩矿样品中的稀土元素采用化学分离法富集其中的总稀土元素，然后再采用离子交换分离法分离单个稀土，最后再通过 X-荧光光谱仪对单个稀土元素进行测定。而我的研究生论文则是采用更简便的纸色层分离法来分离单个稀土，最后采用分光光度法对单个稀土元素进行测定。我的分离和测试方法与传统方法相比，虽然只能分离7~8个单一稀土元素，但是具有简便易行和节约成本等优点。不过由于采用纸色层分离单个稀土元素及测定方法的研究工作比较困难，我前前后后在实验室里工作了差不多一年半左右才把实验工作做完。第一部分分析化学的实验工作完成以后，在取得大量分析测试数据的基础上，第二部分的工作就是对实验数据进行整理和地球化学解释，并由此得出研究结论，最后编写成研究论文。正是由于我的硕士研究生毕业论文包括了以上两个方面的内容，因此从 1983 年到 1986 年，我先后对其进行了系统总结，并撰写出了两、三篇学术论文，先后分别发表在《地球化学》以及全国性的有关学术会议论文专辑上。

1981年硕士研究生毕业以后，我的研究工作基本上由纯粹分析化学专业过渡到了地球化学。也就是说自己在承担研究项目时，开始参与了野外地质考察和取样，充分了解样品的地质产状及采样要求，学习和掌握采样方法。从野外采集到地质样品以后，按照研究计划的要求，分别把样品送到有关实验室去做有关项目的分析测试，获得实验数据以后，再对实验数据进行地球化学研究和解释。1983 年 10 月，我与中科院青岛海洋研究所的赵一阳教授合作，参与了青岛海洋所在东海冲绳海槽的海洋地质考察。其后我们对采集到的冲绳海槽海底沉积物样品进行了主要化学成分、稀土及微量元素地球化学研究，也先后撰写发表了三篇科研论文，其中一篇还参加了1989年10月在前苏联符拉迪沃斯托克(海参崴)举行的中苏第三届太平洋边缘海地质、地球物理、地球化学及矿产资源的学术讨论会，在会上进行了学术交流。

(二)

1989年年初大约是二月份的时候，中科院海洋研究所的赵一阳教授写信告诉我，说今年(指89年)9月下旬中国的海洋地质科研单位与苏联的海洋地质科研单位，将在苏联的符拉迪沃斯托克(海参崴)联合召开一次学术研讨会，问我是否愿意参加，如果想去参会，那就要赶快写一篇2～3千字的详

1989.9.苏联边境
小城火车站

细中英文论文摘要，在 4 月中旬之前寄到青岛海洋所地质研究室，然后由海洋所的会议筹备组汇编后提交给苏联科学院太平洋海洋研究所付印。当年这个学术会议是由苏联科学院太平洋海洋研究所牵头，而中方的牵头单位则是中国科学院青岛海洋研究所。在这次会议之前，中苏双方已经举办过两次学术会议了，双方的反响和效果都不错，这次拟议中的会议是第三次。由于会议的举办地点采取轮换制，即第一次会议在苏联海参崴举行，第二次会议便换到了中国的青岛。这次是中苏联合举办的第三次海洋学术会议，会议举办地又转回到了苏联的海参崴。我一听是去苏联参加学术会议，由于我还从未去过苏联，我当然非常乐意前往，于是立即回信告诉了赵一阳教授，说我非常愿意参加，并于当年三月份就向青岛海洋所的中方会议筹备小组提交了参会的学术论文的中英文摘要，当时提交的论文题目是：《东海冲绳海槽沉积物的主要化学成份特征及其地质意义》。89 年 7 月下旬，我从黄土高原考察回所后，收到了青岛海洋所中苏学术会议中方筹备组寄来的正式参会通知，通知书上说：第三届中苏太平洋边缘海海洋地质、地球物理、地球化学及矿产资源学术讨论会，将于 1989 年 9 月 26 日至 9 月 30 日在苏联符拉迪沃斯托克（海参崴）举行，要求参会人员作好参会准备，比如申办好个人护照及准备一套正式的服装（即西装）等。中国人当时去苏联访问只要有个人护照就行，不用申办入境签证，我因 1985 年访问日本的公务护照尚在有效期内，不用申领新的护照。到了 89 年 8 月下旬，我又接到了中苏学术会议中方筹备小组的最后一个通知，要求中方参会人员务必于 9 月 22 号在北京中科院机关招待所集中，23 号从北京出发前往苏联参会。

9月21号我从贵阳乘火车到达北京院机关招待所以后，向中苏学术会议的中方筹备小组报了到。原来我们这次参加中苏海洋学术会议的人员，既有咱们中科院系统的，也有国家海洋局系统的，其中中科院青岛海洋研究所有7人、中科院南海海洋研究所有3人，山东海洋学院的2人，国家海洋局杭州海洋二所有1人，中科院资环局主管海洋口的1人，而中科院地球化学所就我1人。也就是说，我们这次去苏联海参崴参加学术会议的中方代表团，总共有团员共15人。23号晚上8点左右，我们一行15人从北京乘坐北京至牡丹江的直快列车，第二天（24号）上午9点到达牡丹江市。当年从牡丹江去苏联海参崴并不很方便，中途要在绥芬河倒车。我们在牡丹江下火车吃过早餐兼中饭以后，大约上午11点半，我

9.24 苏联边境格罗达科沃小城合影

（居中者为作者）

们一行人又从牡丹江乘火车到达绥芬河县城(两地相距大约160 公里，后来绥芬河已改为市，是黑龙江省的重要口岸城市之一)，然后又换乘绥芬河到苏联边境小城格罗迭科沃的过境列车(仅有27 公里)。我们到达苏联的边境小城格城后，此时已是下午 3 点过钟了。我们出了格城火车站，直接就上了苏方会务组派来的大巴。格城去符拉迪沃斯托克(海参崴)大约还有 200 多公里的路程，下午 6 点半钟左右，我们就到达了中苏海洋学术会议的下榻宾馆即符拉迪沃斯托克市(海参崴)的太平洋大酒店。

中苏第三届太平洋边缘海海洋学术会议是 25 号报到 26 号开始开会。25 号上午报到以后，因没有什么事，于是青岛海洋所的赵一阳教授等4～5 人便邀我一起上街去闲逛。符拉迪沃斯托克原名海参崴，是苏联远东最大的一个海港城市，位于俄罗斯阿穆尔半岛最南端。清朝时海参崴为中国领土，划归吉林将军管辖。1860 年 11 月 14 日俄国逼迫满清政府签订了《中俄北京条约》，将包括海参崴在内的乌苏里江以东的中国领土割让给了俄罗斯，于是俄罗斯便将海参崴命名为符拉迪沃斯托克，俄语意为"统治东方"。海参崴的战略地

位极其重要，海参崴港是一个天然的不冻良港，是苏联在远东地区的重要出海口，也是苏联太平洋舰队的所在地。这里有苏联科学院西伯利亚分院远东分部、苏联科学院太平洋海洋研究所及远东联邦大学等。我们几个人上街以后，漫无目的地在海参崴的大街上闲逛，偶尔看见街边的空地上塑立着一尊俄罗斯战士骑着战马的青铜雕像，而雕像旁边耸立着"1860"的大字招牌。我们中有了解历史的人小声地说："你们看，海参崴以前就是咱们中国的领土，1860 年的时候让俄国人给占了，俄国人来了以后，他们把这里的大量中国人全部赶回了中国，不走的都给杀了。所以到今天，这里已看不到中国人了。"有人说："是呀！国力衰弱了就是这个样子，满清王朝到后来已经腐败衰落得不成样子了，只好任列强们宰割了。"看到这样的雕像和标牌，我们大家在心里都不好受，感觉无话可说。我们在大街上先后逛了几个商

店，发现苏联人商店里的商品并不怎么丰富，而且还非常单调乏味，衣服不仅款式单调、颜

1989.10.1 苏联边境
小城格罗迭科沃

色灰暗，也许是俄国人普遍人高马大吧，服装都十分肥大。很多商品从外观看上去十分粗犷，商店里售卖的家俱，比如桌子椅子等其桌腿椅腿都很粗大，看上去似乎不成比例。食品部里售卖的绝大部分是俄国人喜欢吃的列巴（黑面包），很

1989.9.苏联边境小城格罗迭科夫火车站

少见有新鲜蔬菜，土豆倒是不少，也见有盐腌过烤熟了的大马哈鱼(三文鱼)卖。苏联当时是与美国争霸的世界强国，其重工业及军事工业非常强大，但他们历来并不十分重视民生，因此轻工业很不发达，当时苏联商店里的商品不仅非常单调，而且很多商品给人的印象就是"傻、大、粗、黑"，即设计上粗犷、工艺上粗糙、外形上笨拙，就连我们开会住的高档宾馆太平洋大酒店，其客房里的门窗以及卫生设施等，也都显得十分笨拙。

　　我们报到以后拿到了会议议程，得知会议总共开5天，除了第一天开幕式(即9月26号)的伙食是由会议招待以外，其余四天是自己单独在下榻酒店的食堂里买饭吃，为此，会务组给我们来参会的代表每人每天发5个卢布用于吃饭，因此，我们每个与会代表都收到了20卢布。在上世纪八十年代末，苏联卢布的价格比美元还要贵，当时一个卢布大约可以换1.5个美元左右，折合人民币将是8~9块钱，我们每天发5个卢布相当于40多元人民币了。早餐一般来块黑面包、来碗麦片粥，再来杯牛奶，花一个卢布就足够了。中餐晚餐各花两个卢布左右，主食仍以黑面包为主，米饭很少，开饭时去晚了米饭就没有了。苏联的黑面包一般个头很大很长，售

卖时都是切成大块大块的厚片，我们因是第一次吃俄罗斯食品，第一顿大家的主食都买了黑面包，还买了果酱或鱼

1989.9.27.苏联海参崴太平洋大酒店前

籽酱等。不过黑面包口感比较粗糙，刚做的吃起来还行，如果放在外面的时间长了，黑面包就变得又干又硬难以下咽了。第三天晚餐时，我看有烤熟的三文鱼（烤熟后鱼肉很红，东北人叫做大马哈鱼）卖，于是我花两、三个卢布买了一条一斤左右的鱼来吃，但不知厨师是怎么弄的，这鱼腌得很咸，而且鱼肉非常绵老，怎么都撕扯不下来，我花了很长时间才吃完，还害得我晚上喝了不少的水解渴。

　　会议期间我们还参观了苏联科学院太平洋海洋研究所，其中有一天下午全体会议代表还乘船去他们的海洋实验基地参观访问，晚上还享用了他们招待会议代表的一顿海鲜大餐，计有大虾、海蟹、海螺、帝王蟹及许多叫不出名堂的海产品。这次学术会议第一天开幕式后，会议安排了一个大会报告，是由苏方主持单位太平洋海洋研究所的所长做的，第二天以后就按海洋地质、地球物理、地球化学等几个不同的专业小组，分组进行学术交流。第三天我在我们地球化学组做了《东海冲绳海槽沉积物的主要化学成份特征及其地质意义》的学术报告。

　　这次会议在 9 月 30 日结束后，10 月 1 号上午苏方会务组仍用大巴车把我们中国代表团送到了苏联与中国接壤的边境小城格罗迭科沃。我们中午到达格城下车后发现由格城开往绥芬河的火车还有两、三个小时才到，于是我们利用这空闲时间在格城闲逛了起来，并在格城的小公园里参观苏联人庆祝中国国庆的活动。下午三点左右，我们乘火车入境中国，傍晚又回到了牡丹江市。

　　我们去苏联参会的一行人回到牡丹江以后，会议代表团就解散分头行动了。其他人仍准备乘火车回北京，而我因所里工作较忙想乘飞机回北京，然后早一点赶回贵阳去。10 月 2 号早晨我起了个大早，想早一点去牡丹江市民航售票处购买当天从牡丹江飞北京的机票。于是大约早上 7 点来钟，我收拾完物品身上背着一个包，然后一边沿着街道打听去民航售票处如何走，一边就直奔民航售票处去了。当时天刚亮不久，街上的行人很少，我正沿着街道左边的人行道往前走时，走着走着突然有一个男的骑着自行车在街道上超到了我的前面（这人实际上是骑车逆行，他很有可能是在沿街寻找目标），而当这个人刚骑车从我旁边通过时，突然从他的自行车后座架子上掉下一个手巾包着的小包落在了地上，我立即停了下来，正准备要大叫一声："哎！同志，你的东西掉了！"时，突然从我的后面窜出一个约莫二十多岁的小伙子来，马上从街道的地面上捡起了那个手巾包着的小包，并对我说："别吭声！我们看看里边有什么东西？"当小伙子解开手巾打的结以后，里头包着的是一个红色的正方形首饰盒。这小伙拿着首饰盒子还没打开时，他马上就接着说："等我们打开看一下，它里面写的是什么？！"此时我立马就警觉起来了，心想：这盒子还没打开，他怎么就知道盒子里面写有什么东西了？这人莫不是骗子？！这小伙子把盒子打开以后，盒子里除了有一只金戒指以外，果然有一张小纸条。小伙子立即把纸条拿凑到我的眼前，只见纸条上写着："张经理，昨晚我刚从深圳回来，我在那儿花了三千块钱给你买了个金戒指，现在送来给你，请你收下。小李。"然后这小子马上对我说："你不要给人说哇，咱们两个平分！"此时我已经完全醒悟了，我知道这小子和前面那个骑单车的人肯定是一伙的，他们合起来演双簧骗人，而那个首饰盒里的金戒指肯定是假的。于是我理都不理他，甩下一句话："你赶快拿走吧！我一分钱都不要。"说完加快脚步就直奔民航售票处去了。遇到这种情况，假如我当时贪图小便宜而答应与那小子瓜分他捡的"赃物"的话，他肯定会把那枚假戒指打给我，然后让我给他一千五百块钱的现金。假如我不从的话，他看我是一个外地人，搞不好他就把我背着的包给抢走了，因为当时我背的包里确实装有两、三千块钱的人民币现金。

那为啥当时我能很快地就醒悟过来了呢？那是因为前两年我曾在新疆听说过有人因贪小便宜被骗走了几千块钱的故事。1987年夏天，我们第一次去新疆做野外地质考察时，中科院北京地区也有几个研究所因承担国家"305项目"派人在新疆做野外地质考察。其中有一天下午，中科院北京遥感研究所的一个年轻司机独自一人去乌鲁木齐市内逛街，他当时拿着一个装有几千块钱的黑色小手包套在右手腕上。当他一人在街上闲逛时，忽然听到身后有人叫了一声："哎！同志，是不是你的钱包掉了？"这遥感所司机回头一看，原来是两三个维族小伙子站在他的身后，其中有一个小伙从地上捡起了一个钱包，而问话的正是这个捡钱包的年轻人。当时这遥感所司机也不知是咋想的，钱包明明不是他自己的，然而他却回答说："哦！是的，是的，是我的钱包。谢谢你们啦！"手拿钱包的维族小伙随即把钱包打开，里面大概有几十块钱，于是就把捡到的钱包递给了遥感所的司机。当遥感所的司机拿到钱包正要准备离开时，几个维族小伙围上来说："哎，兄弟！我们给你捡了钱包，你应该谢一下我们才对呀！？"遥感所司机说："你们给我捡的钱包里面也没有多少钱，叫我怎么谢？"几个维族小伙说："钱即使再少，那钱包也是我们为你捡到的，你应该给我们一些钱才对呀！"但是遥感所的司机死活就是不给。于是几个维族小伙互相嚷嚷着你推来我推去地就把遥感所的那个年轻司机推进了旁边的一条僻静小巷，然后把司机手上拿着的装有几千块钱的包给抢走了，而且没两分钟就消失得无影无踪了。遥感所的司机被抢了以后也及时跑去附近的派出所报了案，但派出所的民警当时对他说："你这个案子什么线索也没有，恐怕一时难以破案呢！"结果后来听说这案子好像就不了了之了，遥感所的司机就这样白白地损失了几千块钱。遥感所司机在乌鲁木齐上当受骗被抢的这个故事，当年在我们科学院去新疆出差的人员当中，那传的基本上是尽人皆知了。我当年正是听到了遥感所司机因贪小便宜而在乌鲁木齐大街上上当受骗损失了几千块钱的这个故事以后，一直就记在了心上，因此在牡丹江街头遇到的这桩不同的骗人事件，很快就被我识破了。那小子见我不上他们设的圈套，于是只好拿着那个首饰盒子灰溜溜地走掉了。

我回到北京以后，立即就在科学院机关招待所订第二、三天返回贵阳的飞机票，结果当时贵阳的机票并不怎么好买，要等三、四天后才有票。我想如果再等三、四天，我坐火车早就回到贵阳去了。于是我自己去北京西站买了当天晚上从北京直达昆明的 61 次特快列车车票，当天晚上 8 点开车，第三天凌晨 6 点左右到达贵阳。然而令人不可思议的事情同样又发生了。由于北京开昆明的 61 次特快列车是早上 5：40 到达贵阳站，10 月份的贵阳早上 6 点左右天还不怎么亮。下了火车出站以后，我仍然是一个人背着同样的包走在大街上，在路人看来我就是一个从外地来贵阳出差的人。我从火车站出来以后沿着遵义路往前走，想走到前面服务大楼的十字交叉路口去乘坐中巴车回所。当时天才刚刚麻麻亮，街上也没几个行人，我在街边走着走着，此时又是一辆自行车急匆匆地从我侧面驶过，突然也是从那骑车人的自行车后座货架上掉了个报纸包着的小包落在了地上。这样的情况我已是第二次经历了，我知道又遇到骗子了，此时我并不想喊"同志，你的包掉了！"而是想看看会不会有人跑上来捡。当我还没完全回过神来时，结果马上就有一个年轻男的冲上来捡起地上报纸包着的小包，然后就对我说："不要吭声！看是什么东西，然后我们两个分哇！"于是我马上就操起了贵阳话，毫不客气地对那小子说："瞎了你妈的狗眼啰！老子贵阳本地人，你小子也来耍这种鬼把戏骗我？老子见得多了去了，你小子滚远点！"那小子一听我是贵阳口音，知道我不是外地人骗不了，于是瞅眼瞅眼地拿着那纸包就溜到旁边去了。这是我平生以来遇到的两次骗局，而且前后还没相差几天，不过一个是在东北，一个是在西南，两地虽然相距三千多公里，然而骗术却如出一辙。因此，由以上事例可以得出一个教训，即一个人出门在外，第一不要贪小便宜，第二要多留点心眼，时时小心谨慎，否则骗子骗人的手法那是花样百出，稍不留意就有可能上当受骗。

　　我的另一项科研工作是中国黄土地球化学研究。1988年上半年，由我执笔并联合所里第四纪研究室文启忠教授共同申请的国家自然科学基金项目《中国黄土的平均化学成份与地壳克拉克值的类比研究》，当年获得批准面上研究基金7万元。我们在研究中国黄土的平均化学成份与地壳克拉克值进行对比时，亦发现黄土的平均化学成份与地壳克拉克值十分类似，这从另外一个角度充分反映了黄土的物质来源与地壳物质具有密不可分的关系。1991年底当《中国黄土的平均化学成份与地壳克拉克值的类比研究》这一国家自然科学基金项目完成以后，我们总共撰写和发表了五篇科学论文，研究成果获广东省科技成果二等奖（系由广州地化所申报）。

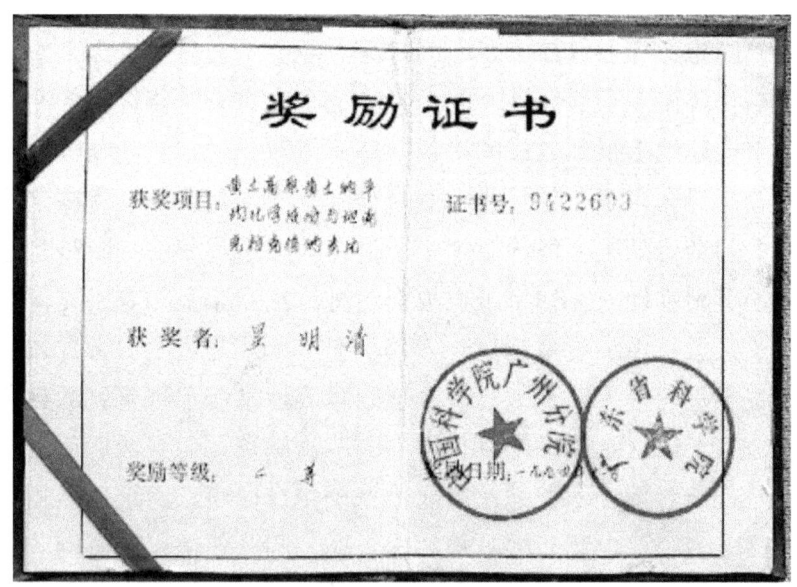

(三)

欧阳自远教授当年是我们地化所第三届所领导班子的副所长兼所党委委员，他是我国著名的天体化学与地球化学家，也是中国探月工程的首席科学家，中国科学院院士，有中国"嫦娥登月之父"之美誉。欧阳自远院士1956年以优异成绩毕业于北京地质学院（中国地质大学的前身），毕业时留校跟随苏联专家攻读副博士学位研究生，中苏关系恶化后，师从于中国科学院地质研究所著名矿床学家涂光炽教授研究矿床学。1960年研究生毕业后，欧阳自远率先在中国开展了各类地外物质（包括陨石、宇宙尘及月岩等）和比较行星学的研究。上世纪七、八十年代，欧阳自远院士先后领衔对吉林陨石雨和美国赠送给中国的阿波罗月岩样品开展了系统性研究，并取得了一系列重大科研成果。上世纪九十年代中期，欧阳自远院士根据他自己多年来从事天体化学研究的一系列科研成果敏锐地感知到，中国如能开展探月工程研究必将具有重大战略意义，于是他率先向中国科学院、国家科委以及国家的有关部门提出了在中国开展探月工程项目（即"嫦娥登月"计划）的立项建议，二十一世纪初这一探月工程计划经多方面的科学论证后终于获得了国务院的批准，于是欧阳自远院士便被任命为中国登月计划的首席科学家。由欧阳自远院士首倡的探月工程计划获批以后，由此催生和实现了一系列中国嫦娥登月计划及航天工程项目的实施。因

欧阳自远

此，欧阳自远院士又被誉为中国的"嫦娥登月之父"。欧阳自远院士是地化所内除两位老先生(涂先生和郭先生)以外，我最敬仰的师长之一。欧阳老师不仅学识渊博、学术造诣精湛，而且平易近人，深得贵阳全所职工的拥戴。由于从 1986 年至 90 年我们都同时在所党委里工作(同一届的所党委委员)，因工作关系我们平时在一起接触的机会相对较多，而且他在所外的关系也比较广，于是有时我便通过欧阳老师向所外的有关单位联系申请科研项目。

1988年夏季做的第一个项目，就是通过欧阳自远所长从中科院兰州地质所开放实验室申请到的，题目是用化学热力学理论来讨论介壳生物化石的矿物组合。这个项目牵涉到化学热力学、地层古生物、无机化学及矿物学。当年我在研究海洋生物介壳化石中稀土元素的组成模式时，发现介壳生物化石的矿物组成都是含钙矿物，其中地质年代更老的介壳生物化石大多由磷酸钙组成。随着生物演化进程的不断发展，介壳生物化石的矿物构成逐渐由碳酸钙取代了磷酸钙，并且在碳酸钙矿物的两个同质异构体(方解石和文石)之间，又出现了方解石类矿物形成在先、文石类矿物形成在后这样一种奇特现象。尽管生物介壳形成时的生物矿化作用与无机化学反应之间有可能存在某些差异，但他们形成的矿物成分和结构并无本质区别。因此，这种海洋介壳生物的生物矿化作用同样应该遵循自然界普遍适用的化学热力学规则。为此，我们用化学热力学对海洋介壳化石的磷酸盐和碳酸盐，分别进行了活度 - PH 值计算，并取得了满意的结果，我们于是利用热力学方程计算出来的数据，绘制出了碳酸盐和磷酸盐的活度 - PH 图。在此基础上，我们定性分析了具有不同矿物组合的介壳生物化石所处地质时代的古海洋PH条件，指出元古代末(大约5亿年前)磷酸盐介壳发育时，当时海水的PH值可能已接近于6，而到了古生代(大约5～3亿年前)，碳酸盐介壳发育时，当时海水的PH值可能已接近或超过了6.45。这篇文章撰写完成时，获得了欧阳自远院士的赞许，后来此文发表在1991年的《沉积学报》上。

1988年下半年做的另一个项目也是通过欧阳自远教授联系的，这个项目是与南京地质古生物所合作的新疆地区海相介壳生物化石稀土元素地球化学的研究。上世纪80年代初期，中科院南京地质古生物所蓝琇教授等人在考察新疆塔里木盆地西缘的地层古生物时，曾在该地区晚白垩世至早第三纪的海相地层剖面上，采集到了一套保存完好的介壳生物化石。他们希望我们能从稀土元素地球化学的角度来研究一下，能否为探讨该区域的古海洋环境提供某些有用的信息。考虑到海相介壳生物化石形成于古海洋环境，而稀土元素族中的铈是一个变价元素，它有正三价和正四价两种价态，我们推测有可能利用介壳生物化石中稀土元素的组成模式来探讨古海洋的氧化还原条件，而当时国外已有个别研究者开始在做这方面的探索。于是我们从南京古生物所取来了这批介壳生物化石样品，经过精心的处理以后，我们采用中科院高能物理研究所的中子活化分析装置，测定了这批介壳化石样品中单个稀土元素的含量。结果发现这个地质剖面上有两个层位上的样品，出现了稀土元素铈的强烈亏损。我们知道稀土元素铈是一个变价元素，在氧化条件下，三价铈很容易变成四价铈，由于四价铈极易水解而被铁锰等氧化物胶体吸附而发生沉淀，从而造成了海水中铈元素的强烈亏损和铁锰结核中铈的高度富集。而在还原条件下，由于铁锰氧化物的溶解，四价铈又被还原成三价铈而回到水体当中，从而使水溶液中铈的亏损消失，有时甚至还会出现局部水体中铈元素的富集。因此，水溶中稀土元素铈含量的异常程度，直接反映了介质氧化还原条件的变化。据此，我们认为稀土元素铈完全可以作为一个探讨古海洋氧化还原条件的地球化学示踪剂而加以利用。由此我们推断，新疆塔里木盆地西缘的古海洋可能经历过两次大的激烈的氧化还原条件的波动变化，我们的这一结论与南京古生物所从地层古生物学研究的角度所取得的结论十分吻合。由于这是一项较为新颖的研究成果，当年不仅在国内是首次，而且在国外也鲜见这样的研究，为此，我们就此研究专题撰写了两篇科学论文，分别发表在1992年中国的顶级学术刊物《中国科学》（B 辑）和《科学通报》上，受到国内外同行的关注。

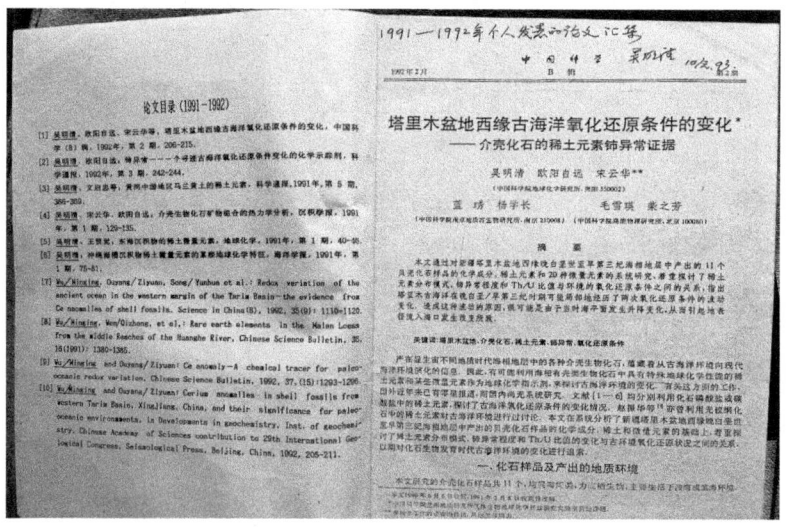

在日常科研工作中，由于我平素比较重视阅读和总结，经常利用周末和节假日的休息时间阅读专业文献和写作。尤

其是1989年调到所党委办公室工作以后，周一到周五白天在党办上班，而每天晚上从 7 点半开始去自己的业务办公室工作四个小时，且数年如一日几乎天天如此。大概从 1988 年起，我几乎每年至少都要撰写出一到两篇科研论文，并不断地投寄到有关的专业期刊编辑部去。也许是上天的眷顾吧，我竟然有10篇作为第一作者的中英文学术论文发表，打破了地化所历年来以第一作者在两年内发表学术论文数量的最高记录，而且是兼职搞的科研(我的本职工作是党政管理，科研只是副业，只在业余时间搞)。为此，我连续两年获得了地化所科技处颁发的每年 2000 块钱人民币的科研论文奖(当

时所里规定，凡在一级学报上发表一篇学术论文，所里奖励 400 元人民币)。1993 年 10 月，因科研成绩突出，经所学术委员会评选推荐上报中科院审批，被评为有突出贡献的中青年专家，享受国务院政府特殊津贴。1994 年和 1996 年，我又先后获

得了两项省部级的科技成果二等奖和两项所级科研成果一等奖。

（四）

大约是 1990 年 3 月上旬的一天上午，所里主持日常工作的谢鸿森副所长到党委办公室来找我，他对我说："小吴，科学出版社为编辑出版《当代中国科学家传记大辞典》，两、三个月以前来函到我们所里约稿，要所里为两位老院士各写一篇四、五千字的传记，涂先生的传记欧阳自远所长已经编写好了，现在就剩郭先生的传记还没有写。我已经找了原稀土室郭先生手下的好几个人了，他们都说写不了，现在只能交由你来写了。你看怎么样？"我一听是要给郭先生写传记，这对我来说难度实在太大了。于是我对谢所长说："谢老师，这个事我可能承担不了。您知道我跟郭先生才十几年，对郭先生文革前的科研工作及贡献一点也不了解，而郭先生的科研成就主要是在文革前做的。您应该找郭先生原稀有稀土室的老同志来写才合适啊！"谢所长说："小吴，不是我不找他们，而是他们我都找过了，但是他们都说写不了。我也是没有办法，现在只能交给你来写了。截稿日期很快就要到了，你可要抓紧时间啊！"根据谢所长说的情况，看来这个任务恐怕是想推也推不掉了，于是我只好硬着头皮答应了下来。当时郭先生已上北京开全国政协会议去了（郭先生于 1980～1990 年曾任第六、七届全国政协委员），我对谢所长说："谢老师，郭先生已上北京开全国政协会议去了，我想等他回所后先采访一下他然后再写，您看行吗？"谢所长说："那好！我准备以所的名义给科学出版社回函，让他们给缓两、三个月再交稿。"当时关于这件事我有两个完全"没有想到"：第一个没有想到的是郭先生作为地化所的两个创所老院士之一，他的传记竟然没人愿意来负责编写；另一个没有想到的是，谢所长竟然会把为郭先生编写传记的事交由我来承担，为此我真的是一点思想准备都没有。不过当时的实际情况是，由于地化所在广州开办分部，从88～89年开始，郭先生原稀有稀土研究室手下的老同事几乎全部都迁去了广州，留在贵阳的除郭先生以外仅剩下了三两个人，因此，谢所长可能是一时没有找到合适的人选吧。

三月中旬郭先生开完全国政协会议以后，因编写他的学术专著需要在北京查阅有关科技资料，于是老先生又在北京停留了一个多月。五月初郭先生从北京乘飞机返回贵阳时，我和谢所长一道去磊庄机场接他。在回来的路上，谢所长给郭先生说了科学出版社约稿编辑出版《中国当代科学家传记大辞典》的事，所里涂先生、郭先生两位院士是约稿对象，并说了郭先生的传记已交由我来编写等等。于是我便对郭先生说："郭先生，您回所后先休息几天，然后我抽个时间先采访一下您，希望您给我介绍一下文革前的科研工作情况和经历，然后我再来编写。您看可以吗？"哪知郭先生听了以后就对我说："明清，写传记的事我没什么好谈的，你自己直接写就行了！"原指望郭先生开会回来，通过采访他能收集到些资料和素材，这样才更有利于传记的编写，然而没想到采访被郭先生回绝了，那就只能完全靠自己去收集素材和资料了。于是接下来的几天我赶紧去到所里图书馆，查阅郭先生文革前在有关地学期刊上发表的所有学术论文，查到以后并复印下来，接着又把郭先生文革前已公开出版的几大本学术专著借来，拿回办公室后反复阅读这些论文和专著的内容提要，并将其中的要点摘抄下来。然后对这些素材进行精心的构思和取舍，最后又花了两三个星期，终于编写出了一篇4～5千字的传记初稿，并反复地修改和润色了好几遍。誊正以后趁周末郭师母从省植物园乘车下山来买菜的机会，我写了封短信连同传记初稿一起装在一个大信封里，交由郭师母带上山去给郭先生修改定稿。过了一个星期又逢周末时，郭师母下山来把我带去的大信封又交还给了我，当时我想，郭先生应该已对传记初稿做了修改了。结果打开信封以后，看到郭先生附有一封给我的短信，信的开头就说："明清，真是辛苦你了！你为我写的传记稿子我已经看完了，你写得很好！我没有什么要修改的了。你就按这个稿子定稿提交给所里并尽快寄给科学出版社吧。谢谢你了！"自从把稿子带

1991.1.作者与老同学陈维明(左)摄于上海鲁迅公园

上山交给郭先生之后，我一直担心郭先生对我写的稿子可能不一定满意，他或许会提出修改意见要我重写或大改等什么的，心中一直忐忑不安。这下看了郭先生的短信，才知道我写的稿子已经完全获得了先生的认可，心里感

到如释负重。这篇稿子经所里寄到科学出版社去以后，后来连同涂先生的传记一起，收录在科学出版社1991年编辑出版的《中国当代科学家传记大辞典》第四卷中，国内外正式公开出版发行。以至后来出现在诸如百度等搜索引擎或有关中国科学家名人辞典中的"郭承基"条目，大多都是以科学出版社的这本《中国当代科学家传记大辞典》中郭承基院士的传记为蓝本编写的。

(五)

1990年的四月份，所党委进行换届选举时(四年一届)，我又再次当选为所党委委员，并且仍兼任党委办公室主任。当时我们党委办公室，连我一起算在内总共只有三个人，党办的工作除了党委交办的具体工作以外，日常还负责全所党员和职工的思想政治教育、党组织的发展以及共青团的工作等等，日常工作任务是非常繁杂的，因此，我们三个人平常都非常忙。我作为所党委委员兼党办主任，除了平时出席党委会以外，有时还要代表所党委去上级党政部门或外单位出席某些会议或办理有关事务，每年到了下半年或年终岁末时，党政系统的各种总结报告也都要由我来编写，并要及时向所党委和上级党政部门交差。我粗略地统计了一下，平均每年由我亲手以党办名义为党委编写的各种工作总结或报告，大小合计总共有十几个。如果遇到有什么重大的政治运动或者节假日的庆祝活动，党办的工作人员就更要忙得不可开交了，此时往往还会邀请其他办公室的工作人员来帮忙。当然党办偶尔也有相对比较空闲的时候，不过在这种情况下，即使在党委办公室无事可干时，我也只能坐着喝茶看报打发时间，从来不在党委办公室上班时间看专业书籍或干自己的专业私活，因为我认为在其位就要谋其政，绝不能坐在党委办公室的位置上而干与党政工作无关的事情。在我本人极不甘心放弃专业而又长期专职于党政管理的情况下，我只能利用周末、节假日以及晚上等业余时间，见缝插针似的干自己的专业工作。人们常说：功夫不负有心人，一分耕耘，一份收获。几年辛苦下来，自己既很好地完成了党办的本职工作，科研工作也取得了显著的成绩。

虽然我的科研工作一直都没有中断过，而且还一直不断地有科研论文发表，但在我的专业职称的评定上，却受到了不公正的对待。按所里的惯例和规定，只要科研工作成绩或成果达到一定的水平，每晋升一级专业职称通常都是五年。也就是说从助理研究员（讲师、工程师级）升副研究员（副教授级）、或由副研究员升研究员（教授级），如果不出意外的话，一般五年就可以升一级。我是 1981 年硕士研究生毕业的，1983 年被定为助理研究员，按理，到了 1988 年就该晋升为副研究员了。然而到了 1988 和 1989 年评审副研时，我去人事处询问有关我的专业职称晋升的事宜时，所人事处的 PXX 却说因所里晋升副研究员的名额有限，比我毕业早的很多老同志都还没有被评上，她要我往后推一、两年再说。她这么敷衍我其实我心里也非常清楚，她就是想把我等同于那些没有考上研究生的工农学员一起来对待。然而就凭她这样一句话，在专业职称的评定上莫名其妙地就把我压了好几年。到了 1991 年，所里人事处见我的科研工作成绩在所里已是尽人皆知的情况下，不得已才同意我报名参加副研究员的评选，并于当年顺利地评上了副研究员的专业职称。

　　我这个人的性格和为人，在很多人看来是不适宜在中国这种讲究人情世故的氛围环境里做管理工作的。因为我这人，第一说话办事喜欢直来直去，不喜欢弯弯绕，没有也不会搞花花肠子，也就是说话比较直，有时候说话得罪人了自己还不知道。第二，不管在任何场合，不喜欢更不会吹捧和巴结领导，也从不搞卿卿我我那一套，如果要我在领导面前说一些言不由衷或吹捧领导的话，我会在心里感觉很不自在和别扭。平时看到有个别人在领导面前溜须拍马，我也会不耻为伍而敬而远之。因此与领导除了正常的工作关系以外，平时从不往来。第三，自从进了所党委以后，对于所里有职工偶尔在上下班的路上向我反映所里行政管理方面存在的某些问题，并要求我在党委会上转达意见时，我都会毫无顾忌地在所党委会上转达，因为我认为群众由于信任你才会向你反映问题，如果你不转达的话，在某种程度上你就辜负了群众的期望。当然我这样的为人和工作态度，下面的群众自然是非常高兴和满意的，但转达群众意见的次数多了以后，无疑就会得罪所党委领导班子里头个别主持所行政工作的头头，而这个不高兴的人正是所党委委员兼行政副所长的LXX。这位LXX因平时马列主义不离口，开口必称马列，因此人们给他取了个外号叫"L克思"。然而LXX表面上对人马列主义，对己实则是利己主义，是个不学无术而且私心杂念极重、权欲熏心的人。平心而论，这个LXX自80年代中期任了行政副所长以后，其所主管的行政处无论是在房屋基建或是在住房分配等方面，所里职工的意见都非常大。到了90年左右，所行政处长因在房屋基建工程的招投标过程中索贿受贿被包工头举报而被贵阳市公安局逮捕了，此时LXX所主管的行政后勤管理工作，可以说是一地鸡毛。然而奇怪的是，1990年所党委换届以后，此人却从副所长、党委委员改任了所党委副书记（不久又提升为书记），而他的夫人就是在人事处主管教育和人事、并且在我申请硕士学位和申报晋升副研究员时加以阻挠和刁难的PXX。按照共产党的有关基层组织原则和规章制度，如果夫妻俩人同在一个单位工作，其中一方在单位上任一把手时，其配偶不得担任该单位的人事或财务管理等要害部门的主要负责人（即夫妻二人必须要避嫌），以避免发生贪污腐败或专权弄权。然而当年由LXX任党委书记的地化所却不是这样，88～89年地化所原人事处长张克文调广州分部任职以后，所里本来重新任命肖学军做了人事处长。肖学军原是地化所文献出版组的负责人之一，因为他为人正派、工作认真负责，又是90年所党委换届后的党委委员，是所人事处长的最佳人选。肖学军到人事处工作以后，为解决所里部分职工的两地分居等实际问题做了许多工作，深得所里职工的信任。然而就是这样一位为人正直、作风正派、工作能力很强的同志，却照样受到了LXX的打压和排挤。到了1993年下半年，LXX就把人事处长肖学军打发去贵州省扶贫办任职而排挤出人事处以后，于是便亲手把他老婆提拔成了人事处长，此后人事处连一个副手都不配置，完全由他老婆一人彻底地掌控了地化所的人事、教育及外事大权长达七、八年之久。如此公开违反组织原则的人事安排不仅在地化所的历史上是空前绝后的，即使在社会上也从未见有任何一个大小单位会有如此的专权现象。

客观地说，1990年所党委换届时，这一届的所党委成员个人素质还是相当高的。当时这一届的所党委成员有高振敏、付平秋、张宝贵、肖学军、吴明清、胡瑞忠等。这批党委成员除胡瑞忠是刚进所不久的新人以外，其他成员比如高振敏、张宝贵、肖学军以及付平秋等都是老同志，他们在所里不仅业务能力很强，而且为人正直、作风正派，在所内有很强的群众基础和很高的威望。然而由于 LXX 心术不正，再加上通过他老婆掌控的人事处进一步地加以操弄，结果这些正直的人一个个都不受待见，到93年的时候肖学军就被排挤出了人事处和所党委，此后人事处就成了她老婆 PXX 一人独霸的天下。

　　1990 年所党委换届我又连任了所党委委员以后，LXX 和他老婆就一直想扶持在所纪委工作的另一个工农兵学员来顶替我，从而达到把我从党委办公室挤走的目的。然而从我本人来说，实际上我也不想在党委办公室长期待下去，因为我自己中意的仍然是专职从事科研工作或找机会出国深造。但是无论是 LXX 还是他老婆，当时他们也没有找到一个正当的理由让我从党委办公室离开，而我当时的想法是在没有更好出路的情况下，也不想贸然提出来离开党委办公室。因为按照当时所里科技改革的要求，凡是在一线从事科研或技术开

发的科技人员，其工资及福利待遇均由个人的科研课题经费来承担，而属于管理岗位的二线员工，他们的工资及福利待遇则由科学院下达的行政管理经费负责。因此，如果我没有自己的科研项目和课题经费的话，回研究室以后就只能靠挂在别人的项目上，但这还要看是否有人愿意接纳，否则是难以生存的。当年由于我一直在党委和党办工作，自己手里还没有单独申请到一个像样的科研项目，这就是为什么我当时还不想退出党办而去专职从事科研工作的原因。另外，为出国的事，我也曾试探过人事处主管外事教育的 PXX，那是在90 年所党委未换届改选之前，我去人事处找到了 PXX 并告诉她，86 年那届的所长、书记曾对我许诺过，如果我放弃去日本留学的机会而

1993.6.四川乐山

留在所党委工作的话，所里答应将来给我一个一年或半年左右的短期出国名额，不知所里人事教育处对此作何打算时，PXX 一听当场就拒绝了我。她说她从来就不知道有这么一回事，还说现在所里根本就没有出国指标，即使有出国指标，

现在毕业的研究生这么多，根本都轮不过来。并对我说：当时是哪个头头答应的，你就去找那个头头要嘛！言下之意就是，即使现在所里有出国指标也不会给我。当然这样的结果是我早就意料到了的，我一点也不感到意外。

正当 LXX 和他老婆搅尽脑汁如何才能把我打发出党委办公室而发愁的时候，先是1992年的春天，科学院外事局下文给各研究所，要求各所抽调部分处级科技管理干部去北京培训英语，以便为外交部驻外使领馆输送外交人员。当时所里人事处收到文件以后，很快就来告诉我，问我是否愿意去？多年以来我一直在梦想如果有机会能出国进修的话，对我的专业工作或个人前途一定会有好处，但是一直苦于没有机会。当我听到这个消息以后，认为如果能出国做外交人员的话，也是个不错的选择，于是92年三月底我就和肖学军一道报名去北京中科院培训英语去了（肖也是因在人事处任职以后感觉处处受到PXX的排挤而想离开）。当年七月中旬，我们在北京学习完三个月的英语以后，院里要大家回研究所听候通知，但此事后来就没有了下文。全院一起去参加外语培训的二十多人中，据说后来仅派出了五人。到了1993年年初，贵州省有关部门又下文，要地化所选派一名中层管理干部（处级），去贵州省清镇县任科技副县长，任期为三年，下去任职期间，所里的一切待遇不变，县里还发一份工资。所里得到通知以后，人事处第一时间又来通知我，问我是否愿意去。我心想在所里党办上班，晚上和周末我还可以继续干自己的业务，假如去清镇县当了科技副县长，尽管在经济待遇上相当实惠（可以拿双份工资），但那就要彻底地放弃自己心爱的科研事业了（因为我不可能再在晚上或周末时间干业务了），这显然不是我内心所想要的，于是我就婉言谢绝了。通过这两件事我更清楚地知道，LXX 和他老婆真的是不希望我在党委办公室这个地方长期待下去了（因担心我长期待下去将来他们退休以后或许会对他们不利），处在这样一种上下左右关系并不融洽的工作环境当中，我的心情自然不是很愉快，于是我就萌生了应该尽快寻求自行出路的想法。

（六）

孔子说："三十而立，四十而不惑，五十而知天命。"到了 1993 年的时候，我已经四十多岁了，早已过了不惑之年。此时，我已真正地意识到我不能再在党办这个环境中如此地混下去了，应该是到了对我的个人前途进行好好地规划的时候了。自从86年进党委和党办工作六、七年以来，虽然在完成党政管理工作的同时，自己兼职完成的科研工作也做出了不错的成绩，但我也为此付出了大量的精力和业余时间。我也非常清楚一个人的精力和时间是有限的，我不可能在从事党政管理工作的同时，还能长期地坚持业余时间把科研工作做下去，如果是那样的话，长此以往身体有可能会吃不消，而且科研工作也很难做得好。我想如果退出了党办和党委，专职从事科研工作的话，相信自己在科研业务上还会有更新的突破或更大的发展空间，但当务之急是在退出党办之前，如何才能拿到一个比较大的项目，这样退出党办和党委以后，就可以毫无顾忌地专心搞我自己的研究项目了。经过一番的仔细思索以后，心中的目标明确了，决心也就下定了，于是我就想从最近几年的科研成果中动动脑筋，尝试从中去发现某些新的问题或新的生长点，由此提出新的研究课题。

　　我在 1991～1992 年发表的 5-6 篇科研论文中，份量最重的是利用海相介壳化石中稀土元素铈异常来探讨古海洋环境的氧化还原条件，收到了较好的效果。这项工作在国内属首创，国际上也只见零星报道，且尚无系统性的工作。因此，我想继续利用稀土元素来探讨古海洋环境这个问题上进一步再做做文章，并着手阅读大量相关的中外文文献资料。通过大量地调研了中外文资料以后，我注意到国际上已有少数学者在研究白垩纪末恐龙灭绝事件界线地层中的稀土和微量元素，借以探讨恐龙灭绝事件的原因，并取得了显著的成果。由此，我考虑到咱们中国华南地区有若干条出露非常完整的二叠/三叠系(P/T)生物灭绝事件界线剖面，我何不以华南地区的这几条 P/T 界线剖面作为研究对象，利用稀土元素的独特地球化学性能，来探讨一下当时的古海洋环境，进而探寻二叠纪末的生物灭绝事件的起因呢？这样的研究别说中国从没有人做过，就是国际上也还尚未见报道。于是我于 1993 年 5 月份起草了一份《中国华南地区二叠/三叠纪(P/T)生物灭绝事件界线剖面稀土微量元素地球化学研究》的国家自然科学基金

1993.6.四川乐山卧佛

项目申请书，通过所科技处上报到国家自然科学基金委。93年 6 月份，我又得知科学院教育局有留学基金项目可以申请，于是我又编写了另一份中科院教育局的留学基金项目申请书，上报到中国科学院教育局。

这里需要先给大家交待一下什么叫生物灭绝事件？什么又叫二叠纪末的生物大灭绝事件？科学家们经过研究发现，地球自生物诞生以来，在地质历史中一共经历了五次大的生物灭绝事件，这五次生物灭绝事件分别发生在大约 4.4 亿年前的奥陶纪末期、3.5 亿年前的石炭纪末期、2.5 亿年前的二叠纪末期、2 亿年前的三叠纪末期以及 6500 万年前的白垩纪，这五次地质灾变事件分别发生时，当时地球上的绝大多数生物基本上都灭绝了。其中又以 2.5 亿年前二叠纪末的这次生物灭绝事件最为典型和巨大，据统计当时地球上 96%的生物门类全都灭绝了，而灭绝的原因科学家们提出了诸如气候灾变说、海底火山爆发说或陨石撞击说等等假说，但都尚未获得可靠的证据和取得一致的结论。由于二叠纪末的生物灭绝事件是五次灾变事件中规模最大的，因此，对这次生物灭绝事件的研究尤其引起科学家们的重视。我国华南地区因有世界上出露最为完整的二叠/三叠系(P/T)界线地层剖面，这为我国科学家研究 2.5 亿年前二叠纪末的这次全球最大的生物灭绝事件提供了得天独厚的物质条件，历来受到国际地质学界的关注。由于当时国内外尚未有人开展过这方面的工作，为此，我选择了《中国华南地区二叠/三叠纪(P/T)生物灭绝界线剖面稀土微量元素地球化学研究》这一项目，拟通过稀土元素的特殊地球化学性能来探讨二叠纪末的古海洋环境，以期为探寻该次生物灭绝事件的起因提供某些依据。

两个基金项目申请书虽然都已经上报了，但能不能获得批准，当时心中确实没有多少把握。但是我想，如

1993.6.四川峨眉山

果这两个基金项目，哪怕只有一个获批，第二年（即1994年）我将宣布离开党办和不再参加94年下一届的党委改选。正当我像盼星星盼月亮一样地等待当年两个基金项目审批的消息时，93年9月中旬，我分别收到了国家自然科学基金委和中科院教育局发来的通知，告知我两个基金项目都分别获得了批准，其中国家自然科学基金委批准的面上科研基金项目资助科研经费为7万元，执行期限为3年；中科院教育局批准的留学基金项目为高级访问学者，访问期限为6个月，出访国家为北美地区的美国或加拿大，资助经费为5000美元，即在出国访问工作期间，除每月由驻外的中国使领馆发给生活费以外，额外还发给自己5000美元，这就相当于在出访国外期间获得了双份生活费，其待遇比一般普通公派访问学者或留学生还要优厚。得知这两个基金项目获批以后，我终于大大地松了口气，心想这几年的辛苦终于没有白费，我终于有自己的科研项目了，同时我终于也有机会可以出国进修了，而这个机会完全是凭自己的科研实力竞争得来的，不是靠别人施舍的。当时的那种激动和愉悦之心情，可以说是难以形容的。另外，我不知道地化所的科技人员在我之后是否还有人成功地申请到了院里的留学基金没有，但至少在我之前还

没听说过地化所有谁申请过并得到了院里的留学基金资助的。因此，可以毫不夸张地说，我应该是地化所历来成功地申请到了中国科学院留学基金的第一人。

古今中外的众多事例说明，任何成功都不是偶然的，而是经过艰苦努力后的必然结果。也就是说没有人是随随便便就可以取得成功的，成功的背后都有许多不为人知的艰辛。试想一下，我86年进所党委以后，如果只醉心于"当官"而在科研业务工作上得过且过，既不钻研业务，也不温习外语，只想舒舒服服地过日子，我想过不了三、五年，我也很可能像某些在管理岗位上的科技人员那样，科研业务也就彻底地荒废了。如果要是那样的话，当我在所里受到个别恶人刁难或打压的时候，岂不是要被他们给憋死了吗？因此，可以毫不夸张地说我在所党委及党委办公室工作的八年，在很好地履行了党政管理本职工作的同时，又在兼职的科研业务上通过艰辛的努力，取得了突出的成绩，否则我不可能在进党委工作了七、八年之后，在一年之内还能独自申请到了两个国家级的基金项目。而且我申请的研究项目也不是凭空想像出来的，而是通过前期数年的科研工作积累，在先前科研成果的基础上，同时借鉴了国际同行的先进思想理念提炼升华而得到的，其间所经历的艰辛难以为外人道。由此可以看出，一个人努力了不一定会成功，但不努力就一定不会成功。因此，所有成功的背后，都隐藏着不离不弃的坚持；所有人前的风光里，都包含着许多不为人知的辛酸。所谓"一分耕耘，一分收获"，此言的确不虚。

第八章 胆囊手术 死里逃生

（一）

1993 年 9 月中旬，正式得知我的国家自然科学基金项目和中科院的留学基金项目同时获批以后不久，大约是 11 月份，我就正式告知了所里的大头目及其他的党委成员：从 94 年元月 1 号起，我将从所党委办公室退出来，专职从事我的科研项目了，同时也告知他们，94 年的党委换届改选我将不再参选。大头目听了以后表面上显得非常高兴，但是当得知我不仅申请到了国家自然科学基金项目，而且同时还获得了科学院的留学基金，其真实想法如何恐怕也只有他自己知道了。

从 94 年年初开始，我就开始筹划如何开展自己的国家自然科学基金研究项目了。我的基金项目名称为《中国华南地区二叠/三叠纪生物灭绝事件地质界线剖面的稀土微量元素地球化学研究》，其工作主要包括两个部分，一个是地质学方面的工作，另一个就是分析测试方面的工作。其中地质工作即地层剖面的正确选择和界线剖面上的精准取样，是本项目能否取得成功的核心和关键所在，一旦地层剖面选择不当，或者在界线剖面上的取样不精准，下一步获得的分析测试数据，其可靠性就将大打折扣。因此早在立项阶段，我就对项目组的专业人员组成进行了深入考虑，为此特别邀请了所里的老地质人员加入项目组。同时还考虑到，项目研究的地质剖面基本上都分布在贵州，为此我又邀请了贵州地矿局区域地质调查大队的周德权地质工程师作为项目组的成员。这样的人员配备和组合，为我们的科研基金项目地质工作的顺利开展，提供了质量保证。而在基金项目的地质样品分析测试工作方面，由于我有一个为期半年的留学基金项目，我计划把采集到的地质样品带到国外去，充分利用国外实验室装备的先进分析测试仪器和设备，来对我的样品进行分析测试，这样就能够获得更为准确的分析测试数据，由此而得到研究成果也就更有具权威性。

在筹划如何开展国家自然科学基金项目研究的同时，我到所图书馆去大量地阅读国外的有关专业文献资料，尤其特别留意和关注美国及加拿大是否有关本专业领域的文章。如果发现有关地层界线稀土微量元素地球化学方面的文章（无论任何地质时代），而作者又是美国或加拿大的大学或研究机构的教授或科学家，我就立即把作者的通讯地址抄写下来，然后给这些教授和科学家写信推荐自己，并告诉他们我有一个为期半年的国家公派访问学者计划，准备自带课题和样品去对方实验室工作，而且不需要对方承担生活费用。不久我就在英文的《Geology》（《地质学》）1994 年的最新一期刊物上，查到了一篇有关加拿大英属哥伦比亚省二叠/三叠(P/T)纪生物灭绝事件有机碳同位素研究的英文文章。文章的第一作者英文名叫 Kun Wang，我推测作者很可能是中国人。于是我根据文章提供的通讯地址，立即给 Kun Wang 去了一封英文信，信中把我的国家自然科学基金项目的研究内容向对方做了详细介绍，同时告诉他我有一个公派的留学基金项目，访问国家是美国或加拿大，不知他的工作单位能否接收。与此同时，我也查到了美国哥伦比亚大学地质系有个叫Wright 的教授，他也在做二叠/三叠(P/T)纪界线剖面微量元素地球化学方面的工作，我也同时给 Wright 教授去了信。两封信发出去以后，大约过了一个半月左右，我首先收到了加拿大 Kun Wang 的回信，Kun Wang 告诉我，他说他是个中国留学生，中文名字叫王琨，是北大地质系毕业的，1988 年到加拿大留学，1994 年加拿大阿尔伯塔大学博士毕业以后，现在加拿大地质调查所做博士后。王琨说，他和他的老板（地调所的研究教授）对我的研究项目非常感兴趣，他们很愿意与我开展合作研究，并希望我去地调所一起工作。过了一两个星期，我也收到了美国哥伦比亚大学 Wright 教授的回信，他也表示愿意与我开展合作研究，并希望我把推荐信给他寄去。我仔细地权衡了一下美国和加拿大两个单位的情况，觉得加拿大地调所有个中国人在一起，工作起来可能更顺手一些。考虑到我当时的英语口语不是很好，如果去美国工作的话，担心英语交流一时适应不了，于是我就婉言谢绝了美国哥伦比亚大学的教授，而一心考虑联系加拿大地质调查所就行了。其后，我又先后同王琨和他的博士后导师通了几次

1994.8.贵州紫云县野外考察

信，并随信寄去了我的英文简历并附上欧阳自远院士及我的导师郭承基院士的推荐信。此后，我就与项目组的成员一边抓紧做界线地层剖面的野外地质考察工作，一边耐心地等待加拿大地质调查所的邀请信。

　　我的国家自然科学基金科研项目的研究对象，即中国华南地区的二叠/三叠(P/T)系生物灭绝事件的地质界线剖面，主要分布在贵州、四川、湖北及浙江，其中贵州有三条出露非常完整的剖面，即一条在遵义高桥，一条在贵阳都拉营，另一条在望漠县乐康。而四川、湖北和浙江则均分别只有一条出露非常完整的剖面，即四川广元的上寺剖面、湖北黄石剖面和浙江长兴县煤山剖面。不过这几条剖面相互比较起来，以浙江长兴县的煤山剖面工作程度最高和知名度最大，

1994.7.遵义高桥P/T剖面野外考察(左为南君亚教授，右为作者)

中科院南京地质古生物研究所和中国地质大学等中外学者，都曾在煤山剖面的地层古生物学方面做过大量的工作，该剖面并已被国际地层学界推荐为二叠/三叠系(P/T)界线层型标准剖面。因此，我们项目组便把这几条剖面作为基金项目的研究对象。于是从94年的5月份开始，我们项目组的几个人(南君亚、马昌和、周德权和我)首先在遵义高桥剖

面开展野外地质考察和取样工作。由于本项目对研究剖面的界线定位精准度要求极高，界线剖面上的取样要求也极为严格，因此，每个剖面至少得需要一个星期左右的时间才能完成考察和取样工作。遵义高桥剖面的工作完成后，我们接着转战到贵阳都拉营剖面，最后是黔南地区望谟县的乐康剖面。其间，我们在去望谟县的途中，还顺路在长顺县睦化乡考察了一条出露比较完整的泥盆/石炭纪生物灭绝事件界线剖面，并在该剖面上系统地采集了样品。上述野外地质考察

1994.7.贵州长顺县睦化泥盆/石炭纪剖面考察取样

工作结束后，94 年 9 月份我们又去贵州省紫云县考察了三叠纪的地层剖面。至于湖北黄石及浙江长兴等地层剖面，因当年野外工作任务繁重，时间安排上来不及开展，因此想留待第二年上半年抽时间再去补充考察。野外工作结束回所后，接下来是对数百块地质样品的大量室内整理工作，我作为项目负责人自然是每一件工作都得亲力亲为。经过数月的野外地质考察奔波和室内大量地质样品的处理工作，极大地消耗了个人的体能和精力，因此，到接近年末时整个人感觉非常地疲惫。

（二）

正当室内的样品处理工作尚在紧张进行的时候，大约在1994 年 11 月 20 号左右，我就收到了加拿大地质调查所杜克（Duke）所长的正式邀请信，邀请信说加拿大地质调查所非常欢迎我去他们那里工作，并希望我能于 95 年 4 月份赴加。为此我感到非常地高兴，同时也感到我的样品整理和其它出国准备工作更要加紧

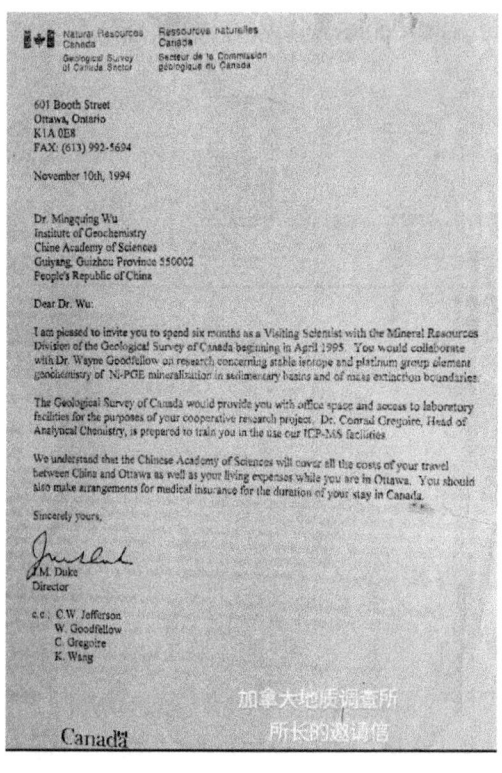

加拿大地质调查所所长的邀请信

进行了。11 月 24 号早晨起床以后，早餐时我吃了两碗鸡蛋炒饭（我从小的最爱），饭后继续去办公室整理地质样品和处理业务工作。到了下午，我开始感觉全身发紧，整个人浑身上下都不舒服。晚饭时我虽然没有食欲，但还是勉强地吃了点东西，到了晚上 9 点钟左右，我的右上腹部开始隐隐作痛，同时还牵扯到后背发紧发胀，浑身上下感觉非常难受。实在不能坚持继续坐着，于是我就早早地上床休息去了，心里想也许是最近工作太累了，今晚上好好地睡上一觉，明天早上起来或许就好了。然而上床以后，右上腹

部的疼痛不但没有减轻，反而疼得越来越厉害了。由于疼痛难忍，于是我只好在床上翻来覆去地变换睡姿，试图想找到个躺着稍微舒服一点的姿势，但是不管如何翻来覆去地变换睡姿，右上腹的疼痛感却越来越严重了。此时，我已经意识到很可能是自己的胆囊炎发作了，因为我在91年秋季体检时曾查出患有胆结石，而此前又曾经听人说过胆囊炎发作时是如何疼痛的，不过当时我还想如能坚持的话，强忍着等到第二天早晨天亮以后再去医院。当天晚上我就这样在床上痛苦地坚持强忍着，看看是否能够等到天亮。但是当我强忍着到了凌晨一点钟左右的时候，右上腹牵扯到后背的疼痛已经是剧烈难耐了，此时我全身已是大汗淋漓，而且呻吟不止。妻子见此症状，着急地问："怎么回事？怎么会那么疼？"我说："很可能是胆囊炎发作了！"妻子说："那就赶快上医院看急诊去吧！"我说："那就赶快走吧，我实在是疼得受不了啦！"当年社会上还没有出租车服务，半夜三更的公共交通也早已停运了。好在我们的住家离贵州省人民医院不远，我穿戴好后在妻子的陪伴下，急匆匆地就步行去到了省医的急诊室。值班医生问了一下我的病情，我告诉医生说三、四年前体检时查出我自己患有胆结石，但我从来没有感到过不舒服。今天早上我吃了两碗鸡蛋炒饭，下午身体感到浑身不舒服，到了晚上右上腹部就开始疼痛起来了，而且这个疼痛还牵扯到了后背。医生听了我的陈述并结合我的症状，诊断结果就是由胆结石引发的胆囊炎发作了，医生说要打封闭针止痛才行。于是医生立即给我开了处方，让护士马上给我注射了一剂杜冷丁，这封闭针才打了不到十分钟，结果我就已经明显地感觉到右上腹部的疼痛逐渐地就减轻了。大约过了半个小时，我右上腹部的疼痛感就完全消失了。为了保险起见，我和妻子又在急诊室里坐等了一个多小时，眼见我的右上腹部已经完全不疼了，于是我们就告别了医生步行回到了家中。此时已经是凌晨三四点钟了。

我当天晚上回家睡了一觉，早晨 9 点过钟起床以后，多少又吃了点早餐。然而到了上午 10 点过钟，我的右上腹部又开始疼痛起来了，到了 11 点钟以后，右上腹的疼痛又像昨天晚上那样难以忍受了，于是我和妻子又急忙回到了省医急诊室。见到了医生，我又要求医生再给我打一针杜冷丁止痛，结果医生说："你这个止痛针不能再打了，杜冷丁打多了是要上瘾的。你现在的胆囊炎症已经很严重了，只能住院治疗了。"于是当天上午办完住院手续以后，我就住到了贵州省人民医院外科大楼八楼的外科病房里去了。入院以后，当天外科病房的医生又为我做了 B 超检查，结果发现我的胆囊炎症确实已经非常严重了，B 超影像显示胆囊已肿胀得如鸡蛋一般大小，而胆囊里的结石直径大约有两厘米左右。医生告诉我，根据我现在的病情，首先得住院输液把胆囊的炎症消下去，等胆囊消炎以后下一步再做手术将胆囊切除掉。我虽然知道出国以前的准备工作非常繁忙，但是现在已经住院了，无可奈何，一切只能听从医生的安排。既来之，则安之，把病治好再说吧。

(三)

11 月 25 号住院以后，从第一天开始医院几乎天天都给输液消炎(一般是上下午各输一到两瓶)。住院医生说，通过输液(加入抗生素)把胆囊的炎症消下去以后，接着就给我动手术把胆囊和结石一块儿拿掉，这样就可以一劳永逸地解决胆结石的问题了。如果不切除胆囊，而只取出胆结石的话，时间长了胆囊里还会再长出新的结石来，于是由结石引发的胆囊炎症还会再反复发作。因此，一般由胆结石引发的胆囊炎，都是对胆囊消炎后再将胆囊进行切除。我问医生输液消炎大概要输多久胆囊的炎症才会完全消除？医生说，一般情况下输液一个星期左右胆囊的炎症就可以消除了，但针对我的病情，胆囊的炎症非常严重，估计输液消炎至少得需要两个星期，所以预定住院消炎两周后再给我做胆囊切除手术。

我这个人的身体素质向来还是比较好的，平常很少生病，至于生病住院，而且还要动手术，这是我平生以来的第一次。偶尔听亲朋好友们说，如果住院动手术的话，最好能托朋友或熟人找个熟悉的主刀医生，这样的话医生在给你动手术的时候，他会格外地细心负责，手术也就会做得更好。为此，我们还真的托朋友在省医外科找到了外科的副主任方医师，作为我的手术主刀医生。于是在我住院输液消炎期间，方主任经常跑到病房里来同我聊天，他通过朋友介绍得知我原是地化所党委的成员和党办主任，并且也知道我明年要出国去做访问学者了，因此方主任对我很热情，我们两人有很多共同的话题，聊起天来显得格外投机。上世纪90年代中期，一般的胆囊切除手术都是传统的开刀，耗时大约 1 个半小时左右，属于中小手术。托人找到方主任以后，开始时他也是说的为我做传统的开刀手术，但有一天方主任同我聊天谈到胆囊切除手术时，他说："小吴，我看你这个人的身体素质不错，工作又特别忙，你的胆囊切除我想给你做腹腔镜微创手术，你看怎么样？"我问方主任什么是腹腔镜微创手术？他说："腹腔镜微创手术是最近几年才发展起来的一门新兴的外科手术，这种手术不用开刀，只须用激光在肚皮上打几个小孔，然后用探头伸入腹腔内在电视屏幕上看着做手术。其特点是创口小、恢复快，比如今天做手术，明天就可以下床，后天就能出院了。"他接着又说："我们最近刚把这项新技术从上海引进到我们医院里来了，半个月以前，我给一位六十多岁的老太太做了腹腔镜胆囊切除手术，头天刚做完手术，第三天她就出院了，效果非常好。我看你这个人年轻，身体素质又好，做了腹腔镜手术，很快你就可以出院了。你的工作不是很忙吗？这样你就可以很快地康复上班了！"我听方主任这么一说，腹腔镜微创手术居然有那么多好处，为何不采用呢？而且我向来的观点是请师师作主，于是当时我很乐意地就接受了方主任的建议，同意他采用腹腔镜微创手术将我的胆囊切除掉。最后方主任说："那就这样定了。你是 25 号住的院，输液两个星期到 12 月 8 号，你的胆囊炎症应该就完全消了，到时候咱们就做腹腔镜微创手术吧！"

12 月 8 号上午八点过钟，病房的护士来告诉我，要我上13 层的手术室去准备做手术，并问我能不能自己走，如果不能走，护士就用医院的担架床来推我。我想我还没有病到连路都走不动的程度，我说乘电梯上手术室去应该没问题，于是我就自己走路，乘电梯上到了 13 楼的外科手术室。进了手术室，只见三、五个年轻的女护士正在做手术前的准备工作。她们见病人到了，一个护士要我脱了病号服，并让我躺在一张像病床一样的手术台上。这时有两个年轻女护士走上前来，见我还穿着短裤，便笑着对我说："吴先生，现在我们要给你脱裤子了，应该没有问题吧？"我有点尴尬地说："该脱就脱嘛！哪有什么问题啊？！"（人一旦生病住了医院，什么个人隐私、个人尊严就一钱不值了，一切全凭医生和护士的安排与摆布）。有一个年纪稍长的可能是麻醉师的女士说："你这个手术是全麻，本来麻醉剂要从脊椎上打进去的，但现在我们就给你把麻醉剂加在输液的盐水瓶里，一起给你输到血液里去就行了，要不然的话从脊椎上打麻醉针是很疼的。"我说那太好了，谢谢你们了！这时有个护士已在我的右脚踝上扎针安上了输液管子和输液瓶，接着就开始给我输液了。此时我顺便抬眼瞅了一下手术室墙上的挂钟，时间大约是8：50左右。我就这样安静地躺在手术台上，不知不觉中很快就睡着了。

　　我躺在手术台上不知沉睡了有多久，睡梦中感觉到我的肚皮上火辣辣的又热又烫，那情形仿佛就像抬钢板去烧电焊一样，但这个感觉好像没一会就消失了。不知过了多久，朦胧间我突然听到一个瓮声瓮气的男士说："哎哟！他的这个胆囊像鸡蛋那么大那么硬，拿不出来怎么办？"然后我又什么也不知道了。此后，不知又过了多久，突然间觉得我平躺着的身体好像开始在缓缓地离开地面向空中上升，而且后来似乎是越升越快、越升越高。也不知是上升了有多久多高时，我突然睁开眼睛一看，只见眼前出现了许许多多闪闪发亮的星星，而且星星与星星之间的排列非常有规律，就像中学学化学时老师讲的原子的晶格结构那样地规整，同时这些闪闪发亮的星星发出的光芒还非常强烈和刺眼，而我的感觉好像是自己就是这些星星当中的一颗。此时我在心里嘀咕：这是怎么回事？难道我自己已经不行了吗？是不是到了太阳系的边缘了？怎么天上会有那么多又大又亮的星星？此时我感到心情非常地沉重。又不知道过了多长时间，突然又觉得自己好像一片羽毛那样，轻飘飘地、慢慢地又降落到地面上来了。此时心里又想：哦！可能是得救了吧？！好像又回到地球上来了，心里顿时便高兴起来。此后又不知过了多久，我突然听到一个女生在问："多少时间了？"另一个女的回答说："十二点半了。"这个时候我基本已经醒了，心里还嘀咕了一下：不是说手术只需要一个多小时左右的时间吗？怎么都已经过去三个多小时了？此时我觉得医生好像正在我的肚皮上缝针，而且缝针的线拉扯肚皮时扯得很紧也很疼，我已经完全意识到医生给我做的是开刀手术了，于是我用右手推开嘴巴上的氧气罩(左手臂上好像绑着血压计动不了)，一边大声地说："医生，快给我打点麻药吧，我疼得很！"缝针的医生说："快了！快了！再忍耐一下就完了，现在已经缝到第三层了！"有个护士说："快点！快点！人已经醒了。"我说："医生不是说不开刀的嘛！怎么缝起针来了？"好像是主刀医生方主任的声音："哎哟！今天你这个手术差点把我们给难住了！"言下之意，他们似乎在手术过程中遇到了什么大麻烦似的。就这样，我又强忍了半个多小时手术缝针的痛苦，到了下午 1:00 钟左右，手术才完全结束。

手术过后的第三天，我们病房当天全程参与手术的护士长小张给我讲了当天手术的详细情况。一开始小张就说："吴老师，你这个手术真是太危险了！差一点就没有把你给抢救过来。"我问是怎么回事？她说：刚开始方主任确实是给你做的腹腔镜胆囊切除手术。做腹腔镜手术的时候，首先要用激光在肚皮上打四个小孔，其中两个孔打在胸口部位，另一个打在肚脐附近，最后一个打在腹部的右上侧肝脏部位。孔打好以后，就用两个带摄像头的探头伸到腹腔中去，看着电视屏幕做手术。由于你的胆囊炎症还没有完全消下去，整个胆囊仍像鸡蛋那么大又红又肿，而且还挺硬的。由于激光打的小孔直径大约只有 1 公分左右，结果不管方主任怎么想办法扩张激光打的小孔，但鸡蛋般大小的胆囊就是拿不出来。方主任反复地折腾来折腾去，始终不见效果，结果急得方主任束手无策地说："他这个胆囊硬得很，拿不出来怎么办？"方主任搞累了，于是又换助手来弄，经过几番反反复复地折腾来折腾去还是不见任何效果，始终还是没办法把胆囊拿不出来割掉。不一会，也不知道是主刀医生的助手拿着探头在腹腔中反复来回地搅弄时不小心戳破了腹腔内部的动脉血管，还是怎么弄的，结果立刻引起了腹腔内部大出血。方主任见情况紧急，一边急着试图尽快止血，一边指挥叫赶快把腹腔内的淤血吸出来。由于激光打的孔很小，加上血液涌流得太快，医生根本无法看清楚腹腔内出血的具体部位在哪儿，因此血流一时很难止住。由于失血过多，此时全程监测的血压计显示，你的血压突然急剧地下降到了 40-50/80-90 毫米汞柱，而且血压还在持续下降当中，如不尽快地把腹腔内的流血止住，病人随时都可能有生命危险。方主任见此紧急状况，连连叹气地说："妈的，今天这个手术难道要搞砸锅不成？这可是熟人托我做的呀！"最后经过紧急处理和抢救，终于把腹腔内的血流止住了，此时方主任才算松了口气。血是止住了，但面临的情况是需要马上进行输血。根据当时医院的规定，单位职工住院需要输血时，需要该职工的单位出示义务献血证，医院才给输血，否则就要住院病人家属现找人来输血或买血。幸好地化所每年都组织有职工去省医义务献血，因而地化所医务室持有省医颁发的义务献血证，不过在一般情况下，医院不见献血证是不给病人输血的，但在紧急情况下先让病人家属垫上部分押金，然后医院就可以给病人输血了。于是方主任一面让人打电话去地化所医务室，叫他们赶快把地化所的义务献血证拿来，一面又叫等候在手术室外的家属先交上 300 元的押金，于是医院立即就给我输了两千多毫升的血浆。输完血血压上升稳定以后，方主任只得按第二套手术方案即传统的开刀手术将我的胆囊切除掉。在进行传统开刀手术的时候，我这个人身材虽然不算高大，但胸腔比较宽阔，因而肝脏位置显得比一般人的相对要高很多，方主任在做手术时，他是沿着胸部肋骨边缘切的创口，当时的创口差不多有 20 来厘米那么长(注：手术虽然已过去二、三十年了，但刀口的疤痕长度与手术时的差异并不太大，见照片)。创口切开后，胆囊就能够轻易的连同肝脏一起拿出来，然后胆囊就被切掉了。由于手术中出现腹腔内动脉血管大出血等病危情况，手术医生又是抢救又是输血的，最后又做了传统的开刀手术，如此这般地折腾来

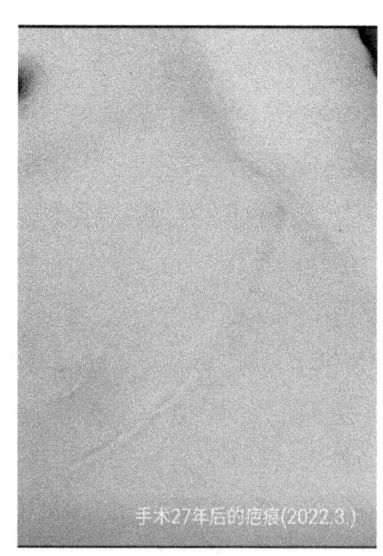

手术27年后的疤痕(2022.3.)

折腾去，你的这台胆囊切除手术耗费的时间就相当于两三台相同的手术了。幸好最后还是被抢救过来了，而且手术也取得了成功(手术过程中我出现了幻觉，应该算是到鬼门关前去走了一趟，不过阎王爷没有收留我，于是我又回来了)。最后护士长反复地对我说："吴老师，你这个手术当时真的是太危险

了！幸好方主任还算经验丰富，出现危险状况时还能沉得住气，否则后果不堪设想啊！"

手术以后在我住院期间，方主任又来病房与我聊天，谈到当天的手术情况时，方主任说这次腹腔镜胆囊手术出现失误，是因为他对我的病情估计不足而犯了经验主义的错误。他说在正常情况下，胆囊炎病人住院输液消炎，一般三到五天、或者最多一个星期，胆囊的炎症基本就消下去了。只要胆囊的炎症一消，整个胆囊就变软了，因而在做腹腔镜手术时，消了炎的胆囊很容易就能够通过激光打的小孔拿出来并把它切掉了。因此，在通常情况下，手术前一般都不做 B 超检查胆囊是否已经消炎了。而我的情况是，手术前已经住了两个星期的医院，也连续输了两个星期的抗生素，但是使方主任万万没有想到的是，我的胆囊炎症竟会如此地顽固，连续输了两个星期的抗生素来消炎，而胆囊的炎症居然还没有消下去，这样的病例实属罕见。由于我的胆囊炎症还没消，用腹腔镜手术来切除胆囊肯定只能是失败。方主任说："这次我就是犯了这样的经验主义错误，结果手术差点出了大问题。看来以后做腹腔手术之前，还必须再做一次 B 超复查一下胆囊消炎的情况，以防像你这样的情况再次发生。"方主任最后笑着说："不过你这个人还真是福大命大，最终还是给抢救过来了。我看你这个人大难不死，将来必有后福啊！"我说："我这个人就是人们常说的穷命，哪会有什么后福啊？！真要是有后福的话，我还得要好好地感谢您哟！这次手术要不是您主刀，恐怕我这次在手术台上就真的下不来了！"方主任连连说："哪里！哪里！是你福大命大的造化。"谈到手术后的恢复问题时，我问方主任在饮食方面有什么禁忌没有，方主任说："饮食上没有什么禁忌，而且我历来主张病人手术过后想吃什么就吃什么。比如你想喝鸡汤，明天就可以叫你老婆给你炖锅鸡汤来喝嘛，那对身体的恢复很有好处呢！"听方主任这么一说，第二天果然让我妻子买了只老母鸡，炖了锅鸡汤送到了医院，不到两天，我就把整锅鸡汤连汤带肉全都给吃光了。而且正是听了方主任说的饮食上没有什么禁忌，因此，术后二、三十年来，我在饮食上是想吃什么就吃什么，包括鸡鸭鱼肉等等来者不拒，然而消化系统却从未出现过任何问题。

　　12月8号当天手术结束后，下午2点钟左右，为了答谢参与我手术的医护人员，我妻子特意在贵州省人民医院附近的一家小饭馆，定了一桌酒菜来招待他们。但是由于我妻子不认识当天参与手术的所有医护人员，于是就交代给参与手术的护士长，要她负责把当天上午参与手术的所有医务人员，都叫到那个小饭馆里去吃饭。也许是护士长失误没有叫到所有参与手术的人员，又或许是个别护士没有听到叫他们去吃饭的招呼，结果术后住院的第三天，有个值班的护士在给我换引流管时，那个护士不仅动作很粗暴，而且在插引流管时好像还有意地往旁边搬动了一下，结果弄得手术的刀口疼得我眼泪就差点掉了下来。事后我才意识到，也许这个护士当天下午没有去小饭馆参加招待吃饭吧，要不头两天给我换引流管的护士不仅动作很轻很仔细，而且插管子时也不怎么疼。后来我把此事告诉了护士长，护士长这才恍然大悟地说："哦，真的嘞！那天下午确实没有见到她去吃饭呢，不过吃饭之前我到处找她都没找到。"也不知护士长事后是否已给值班的护士们打了招呼还是怎么的，从那以后，这样的事就再也没有发生了。我在医院病房住了一个星期后，12月15号上午医生给我拆了手术创口上的缝合线以后，当天下午我就出院回家了。

　　事后我仔细地回想了一下，为什么我的这次胆囊切除手术会造成那么大的失误，甚至差点丢掉了性命？我觉得除了方主任说的主刀医生犯了经验主义的错误以外，更主要的原因是，贵州省人民医院当年刚从上海引进腹腔镜这项新技术，短时间内该院的外科医生对这项新技术可能还没有完全做到熟练掌握，由于他们所做的病例不多，外科医生还严重缺乏手术过程中如遇突发情况时应该如何正确处置的经验。因此，从某种程度上来说，当年我这个病例只不过是医生们的试验品而已。当时假如不是做腹腔镜而是做常规开刀手术的话，我这个手术应该是不会有什么问题的。此外，由于手术中出现升天的幻觉，此后在一段时间内，我有时睡觉做梦，总梦到我好像会飞一样。睡梦中当我站在地面上双脚轻轻一蹬地面向上跳时，我就会一下子窜到离地面二、三十米高的半空中去，人在半空中既可以完全静止不动，又可以一迈脚就能在空中自如地行走起来。如果不想停留在半空中了，又可以轻松自如地落到地面上来，而且这个会飞的梦境地点常常就发生在贵州省医的那一带，梦境中的这种感觉非常奇妙，仿佛就像在腾云驾雾一般。这样的梦在手术后的一两年时间内，曾反复地出现过好几次。

第九章 出访加国 再创佳绩

(一)

1994 年 12 月 8 号在贵州省人民医院外科做的这次胆囊切除手术,尽管手术过程中出现意外而差点没下得来手术台,但最终还是幸运地被抢救过来了,这真是不幸中的万幸,我从内心里感到非常高兴。不过经过这次疾病的折磨,原本十分壮实的身体,出院后一下子就瘦了一、二十斤,整个人走起路来,感觉脚下是轻快了不少,但我自己照了下镜子,发觉脸色苍白,整个人看起来虚弱无力。12 月 15 号出院回家以后,本来想要好好地休息一段时间,等身体稍微恢复以后再开始工作。但是一看到加拿大地质调查所发来的邀请信,加方希望我能于 95 年 4 月份赴加,于是我的心情又着急起来,心里盘算着目前有哪些工作必须要立即着手抓紧做了。首先,要赶紧给加拿大地质调查所回信,告诉加方合作教授我自己生病住院动手术了,4 月份赴加可能来不及,但我会尽量争取早日赴加。其次,我得立即着手先把个人护照办了,然后力争 95 年元旦过后赴京去中科院教育局办理出国手续和申办赴加签证。第三,在等待申请赴加签证期间,抓紧时间做好出国前的准备工作,尽快处理完准备赴加的地质样品,同时争取去湖北黄石和浙江长兴县煤山界线剖面采集一批地质样品。在头脑里把大致的工作计划拟定以后,出院回家后仅休息了两三天,我首先给加拿大地质调查所写了回信。然后在 12 月 20 号左右,在所里开完介绍信后,接着就去贵阳市公安局申办了个人护照，大约过了一个星期左右，元旦节前就把申办的个人护照拿到手了。

　　1995年刚过完元旦，元月7号那天，我穿了件黑色的呢子大衣、手提一个装有个人申办赴加签证的各种文件资料及洗漱用品的小包，乘飞机上北京去中科院办理出国手续了。当天下午到达北京首都机场后，乘出租车进城住到了三里河科学院机关招待所。元月7号是星期六，第二天星期日休息了一天，元月9号星期一上午9点左右，我去到了科学院教育局留学生处，留学生处的袁处长接待了我。我把加拿大地质调查所所长发给我的邀请信以及我申请获批的留学基金项目的批复文件等，一起交给了袁处长，并告诉他，我的留学基金项目现已经联系加拿大联系妥了，加拿大地质调查所已发来邀请信，要求我4月份赴加，我现在就是来办理出国手续的。袁处长仔细地看完了我交给他的加方邀请信以及其它文件后，然后问我："你考EPT（英语水平测试）了没有？考了你就把成绩单一起交给我。"这时我才想起来公费出国是要先考EPT的，只有英语考过了EPT才能办理出国手续。我告诉袁处长："我还没有考EPT，之所以没有考，是因为我基金项目的野外地质考察工作实在是太忙了，一直没来得及考。现在又刚住院动手术出院才两三个星期，加方合作教授来信催促要求我4月份就赴加，现在要考EPT根本就来不及了！"袁处长听了我的陈述，又反复地看了看加拿大地质调查所所长发来的邀请信，然后他又看了一下我刚动过手术且还包着纱布的创口，可能见我身体条件这么差还来京奔波，为了不耽误我按时赴加，于是他只好为难地说："这样吧！你这是个特殊情况，特殊情况就特殊处理吧。既然你来不及考 EPT，那我就给你联系科大北京研究生院外语教研室，你去那里考个口试吧！如果你的口试通过了，我就给你办理出国签证手续。”我连忙说：“那太好了，谢谢袁处长！”于是袁处长要了我住的院机关招待所的房间号，叫我先回招待所休息，待他联系好后再打电话到招待所通知我，什么时候去科大研究生院考口试。我回院机关招待所休息以后，大约当天下午 3 点过钟，招待所前台服务员来房间叫我去服务台接电话（那时招待所房间还没装电话），我到一楼服务台拿起电话一听，是院教育局留学生处袁处长打来的，他告诉我说，科大研究生院外语教研室考口试的事已经联系好了，要我明天上午 9 点半去科大研究生院外语教研室找王主任，到时候王主任会在那等我。临完了，袁处长还告诉我，科大研究生院在玉泉路中科院高能物理研究所的大院内，还告诉我去那里乘地铁该怎么走等等。

　　第二天早上起来吃完早餐以后，8 点半钟左右我就出门了，步行五、六分钟来到了三里河木樨地地铁站，当时正值上班的早高峰，乘地铁的人非常多。我买了票上了地铁车厢后，为防备别人拥挤时碰撞到我的手术创口，我就把提着的小黑包护在右胸前的创口部位，并尽量远离人群。不过尽管我小心加小心地躲避，毕竟乘地铁的人实在太多了，上下车时总会有人碰到我胸前的小黑包而撞到我的创口上。每当这个时候，我就会疼得头上直冒冷汗，于是我不得不大声地说：“你们别挤了，已撞到我的伤口了！”周围乘客见我脸上痛苦的样子，纷纷往两边闪避并不断地说：“这里有个同志身上有伤，大家别挤到他，请闪开一点！”于是我周围的乘客便自动让出了一定的空间，这时我才感到松了口气，并连声谢谢大家。此时窗户边坐位上有个乘客让座给我，我坐下后才算安下了心来。好在我只坐四站地，也不用转车，到玉泉路地铁站就下车了。到了高能物理所大院内一打听，科大研究生院外语教研室在一栋楼的二层楼上。当我找到外语教研室的王主任时，她知道我就是院留学生处打电话来联系考口试的人，于是就问我："你就是来考口试的吴先生吧！？"我说："是的。"她又问："你是准备去哪个国家？什么时候走？待多久？"我说："我准备去加拿大，加方合作教授要求我 4 月份就去，我是高访，计划待半年。"王主任说："你先在这个办公室里休息一会儿，我去找两个外语老师来，然后我们一起给你考口试。好吧？！"我说："行！我就在这等着。"话虽是这么说，我一听还要去找两个老师来跟我一起考口试，心里面多少还是有点紧张。不一会，王主任就带来了一位年轻的中国女老师和一位年轻的外国小伙子。经王主任介绍，原来年轻的中国女老师姓张，而外籍老师名叫麦克尔(Micheal)来自加拿大。麦克尔得知我准备去加拿大做访问学者，于是非常高兴地问我：你是准备去哪个城市和大学？我告诉他我是准备去渥太华的加拿大地质调查所。我问麦克尔来自加拿大哪个城市，他说他来自多伦多，并说多伦多和渥太华都在加拿大安大略省，两地相距不是太远。这样一问一答、一来二去的交流，无形中就拉近了我与三位老师的距离。互相介绍完了以后，王主任说："那我们现在就正式开始口试吧！首先由吴先生用英语自我介绍一下个人的简历、学历及工作情况。自我介绍完了，然后由口试老师提问，最后一个环节是阅读理解和回答问题。"于是口语考试就正式开始了。我首先用英语介绍了我自己叫什么名字、来自哪里？在什么单位工作？在哪儿上的大学和研究生？大学学的是什么专业？研究生又是学的什么专业？现在这些年从事什么研究等等。这样详细地自我介绍下来，大概就花了二十多分钟。然后三位老师又分别问了我一些问题，比如你家有几口人、老家是哪儿的？父母是做什么工作？尤其是三位老师看到我脸色苍白，身体很虚弱，王主任又特别关心地询问了我的身体情况，问我患的是什么疾病？于是我把一个月前胆囊炎动手术的事又给他们叙述了一遍。其中有的医学名词我不知道英文该怎么说，王主任又为我说出了英文。说完病情，我又让他们看了看我的术后创口。三位老师见我刚做完手术，出院才两、三个星期就来北京出差，很为我的敬业精神所感动。提问完了以后，王主任拿出一页打印好的英文文章(双面)递给我说："吴先生，口试的最后一个环节是阅读理解，这篇文章你先用 5～10 分钟看一下，看完以后把文章后面的几个问题回答一下。"说完三位老师就离开考场了。我接过王主任给我的那篇英文文章看了一下，那是一篇有关环境保护的科普文章，文章末尾有十来个选择答案题(ABCD 四选 1)。整篇文章并不难，环保方面的内容也是我比较熟悉的，所以很快我就把文章看完了，并把问题也答完了。大概过了七、八分钟，王主任回来了，她问我做完了没有，我说做完了，随即就把试卷交给了她。王主任说："你先坐在这里休息一会儿，我们几个老师商量一下，然后再告诉你口试的结果。"我说："好的。"大约又过了十几分钟，王主任回来了，她说："吴明清，祝贺你！你的口试通过了。你回招待所休息去吧，我会打电话告诉院教育局留学生处袁处长，说你的英语口试过关了！"于是我谢了王主任，离开了科大研究生院外语教研室，乘地铁回到了科学院机关招待所。回来时已是上午 11:30 过了，早已过了交通高峰期，地铁里的人相对就少多了，乘地铁时我感到心情非常地轻松和愉快。

第二天上午九点过钟，我又来到了科学院教育局留学生处。袁处长见我来了，连忙说："吴明清，科大研究生院外语教研室的王主任已给我打了电话，说你的口语考试已经通过了，这样我们就可以给你办理申请去加拿大的留学签证手续了。"接着袁处长又给了我一张申办加拿大留学签证所需的文件清单，总计有个人护照、加方邀请信、学位证书公证文件、个人出生日期的公证文件、专业职称的公证文件等等，我按要求把所需的各种文件资料交齐后，袁处长说："现在你可以回贵阳去等候通知了，我估计要三、四月份才会有签证批复的消息。如果签证下来了，到时候我们会写信或打电话通知你，你再来北京取护照和签证，并预订去加拿大的机票。"听袁处长这么一说，我告别了袁处长离开留学生处以后，第二天我就放心地乘飞机回到了贵阳。

这里我必须得顺便说一下，这次我虽然是生了一场大病，手术过程中又差点丢了性命，但却也是因祸得福。假如我不是生病住院动手术的话，我的公费出国可能不会那么早和那么顺利。因为按照当时公派出国人员的政策规定，凡是公派出国的访问学者，必须先通过英语水平能力测试（English Proficiency Test），也就是当时说的 EPT 考试。凡 EPT 考试通不过的，就不能办理出国手续。听当时我们所里的人说，这个 EPT 考试类似于托福，对英语水平一般的人来说还是有一定难度的，有不少人考了两三次才获得通过。就我当时的英语水平而言，假如不经培训就直接去考 EPT，一次可能不一定能通得过。更何况我当时工作那么忙，加方合作教授又要求我尽早赴加，我哪有时间去培训英语？即使我有时间去培训英语，然后再考 EPT，最快也得需要三、五个月的时间，那样的话岂不是耽误了加方合作教授要我尽早赴加开展合作研究的时间了吗？然而当年我正是生了这场大病，加拿大地质调查所又要求我尽快赴加，于是院教育局留学生处只好灵活处置，使我仅通过英语口试便给予放行了。我不知道科学院教育局留学生处在处理公派访问学者英语考试的问题上，我这个情况是否是绝无仅有的一例？抑或尚有先例？但至少应该是极为罕见的特殊情况吧！

从北京回到贵阳以后，尽管身体还比较虚弱，但出国前还有一大堆准备工作要做，所以我只得硬撑着身体上班去了。由于94年在贵州境内做了大量野外地质考察工作，先后采集了四个界线(其中 3 个二叠/三叠纪、1 个泥盆/石炭纪)剖面的地质样品，总共将近有两百多件，这些样品都需要进行详细整理，有的需要送所里磨片车间磨片后鉴定矿物组合，有的则需要送省地矿局区调队实验室鉴定生物化石种类及组合，而所有样品则需要包装然后再装箱待运加拿大。对已采样的地质剖面，则需要根据采样位置对照地质剖面图逐一重新进行绘制。总之这些看似琐碎的工作，其实工作量还是蛮大的，前后忙了一个多月直到二月下旬才基本结束。与此同时，加拿大地质调查所的合作教授又来信询问了解我的身体状况，并问我何时可以赴加。我回信告诉他们，我正在申请赴加的签证，身体也正在恢复当中，尽量争取 5 月中下旬来加。另外，地调所的博士后小王又来信告诉我，他手里已有黄石剖面的地质样品，要我只考虑去浙江长兴县的煤山剖面补充采集部分样品就行了。2 月初我给中国科学院南京地质古生物研究所的陈楚震研究员写信联系(92～93 年我曾与陈教授合作发表过西藏二叠/三叠纪界线剖面的科研论文)，请他带我去浙江煤山剖面采样，陈教授回信同意了我的请求。95 年 3 月中旬，我乘火车出差去到南京，于是陈教授和我二人从南京乘长途公共汽车来到浙江省长兴县，我们在煤山剖面前后花了三天时间，终于在该地层剖面上采集到了将近四五十块样品，三月下旬我随身带着采集到的地质样品，辗转乘火车从南京回到了贵阳。

　　当年 4 月中旬，我接到了中科院教育局留学生处的通知，告知我赴加签证已经办妥了，希望我尽快去北京把个人护照和签证一并取回，并预订赴加的单程机票。于是我立即乘飞机去北京拿到了个人护照和签证后，顺便在院教育局留学生处预订了 5 月 31 日赴加的机票。从北京返回贵阳后，我随即着手办理了托运地质样品去加拿大的工作。由于我需要运到加拿大去的地质样品有两百多件，总共装了三个大木箱，大约有七、八十公斤重。为了节省运费，我决定办理海运。海运与空运相比，从贵阳运抵加拿大可能需要一个多月的时间，但运费比较便宜，当时三箱标本也才花了三百多块钱。如果办理空运，则需要二千多将近三千块钱。一切准备工作就绪以后，五月下旬我从贵阳乘飞机到达北京，然后 5 月 31 号下午乘坐北京至温哥华的国际航班，由北京出境便飞赴加拿大了。

（二）

　　1995 年 5 月 31 号下午，我从北京首都机场乘坐国际航班到达加拿大西海岸的温哥华，然后又从温哥华转机于当天

1996.1.加拿大地调所

晚上 10 点过钟顺利地到达了目的地———加拿大首都渥太华，当天晚上是中国留学生小王到机场接的我。他博士后的导师就是我的合作教授，从94年上半年以来，我同他已通过好几次信了，5 月底到达渥太华时，虽是初次见面，但俨然成了老朋友。因此，他除了为我接机以外，还帮助我在渥太华寻找住房和办理抵达加拿大后的其它一切必要手续，使我省却了不少麻烦。假如没有这样一个熟人帮忙，对于第一次出国的人来说，人生地不熟，加上语言又不是太顺畅的话，刚开始肯定是会遇到很多困难的。因此至今回忆起来，我对王琨总是充满了感激之情。

　　我头一天晚上刚到达渥太华，第二天上午王琨便首先带我去唐人街熟悉购物环境，然后又带我去中国驻加拿大大使馆教育处办理了报到手续，并领到了赴加拿大后第一个月的生活费 700 加币。当时的公派访问学者分为两个级别，即普通访问学者(简称普访)，一般时限为一年，主要是针对中级专业职称及其以下的科技人员，普通访问学者大使馆教育处每月发给生活费 510 加币。另外一个就是高级访问学者(简称高访），一般时限为半年，主要是针对副教授以上的科技人员，每月的生活费为 700 加币。当时我的专业职称为副研究员，所以属于高访，大使馆每月发给我 700 加币的生活费。另外，因为我是由中科院教育局的留学基金资助派出的，我额外还有中科院教育局资助的 5000 美元，报到时使馆教育处先发给我 2500 美元，我访问结束回国之前，使馆教育处再发给另一半 2500 美元。因此，当年我作为访问学者的待遇比一般的高访还要高很多。

六月初，我在渥太华的吃住行等基本问题都安顿下来以后，王琨首先带我拜会了加拿大地质调查所所长杜克（Duke）先生，然后又会见了地调所的合作教授古德法罗（Goodfellow）先生，并一起讨论了我在地调所的工作计划。韦恩古德法罗（Wayne Goodfellow）教授是王琨在地调所做博士后的导师，也是我在地调所的合作教授，他在海底热液矿床地球化学及氧、硫等稳定同位素地球化学研究领域有很高的造诣，是加拿大地质调查所的资深高级科学家，也是渥太

华大学地质系的兼职教授，为此，地质调查所的所长委托他做我的合作者。根据合作教授的意见，我在地调所访问期间的工作任务是，对我带来的中国华南地区二叠/三叠纪界线剖面的 200 多个地质样品，主要开展如下几个方面的工作：一是样品的有机碳同位素的分析测试

工作，二是样品的微量稀土元素和铂族元素的等离子体质谱（ICP-MS）的分析测试工作，三是在完成上述两项实验工作的基础上，如果还有时间，再对上述样品进行氧、硫稳定同位素的分析测试。也就是说，在我半年的访问期限内，合作教授要求我至少要完成开头两项复杂的分析测试工作任务。而且上述前两项实验工作，在做样品的分析测试之前，是不可能直接将地质样品拿去做仪器分析测试工作的，因为样品中的待测组分其含量不仅远远低于仪器设备的检测极限，而且由于

1995.10.31.渥太华
反对魁独公投

样品所含的杂质多基质效应大，一般不可能对样品直接进行测定。因此，在进行仪器分析测试之前，必须要首先对地质样品进行复杂的化学前处理，以使待测组分达到分离富集的目的，从而提高分析测试工作的灵敏度和准确性。合作教授交待完工作以后，当年六月中旬他就乘科学考察船赴太平洋开展海洋地质考察工作去了。

按照合作教授的安排，我的第一项实验室工作是从我带来的 200 多件地质剖面的沉积岩样品中，提起足够进行碳同位素测定的有机碳即干酪根。所谓干酪根即是指沉积岩中既不溶于碱，也不溶于有机溶剂且化学性质相对稳定的分散有机质，它是沉积有机物在沉积过程中历经千百万年复杂的生物化学及化学变化以后而形成的残留物质，这种呈分散状态

的残留物叫做干酪根，它代表了沉积有机质的主体（约占总有机质的80～90%）。因此，如果

1996.6

能将干酪根从沉积岩中提取出来，并准确地测定干酪根中碳的同位素组成，就能间接地得知干酪根母岩所处地质时代沉积有机物的有机碳同位素组成，从而对研究和探讨古海洋的原始生产率和古海洋沉积环境具有重要指示意义。这在当时的国际地球化学界是一项创新性的工作。为此，古德法罗教授及王琨等人想利用我从中国带来的二叠/三叠纪生物灭绝事件界线剖面的地质样品，合作开展有机碳同位素的研究，为探讨二叠纪末全球性的生物集群灭绝事件的诱因提供某些依据。

通过化学处理方法从沉积岩样品中提取干酪根，是一项十分复杂的实验室工作，这在我过去的化学分析实验工作中从未接触过。当时地质调查所分析化学实验室也仅有一个人能做这项工作，不过此人在我来之前已经退休了，他的实验室已空无一人，为此合作教授安排我在他的实验室里开展工作。为了使我能尽快地掌握如何将沉积岩样品中的干酪根通过化学方法提取出来，合作教授通过地调所的人事部门又将这位退休了的老先生请了回来，意思是让他来教我熟悉一下提取干酪根的实验流程。6月初的一天上午，这位老先生如约回到了实验室，他首先大致地给我讲了一下实验流程，然

后交给我一份他手写的共有三页纸的实验操作程序，向我传授实验技术的任务就算完成了，他总共在实验室里待了大约两个小时左右，然后就回家不来了。看来这位老先生教我也只能如此，能不能掌握这个实验操作流程，能不能将地质样品中的干酪根成功地提取出来，一切都只能靠我自己了。老先生离开实验室以后，我仔细地反复看了一下他写的实验操作流程，该实验流程不仅很长，而且操作难度也很大，实验过程中要大量地使用盐酸、氢氟酸等强腐蚀性的溶液，稍有不慎就有可能发生安全事故。据说古德法罗教授过去曾让他的几个博士生和博士后做过这项实验，但都胜任不了，因此对我能否胜任这项工作，我估计合作教授心中可能也没有底。尽管我本科学的是分析化学，毕业后又在地化所中心分析室做了三年的化学分析工作，研究生毕业论文又做了一年多的实验，但是面对从沉积岩样品中提取干酪根这个从未做过的复杂而又冗长的实验，说实话我当时心里也没有多少把握。

95年6月中旬，我从中国通过海运来的三箱地质标本已经到达了加拿大地质调查所，于是我先将所有标本拿到地调所的样品处理车间，分别将每个样品粉碎到200目，然后将每个样品先分出一份做干酪根的提取实验。从沉积岩样品中分离提纯干酪根，其化学方法是先用氢氟酸去除样品中的硅酸盐，然后再用盐酸去除碳酸盐，最后再用重液浮选和离心分离去除其它难溶的矿物，最后得到的就是比较纯净的干酪根了。由于沉积岩样品中干酪根的含量很低，为了提取足够测量其碳同位素组成的干酪根，唯一的办法就是加大样品的称样量，即每个样品的称量都在100克左右，其中个别有机质含量特别低的沉积岩样品其称量甚至达到150-200克，而要处理这样大份量的岩石样品，则需要大量地使用氢氟酸和盐酸等强腐蚀性的溶液多次反复地进行处理，每批样品从称样开始到最后将干酪根提纯干燥，完成整个实验流程需要整整两天的时间。经过两个批次的样品试验，大约一个星期左右，我就熟练地掌握了整个实验操作流程，并且从最初的每次 10 个样品逐渐地就增加到了每批实验可以同时做 15～20 个样品。当年 7 月中旬，当我把提取干酪根的实验工作情况告诉王琨时，他不仅十分高兴，而且还把我实验成功的消息通过电子邮件向古德法罗教授做了汇报。据王琨说，当古德法罗教授听到我实验成功的消息以后非常高兴。大约过了一个星期，王琨请我去渥太华的小意大利街一家摩洛哥自助餐馆吃饭，他告诉我：古德法罗教授听说我提取干酪根的实验获得成功后非常高兴，于是便委托王琨代表他请我去外面餐馆吃饭以资鼓励。为此，王琨当天还把已退休多年的原地质调查所的老所长也请来一起吃饭作陪，那天下午，我们三人在这家小餐馆又说又笑地边吃边聊了两、三个小时。由此可以看出，合作教授对于我能从沉积岩样品中成功地提取出干酪根是如此地重视。此后经过大约两个月的紧张工作，当年9月中旬，我终于全部完成了从中

国带来的所有地质样品中干酪根的提取实验工作，而得到的

干酪根样品随即由王琨送往有关的实验室进行碳同位素测定。

　　我公派访问学者的期限原定是半年，即从95年6月1号开始，到当年12月1号结束。由于合作教授给我安排的实验工作总共是三项，到9月中旬时才刚刚完成了第一项，即地质样品中有机碳同素测试工作的化学前处理---干酪根的提取工作。如果访问计划不延长的话，我最多只能完成两项实验工作，而且也没有时间来做工作成果总结或学术论文的编写。考虑到访问计划及科研工作的完整性，我在完成了第一项工作和开展第二项实验工作的同时，当年的9月下旬，我就同合作教授协商，希望他能给我把访问地调所的工作计划延长半年，并争取在延长期内把整个科研工作做完。为此，我希望合作教授能够资助我延长期内的生活费用。按照中国公派留学的政策规定，公费半年期满以后，中国大使馆不再发放生活费，如工作需要延长的，延长期内的生活费用由访问学者个人自行解决。最后经过协商，古德法罗教授同意给我延长半年，并资助我3000加币作为生活费。当年11月中旬，我终于在加拿大移民局办妥了延期半年的签证，同时我也在中国驻加拿大大使馆办妥了延期半年的正式手续（大使馆同意延期以后，国内派出单位才能继续发放国内的工资）。

　　办妥了延期半年的签证及有关手续以后，我整个人的身心也就安定下来了，心想一定要争取在延长期内把科研工作做完做好，交出一份满意的答卷。当年的10～12月，我主要集中精力对我从中国带来的地质样品，进行15个微量稀土元素和铂族元素的等离子体质谱的分析测试工作。由于地质样品中的稀土元素、尤其是铂族元素含量甚微，因此在进行仪器分析测试之前，同样地必须要对样品预先进行化学前处理，以使待测的稀土和铂族元素得到相对富集，从而提高仪器分析测试的灵敏度和准确性。因此，在两个多月的时间内，我又圆满地完成了 200 多个中国地质样品的化学前处理以及等离子体质谱仪的分析测试工作，获得了一大批非常有价值的稀土和铂族元素的测试数据，而这项实验工作同样得到了地调所化学实验室主任格里高利教授的赞许。

过完 96 年元旦节，年初我在合作教授的安排下，又来到渥太华大学地质系的稳定同位素实验室，去做地质样品的氧、硫同位素的测试工作。这个工作过去我从未接触过，因为同位素的工作基本上已超出了我的专业领域，因此，对我来说这同样是一项全新的工作。大约是元月 5 号左右，我如约去到渥太华大学地质系的同位素实验室，见到了实验室的主任皮埃尔·盛金先生。盛金先生同样也给了我一份英文的实验操作流程，并让实验室的实验员给我演示了一番如何装样品和制作样品，制样完成以后又如何上仪器操作等等。经过两三天的练习，我又把地质样品中氧和硫同位素的分析测试方法完全掌握了。元月和二月是渥太华最寒冷的季节，白天的气温常常保持在零下二十度左右，从我

1996.2 渥太华大学地质系稳定同位素实验室

的住地去渥太华大学大约有 5 公里远，两地虽有公共汽车直达，但乘公共汽车买月票每月至少得花 60 加币左右，如买零票上车，每张小票要两、三块加币，于是为了节省开支和锻炼身体，我坚持每天步行来回上下班。当时我的胆囊手术刚过去一年，整个人的元气尚未完全恢复，尽管身上穿着羽绒服，头上戴着帽子手上戴着手套，但人生第一次经历如此的酷寒天气，着实是一大考验。往往从住地走到实验室之后，

1996.2.于渥太华

全身大汗淋漓，甚至连羽绒服都浸湿了，下班后走路回住地，又是一身大汗。这样每天来回往返于住地与渥太华大学之间，整整经历了两个月。到 96 年 2 月底，我带来的所有地质样品的氧、硫同位素测试工作就全部完成了。最后一项实验工作结束时，渥太华大学地质系稳定同位素实验室的负责人盛金先生，同样对我在他们同位素实验室的工作给予了"优秀"的评价。至此，合作教授为我安排的三项实验室工作终于全部胜利地完成了，下一步将进入成果总结阶段。

（三）

96 年 2 月底，我从中国带来的 200 多件地质样品的所有实验室工作已经全部完成了。在为期整整 9 个月的紧张实验

室工作中，我获得了一大批极有意义的实验数据，这些数据涵盖了有机碳同位素地球化学、稀土微量元素地球化学、铂族微量元素地球化学以及氧硫同位素地球化学等四个方面，利用这些数据和素材至少完全可以撰写出3～4篇高质量的科研论文。也就是说在国外不到一年的时间内所完成的科研工作量，在国内至少需要两、三年才能完成。由此可见国外的工作效率之高，是国内无可比拟的，而合作教授对我的实验室工作同样也非常地满意。接下来就是数据整理、查阅文献和编写论文的工作了，而这项工作必须在 5 月底之前完成，因为我的访问计划是 5 月 31 号结束，6 月初就要启程回国了。因此，我仅有三个月的时间来做项目的总结工作。经过与合作教授协商，整个合作项目虽然包含有有机碳同位素地球化学、微量稀土和铂族元素地球化学、氧硫同位素地球化学等几个方面的内容，但有机碳同位素地球化学是该项目的核心和重点，此次合作教授仅要求总结和编写有机碳同位素地球化学的科研总结报告或论文，其它方面的成果总结留待以后再做。为此我在进行数据整理的同时，一头扎进地调所的专业图书馆，大量地阅读与本专业有关的文献资料，看到有参考价值的文献随即就复印下来，以备随时翻阅。经过大约两三个星期的紧张阅览，我就基本上完全掌握了与本研究项目有关的所有外文文献资料，同时数据整理工作也已基本完成了，并根据数据整理得出的结果绘制出了一系列相应的图表，为编写科研报告和论文打下了基础。接下来最后一步的工作就是编写英文的科研报告(学术论文)了，这又是一项艰难的任务。过去在国内工作时，我已先后发表过二、三十篇学术论文，但绝大部分都是中文版，即使有部分英文文章出版，那大多是期刊编辑部根据中文版翻译为英文的，大多

1996.5 渥太华
郁金香节

时候我自己只编写了英文摘要。但这次我要编写的是全英文的科研论文，这对我来说还是第一次。为了使编写论文的工作能够顺利地进行，这次我也沿用以往的经验，即首先用中文把科研论文编写出来，中文稿论文经反复修改定稿以后，再将中文翻译成英文。于是经过两、三个星期的酝酿和写作，终于写出了一篇长达一万四、五千字的中文论文稿，论文题目是：《中国华南地区二叠/三叠系界线生物灭绝事件的有机碳同位素记录》。在此基础上，又经过大约两个星期的奋战，终于在96年5月上旬将英文稿全部翻译编写完成。5月中旬，当我将打印定稿的英文论文交给合作教授古德法罗先生审阅时，他说："稿子放在这里我先看看，过两天再和你商量。"我说："好的。"大约过了两三天，古德法罗教授打电话叫我去他的办公室。我刚走到他的办公室门口，古德法罗教授一见面就马上高兴地迎上来握住我的手说："吴博士，请坐！请坐！你写的论文我已经看完了，文章写得相当不错啊！如果经过适当修改以后，完全可以投到国际上的某些权威专业期刊上去。"我说："谢谢您的夸奖！"他接着又说："吴博士，平常与你交谈，我见你的英语口语并不是那么顺畅，不过你的英文写作水平相当不错哩！我想知道，对你来说你认为是英文口语比较难呢？还是英文写作比较难？"我说："对我而言，英文口语相对比较困难一些。"他说："哦！这个问题不难解决。如果你能长期生活在英语环境里，通过不断的交流和练习，相信要不了多久你就可以自如地用英语交流了！"我说："我要是有那样的机会，那当然好了！"古德法罗教授接着又说："你来我们这里一年，你的科研工作确实干得相当不错，几项实验室工作都做得非常出色，尤其是干酪根的提取实验工作，干得非常漂亮！这项工作过去曾让我的博士后和博士生做过，但他们没有一个做成功的，可以看得出来你的能力和水平一点也不比我的那些学生差！"我有点不好意思地连声说："谢谢！谢谢！"由此完全可以看得出来，经过在地调所一年的实验室工作和提交的研究论文，古德法罗教授对我在地调所的科研工作显然是非常满意的，我终于获得了合作教授的认可。这里需要指出的是，从最初联系加拿大地调所的时候起，我就向合作教授提交了自己的英文简历，因此古德法罗教授应该完全知道我的最高学历学位只是硕士，但自从我到地调所同他一起工作以后，他一直都称呼我为"吴博士"，为此开始的时候我感到很不自在。但我想，由于我的专业职称是副研究员（副教授），他这样称呼我，也许一方面是出于对我的尊重，另一方面也许是出于对我的科研能力和水平的充分认可吧。

　　眼看一年的访问学者计划就要结束了，根据中国驻加拿大大使馆教育处的要求，公派访问学者访问计划结束时，需要向大使馆教育处提交一份合作教授亲笔写的推荐信或工作鉴定，以此检查公派访问学者的访问计划完成得怎么样。因此，95 年 5 月下旬，当我向古德法罗教授提出让他为我写一份推荐信时，他很爽快地就答应了并说没有问题，明天你来拿吧。第二天我去到他的办公室，古德法罗教授高兴地对我说："吴博士，你要的推荐信我已经写好了，现已打印了三份，你看看怎么样？"我接过推荐信，连声说："谢谢！谢谢！三份已足够了。"待我仔细地看完了古德法罗教授给我写的推荐信，心情感到非常地高兴。整个推荐信分为两大部分，第一部分古德法罗教授详细地叙述和总结了我在地调所一年来所完成的科研项目的成果与意义，充分地肯定了合作项目取得了满意的结果；第二部分则是对我个人科研能

加拿大地调所合作教授的推荐信

Energy, Mines and Resources Canada
Geological Survey of Canada Sector

Energie, Mines et Ressources Canada
Secteur de la Commission géologique du Canada

May 22nd, 1996

To whom it may concern:

Dr. Mingqing Wu is currently completing a one-year stay as a Visiting Scientist at the Geological Survey of Canada and the University of Ottawa, Ottawa, Canada. His principal objective during his stay in Canada was to better understand the cause and consequences of Phanerozoic biological mass extinction events. To this end, Dr. Wu has analyzed more than one hundred and sixty rock samples that were carefully collected from Permian-Triassic (P-T) and Devonian-Carboniferous (D-C) boundary sections in China. During the past twelve months, Dr. Wu has carried out highly specialized analyses of platinoid element abundances by Inductive Coupled Plasma - Mass Spectrometry and of carbon and oxygen isotopes by conventional mass spectrometry at the University of Ottawa. The results for the D-C boundary are world-class and have been described in a manuscript prepared by Dr. Wu. Carbon isotopes in organic matter and carbonate show conclusively that this boundary coincides with a major faunal turnover and associated biomass reduction. Platinoid element anomalies at the D-C boundaries demonstrate a causal link between mass extinction and the impact of a large meteorite with the earth's surface 345 million years ago. Results for the P-T boundary likewise show that this extinction event was sudden and of high magnitude. Although the cause of this extinction is still debated, cosmic micro spheres from the boundary interval indicate an extraterrestrial process.

Dr. Wu has proved to be a capable, dedicated and highly cooperative fellow research scientist during his stay at the Geological Survey of Canada. He has mastered several specialized analytical techniques and contributed significantly to joint research on the cause and consequences of mass biological extinctions.

Sincerely,

Dr. Wayne D. Goodfellow
Senior Research Scientist
Geological Survey of Canada
601 Booth Street
Ottawa, Ontario K1A 0E8
Tel: 613-996-8163
and
Adjunct Professor
Department of Geology
University of Ottawa

力和水平的总体评价，古德法罗教授在推荐信中写道："吴博士在地调所工作期间的表现充分地证明了，他是一位合格的既有能力又有奉献精神、且能团结合作的研究科学家。现在他已经掌握了数种非常专业的分析测试技术，并且已将这些测试技术应用在探讨生物集群绝灭事件起因的合作研究项目中。"落款是：加拿大地质调查所高级科学家和渥太华大学地质系兼职教授韦恩·古德法罗。5 月底我在地调所化学实验室工作期间的另一位合作教授、地调所分析化学实验室的主任康纳德·格里高利教授，又为我在他实验室的工作表现写了另一份推荐信，他对我的工作能力和水平同样给予了极高的评价。格里高利教授在推荐信中写道："吴博士给我的印象是，他能很快地学习和掌握他自己专业领域之外的复杂技能。他是一个工作非常努力和勤奋的科学家，即使遇到艰难的挑

Natural Resources Canada
Geological Survey of Canada

Ressources naturelles Canada
Commission géologique du Canada

May 31, 1996

To whom it may concern,

Dr. Mingqing Wu has been a visiting scientist working in my laboratory for the past year. He has been working with me in the capacity of analytical chemist carrying out determinations for the platinum group elements in geological samples.

During the course of his collaboration, Dr. Wu learned and successfully applied a technique for the determination of the PGEs which involved chemical purifications, sample dissolutions, separations, and analysis by Inductively Coupled Plasma Mass Spectrometry. The procedure, developed at the Geological Survey of Canada, is demanding from the point of view of contamination control and attention paid to detail. Detection limits for the method used are limited by contamination levels and not by instrument sensitivity and thus a high standard of laboratory practice is essential. Detection limits for the PGEs were in the 50 ppt concentration range. Dr. Wu was able to master the technique and successfully complete the analysis of scores of samples.

Dr. Wu impressed me with his ability to quickly learn a difficult procedure related to a field outside his own area of training. He was an extremely hard and diligent worker who didn't get discouraged, even when there were challenges to overcome. Dr. Wu is an affable person, capable of getting along will with others and is a team player. It has been a pleasure to have worked with him during his stay in Canada.

Sincerely,

D. Conrad Grégoire
Head,
Analytical Chemistry Laboratories
Geological Survey of Canada

tel: 613-995-4213
fax: 613-943-1286
e-mail: gregoire@emr.ca

Adjunct Professor
Department of Chemistry
Carleton University

Canada

地调所化学分析室室主任的推荐信

战也从不气馁。他还是一位和蔼可亲的非常容易与人和睦相处的团队合作者。在他留加期间，我能与他一起工作感到非常高兴。"落款是：加拿大地质调查所分析化学实验室主任和卡尔顿大学化学系兼职教授康纳德·格里高利。要知道在西方社会，尤其是在科技知识界，要取得同行专家的认可或赞许可不是一件容易的事情，假如你没有什么本事而只会耍嘴皮子或玩花拳绣腿的话，那绝对是不可能的，因为西方的专家学者是不会随随便便地赞扬一个人的，除非你有真才实学，并确实做出了骄人的成绩，否则，一切都免谈。1996 年6 月初，当我把两位合作教授的推荐信拿到中国驻加拿大大使馆教育处去汇报我的访问学者计划的工作时，使馆教育处的负责人王参赞仔细地看完了我给他的两份推荐信以后，他高兴地扬着我两位老板写的推荐信向在场的其他访问学者及工作人员们说："你们大家看一下吴先生的老板给他写的推荐信，他在加拿大地质调查所的工作做得非常不错啊！我在驻外使馆教育处工作了这么多年，从来还没有看到有哪一位访问学者的推荐信写得有吴先生的这么好！"然后，王参赞又转向我说："吴先生，加拿大合作教授对你的评价很高啊！你给我们中国的访问学者争光了！"王参赞的一席话把我弄得怪不好意思的，只好连连说："我觉得也没什么了不起的，只不过是努力做了些实验工作而已！"访问计划结束后，我于96 年6 月中旬乘国际航班回到了北京。到北京后我又去中科院教育局留学生处报到，意思是我的公派留学基金访问学者计划已经结束按期回国了。在院教育局留学生处，除了上交一份访问加拿大工作的总结报告以外（留学基金项目总结），我又上交了两份合作教授写的推荐信复印件，同样获得了中科院教育局的表扬和赞许。

　　然而平心而论，我到加拿大地质调查所做访问学者一年，并非没有碰到困难。与此相反，我在此工作的一年当中，也可以说是困难重重，其中最大的困难就有三项。首先遇到的第一个困难是，我95年5月底刚抵达加拿大时，离我做胆囊切除手术后出院正好刚刚半年，那时我的身体还相当虚弱。当时我租住的地方位于渥太华市郊，离我上班的加拿大地质调查所大约有5公里远，并且还不通公共汽车，我每天只能要么步行、要么骑自行车上下班。不过步行上下班显然不太切合实际，因为对于一个刚动过手术的人来说，每天要来回步行10公里上下班实在是太远了，于是我花50元加币买了一辆二手自行车，每天坚持骑自行车上下班。另外，为了有意识地锻炼身体和提高身体素质，除了每天坚持骑自行车上下班以外，我住地的高层公寓地下室有公用的免费游泳池，于是每天下午下班吃完晚饭以后，我就去高层公寓地下室的免费游泳池游泳1个小时，而且几乎天天如此。经过大约三个月的每天骑自行车上下班和每天1个小时的游泳锻炼，我的身体基本上就恢复到了手术前的健康水平，从而为我完成高强度的实验室工作提供了身体条件。

　　我碰到的第二个困难是，沉积岩样品中干酪根的提取实验流程非常冗长和复杂，整个实验流程要花两天时间才能完成，但是这个实验没有人给予具体的指导和帮助，只能靠自己独自摸索。当时地调所确实是把先前擅长做干酪根提取实验的那个退休人员请回来了，但他总共只在实验室里待了两个小时左右，然后留下一份手写的实验操作流程就走了。我拿到这份手写的实验操作流程以后，首先我将它连蒙带猜地翻译成了中文（因为是手写的英文花体，比较难于辨认），然后再按照实验操作程序一步步地摸索着做实验，经过一个星期的努力摸索，我终于把从沉积岩样品中提取干酪根的实验做成功了。这显然是得益于过去我在中科院地球化学研究所中心分析室做了几年的岩石化学全分析，充分地锤炼了我的化学分析理论和操作技能的结果，如果是一个不具备熟练的化学分析操作技能和对分析化学英文文献不太熟悉的人，要很快地做到这一点显然是非常困难的。而对于微量稀土和铂族元素的等离子体质谱分析测试，以及氧、硫同位素的分析测试这两项实验室工作，同样也是我过去从未接触过的，对我来说也是全新的工作。但是面对这样的挑战，凭着过去练就的化学分析基本功和耐心细致的工作精神，终于攻克了一道道难关，最后全都取得了成功。王琨后来跟我说，古德法罗教授之所以对我在地质调查所的合作研究工作评价那么高，主要原因是通过一年的工作，他认为我这个人对科研工作非常地投入，不仅学术功底深厚，头脑非常清晰，而且分析化学操作技能也十分专业，不管多么复杂的实验室工作都能拿得起来，并且还完成得非常好，这在地球化学科研人员中是非常少见的，也是他非常钦佩的。而他的学生不管是博士生还是博士后，由于大多是地质出身，化学基础知识相对比较贫乏，对分析化学尤其更为生疏，他们进入化学实验室以后，当看到硝酸、氢氟酸以及烧碱等一系列强酸强碱之类的强腐蚀性化学试剂时，心里就感到特别害怕。这就是他的学生大多承担不了实验室工作的原因。

我碰到的第三个困难是英文的语言关，即英文口语交流和英文论文的编写。过去咱们中国人学英语，最大的特点是语法和阅读理解一般都问题不大，但是英语口语交流及英文写作是我们的短板。我刚到加拿大地调所时，用英语与西人交流也是相当困难的。由于过去教我们英语口语的老师，他们从未出过国，他们的口语本来就不准，因而造成我们的发音也不准。因此，尽管是一个普通的英文单词或句子，不仅西人说起来我们听不懂，就连我们说来西人也听不懂，这给英语口语交流造成很大的困难。尤其我是一个人单独在一间实验室里工作，工作时根本就没有任何练习英语口语的机会，下班以后回到住地，接触的仍然是中国人，因此工作半年下来，我的英语口语交流能力没有获得任何进步。为了提高听说英语的能力，于是我利用周末或晚上的业余时间与西人基督教人员交朋友，利用他们向我传教的机会，我趁机练习英语口语和听力。然而毕竟我们从小接受的是无神论的教育，对基督教朋友所宣传的"神"或"上帝"实在是提不起兴趣，在与基督教西人教会朋友相处了一段时间以后，以工作忙为借口就不再去他们的教会了。不过还是在与西人朋友的相处过程中，逐渐地熟悉了当地人的英语口语和表达习惯。至于英文写作，也是得益于过去在地化所工作时练就的汉译英及科技英文写作的基本功，最后也终于攻克了这道难关。俗话说：在家千日好，出门处处难。出门在外困难无处不在，就看你是一个什么样的人，和用什么样的态度去对待困难了。不过要想战胜困难，你必须要有战胜困难的信心和具有战胜困难的必备条件。

(四)

在我刚到加拿大访问不久，大约95年的7~8月份，国际地质科学联合会国际地层对比计划专业委员会，正在酝酿开展一项全球性的综合合作研究项目，题目叫做"海洋和大气系统对地史中全球变化的影响"(Response of the ocean

/atmosphere system to past global changes），其中有一项就是对大约 2.5 亿年前二叠/三叠纪(P/T)全球生物灭绝事件的诱因及其对全球气候变化影响的研究，即 IGCP386 项目。当时该项目的项目组长及秘书，正是加拿大地质调查所卡尔加里分部的高赛茨教授(H. H. Geldsetzer)。由于中国华南地区有数条出露非常完整、且在国际地层学界知名度极高的二叠/三叠系(P/T)生物灭绝事件界线剖面（就是我的那项获批的国家自然科学基金项目的研究剖面），当时高赛茨教授正在物色合适的中国科学家来合作开展 IGCP386 项目的研究工作。与此同时，高赛茨教授也是王琨 1994 年年初在《Geology》专业杂志上发表有关加拿大英属哥伦比亚省二叠/三叠纪界线剖面研究论文的主要合作者，他同时也是我的合作教授古德法罗先生的同事和好朋友，因此，我到加拿大地调所工作以后，王琨就把我的情况告诉了高赛茨教授。后来王琨又陆续把我在地调所的实验室工作及研究项目进展情况，陆续向高赛茨教授做了汇报。因此，有关我在加拿大地调所的实验室工作及研究项目进展情况，高赛茨教授基本上都是了解的。到了 96 年 5 月下旬我的访加计划将近结束时，高赛茨教授从王琨和古德法罗教授处得知，我已完成了数条中国二叠/三叠纪界线剖面200多块地质样品的有机碳同位素、微量稀土及铂族元素以及氧、硫同位素的分析测试工作，获得了一大批非常有意义的分析测试数据。其中有机碳同位素的地球化学研究已经取得了非常有意义的研究成果，并编写完成了研究论文。于是高赛茨教授发电子邮件向我索要我刚撰写完成的研究论文《中国华南地区二叠/三叠纪界线生物灭绝事件的有机碳同位素记录》（《Organic carbonisotope record of Permia/Triassic boundary mass extinction events in Southern China》）的英文稿，并告诉我，国际地科联地层对比计划 IGCP386 项目组有可能邀请我参加该项目的国际合作研究工作，问我是否有兴趣参加？当我听到这个消息以后，心中自然非常高兴，我在给高赛茨教授邮寄英文论文稿的同时，立即给他回电子邮件，表示我非常乐意参加 IGCP386 项目的研究工作。高赛茨教授回复邮件说：目前 IGCP386 项目的国际合作筹备工作尚未完全就绪，尚处在与某些相关国家的协调与协商之中，一俟国际地科联完成协商定案以后他会立即通知我，并且要我回中国后为承担 IGCP386 项目做一些筹备工作，比如中国国内有哪些单位、哪些人员可以参加等等。

1996 年 6 月中旬我回到中国以后，先后与我的国家自然科学基金研究项目组的成员南君亚教授等人，交流了高赛茨教授邀请我参加 IGCP386 项目的初步信息，并初步确定我们地化所的南君亚教授和杨卫东博士，作为 IGCP386 项目中国工作组的主要成员。与此同时，我又分别写信给中科院高能物理研究所中子活化分析室的柴芝芳研究员、中科院北京地质所碳同位素分析实验室的陈锦石研究员，以及中国地质科学院地质研究所的季强研究员，询问他们是否有意愿参加筹备中的 IGCP386 项目，后来上述人员均回信表示愿意参加。在上述参加单位和人员初步确定的基础上，96 年 8 月初，我给加拿大地质调查所卡尔加里分部的高赛茨教授写了一封信，详细地介绍了我回中国后对于承担拟议中的 IGCP386 项目所做的一些筹备工作，如中国拟参加该项目的科研单位及人员等。并向他提出如果 IGCP386 国际项目组同意的话，建议把该项目的中国工作组靠挂在我们中科院地球化学研究所，组长、副组长也分别由我们地化所的项目组成员来承担。8 月底我收到了高赛茨教授的回信，信中高赛茨教授接受了我的建议，同意我们地球化学研究所作为 IGCP386 项目在中国的官方代表，并同意我作为中国项目组的组长，南君亚和杨卫东作为中国工作组的副组长。高赛茨教授在信中还告诉我说，他在收到我回信的同时，也收到了王琨博士来我们地化所访问后对地化所的评价，认为我们地化所装备有各种先进的测试仪器设备，完全有能力承担 IGCP386 项目的有关研究工作。原来在我 96 年 6 月中旬回所以后，当年 7 月中旬王琨利用暑假回中国探亲，于是我又把王琨邀请到贵阳我

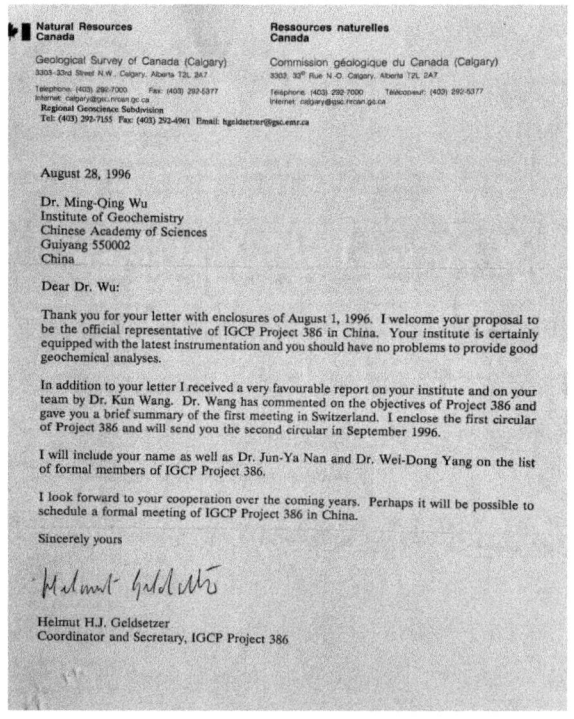

们地化所来进行学术交流。7 月下旬，王琨在我们所做了一场有关利用有机碳同位素来探讨古海洋环境的学术报告，引起了我们所出席学术报告会的科研人员的极大反响。报告会结束后，参与该场学术报告会的欧阳自远

院士评价说："王琨的这场报告真精彩！这才是真正有水平的学术报告。过去邀请来的一些教授，有的水平真不怎么

样！"王琨八月中旬返回加拿大以后，很显然他又把在我们
地化所访问的所见所闻向高赛茨教授做了详细汇报，这无疑
对我们所能够拿到 IGCP386 项目显然有很大的帮助。

1996 年 9 月中旬，国际地科联 IGCP386 国际项目组给国
际地科联的中国成员单位---中国地质矿产部来信，正式通
知地矿部国际地层对比计划中国委员会，并告知他们："中
国科学院地
球化学研究
所已被确定
为 IGCP386 项
目《海洋与
大气系统对
地史中全球
变化的影
响》在中国
的官方代
表，地化所
的吴明清、
南君亚和杨
卫东为该项
目中国工作
组的组成人
员，其中吴
明清博士为

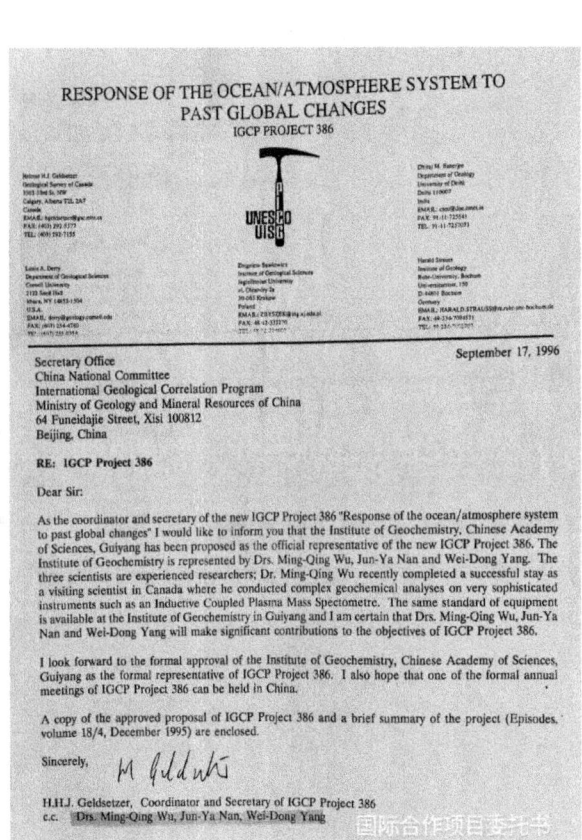

国际合作项目委托书

中国工作组的组长，南君亚和杨卫东为中国工作组的副组
长。这三位科学家都极富科研经历，其中吴明清博士作为访
问科学家，刚刚在加拿大工作了一年，他在那里完成了一系

列复杂的仪器设备比如等离子体质谱仪的分析测试工作，而中国科学院地球化学研究所已经装备了类似的仪器设备。我相信他们三人在 IGCP386 项目的合作研究工作中能够做出重大的贡献。"高赛茨教授在给中国地质矿产部去函的同时也给我来信，通知我们研究所已被 IGCP386 国际项目组确定为中国的官方代表，并随信附来了 IGCP386 项目的正式项目委托书的复印件。当年 9 月下旬，当我拿着 IGCP386 国际合作项目的官方文件给欧阳自远院士汇报时，欧阳老师说："小吴，你干得不错啊！你竟然还弄到了一个 IGCP386 项目，而且你还是中国项目组的组长。我也弄到了一个 IGCP384 项目，不过我们只是参加单位而已。"言谈中，欧阳老师向我投来了赞许的目光。

　　1996 年 9 月下旬接到 IGCP386 国际项目组的正式确认通知书以后，我和我们项目组的成员南君亚、杨卫东等同志立即着手该国际合作项目的筹备工作。为了获得经费支持，当年 9 月下旬我立即向中科院自然与社会协调发展局提交了一份题目为《古生代全球生物绝灭事件的地球化学记录与古海洋环境》的重点项目申请书，拟申请资助的经费为 40 万元，另计划将于 1997 年上半年继续向国家自然科学基金委申请经费支持。一旦获得足够的资助经费以后，我们项目组将于 1997 年正式启动 IGCP386 国际合作项目的在研工作。

第十章 横遭打压 萌生去意

（一）

1996 年 6 月中旬，我在加拿大地质调查所做访问学者一年的计划结束后，按期返回了中国。回来后又于当年 9 月中旬，正式拿到了国际地科联委托的国际地层对比计划 IGCP386 这个国际合作项目，并且我本人还被任命为该国际合作项目中方项目组的组长，这在地化所历来是很少见的。当时所里知道这个事的人都很惊讶，有人说："吴明清这个人在所党委和党办工作了这么多年，平常在所里也是普普通通的。哎嗨！人家退出党委和党办以后出国工作了一年，居然还带了个国际合作项目回来，他的业务工作能力和科研水平着实令人刮目相看呀！"因此，不少人认为我大显身手的机会到了。当时我自己也是这么想的：既然两年前已经从所党委里退出来了，终于完全脱离了党政事务的羁绊，现在又从国外带了个国际合作项目回来，自己一定要好好地集中精力把这个国际合作项目弄好，一心一意搞我的科研。然而常言道：树欲静而风不止。我从国外回来以后，所里个别头头听说我在加拿大干得不错，同时还带了个国际合作项目回来，这些人的心里就不高兴了。认为吴明清虽然离开了党委，但业务上却发展得风生水起，政治上又挑不出任何毛病，担心自己退休以后，吴明清这个人有朝一日还会不会东山再起？于是他们便利用自己手中掌握的职权，在提职提级等方面又动起了对我进行排挤打压的歪点子，一步接一步地对我进行无理的刁难、排斥和打压。

首先对我打压的第一件事是，剥夺我报名参加所里评选研究员的资格。96年9月份所里拟晋升一批研究员，按照以往所里执行的每5年晋升一级的惯例，这次晋升的对象是91年已被评聘为副研究员的科研人员，而我无论是按资历或年限，这一次都应该有资格报名参加评选。但所人事处为了限制我报名参加评选，他们人为地设置条条框框把我一个人排除在获得报名资格的大门之外。1996年8月中旬，为了评选晋升一批研究员，所人事处在地化所的布告栏上贴出了一张通知，通知上说："根据上级有关文件的精神，结合以往新人新办法老人老办法的贯例，凡是文革前毕业的大学生、92年以前已经提了副研究员的科研人员，这次有资格报名参加评选研究员，而文革中毕业的大学生，即使92年以前已经提了副研究员的，这次没有资格报名参加研究员的评选。特此通知。地化所人事处。96年8月X日。"按照这个通知的要求，我和师兄郑宝山同为一个导师又是同一届毕业的研究生，又都是在92年以前晋升的副研究员，但因郑师兄是文革前入学的大学生，他就有资格报名，而我因是文革中入学的大学生，因而就没有报名资格。要知道文革中毕业分配到地化所来的大学生，除了因分所去了广州及少数调走了的以外，当时所里总共大约还有二、三十个工农兵学员，其中92年以前已提了副研究员而且又是上了研究生的，全所唯一只有我一个，而人事处打着"根据上级有关文件的精神"以及"新人新办法老人老办法的惯例"而制定的这个条条框框，明显就是为了限制我一个人而人为恶意编造的。当时这个通知贴出来后，有知道内情的人看了以后，纷纷为我打报不平地说："你们看，人事处的这个通知，不是明摆着在限制吴明清一个人报名参加评选研究员吗？这些人的心眼真是太坏了！"有个别同事甚至还对我说："小吴，这个通知写得太离谱了，明摆着不就是在欺负人吗？你为什么不去人事处找他们说说理去呀？"当我第一眼看到这个通知的时候的确感到非常生气，但事后我平静地想了想，假如去找他们这样的恶人争吵，肯定不会有什么好结果，而去吵的结果只能是使自己更加生气，因此显然没那个必要。于是我对那些同情我的同事说："找他们去说理有用吗？人家大权在握，他们想怎么样就怎么样吧！不过我相信，他们卡得了我一时却卡不了我一世。咱们骑驴看唱本----走着瞧吧！"有同事甚至还愤愤不平地说："哼！地化所有的人就是欺软怕硬，他们为什么敢欺负你？还不是因为你是郭先生的研究生吗？如果你是涂先生的研究生，你看他们敢不敢欺负你？恐怕捧你都来不及哟！"

　　然而可以毫不夸张地说，地化所人事处的PXX在所里科技人员的专业技术职称评聘方面，历来的做法就是凭借她自己手中掌握的人事大权，总是有选择性地对所里某些科技人员的专业职称评聘进行刁难和打压，然而对其并不符合条件的老公LXX的专业技术职称却是不惜违规操作。LXX本来作为所里的党政负责人，平常享受的是行政领导干部的优厚工资待遇，而自其进所参加工作以来既没有独立承担过任何一项科研项目，也从未以第一作者的身份在一级学报上公开发表过任何一篇科研论文，然而PXX却厚颜无耻地要给她老公LXX提研究员职称，并且在首次研究员评审未获通过的情况下，PXX又通过更换评委，再次要求评委给其老公评审研究员职称大开方便之门。这就是LXX两口子在地化所玩弄权术和以权谋私的鲜活例证。

　　PXX 打压我的第二件事是想要没收我的个人护照。96 年 6 月中旬我访问加拿大回所以后，因联系国际合作项目有时需要用所里电话总机室的传真机收发部分相关文件资料和信息，其中在 96 年 7～8 月份，IGCP386 国际合作项目组负责人高赛茨教授，提出要我97年上半年返回加拿大去，同他一道完成一个短期的合作项目实验工作（工作内容仍是干酪根的提取，时间大约半年左右），工作结束后仍返回中国继续承担 IGCP386 项目中国工作组的工作。然而当 PXX 得知这个信息以后，认为我又在联系出国了，于是就打起了想要没收我个人护照的歪主意，从而达到阻止我出国工作的目的。于是地化所人事处以外事组的名义，又在所里的布告栏上贴出了一张公告，公告上说："根据上级有关文件的精神，凡是公派出国的留学回国人员，回国后三个月之内，必须将个人的公务护照上交到所人事处外事组统一保管，希望大家遵照执行。地化所人事处外事组，96 年 9 月 x 日。"由此荒唐透顶的通知完全可以看得出来，这个出歪点子的一肚子坏水的女人，根本就不懂甚至违反了国家的有关政策。首先，从八十年代初期以来，国家有关部门并没有下发过任何文件，要求公派出国回来的留学人员，将个人护照上交到外事部门统一保管的。其次，从1993年开始，公安部已对个人护照的发放政策做了调整，新的政策规定：凡公派出国超过6个月（含6个月）以上的人员，一律发放个人因私护照，而不是以往的公务护照。再则，个人护照是公民个人的身份文件，除国家特别规定的某些特殊职业和一定级别的官员以外，个人护照应由公民个人自己保管和使用。因此，地化所人事处的个别头头公然违反国家政策，想没收个人护照，其险恶用心昭然若揭。我知道人事处出的这个告示，也是专门冲着我来的，就像上一次出通知专门限制我一个人报名参加评选研究员一样，只是不直接点名而已（因为当年 6～7 月份公派出国回来的留学人员，全所唯一只有我一个人）。我看了这个告示以后，又好气又好笑，同时我也想让这个 PXX 当众出出丑，于是第二天，我就拿着个人的因私护照去到了人事处，找到了人事处的这个头儿，当着她手下好几个人的面，亮出我的个人护照，然后毫不客气地对她说："P 处长，你们人事处外事组贴的那个告示好像与我无关呢！我确实是所里公派出国的留学回国人员，不过你仔细看好了！我个人拿的是因私护照，而不是公务护照噢！对不起了，恐怕你们没有任何权利收我的个人因私护照吧？！"这女人看了看我的护照封面，尴尬地说："咦，奇怪了！过去公派出国人员发的都是公务护照嘛！怎么现在公派人员也发因私护照了？"说完后现出了一副无可奈何的样子。我当然清楚当时发放个人护照的政策规定，但不想跟她作任何解释，于是故意甩下一句话："我也不知道为什么公安局要给我发因私护照，不过你可以去贵阳市公安局问一下嘛！看他们是不是搞错了。"说完我便离开了人事处办公室。

第三件事是扣发教育部颁发给我的留学回国人员科研启动资金。上世纪九十年代中期，教育部专门针对留学回国人员下发文件明文规定，凡出国半年以上的留学回国人员，可以由派出单位向教育部申请每人两万元的科研启动资金。这个政策是我在加拿大访问计划结束准备回国时，中国驻加拿大使馆教育处告诉我的，目的是扶持留学回国人员开展科研工作。96 年 6 月中旬我回到地化所以后，及时通过所人事教育处向教育部留学生司提交了申请。大约到了 96 年的 11 月份左右，所人事处有个别工作人员告诉我，说我申请的教育部 2 万元的科研启动资金好像已经批下来了，于是有一天下午，我就去所人事处找到了他们的头儿，便问她："P 处长，听说我申请的教育部的两万元科研启动资金已经批下来了，我想领一下这笔经费，好开展下一步的科研工作。"她听了以后，立即回答说："没有哇！你的还早呢！搞不好要到明年去了。"我说："你们不是有人告诉我说已经批下来了吗？怎么又说没有啦？""谁说的？他怕是搞错了吧？过两三个月看看，如果批下来了，我们会通知你。"听她这么一说，我也不好再争辩，于是只好悻悻地离开了人事处。后来人事处一直也没有通知我，直到 97 年 2 月份离开地化所再次出国之前，我一直都没有得到教育部下发的两万元科研启动资金。很显然，这笔钱已经被所教育处给截留了，但是至于是否已经落入了她个人的腰包，恐怕只有她自己知道了。虽说中科院下属各研究所的管理机构与地方行政管理部门比较起来，可算是"清水衙门"，但当年像地化所这种由单位上一把手的老婆长期把控一个实权部门的人权财权达十多年的专权现象可以说是凤毛麟角，由此而产生贪污腐败也不是不可能的。因此，上级有关纪检监察部门完全有必要派人审查一下当年地化所人事教育处的经济账目，看看是否有由专权而产生的贪污腐败问题发生。

地化所人事处的 PXX 是四川人，她与其老公 LXX 二人原是老乡，这女的六十年代中后期大学毕业后原先分配在黑龙江省某地工作，她与 LXX 结婚后于七十年代末从黑龙江调到地化所人事处工作，先是一般工作人员，后来随着老的人员退休或调走以后，这女的于是上位先后任了人事处副处长、处长，一人主管全所的人事、教育及外事大权。所以在所里既有人叫她 P 处长（人事处长），也有人叫她 P 校长（主管研究生教育），可谓是大权在握。我 86 年进所党委与其丈夫共事时，其夫是行政副所长兼所党委委员，94 年我退出党委时，其夫已任所党委书记。如果说作为地化所的人事处长，在 96 年的这几件事情上对我进行刁难打压，是因为我和她老公在党委工作时，因思想体系不同而产生矛盾的话，那么早在 1981 年我研究生毕业时，这女的在授学位的问题上对我和林铁两个郭先生的研究生进行刁难，这就耐人寻味了。因为上世纪七十年代末期，我是个刚进所才几年的新人，与他两口子根本就不熟悉，更谈不上有什么恩怨。只是那时因为所里接连发生了两件事情以后，偶尔就听到所里少数人在私下里议论，说两个老先生之间互相似有不合（即 78 年 10 月中国矿物岩石地球化学学会成立时，郭先生原本经所党委讨论推荐为担任学会副理事长职务的，但是由于大会秘书处在理事会选举前突然将郭先生从候选人名单中撤去了，结果导致郭先生最终连学会理事会都没有进。其次是 1980 年中国科学院增选学部委员时，当时所里和学会都没有推荐郭先生，而当年郭先生之所以能评上学部委员（院士），其原因之一是中国地质学会大力推荐，其二是时任中国科学院院长的方毅副总理亲自过问和关心的结果）。但是据所里某些知情人的说法，实际上以上的两件事情应该与涂先生本人没有任何关系（因为涂、郭两位老先生之间从无任何恩怨），而是涂先生手下个别吹喇叭抬轿子的人故意在两个老先生之间抬一个压一个，有意在两个老先生之间人为制造矛盾。不过从此以后，所里有部分趋炎附势的小人在对待两个老先生及老先生的学生的态度问题上，就表现出了明显的差异（比如对涂先生的研究生只要他们一毕业，马上就可以安排公费出国做访问学者或者攻读学位，而郭先生的学生却很难获得这个待遇）。而所人事教育处这个PXX显然就属于那种趋炎附势的势利小人，因此从这个角度出发，就不难理解这个女人为什么多年以来要对我进行刁难、排斥和打压了。因此，当时地化所有人就公开地对我说："吴明清，这些年你在所里是跟导师跟错了。要不凭你的资历、能力和水平，如果你是涂先生的研究生，不要说他们不敢欺负你，搞不好90年所党委换届的时候，副所长副书记你早就当上了！"听了这样的话，我只好无奈地说："你们别那样讲，我不是那种人，同时我不仅没那种想法，更没有那个能力。"

（二）

一个人无论在什么单位工作，如果碰到上述不公正待遇中的一项或二项，就已经够头痛的了，而我却连续多年竟然遭遇到了种种不公正的待遇，而且这些不公正待遇全部都是来自于单位的实权部门---人事处。换任何一个人，如果一而再再而三地碰到这样的头痛事，免不了自然而然地就会产生一个念头：走！离开这个单位。也就是平常老百姓说的："惹不起，难道还躲不起吗？"、"此处不留爷，自有留爷处！"于是96年的八、九月份，我在心里就产生了"一定要设法调离地化所！"这个念头。正好当年人事部下发了一个红头文件，规定留学回国人员可以在全国范围内实行人才流动。也就是说像北京、上海这样的一线城市，如果有专业对口的接收单位，留学回国人员可以不受户口限制而调入，而且家属子女也可以同时一起随迁。当时我想既然有这个文件，如果可能的话，我愿意调到北京地区中科院系统的有关研究所去，因为北京有不少研究所与我的专业对口，更何况我留学回来还带有国际合作项目哩！因此，如果能在北京找到个有熟人的接收单位，那事情就好办了，为此当时我就想到了当年刚从日本留学回来的刘丛强博士。刘是1987年我们所的硕士研究生毕业后去日本东京大学留学的，1996年上半年留学结束从日本回来时，当时他还没有回到贵阳地化所，而是留在了北京中科院地球物理研究所。当年8月份他回贵阳探亲时，我曾在所里会到了他，并且我当时还向他详细地介绍了我从加拿大带回来的IGCP386国际合作项目的情况。他当时对我说，他对这个合作项目非常感兴趣，如有可能，我们可以一起干。我想如果要去北京工作，首先必须得先找到接收单位，而要联系接收单位必须得有熟人和自己亲自去办才行，同时考虑到我还有几件要紧事要去北京办理（第一，去加拿大驻华大使馆办理第二次赴加签证；第二，去地矿部国际地层对比计划委员会接洽IGCP386国际合作项目的有关事宜；第三，去人事部咨询和落实留学回国人员全国流动的具体政策规定），于是96年9月下旬我乘飞机出差去了北京。到北京后的第二天上午，我首先去人事部咨询留学回国人员全国流动的政策问题，到了人事部我找到了人事部专业技术人员管理司的负责人，专门咨询了留学回国人员的全国流动问题，尤其特别提到了家属子女随迁的事。人事部专业技术人员管理司的负责人告诉我说，留学回国人员不管流动到哪里（即不论是北京还是上海），只要接收单位专业对口和需要，家属和子女的户口可以一起随迁。我得到了这个准确信息以后，于是我立即打电话同刘丛强取得了联系，告诉他我已经出差来北京了，想会一下他。刘丛强说："没问题，明天中午咱们在地球物理所大门口会面，到时候我还要请你吃饭呢！"第二天中午，我们俩如约在地球物理所的大门口见了面，然后一边交谈一边来到了附近的一家小餐馆。吃饭的时候，我对刘丛强说："丛强，不知你在地球物理所的情况怎么样？你这里需不需要人？如果你这里需要人，我可以调到你这里来。因为人事部有文件规定，留学回国人员可以在全国流动，然后我们可以一起搞研究项目。"刘丛强说："我现在还不知道怎么办哩！我这里现在只有一个办公室，下面连一个人都没有，而且我在这里现在既没有项目，也没有经费。假如我在这里固定下来了，我肯定需要人，这样的话那把你调来肯定也是没有问题的。但问题是现在确实不行，因为我不知道我在这里还能待多久，而且能不能待得下去都还是个问题！"我听刘丛强这么一说，心里顿时就凉了大半截。心想这下完了，原来打算：如果刘丛强需要人的话，我就调到他这里来，这样的话既脱离了地化所那个环境，又进了北京，同时还可以同好朋友一起搞项目，如此可以说是"一箭三雕"。但是现在听刘丛强这么一说，他自己不仅不要人，而且连他自己下一步的去向如何都不清楚，真没想到会是这样的情况。原来我的打算是，如果能调到北京刘丛强这里来的话，那具体要办的事情就比较多了，比如我自己的工作调动及工作的衔接与安排，老婆孩子的户口迁移以及孩子的上学等等一系列具体问题，都需要相当长的时间来逐一的落实和解决。因此我想，如能调得成，我就先在刘丛强这里干着，首先把从加拿大带回来的国际合作项目的架子搭建起来，加拿大地调所高赛茨教授那里暂时就不去了。现在既然来不了北京，别的地方也去不了，那还是赶紧拿着高赛茨教授的邀请信，去加拿大驻华大使馆把赴加签证办了，然后争取明年上半年先去加拿大待一段时间回来再说。主意拿定以后，当天中午和刘丛强吃过饭道别以后，我就带着申请签证的有关文件资料，直奔加拿大驻华大使馆去了。下午两点过钟到了加拿大大使馆，递交了申请签证的所需材料后，使馆签证官问我：护照和签证是邮寄还是自己来领取？我说自己来领取。于是签证官说，请留下通讯地址，到时候写信告诉你来取护照和签证。申办了赴加签证后，第二天我又去北京西城区北万庄地矿部国际地层对比计划委员会办公室，递交了 IGCP386 国际合作项目委托书。在京办完所有事情以后，我乘飞回到了贵阳。

(三)

96 年 12 月下旬，我接到加拿大驻华大使馆的通知说我的签证已经办妥了，要我个人去北京领取。于是我立即乘飞机去北京，在加拿大驻华使馆领取了个人护照和签证以后，又顺便预定了 97 年 2 月中旬赴加拿大的机票。回到贵阳以后，我立即给加拿大地质调查所的高赛茨教授去了封信，告诉他我的赴加签证已办妥，并将于 97 年 2 月中旬抵加，然后与他一起工作半年。但是我去信以后，一直到 97 年 2 月中旬我赴加之前，其间将近三个月，一直都没有收到高赛茨教授的回信，由于赴加之前我还有些准备工作要做，所以也没有去想那么多。

时间到了 97 年元月份，听说我的老师郭先生生病住院了，还听说这次他病得很厉害，而且已经在贵州省人民医院住院一个多月了。我好久没见到老先生了，出国之前一定要抽时间去医院看望一下他老人家。于是大约在97年的元月二十几号吧，我去到贵州省人民医院的高干病房见到了郭先生，乍一看老先生显得苍老和瘦弱多了。我记得郭先生的生日是1917年元月21号，当年他刚好满80周岁。郭先生见我来了，显得特别高兴。言谈中老先生念念不忘的仍是他的特殊稀土地球化学的研究项目，他一再地对我说，等他生病好了出院以后，他要我同他一起申请一个更大的科研项目来做。当天我在医院陪老先生待了两个多小时，也一起聊了两个多小时。临别时郭先生竟同我谈起了他的身后事，并且要我为他出出主意。他说如果他百年以后，他最放不下心的就是他自己的老伴郭师母。他说老伴一辈子都是在为家庭做奉献，由于老伴没有在社会上工作过，所以也就没有任何退休工资。老先生担心：一旦自己百年之后，怕老伴没有生活保障。我安慰郭先生说：你们老两口有七个子女，如果每人每月拿出100块钱给师母，那师母每个月不就有700块钱的生活费了吗？一个月 700 块钱应该足够师母花的了。郭先生说："让每个子女每个月出 100 块钱，他们能拿得出来吗？"我说："那应该没有什么问题吧！？"郭先生说："他们的工资都不高，我看这个事情恐怕是难啰！"由此也可以看出，郭先生与郭师母老两口的感情是何等的深厚啊！而且郭先生这么大年纪了，什么事都还在为子女们着想，真的是可怜天下父母心啊！当时郭先生虽然生病住院一个多月了，但看他的气色尚好，我估计再住一段时间医院，也许还会像以往那样又出院了。因此，我安慰了先生一番，告诉他："我下次出国回来，一定再来看望您！希望您安安心心地养病，争取早日康复。"于是就匆匆地告别了郭先生。不料97年2月中旬我刚离开中国，先生就与世长辞了，想不到我与郭先生在贵州省人民医院的那一次见面，竟成了我与老先生的永诀。

1997年2月9日是农历大年三十，由于我的国际航班是2月13号，因此过完大年三十，大年初一（2月10号）我和我夫人就乘火车离开贵阳赴北京了。临走之前我没有告诉所里的主要头头，只是个别的告诉了所里的几个党委成员，同时分别与国际合作项目组的成员南君亚和杨卫东打了招呼，告诉他们我准备去加拿大待几个月，如果国际合作项目组有什么来信，请他们代收和处理一下。2月12号到达北京以后，我仍住在北京三里河中科院的机关招待所，当晚恰巧在院机关招待所碰到了地化所的所长谢鸿森老师，于是我又把准备出国的事简单地向谢所长做了汇报。谢所长说："小吴，那很好啊！能出去就出去嘛！"2月13号下午，我从首都机场乘国际航班离开北京赴加拿大，而当天晚上我妻子也乘坐北京至昆明的特快列车返回贵阳去了。

后来听说2月13号就在我乘机离京赴加的那一天，我的老师郭先生就仙逝了。由于郭先生以往在所里的大小事务基本上都是由我来照管的，郭先生去世以后，为了处理丧葬事宜，所里的大头目在所内到处找我，结果自然是到处都找不着。2月14号上午一大早，他又跑到我家去找，恰巧我女儿在家，他问我女儿："你爸在家没有？他到哪儿去啦？"小孩子不知道撒谎，于是便说："我爸上北京出国去了！"这头儿一听立刻气得火冒三丈，然后气急败坏地在所里说："嘿！这个吴明清很不像话啊！在所里连声招呼都不打就居然出国了。"后来一段时间，据说这大头目在所里的大会小会上一再地点我"私自出国"的名，几乎就说成像是"叛逃"一般。另外，据说他还在所党委会上再三地追查，究竟是谁私自给吴明清盖章办理的出国手续等等。其实这头儿和他老婆一样，身为国家干部，不仅不学无术，而且居然连国家政策都不懂。第一，我不是第一次出国需要单位盖章同意，才能办理出国手续。第二，个人有邀请信并申办了加拿大的旅行签证，自然就能出国，难道持个人签证出国还需要单位盖章同意不成？所以足见这个家伙是个十足的酒囊饭袋。

（四）

话说 1997 年 2 月 13 号，我乘飞机离开北京来到加拿大以后，渥太华这里仍是冰天雪地，而且那一年渥太华的冬天天气出奇地冷，雪下得也特别大。回到渥太华以后，朋友帮我安排仍住在剑桥街 448 号的集体小公寓里，这里历来是中国留学生和访问学者常住的地方。这栋小公寓的房东是从台湾来的山东人裴先生。这栋二层小楼房间虽不宽敞，卫生条件也不太理想，但生活设施还算齐备，而且更主要是价格实惠，再加上这里离唐人街及大学都不远，公共交通非常方便，因此，这里很受中国留学生和访问学者的待见。我在地调所做访问学者时就曾在这里住过半年多，所以这次回来也算是老房客了。回来后大部分留学生房客还在，虽然有两三个房客是后来来的，不过大家都是从中国大陆来的人，所以过不了几天大家就都混熟悉了。

回到渥太华以后，我立即同王琨取得了联系，并准备联系高赛茨教授什么时候开始工作。王琨得知我回到了渥太华，第二天就立即来住处会我。一见面他就对我说："老吴，你大概还不知道吧？！高赛茨教授已经患肝癌去世了！"我听了以后非常惊讶地说："怎么那么快？去年6月份我回国之前，他不是还好好的吗？怎么就去世了？"王琨接着说："高赛茨教授是去年10月初才发现患的肝癌，但发现时已经是晚期了，手术都没做，结果住院不到三个月就去世了。他是元旦节过后才走的。"我听到这个消息后连连叹气地说："哎哟！真是倒霉啊！好好的一个人怎么两、三个月就去世了？那接下来我们的项目怎么办？"小王说："现在不知道该咋办了？IGCP386 项目不知道会换什么人来管。高赛茨教授不在了，搞不好我们这个项目恐怕就有点悬了！"听王琨这么一说，我感到这次回来前途恐怕是一片渺茫。送走了王琨，我情绪低落地顿时陷入了沉思：接下来我该怎么办？难道要马上打道回府---返回中国去吗？我现在刚从中国出来，现在马上又要返回去了，那又该怎么跟所里的人解释？然而一回想起这几年在所里受到的刁难和打压，心里的气就不打一处来。心想既然已经出来了，自己已经没有任何退路了，再怎么困难也要想办法待下去。现在最要紧的问题是自己要先安定下心来，然后再想办法解决身份和寻找工作。好在当时自己随身带有做访问学者时节余的几千美元，暂时的生活是没有问题的。至于国际合作项目，高赛茨教授现在已经不在了，自己也管不了那么多，就看国内南君亚和杨卫东他们两个怎么样弄了。

时间大概过去了三、四个月，大约是 97 年的 6 月份，我收到了一封国内项目组成员南君亚教授给我寄来的一封信，拆开后里面还附有一封英文信，原来这是南教授给我转来的 IGCP386 国际项目组给我的信。这封信是德国波鸿鲁尔大学地质研究所（Institute of Geology, Ruhr-University, Bochum, Germany）的哈罗德·斯特劳斯（Harald Strauss）教授写来的（因 IGCP386 国际项目组不知道我已来加拿大，所以给我的信一直还是写到中科院贵阳地球化学研究所）。斯特劳斯教授在信中说：自 97 年元月份高赛茨教授去世以后，IGCP386 国际项目组连续给我往国内去了两、三封信，一是告知 IGCP386 国际合作项目负责人的变更情况，二是要中国项目组汇报一下97年的工作安排。但数月过去了，IGCP386 国际合作项目组一直未收到中国工作组的任何回应，不知道原来的中国工作组究竟出现了什么状况。为了不耽误 IGCP386 国际合作项目的工作进展，国际地科联 IGCP386 国际合作项目领导小组在征得中国地矿部国际地层对比计划委员会的同意（地矿部国际地层对比计划委员会本来对我们中科院地化所拿到了 IGCP386 这个项目就十分不满，因此他们建议将该项目转给了隶属于地矿部的中国地质大学），决定把该项目的中国官方代表单位转移到了武汉中国地质大学，并由中国地质大学的殷鸿福教授全权负责。看了斯特劳斯教授和南君亚两人的来信，我才知道，97 年 2 月中旬我离开中国以后，IGCP386 国际项目组连续给我往所里写了两、三封信，而这些信件杨卫东作为项目组的成员他都代收到了，但他收到这些信件以后既没有告诉南君亚，也没有及时将信件转寄到加拿大来给我，更没有代表中国项目组给斯特劳斯教授回信，从而导致我们失去了 IGCP386 国际合作项目中国工作组的领导权。时间就这样过去了两、三个月，一次偶然的机会，南君亚教授才得知杨卫东早就收到了 IGCP386 国际项目负责人给我们项目组的几封来信，于是去科技处问他，他才把收到的信件拿出来，但事情已经无法挽回了。当我听到这个坏消息以后，更加坚定了我留在加拿大的决心。

根据后来了解到的信息显示，中国地质大学（武汉）承担的 IGCP386 项目，研究成果在 IGCP 的国际项目成果中并不特别突出，而且该项目并未五年一更新地如期延续下去。1GCP386 项目如果不出现变故一直由我们地球化学研究所来承担的话，相信我们做出来的研究成果应该会有新的突破，因为 IGCP386 项目是一项地球化学研究专题，地球化学研究手段及设备是我们地化所的强项，反观中国地质大学（武汉），他们的长处是地层古生物，而地球化学则是他们的短板。

另一方面，当时我们项目组的杨卫东收到了 IGCP386 国际合作项目组负责人给我来的几封信，他既没有告知南君亚教授，也没有转寄来加拿大给我，也是有一定原因和苦衷的，他当时在所里的处境没想到也是如此的艰难，事后想想也不能完全责怪他。根据后来我了解到的情况，自从 97 年 2 月我第二次来加拿大以后，作为 IGCP386 国际合作项目中国工作组的负责人之一，杨卫东因为我的关系也受到了牵连，他在地化所同样也受到了 LXX 和他老婆无端的排斥和打压。杨卫东原是 1989 年成都地质学院博士毕业后，同年到地化所来做博士后于 1991 年留所的，他本人是党员，业务工作能力也比较强，是个很有发展前途的年轻科研人员，同时也是当时所里重点培养的年轻接班人之一，1995 年已被任命为所长助理兼科研处长。但是由于杨卫东同时也兼任了我从国外带回来的 IGCP386 国际合作项目中国工作组副组长的职务，于是他也莫明其妙地遭到了所里 LXX 和他老婆的无端排斥和打压。杨在科研处没待上两年，不明不白地便被撤消了所长助理和科研处长的职务，眼看在所里快待不下去了，于是杨卫东便于1998年左右萌生了想离所独自骑自行车去全国各地进行实地考察的想法，结果是他离所独自骑自行车出去以后却是半途而废无功而返。2000 年新世纪以后，杨卫东利用出国三个月做短期访问学者的机会，无奈也只好选择定居在了加拿大温哥华。南君亚教授虽然也是我的国际合作项目组的主要成员，但由于南教授是地化所的老职工，又是个平头百姓，没有担任一官半职，因此他才没有遭到 LXX 两口子的打压。事到如今，地化所里的老同志只要一提起这两口子对我和杨卫东的无端打压，不禁令人唏嘘，都说这两口子不仅不学无术，而且在所里玩弄权术嫉贤妒能，排挤打压中青年科技人才，迫使他们出走国外，心眼实在是坏透了。

然而实际上在地化所的数百名研究生中，历年来曾受到过人事处 PXX 打压和刁难的又何止杨卫东和我吴明清两人？可以说在这个女人独霸地化所的人事、教育及外事大权的一、二十年间，除了个别导师的研究生她不敢刁难和打压以外，其他导师的研究生只要说话办事稍不遂她的心愿，就有可能在授学位、晋升职称或者在是否给予公费出国名额等方面受到刁难或打压。因此，地化所在上世纪八、九十年代，曾受到这个女人刁难或打压过的研究生应该不在少数，其中至今仍留居国外的近百名研究生中，有不少或多或少就曾受到过她的刁难或打压。

第十一章 知命之年 侨居他国

(一)

97 年 2 月中旬我回到加拿大渥太华以后，原本怀揣着美好的梦想而来，不曾想一落地就得到了国际合作项目老板去世的消息，这无形中恰如给了我当头一棒，不仅使我失去了合作开展研究工作的机会，而且也预示着我的第二次加国之行前途出现了极大的风险。我清楚地知道，如果失去了国际合作项目的支撑，一方面导致我来加拿大就失去了依托，另一方面也等于是切断了我返回中国的退路。由此看来，我已经没有任何选择的余地，只能是尽量想办法在加拿大待下去了。但仔细静下心来想想，觉得前路也是充满了许多不确定性。首先要在加拿大长期待下去，就必须要走申请技术移民这条道路；其次，如果移民成功了，听说加拿大的专业工作不好找，这就意味着自己很有可能要改行而重新择业。而且还听人说，加拿大对技术移民的年龄也是有严格要求和限制的，对于像我这个年纪的人申请移民能否获得成功，自己心中一点底都没有。因此，我想找一个当地的华人朋友聊一聊，了解一下有关技术移民的信息，并希望他能为我出出主意，于是我就想到了华人联合教会的周树帮先生。

95～96 年我在地质调查所做访问学者的时候，一次在唐人街华人店购物时偶遇七十年代末从广州依亲移民来加拿大的周树帮先生，交谈中听他说他周末在渥太华的华人联合教会服务，并欢迎我去参加。因初来乍到，在渥太华没有任何熟人或朋友，周末感到很寂寞，于是我偶尔在周末时曾去周

渥太华国会大厦

先生所在的华人联合教会参加过几次活动，如此一来二去，双方也就成为了朋友。一个周末我找到周先生，我把我的基本情况和移民的想法同他谈了以后，想听听周先生的意见。周先生说："按照你说的情况，看来你在国内还算是混得不错！科研工作也取得过不少成就，而且你在地调所这一年干得也非常棒，老板对你的评价很高嘛！另外，我也非常理解你在国内的遭遇和处境，实际上近几年从咱们中国移民出来的不少中年人，都是因为有类似于你这样的情况，才不得不离乡背井地出来。不过你想移民的话，这可是一条非常艰难的道路，尤其是像你这个年纪的中年人，你可要想清楚了！"周先生接着说，加拿大的确是新移民非常向往的国家，地大物博、资源丰富，社会稳定，人民友好。这里全民实行免费医疗和12年制的免费义务教育，老人和小孩的福利相当不错，在这里生活，的确对子女及后代的教育非常有好处。所以有人半开玩笑地说：加拿大是老人和孩子的天堂，但中年人在这里奋斗却非常辛苦。由于国家人口少，所以就业环境相对较差，尤其是像咱们中国这样的不同文化和不同语言背景国家来的新移民，开头几年都是非常艰辛的。很多具有很好专业背景的新移民来了以后，大多很难找到对口的专业工作，于是他们只好改行去干别的，或者重新去上学拿到学位后再找别的工作。不过他说像我这个年龄段的人，如果没有足够的经济条件支撑，要想重新去上大学拿学位显然不太现实。因此，如果要想移民的话，就一定要作好改行和吃苦的思想准备。他还说西方社会的人际关系相对比较简单，到政府部门去办事，你不用托人情找关系。这里的人也比较讲求实际，人们只要有一份工作，生活就能过得很舒服。很多白手起家的中国新移民，虽然开始几年比较辛苦，但一般经过七、八年或者十来年的打拼，都能完全过上拥有自己住房的舒适生活了，下一代也就不用再那么辛苦了。说到具体怎么申办技术移民时，周先生说像我这个情况，最好能找个移民律师咨询一下，或者就直接找移民律师办理，这样既省事省心而且把握性也更大。听了周先生的详细介绍和分析，回到住地以后我反反复复地思考了好几天，围绕"回去还是留下来？"这个问题，开始几天总是犹豫不决。因为毕竟自己已在中科院的研究所工作二十多年了，也取得了副研究员（副教授）的专业职称，即使受到打压，估计再过一两年评个研究员（教授）也应该是没多少问题的。假如留在加拿大的话，这就意味着不仅要放弃国内的一切，而且在加拿大必然是要白手起家，一切从零开始，更何况自己的爱人和女儿还都在国内，心中实在是不舍。一想到这些，心里面就打起了退堂鼓。但转念一想到回去，又必然联想到所里 LXX 两口子的丑恶嘴脸，于是回国的念头又打消了。头脑里这样的一种矛盾状态一直困扰了我好多天，弄得我几乎到了茶饭不思、魂不守舍的地步，整个人不知道要如何决定才好。最后我想到，既然自己下不了决心，那就用抽签来决定自己的命运吧！于是我就用一张 A4 白纸分别裁剪弄成了八张小纸条，在其中的四张纸条

渥太华国会山

上分别写上"回去"，另外四张纸条上则分别写上"留下"，然后将八张小纸条分别揉搓成 8 个小纸球，再把 8 个小纸球放入一个广口瓶中，双手握着广口瓶充分摇匀以后，最后再用一双筷子随机地夹取一个小纸球进行抽签。我想通过四次抽签来决定去留，即如果四次抽签有三次抽到"回去"的纸球，我就决定回国；反之，如果四次抽签有三次抽到"留下"，那我就留下来不走了。结果经过四次抽签，竟然有三次都抽到了写有"留下"的纸球，于是我就下定决心留下来不走了。如果当时我不是用这个办法来决定去留，我不知道我还会在"回去还是留下来"这个问题上还要纠结多久。通过抽签把留下来的决心定下来以后，心里就踏实多了。心想现在国际合作项目老板已经去世了，现在返回中国去也只能是面对别人的冷眼或打压，因此与其回去受气，不如想办法留在加拿大。如果移民成功了，哪怕再艰苦的日子我也能够挺得下来，因为我想这里的生活即使再艰苦，也不会比我小时候吃过的苦以及上山下乡时过过的艰苦日子还要更艰难吧。退一万步说，留下来后即使找不到专业工作，那怕做一般性的工作我也愿意。再说即使是牺牲了自己的专业工作，我也要为下一代争取一个宽松自由的生活和工作环境，毕竟前半生过的那种勾心斗角且仰人鼻息还又苦又累的日子，我实在是过够了，我不想让我的下一代再重走我以前的老路了。后半生只要能远离那个是非之地，过个舒心自在的日子，我也就心满意足了。主意拿定以后，我心想那就放手一搏吧。

当时申办移民时还听朋友说，申请技术移民的人移民局是根据申请人的各方面条件来打分的，其中如果年龄超过了45周岁，年龄分就没有了，而且随着年龄的增加，移民的难度也就越大。既然周树帮先生建议我找个律师咨询一下，于是根据唐人街中文小报上的商业广告，我在渥太华的班克街找到了一位名叫沈大伟的华人移民律师，他是前些年从北京来加拿大留学，毕业后定居下来的一位年轻帅气的小伙子，人挺和气也挺实在的。我向他咨询了一些有关技术移民的问题以后，他见我年龄虽然偏大，但各方面条件（比如学历、学位、工作经历等）都相当不错，尤其是看到了我在加拿大地质调查所工作期间两位合作教授写的推荐信，他立即对我说，根据他以往的经验，像我这样条件的申请人，年龄虽然偏大一些，但影响应该不大，如果不出意外，应该很快就能批下来。听沈律师这么一说，于是我就毫不犹豫地把申请移民的所需文件资料全交给了他，委托他全权代理替我申办技术移民。也许真是我个人的综合条件还不错吧，再加上地调所两位合作教授写的推荐信非常给力，我的移民申请连面试都免了，结果四个月左右就批下来了，但老婆孩子的事却因体检问题给耽误了下来。起因是我妻子和女儿的体检表是由加拿大驻华使馆寄到贵阳，然后让她们母女俩去贵阳医学院体检的，体检完后体检表寄回北京加拿大驻华使馆，结果大使馆回信说贵阳医学院填写的体检表不合要求，要重新进行体检。第二次体检完了以后，我妻子把体检表寄回了北京，结果又说我女儿的体检有一项不合格。就这样折腾来折腾去，时间很快就过去了一年多，到了98年下半年，加拿大驻华使馆第三次给我妻子和女儿寄去了体检表，并要求他们去四川成都华西医科大学做体检。我妻子第三次收到体检表以后，带着女儿乘火车去到成都华西医科大学做了体检，结果一切正常，母女二人顺利地通过了体检关，最后我妻子和女

儿终于在99年5月份拿到了赴加的移民签证。99年7月下旬，妻子和女儿乘飞机来到了加拿大，我们一家人终于在

渥太华实现了团聚，开始了全新的移民生活。

（二）

　　尽管加拿大是国际移民最为向往的国家之一，但是在我的访问学者计划结束返回中国之前，我从来就没有想过要移民到加拿大。及至到我结束访问学者计划返回中国之后，没想到却接二连三地遭到了当权者的打压，心里顿时便产生了要离开地化所的想法。而第二次来加以后，又恰逢国际合作项目老板不幸去世和自己负责的国际合作项目已转移了靠挂

单位，于是经过再三考虑以后，尽管自己已年近半百，但我还是做出了移民加拿大的决定，而且移民也居然成功了。因此，当我的移民申请获批了以后，心情自然是非常地高兴的，心想终于有个正式身份了，可以长期在加拿大待下去了，不过接下来找工作却十分困难。首先我想到了在地调所做访问学者时，我与两位教授合作得十分愉快，所以我想分别见见他们，询问一下他们是否有工作需要帮忙，或者说，想探讨一下是否有可能进地质调查所同他们一起工作。结果经过会面交谈以后，地调所的两位教授手头根本就没有什么现成的项目或工作需要招聘人，他们对我也是爱莫能助。更主要的问题是，由于受97年全球经济危机的影响，当年整个加拿大的经济形势十分严峻，不仅很多工厂单位在裁员，甚至像加拿大的政府部门(包括地质调查所)也都在裁员。95～96年和我一起在地调所工作的博士后小王告诉我说，他已经在地调所做了三年的博士后了，很想进地调所工作，但当时地调所正在裁员，不招任何新人，他想进也进不了。按王琨个人的科研素质和能力条件来说，在当时毕业的博士后里头，那是相当出众的。王琨在做博士论文期间，就已经在国际顶尖的学术期刊---美国的《科学》杂志上发表了一篇学术论文，随后在博士后期间又接连在《Geology》上发表了一两篇学术论文，为此地调所的老板非常欣赏他，希望他博士后出站以后留下来一起工作。因此，小王当时告诉我，他在地调所待了三年多，已同地调所上至所长下至人事管理部门以及各有关研究室的负责人都混熟了，而且地调所的所长也曾私下对他说过：如果地调所进人的事解冻了，哪怕只有一个名额，那他王琨就是进所的第一人。为此，王琨从97年等到99年，一直想等政府部门解冻以后招人时进地调所，结果一等就等了三年多，一直也没有等到地调所解冻招人的消息。因此到了2000年初，无奈他也只好带着老婆孩子回中国发展去了。

其实当年不仅仅是加拿大、甚至包括美国及不少西方国家在内，当时不仅是地质门类的专业工作不好找，就是其它很多专业的工作也都很难找到，唯一好找工作的专业是计算机及讯息技术。因此，当时许多找不到专业工作的年轻新移民大都重新进入大学去攻读计算机的硕士学位，然后毕业后再重新就业。当时有人告诉我，说我们地化所出来在美国和加拿大留学的数十个研究生当中，真正还在从事地质地球化学专业工作的人仅占少数，而其中的绝大多数人都已经改了行。然而对我来说，第一我没有任何计算机的专业背景，第二是年龄也偏大了些，想去大学重新念计算机的学位并不现实。因此，我想既然地调所进不了，地质地球化学方面的工作不好找，那化学方面的工作是否要相对容易一些呢？于是我又从网络上查找有关渥太华周边的工厂、矿山以及环保等有关化学实验室的招工信息，然后有针对性的编写和复印了数十份求职简历邮寄到这些单位的实验室去，希望能找个化学实验室的工作。结果数十份求职简历发出去以后却犹如石沉大海，几个月下来一点反馈信息都没有。接下来我想既然专业工作不好找，那就找一份一般性的工作先解决生活问题吧。然而当年即使是一般性的工作也都很难找到，因为在这里找工作第一最好有熟人介绍，第二不管是找什么工作，首先必须得有经验，然而这两条我一条都不占。由于经济形势不好，当年社会上不仅失业的人很多，而且找工作的人更多。比如一般的餐馆如果想招一、两名杂工，往往广告刚一打出来，马上就会有二、三十人前去应聘，并且还要求必须要有工作经验，像我这种新手一般都没什么希望。有一天早晨，我看到渥太华本地的英文小报上有一则广告，说渥太华南郊二十多公里远的一个小镇上，有个蘑菇厂正在招采摘蘑菇的工人。这个蘑菇厂不仅有点远，而且还不通公共汽车，正当我想去应聘而发愁的时候，一位名叫波特的西人朋友知道后，主动提出想利用中午休息的时间开车送我去那个蘑菇厂面试。去的时候我顺便把自己的旧自行车放在了他汽车的后备箱里，波特把我送到目的地以后，他立刻就返回单位上班去了。到了蘑菇厂，广告上说招聘 4 人，结果应聘的却来了二十多人，而且大部分是一些四、五十岁曾经在蘑菇厂干过活的女工，然后大家按应聘名单逐一地与招工单位面谈，面试的结果都是"听候电话通知"。面试结束时已是下午 4 点过钟了，我自己骑单车返回时，由于自行车的车胎比较旧，在市区短距离骑行问题还不大，但要骑很长的砂石路面显然很难胜任。回程时由于路面不好，骑行了一段距离以后，结果车胎就开始漏气了。幸好公路沿途每隔3～5公里就有一个加油站，而每个加油站都安装得有投币式充气泵，每

2000.6.Hull

加一次气就投一个两毛五分钱的硬币，于是我每骑行三、五公里，碰到有加油站时就加一次气。然而最后骑到离驻地大约两、三公里远时，自行车胎就

彻底地爆了，于是只好推着自行车走回了驻地。这次的面试结果依旧是石沉大海。

就这样一边找工作一边煎熬着过了好几个月，到了 97年 8 月下旬，我们住同一个小公寓的室友，同时也是好朋友的留学生小李(李浦群)，他暑假刚去中国探亲回来。当我们一起聊起找工作的事时，小李问我："老吴，卡尔顿大学食堂的洗碗工作你干不干？"他说他有个洋人朋友在食堂里面负责，新学期开学后学校食堂后厨要招洗碗工，如果我愿意干的话，他可以给那个洋人朋友说说介绍我去那里工作。我正愁找不到活干呢，一听卡尔顿大学食堂有工作，当即就满口答应了。9 月初新学期一开学，我就开始正式在卡尔顿大学的食堂上班了。卡尔顿(Carleton)大学是加拿大首都渥太华地区的一所研究型大学，大学里的新闻、经济、公共管理及计算机等专业在加拿大都很有名气。当年全校有学生一万多名，但住在学校学生公寓的学生大约只有七、八百人，学校食堂每天要为这七、八百名学生提供两餐(中餐和晚餐)饮食服务。因此，每天在学生开饭的时候，食堂后厨清洗消毒碗碟杯盘的任务是非常繁忙的。确切地说，这个活不仅忙，

1998.9.与肖庆涵(左)摄于嘉蒂纽国家公园

而且还十分累人，没有好的体力是根本承受不了。也许有人会说食堂清洗碗盘不就是在水管上或在水池里逐个地清洗吗？这样的活有什么累的？如果这样想就大错特错了。一个有七八百、甚至上千人吃饭的大食堂，如果清洗碗盘还采用家庭式的洗碗模式，那怎么能应付得了？实际上国外成百上千人就餐的大食堂后厨的洗碗工作早就实现了程序化和机械化。整个洗碗过程已经被分解成了数道工序，每道工序由一个人负责。工序与工序之间既分工又合作，整个洗碗过程用机械装置连接起来，完全实现了工厂流水线式的洗碗模式。具体来说，这套洗碗机械流水线共有一台自动清洗碗盘杯碟及高温蒸汽消毒的洗碗机，和一条分拣各种餐饮用具的传送装置。当客人用餐结束后，工人便将装有碗盘杯碟及刀叉的塑料方盘送到厨房后台的洗碗车间，于是方盘便被放在了传送带上，此时传送带上共分为三道工序，即分拣刀叉、分拣杯子、分拣碗碟盘子并去除食物残渣等，每道工序由一人负责。自动洗碗机上又分为"装载"（Loading）待洗的碗盘杯碟，以及"接收"（Receiving）和分装已经洗净并经高温消毒了的碗盘杯碟两道工序，每道工序仍由一人负责。也就是说，整个洗碗过程共有 5 道工序，由 5 个人共同承担。这五道工序，除第一道分拣刀叉的人比较轻松以外，其它几道工序工作都比较繁忙，尤其是洗碗机上的两个工序，由于处在高温环境，工作起来既热又累，半个小时下来往往就会累得满头大汗（当然，在工作过程中，五道工序五个人的工作是互相轮换着干的）。由于整个洗碗过程是流水线作业，每道工序互相配合非常重要，一旦某个工序出现差错，运转的机械就必须暂停下来，这样不仅会影响工作进度，而且也会直接影响工作的质量。在这样的工作环境中，新手必须经过两、三个星期的训练和实践才能完全胜任各个工序的工作。

学校食堂一般是从上午 11 点钟开始给学生供应午餐，午餐开到下午 2 点左右结束，然后下午 4 点又开始供应晚餐，下午6点左右晚餐结束。洗碗工作大约在上午11点半、第一批学生吃完午餐后开始，到下午2:30左右结束。洗碗工作结束后我们才开始吃午饭，饭后休息一个小时左右，下午 4 点晚餐开始后，我们下午的洗碗工作又开始了。下午的工作大约在7:00左右结束，我们吃完晚饭后再回家，而此时回到家往往已经是 8 点过钟了。因此，我们每天大约工作六个小时，在食堂吃两餐饭，这个工作在当时来说虽说不上有多好，工资待遇也不高（按安省的基本时薪

开支），但吃饭倒是特别实惠，西餐的各种食品比如牛排、汉堡、三明治以及各种甜点等等应有尽有，想吃什么就拿什么，想吃多少就拿多少，而每餐只象征性地收五毛钱。我们那时年纪尚轻胃口也好，每餐光牛排少说也要吃两、三大块，汉堡至少也要吃上两个。我在卡尔顿大学的食堂工作了三个月，自己花的生活费可能总共还不到 200 块加币。97 年12 月中旬的一个周末，我同几个朋友一起去华人联合教会参加礼拜活动时，一个河南来的中国朋友说，最近渥太华有一

间高科技公司正在招工，而且他已经在那间公司上班一个多月了。于是我就向朋友要了那家公司的地址和电话号码，准备去那家公司应聘去了。

（三）

　　97 年 12 月中旬的一个周末，得到渥太华一间高科技公司正在招工的讯息以后，过完周末星期一我抽空去了朋友工作的这家高科技公司。这个公司的英文名叫 JDS Uniphace，译成中文就叫捷迪迅光电通讯公司，这是一家位于渥太华西郊专门生产光纤光缆通信元器件的高科技公司。虽然光纤光缆通信跟我的地质地球化学专业半点也不搭边，但听说这个公司什么专业的都要，于是我就毫不犹豫地去该公司的人事部报了名，填完了个人履历表后，公司人事部告诉我两天后来公司考试。两天后我如约去到了捷迪迅公司，下午 2 点左右，大约有二十多个和我一样来应聘的人齐聚在一间办公室里，其中大部分是东欧、中东和东南亚来的新移民，只有极个别的加拿大人。大家坐下以后，人事部的人开始分发试卷给我们做。这份英文试卷共有两页纸六道题，内容基本上都是中学的数学题，时间要求一个小时后交卷。我大概半个小时左右就做完交卷了，但有十几个人，一个小时过了都还没有做完，最后人事部的人喊停止考试了，他们十分不愿地才把卷子交上去。考试结束后离开公司之前，人事部的人说：大家听候电话通知来公司面试。98 年元旦刚过，元月四号左右我接到电话通知，要我第二天上午 10 点去公司面试。第二天早晨我去到公司，面试的是一位叫约翰·史密特（John Smit）的先生，他说他是公司装备室（kittingroom）的经理，他们属于公司的技术服务部门，对学历要求比较高。他说我考得不错，并顺便问了一下我的学历（我当然只能对他说是大学学历），并说我就分在他的这个部技术服务部门工作。接着他又向我介绍了他们装备部门的主要工作内容：第一，对公司生产出来的光纤光缆元器件进行光电参数测试并进行分类；第二，根据公司光电通信工程师提供的设计图纸所需元器件的类型和参数，把所需的所有元器件组合配备齐全；第三，把组合好的配套元器件分发到组装车间给装配工装配，如果装配工在装配过程中发现有不合格或损坏了的元器件，我们部门将为装配工提供替换元器件的服务。至于工资待遇，装配线上的装配工起薪是每小时 9 块加币，而我们部门的起薪则是每小时 13 加币（当年安省政府的法定工资是每小时 6.85 元加币）。当时工作实行三班倒，早班是早晨 7 点到下午 3 点，中班是下午 3 点到晚上 11 点，夜班则是晚上11 点到第二天早上 7 点。如果上中班每小时增加一块钱的津贴，而夜班的津贴则为每小时两块钱。面试结束以后，98 年元月 11 号我就正式到捷迪迅（JDS）光电公司上班去了，当时我选择的工作时间是下午 3 点至 11 点的中班。

　　上世纪 90 年代末期，光纤光缆通信技术如雨后春笋般地在欧美各地快速地发展起来。美国、加拿大、法国等国很快地便涌现出了一批光纤光缆通信大公司，如美国的思科、朗讯，加拿大的北电，法国的阿尔卡特等通讯巨头。这些光电通信公司每年都需要大量的光纤光缆通信元器件，于是一个于上世纪80年代中期在渥太华建立的生产光纤光缆元器件的小公司 JDS Uniphase，由此获得了快速发展。1998 年初我进公司时员工才 1000 多人，到了 1999 年底至 2000 年初，公司的员工数量就迅速地增加到了两万多人，公司扩张了一、

二十倍。当时我们公司甚至还在美国、欧洲和中国厦门等地分别建立了分厂，已然成为了一间跨国大公司。与此同时，

公司的股票在99年一年之内就分了三次股，很多工程师和资深员工手里的股票价值都超过了百万加币。从1999～2001年，捷迪迅（JDS）公司一直处在大力扩张之中，每年都需要招收大量新移民到生产线上去工作，其中很多从中国来的新移民，刚刚登陆加拿大一个星期，他们就在捷迪迅（JDS）公司找到了工作。尽管当时的工资待遇并不是太高，但它着实解决了很多新移民的燃眉之急，为新移民适应加拿大的社会和就业环境，提供了一个有效的过渡平台。可以毫不夸张地说，凡是1999～2001年登陆加拿大而落脚渥太华的中国新移民，绝大多数都在捷迪讯（JDS）公司工作过。一提到JDS，渥太华的华人无人不知、无人不晓。

（四）

1999年7月底我夫人和女儿来到渥太华后，全家人终于实现了团聚，夫妻、父女也终于告别了互相牵肠挂肚的日子。为了迎接我夫人和女儿的到来，在她们到来之前，我特意租了一套二居室的住房，并且还花费1500加币左右，分别

买了一台 37 英寸的
松下彩电和一台先
锋牌的音响，房间
也是刚粉刷过的，
家里显现出一派喜
气洋洋的景象。

夫人和女儿是
当年 7 月底到的渥太华，此时正值加拿大夏天的黄金季节。
周末我开车带着她们娘俩首先逛了逛渥太华的唐人街，然后
再带她们逛逛国会山及市区。待她们安定下来以后，我又在
不同季节带她们熟悉和领略渥太华及其周边的自然风光。渥
太华虽然是加拿大的首都，但城市人口却不多，全市人口当
时大约仅为七、八十万，位列加拿大第四大城市之列。人口
虽然不多，但城市的规模（范围）却很大，估计东西长约五十
公里、南北宽约三十公里（人口稀少的远郊不计在内）。城市
的北边是渥太华河，而河的对岸则是属于魁北克省的加蒂纽
市，国会大厦（俗称国会山）就高高地耸立在市北的渥太华河
畔。丽都运河穿城而过，运河上时有豪华游艇来往穿梭，而
冬天丽都运河又是理想的天然滑冰场。加拿大一年四季都有
十分艳丽的优美自然风光，比如渥太华的春天繁花似锦，五
月有游人如织的郁金香节；夏季渥太华四处绿草如茵，街角
屋旁则花团锦簇；秋天到处瓜果飘香，枫叶鲜红似火；冬季
虽然冰天雪地，但却是冰雪爱好者的乐园，每年的二月份是
一年一度的渥太华冰雪节。母女俩到来后，我先后开车夏季
带她们去游玩了尼亚加拉大瀑布和魁北克古城，秋天带他们
去加蒂纽公园看红叶，冬天则参观渥太华冰雪节，春天又在
渥太华郁金香节看郁金香含苞怒放。至于加拿大的社会环

境，这里社会安定，治安良好，无论走在哪儿，从未见有安装防盗窗防盗门的；购物中心则大多是落地窗，且窗明几净；这里小偷小摸几近绝迹，同时也很少听说有恶性案件发生。加拿大是西方发达国家之一，这里物资丰富，物价稳定，人们生活在悠闲、恬静和祥和的社会环境中。她们娘俩来了不到一年，既领略了加拿大的四季风光，又实地感受了渥太华的人文环境，虽身处异国他乡，但内心却也喜欢上了这里，完全熟悉了渥太华的生活环境。

　　女儿吴侠来这里要解决的首要问题就是上学。吴侠当年来加拿大之前，她刚刚在贵阳一中高中毕业，并且也于 6 月初在贵阳参加了当年的高考，而且考分也上了全国重点大学的分数线。来到加拿大以后，考虑到女儿的语言适应问题，于是我们建议她在渥太华的高中再复读一年，待英语水平完全适应以后，2000 再上大学，她同意了。要在渥太华上高中，首先得去渥太华市教育局的有关部门进行上学前的文化水平评估（或测试）。一天下午我们带着女儿来到了市教育局的评估办公室，当我们在办公室上交了女儿学籍的所有有关文件资料以后，一位女老师就把女儿带去了另一间办公室，说是要对她进行数学水平测试。大约过了半个小时以后，那位女老师带着女儿出来了，但却把我叫进了办公室。那位女老师对我说："吴先生，你女儿的英语水平相当不错，无论是听还是说，基本都没有问题。她的发音也很标准，因此，她在这里上高中应该没有任何问题。"因开头我听那位女老师说，她是带女儿去隔壁办公室测试数学的，结果她却仅反复地给我讲女儿的英语水平如何如何，我听了心中暗地琢磨：是不是女儿的数学测试得不理想还是怎么的，她怎么不提测试数学的事？于是我便开口问这位老师："很报歉！请问我女儿的数学水平测试结果怎么样？"这位女老师马上回答说："Excellent！"（棒极了！）她说："你女儿的数学水平比我们这里高中学生的水平要高很多，而且我已看了她的高中毕业成绩单了，各科成绩都非常棒。如果不是因为英语要适应一年的话，她应该完全可以直接去上大学了！"听老师这么一说，我悬着的心终于落了下来。

女儿吴侠出生于 1981 年元月，99 年刚好十八岁，在中国也正好高中毕业，如果不来加拿大，当年她在中国就该上大学了。女儿不仅从小长得聪明伶俐，是个人见人爱的孩子，而且从小就非常懂事，学习非常认真刻苦，从小学到中学、直到高中毕业，学习成绩在同班同学中一直名列前茅，学习上从没让父母操心过。来到渥太华以后，通过教育局的评估，终于上了渥太华市南格丽堡(Glebe)高中的十三年级(当年中学有

2017.8 女儿一家

十三年级），而格丽堡高中则是渥太华市区最好的两所高中之一。经过一年的学习，女儿高中的各科学习成绩平均都在95分以上，2000年6月，她先后被卡尔顿大学和多伦多大学录取，最后她选择了加拿大的顶尖学府多伦多大学，就读于电子工程系，大学期间，她年年获得多伦多大学颁发的奖学金，并于2004年顺利毕业。现在女儿一家定居多伦多，不仅事业有成，而且人丁兴旺，女儿女婿育有三个孩子（两男一女），其中最大的孩子已15岁上高中了。

　　我夫人来到加拿大以后，在这里虽然生活无忧，但毕竟我们都是两手空空而来，我一人在公司上班，每月大约有3～4千加币进账，女儿上高中虽无需花费，但她觉得一个人在家里待着既感到无聊，而且也闷得慌，于是刚到这里两、三个星期，她就嚷嚷着要想出去找工作干了。但毕竟她不懂英语，即使想在唐人街的华人店找个活干，别说不懂英语，就是懂英语老板也不一定会雇佣她，因为那些老板们大多只

2000.8.作者全家与冯新斌夫妇(右一、二)摄于加拿大尼亚加拉大瀑布

想雇那些没身份的黑工，从而减少用工成本。当年正好我们住地旁边有一间政府开办的移民学校，免费为新移民教授英语，于是我夫人每周五天就去移民学校从 A、B、C、D 开始学习英语。结果刚学了一两个月，经朋友介绍，我夫人就进了一家由巴基斯坦人开办的小印刷厂，当了一名整理书籍的印刷工人。由于白天要上班，于是她只好转到夜校去上课学英语了。当年我夫人已年近五十，而且也没有任何英语基础，学习英语完全从零开始，但是她硬是凭着顽强的毅力，几乎把所有的业余时间都花在了英语学习上，光学习英语用的电子字典就用坏了两、三个，因而在不长的时间内基本上就具备了日常英语交流能力。二十多年来，从她开始参加工作，直到后来退休，她不仅一直都是在西人公司的英

2000.6 于北克瀑布

语环境里上班，而且移居到渥太华生活仅仅三年以后，她也居然顺利地通过了加拿大的英语入籍考试，2002 年成为了一名加拿大公民。现在虽然已经退休，年纪也大了，但她有时仍在坚持学习英语。

（五）

过去人们看《动物世界》这个电视栏目时，常常既为精彩绝伦的电视画面所吸引，同时也会感叹动物世界时时刻刻都充满着竞争。人作为动物世界群体中的精灵，职场中同样充满了竞争。尤其是像加拿大这样的移民国家，任何一个公司或单位，员工群体中有时加拿大人仅占少数，而形形色色的移民则是职工队伍的主体。因此，职场中的竞争既有不同族裔员工之间的竞争，也有同一族裔员工内部之间的明争暗斗。这样的竞争可以说是无处不在、无时不有。

我所在的 JDS 公司的这个技术服务部门，98 年初我进公司时才二十多人，到 99 年年末就增加到了七、八十人。其中菲律宾人有十来个，中国人有十二、三人，东欧的十五、六人，中东及非洲的十几人，印度、巴基斯坦、孟加拉及越南等二十多人。这七、八十人又分为早、中、晚三个班，每个班二十多人。由于我们属于技术服务部门，我进公司时，部门经理是加拿大人约翰·史密特先生，他对本部门员工的学历要求比较高，当时除为数很少的几个菲律宾人的平均学历较低外，其他各个国家来的人基本都是大学以上的学历，其中拥有硕士学位的就有好几个。随着公司的不断发展，史密特先生升任了部门总监。我们的经理换成了一个名叫奥马的菲律宾女人。要知道，在加拿大的新移民中，通常从某些小国家来的新移民（比如菲律宾人或越南人等），他们一般都会抱团取暖，假如他们当中有某个人当了头，这个头一般都会对他们的人员加以特别关照。而一般从大国来的新移民，反而是一盘散沙，比如咱们中国的新移民，不仅不抱团而且还互相内斗，尤其是咱们中国人之间的内斗在新移民中更是出了名的。俗话说，一个中国人是一条龙，三个中国人便是一条虫。意思是三个中国人在一起工作时，由于成天内斗就什么都不是了。由此折射出了海外职场中华人群体之间的关系现状。

自从我们部门的经理换成了菲律宾人以后，本来我们这个属于技术性比较强、学历要求比较高的部门(起点工资也相应地比其它部门要高很多)，不断地就进来了一批仅有初高中学历的菲律宾员工，而且这些菲律宾员工还逐渐地一个个被任命为了部门里的大组长(Team leader)或者小组长(Coodinator)，分别管理早班、中班和晚班的工作。当时我们部门总共有员工八十来人，早中晚三个班，每个班各二十多人。每个班又分为两个小组，每个班有一个大组长和两个小组长，其中三个大组长中有两个是菲律宾人，六个小组长中又有四个是菲律宾人。也就是说在我们部门的管理人员中，有 2/3 是菲律宾人，这在职场中是一种极不合理的现象。更为过份的是，菲律宾人掌握了部门的大小领导权以后，在员工的工作安排、业绩考评、职务提升及加薪等方面都往菲律宾员工或与他们关系比较好的员工身上倾斜，而与他们关系不太融洽的员工则往往受到排挤或不公正对待。

接下来在我们中班又先后发生了两、三件事。当时我们中班(即我自己所在的这个班)有一个工程师名叫武刚，是咱们中国人，他是四川成都电讯工程学院毕业的，留学加拿大以后学的也是光电通讯，95 年硕士毕业后应聘到 JDS 公司任光电通讯工程师。按理武刚是科班出身，其业务工作能力那是没得说的。但不知为何事，他与身为菲律宾人的部门经理在工作上产生了不少矛盾，因此，有时当武刚在给我们这些工作人员布置工作任务时，我们班上的菲律宾大组长总是在挑他的刺，为此我们有时实在看不过去了，免不了就为武刚打抱不平而与菲律宾大小组长争上几句。然而没过多久，武刚就从我们部门调走了，从此以后菲律宾人就更加得意了。

第二件事是在 99 年 8 月份左右，我们中班有个当年秋季刚进公司工作的中国员工老张，当时分跟我在同一个小组，菲律宾大组长要我带他一起工作。老张在国内是某个大学物理系毕业的，进公司后业务工作没过多久很快就熟悉了，但这人有个坏毛病，第一就是喜欢抽烟；第二，由于看不惯菲律宾人的作派，他平时上班时总是阴阳怪气的，因此菲律宾大小组长谁都不喜欢他，但拿他也没办法。有一天晚上九点来钟工间休息时（我们在 JDS 公司上班时，每隔两个小时休息 15 分钟），老张不知是忘了时间，还是故意躲到哪儿抽烟去了，工间休息完已过去了十几分钟还不见他回来上班，为此菲律宾大组长来班上问我："张先生去哪儿啦？怎么休息去了二十多分钟还不见回来上班？"我说我也不知道。过了一会儿老张回来后，我告诉他菲律宾大组长已经来找他了，要他下次休息时注意一点不要再迟到了。可老张不屑一顾地说："妈的！别管他，他会把我怎么样！？"不一会儿，菲律宾大组长就来找他了，还未等菲律宾人开口，这老张就说："Somebody told me that are you looking for me? What do you want?"，按老张的意思可能是在问菲律宾大组长，说："听说你找我，不知有什么事？"但老张的蹩脚英语加上他的语气却把他自己的本意给完全弄反了。老张说的英语翻译成中文就是："有人说你找我？你想干什么？"老张刚一出口，我就想：坏了，这菲律宾小子肯定要发火了！但却没想到菲律宾大组长马上就对老张说："你跟我来一趟！"随即就把老张给叫走了。也不知老张随菲律宾人去了以后又说了些什么，过不了多久，菲律宾大组长带着老张回来了，与此同时部门的菲律宾籍经理也来了，他们到了老张的工作台前马上就叫老张收拾自己的东西，然后就叫老张走人了，也就是说部门经理借此就把老张给开除回家了。然而具有讽刺意味且兼具喜剧色彩的是，老张却因此而因祸得福。大约过了两、三个月左右，被开除回家的老张，居然又以工程师的身份光鲜亮丽地出现在了 JDS 的其它业务部门。经过询问，原来老张被开除回家以后，碰到 JDS 公司仍在招聘光纤光缆通讯工程师，于是他又递交了一份应聘申请。由于老张是国内某大学的物理系毕业的，尽管他本人不是学通讯的，但是凭着他对光纤光缆通讯理论和技术的了解，再加上他又在 JDS 我们的部门里工作了几个月，对光纤光缆通讯技术就更为熟悉了，因此他在申请 JDS 公司招聘光纤光缆通讯工程师的面试时，很顺利地便通过了面试并被聘用为公司的光纤光缆通讯工程师。事后尽管我们部门的菲律宾人在公司见到了挂着工程师胸牌的老张，但是他们不知道老张究竟是有什么来头，再加上他们做得很过份而不得人心，所以菲律宾人也没敢吱声。不过我估计老张在向公司递交工作简历的时候，肯定抹去了曾在 JDS 装备部门工作过两、三个月的经历，否则公司人事部门在给老张面试以后，必然会去征求我们部门菲律宾籍经理的意见，而菲律宾人也是绝对不会给老张说任何好话的。然而由于老张进公司较晚资历较浅，即使是工程师，但在 2001 年 JDS 公司的第一轮裁员大潮中，老张首先就被裁员而卷铺盖卷回家了。

由于职工休息迟到了一、二十分钟就把人给开除了，这明显就是在欺负咱们中国人嘛！为此当时我们部门里不仅咱们中国人同时也包括部分其他族裔的员工，对菲律宾人独断专横的做法意见也就越来越大了，而菲律宾人对我们组里的部分员工也是恨得不得了，于是在我们这些员工的工作安排、业绩考评及提职提薪等问题上，菲律宾头头就处处加以限制和给予不公正地对待。到了 2000 年 4 月，以我们中班为首的十几名员工，在忍无可忍的情况下，联名写信向公司的人事部反映我们部门里出现的一系列极不合理的现象，意思是控告他们菲律宾人在我们部门里搞种族歧视。公司人事部门收到职工的反映信件以后，召集反映问题的员工开会征求意见时，公司人事部门不仅没有提出什么处理或整改意见，反而抱着息事宁人的态度辩解说，这些菲律宾员工之所以获得提升，是因为他们进入公司的时间相对较早等等，绝口不提菲律宾员工的学历及个人素质问题。此后反映的问题不仅没有获得解决，我们这些参与反映问题的员工在职务升迁及加薪等关系到职工切身利益的问题上，反而屡屡受到不公正地对待。尤其是当菲律宾人知道，我在中班反映菲律宾人问题的十几个人中学历算是最高的，加上我又曾为咱们中国的工程师被挤走和老张被开除的事，因打抱不平曾经与他们争执过，于是部门的菲律宾经理和大、小组长对我就格外地看待，表面上虽不敢公开刁难，但暗地里却在搞小动作，妄图损坏我的名声，给我的职务提升制造障碍。

首先他们在我的年龄问题上做文章，怀疑我的年龄造假。98 年初我进公司的第一天，上班时先到本部门菲律宾女主管那里去报到，当时她给了我一张职工登记表让我填写。登记表的项目很简单，主要有以下几项：姓名、性别、出生年月日、家庭住址、电话号码及文化程度等等。填完以后我把表交给了她，但大约过了半个小时左右，这个菲律宾女主管又拿着同样的一张登记表来找我。她对我说："吴先生，你先前填的那张表好像有一项填得不太对哩！人事部门要你再重新填一下。"我当时心里咯噔了一下，心想这个表非常简单就那么几项，怎么会填错？！但我又想她很可能是不太相信我的年龄吧。因为当初我在地调所做访问学者时，已经是四十六、七岁的人了，但和我一起工作的加拿大人普遍认为，我看上去就像三十多岁的人一样，根本不相信我是个四十多岁的人。因此，我想这个菲律宾女主管看到我填写的出生年月日是 1949 年 1 月 31 日，她可能看我的外表不像五十来岁的人，于是怀疑我是否把出生年份填错了，所以又叫我填写第二遍吧。然而实际上我的档案年龄比我的实际年龄还要小一岁，我应该是 1948 年元月出生的，但刚上学时把出生年份搞错了，结果就将错就错，一错到底了。填两次职工登记表的事情早就过去了，我根本就没有把这当回事，更没有记在心上。然而菲律宾人他们私底下可能还真把这当成了一回事。2000 年 6～7 月份的一天傍晚，我们小组的人休息吃晚餐的时候，组里有十来个人大家坐在一起吃饭。饭后聊天时菲律宾小组长突然问我："吴先生，你今年多大年纪了？"我回答说："我今年 51 岁了。"菲律宾小组长说："No！No！你不可能有那么大年纪。"我笑着反问他："那你看我有多大年纪？"他说："你呀！看上去大概就是 35 或 36 岁，最多 37！"我说："你看我有那么年轻吗？而且一个人如果他的年纪比较大的话，他只会说他更年轻；而一个人如果年轻，他绝不会说他自己年纪大。因为这不符合一般人的思维逻辑呀！"结果他又问我："你是难民吗？"哦！这一问我终于明白了，原来他们菲律宾人以为我是偷渡来的难民，于是年龄等身份问题完全可以随便造假。这是因为很多从越南、老挝等东南亚国家及中东等偷渡来的难民，他们到达加拿大以后把随身携带的所有个人身份证件全都毁了，然后再重新编造个人的年龄、学历等身份。于是我理直气壮地对他说："什么难民不难民的！我是正规的移民，而且我们中国从来就没有什么难民！"菲律宾小组长最后又问了一句："来 JDS 公司工作之前你在哪里？"我说："来公司工作之前，我在中国呀！我是 97 年 2 月份才来加拿大的，98 年元月到 JDS 公司工作。这有什么问题吗？"我这么一反问，菲律宾小组长就再也不吭声了。不过这一问一答的，却把坐在一起吃饭的人都弄得挺尴尬的，结果是搞得大家一言不发地不欢而散了。那么他们为什么要问我是不是难民呢？原来在 1999 年夏天，有一艘从加勒比海过来的偷渡船在加拿大温哥华外海被加拿大海岸警卫队给截获了，而船上就载有不少偷渡的中国人，当时加拿大的电视报纸都作了大量报道，结果搞得全加拿大尽人皆知。因此菲律宾人就以为我有可能也是偷渡来的，而偷渡来的人往往把个人身份证件什么的全都给毁掉了，于是包括个人的年龄、学历、工作经历等统统都可以随便编造。尽管当时我已正式地对他们说了我不是难民，我是正规移民，但是私底下菲律宾人并不相信我是正规渠道移民来的，反而暗地里传说我老吴是偷渡来的，甚至有人还添油加醋地说，可能我还与地下组织有什么联系，否则怎么能偷渡成功等等，其中我们部门里头的个别中国人则起到了推波助澜的作用。为此，2000 年 8 月份，加拿大移民部还发函来给我，再次索要我个人的出生年月日的公证文件，以确认我的年龄是否造假，于是我又按移民部的要求寄去了出生年月日的公证文件复印件。

接着是 2001 年 2 月份，当时公司正在招聘化学工程师（因公司的业务工作涉及到不少化学试剂和药品，比如各种胶水及有机溶剂等，因此公司计划招聘 2 名化学工程师），我想这是一个好机会，如果能应聘上化学工程师，不仅可以干上自己的老本行，而且还可以离开菲律宾人这个是非圈子，这是个两全齐美的好事。于是我去公司人事部填写了应聘登记表，接下来人事部的面试也通过了。当公司人事部来我们部门征求意见时，我们这个组的菲律宾大组长（Team leader）却向公司人事部反映，说有一次他看见我在自己的工作台上用工作电脑向中国发送了一封有关公司业务的电子邮件，于是公司的安检部门专门来人询问我是否确有其事。我当即明确地告诉他们，根本就没有这回事，我说我平时在工作电脑上给朋友发送电子邮件，谈的都是个人私事，从未涉及过公司的任何业务问题。公司安检部门的人可能不太相信我说的话，于是又把我的工作电脑拿到公司去检查了一个多星期，最后送回来还给我时也没说什么。其后我们中班又有个别中国人去公司人事部门反映，说我在中国工作时不仅是共产党员，而且还是处级干部，并且还获得过国家级的奖励等等（因咱们中国人平常上班工间休息在一起聊天时，互相都介绍了过去在中国时的经历，因此，中国人之间大都了解对方的底细）。结果公司的人事部门又派人来同我谈话，询问我过去在中国工作时的经历。于是我又如实地把我在中科院地球化学研究所工作时的情况向公司人事部做了详细介绍，并给他看了有关我个人的一些文件资料。公司的人事干部听了我的介绍和看了有关资料以后说："啊！真没想到你在中国的科研单位已经是很有成就了，身份地位也很高，那你为什么还要移民来加拿大呀？"我当然不好直接明说，我是因为在中国受到不公正待遇而移民出来的，我只能对人事部的人说，当我在加拿大地质调查所做访问学者的时候，加拿大优美的自然风光及人文环境深深地吸引了我，于是我就决定移民了。我知道不管我怎么解释，由于他们不了解中国的文化和政治社会环境，他们不可能理解我在中国的处境，因此，他们对我的解释显然持的是怀疑态度，甚至还一度怀疑我是否是中国派来的特务。因此，后来有一段时间我的电子邮箱及电子邮件总是出现异常情况，而当时我的一些从中国寄来的普通信件，明显地也被拆封检查过，经过这么一折腾，我应聘公司化学工程师的这个事自然而然地也就彻底黄了。

（六）

常言道：天下没有不散的宴席，捷迪迅（JDS）光电通讯公司的大起大落就是一个典型的例子。从99年起，捷迪迅光电通讯公司的业务犹如坐上了过山车一般一路飙升，公司的员工数量由98年初的1000多人，到2000年时公司的员工数量就迅猛地增加到了两万多人。为了安顿如此庞大的职工队伍和扩大生产，公司在渥太华市郊租赁了许多高层建筑作为生产车间用于生产光纤光缆通讯元器件。2000年初公司又斥巨资在渥太华南郊马尔瓦尼路（Marivale Road）3000号，修建了一栋一百万平方英呎的综合大楼，用以替换租赁的十几栋高楼以节约生产成本。然而人算不如天算，无奈到了2001年下半年公司大楼尚未完全竣工时，光纤光缆通信产业已经出现供大于求而开始走下坡路了，此时公司不但不招人，反而已经开始在解雇员工了。有不少进公司还不到半年屁股都还没有完全坐热的新员工，结果就稀里糊涂地被公司解雇打发回家了。由于公司解雇员工的惯例做法是先从资历较短的人开始，然后逐渐向资历较长的员工延伸，我们97～98年进公司的员工，虽然暂时还没有被打发回家的危机感，但大家都觉得究竟还能在公司待多久，谁也说不清楚。然而好景不长，到了2002年10月份，我到JDS公司工作接近满五年的时候，也被解雇回家了。到了2003年下半年，JDS这个原来拥有近三万名员工、分公司遍及欧美及中国等亚洲地区的大型跨国公司，绝大部分的员工被解雇，最后只剩下三百多人的研发队伍，百万平方英呎的公司综合大楼，最后也只好拍卖给了加拿大皇家骑警，风光一时的捷迪迅（JDS）光电通信公司，从此走进了历史。

从公司下来以后，我已经50好几了，面临的问题仍然是继续寻找工作。进入新世纪以后，虽说加拿大的经济形势已经有所好转，但除了计算机和信息技术专业还比较吃香以外，要想找其它的专业工作仍然相当困难。拿了几个月的失业保险金以后，2003年初我就开始在网络上寻找工作。由于我本科学的是分析化学，研究生又学了地质地球化学，心想虽说地质地球化学专业的工作不好找，不过也许分析化学实验室方面的工作要相对容易一些吧。结果上网一查，果然发现阿尔伯塔省的卡尔加里市有一个环境化学实验室正在招人。卡尔加里远在加拿大西部，距渥太华有四千多公里，但考虑到既然是专业工作，再远也值得去。于是在2003年元月底我乘飞机去卡尔加里面试，面试的结果自然是很顺利地当场就被录用了。这个环境化学实验室位于卡尔加里市的51大道与12街的交叉路口，整个实验室大约有四、五十人，业务共分为两个部分：一部分是化学分析，另一部分则是仪器分析。其中化学分析又分为两个实验室，一个实验室做环境样品的测试，比如大气、雨水、地下水以及废水的分析化验工作；另一个实验室主要做土壤的化学分析。当时是土壤化学分析组需要人，因为阿尔伯塔省卡尔加里附近的农业比较发达，农场主们每年在开春播种之前，都要对耕地的土壤进行系统采样和化验分析，以便摸清土壤的肥力情况，从而决定播种时需要给土壤补充何种肥料元素。我被录用以后，理所当然地就被分在了土壤化学分析组。

我们土壤化学分析组总共有二十来个人，其中约有八、九个是像我一样新招进来的。新人中大部分是卡尔加里本地的，其中有四个中国人，他们都是 2000 年左右从国内来的新移民，在国内时学的专业也是分析化学或石油化工。农场送来的大量土壤样品，化验的项目主要有土壤肥力的三大要素，即氮、磷、钾的含量，其次是植物所需的微量元素如铜、锌、锰、钼等，同时也做土壤污染的重金属元素如铅、镉、汞及砷的检测分析。每人每天领一批样品(一般是 20～30 个)，然后首先根据要测定的项目，选择合适的分析方法对样品进行化学前处理，然后将待测组分分离富集后，再分别选择分光光度、原子吸收或等离子体光谱等进行含量测定。这些分析方法我在大学时都学过，大学毕业后在地化所又干了三年的化学分析实验室工作，早已烂熟于心了，因此对我来说，这样的分析化验工作相对比较简单，每天完成20～30 个土壤样品的分析化验工作，一点也不觉得累。但这样的工作量对某些人(尤其是加拿大人)，他们觉得累得受不了。虽说土壤化学分析也算是专业工作，但由于是试用期，当时的工资待遇并不高，每个小时的时薪为16 加元，月工资3000 左右加币。面试时公司曾对我们说，试用期为半年，试用期结束以后，公司要从我们这批新人中正式雇佣部分人。因此大家工作都很卖力，盼望着半年试用期结束以后，能被公司聘用为正式员工。如果转正了，时薪可以增加到 20 加元，那样的话月薪可达 4000 加币左右。在当时这个工资标准已经是相当不错的了。

2003 年 7 月下旬，我们在卡尔加里环境化学实验室试用期结束以后，实验室在我们九个新员工中仅正式录用了三人，其中有一个加拿大人，一个波兰人，一个中国人。没想到录用率如此之低，大家都感到很失望。尤其是被录用的三个人，并不是我们这批新人中工作能力最强的，不过这三人都很会搞关系，他们跟实验室的老板关系都不错。后来听人说实验室之所以一次不想录用那么多人，主要是从工作量及经济成本考虑，因为每年的土壤化学分析工作主要就忙那么几个月，7 月份以后工作量就不饱满了。因此公司宁肯每年招一批季节工，也不愿长期养着一批正式工。本来当时我还在考虑，如果我被正式录用了，然后就争取把家搬到卡尔加里去，因为那里离温哥华不远，回中国相对比较方便。结果没有被录用为正式员工，当时我女儿还在多伦多大学念书，我妻子一人在渥太华生活，于是当年 7 月底我就从卡尔加里飞回渥太华来了。

(七)

我离开卡尔加里之前，卡尔加里环境实验室的老板曾告诉我，他说他们公司是一个遍及加拿大的连锁公司，总部设在卡尔加里，但在加拿大的其他一些省份也有他们的分公司，其中渥太华就有他们公司的一间实验室，如果我愿意去渥太华的实验室工作的话，他们可以给我推荐。我当然不愿放弃这个机会，于是我让卡尔加里的老板写了渥太华实验室的地址及电话号码。2003 年 8 月我回到渥太华后，立即去这间实验室联系。这个实验室在马里瓦尔路1500号附近，我找到这个实验室以后，实验室负责人告诉我，说他们这里是个小实验室，一共只有十几个人，土壤化学分析工作早已经结束了，今年暂时不要人，如果我感兴趣的话，明年三、四月份，实验室需要人做土壤化学分析工作时，到时候他们会给我打电话。得知他们这里同样只招季节工，我留下联系电话号码后就离开了。

接下来我又向渥太华地区的有关环境方面的化学实验室发了几份求职简历，结果有个做水化学分析的实验室给我打电话，说让我去面试。水化学分析过去我虽然没有专门做过，但凭我的分析化学功底，分析方法还是了解的。面试的结果是答应录取我试用半年，时薪为15块加币。工资虽然不太理想，但暂时没有好的选择，那还是先干着吧。另外，2003 年 10 月份左右，我也曾去美国新泽西邓访陵的实验室应聘过，但最终也没有去成。邓访陵是76年成都地质学院毕业后分配到地化所来的，79 年考上所里的研究生，在地化所工作时，我们既是邻居又是好朋友。他1989年初被公派到美国加州斯克里普斯海洋研究所做访问学者，其后就留在了美国发展，后来又与他的好友及老同学喻立在新泽西合伙开了

一间生产孕检试剂的小化学公司。2003 年我们相互联系上以后，他建

2011.7.作者夫妇与邓访陵夫妇(左二、三)摄于渥太华

议我去他那里工作，觉得如果我们两人在一起合作的话，公司的业务应该会有较大的发展。2003 年 10 月我去访陵兄那里考察了一下，基本上一切都谈妥了，但我太太当时不想去美国，女儿在多伦多大学念书又尚未毕业，我也不想再过两地分居的生活，于是我就放弃了这次去美国工作的机会。

美国不去了，那还继续在渥太华的水化学实验室干着吧，当时我夫人还在那间巴基斯坦人的小印刷厂工作，女儿在多伦多上大学，我们家每个月有5-6千元加币进账（我每个月有 3 千多、我夫人每月有 2 千多），生活上没有任何问题。不过人在一个地方待久了，按咱们中国人的思维习惯，早晚得有个自己的房子，只有拥有了自己的房子，才算有家的感觉，否则租房子住总觉得不是个事儿，再加上当年一起来渥太华的中国朋友们大多已经买了房子了，然而我们还在租房子住，觉得这有点不像话。但要买房光凭我们每月几千加币的收入，要想买个比较像样的房子，经济实力显然还有一定差距。有一次我去渥太华机场接一个从中国来的朋友，在机场出口处恰巧碰到了我们在 JDS 工作时的一位南斯拉夫老兄，当时他正在开出租车，也在机场出口处等乘客。于是我便同他攀谈了起来，相互问了一下工作情况以后，我便问他开出租车的收入怎么样？他可能觉得不便明确地告诉我每月能挣多少钱，只是说：收入相当可以。于是我又换个方式问他：开出租车的收入比起在 JDS 公司工作时的收入如何？他说：那当然是高很多了！我们在 JDS 光电公司工作时，每月大约有 3 千多加币的收入，现在他说"高多了"，我想应该每月至少应该有4~5千加币的收入吧。他问我现在的工资收入怎么样，我说与在 JDS 工作时差不多，他说那你干脆来开出租车算了，开出租车工作时间比较自由，来早去晚全由你自己掌握，而且机场出租车的生意也比较稳定，工作是比较辛苦一点，但是能挣钱。完了我问他出租车驾照怎么样才能弄到，他说：你有安大略省的 G 驾照，先去阿岗昆学院考英语。英语考过了，然后报名参加一个为期三个星期的出租车司机驾照培训班。培训班结束后考试合格，凭考试成绩去市政府办理出租车驾照就行了。这个南斯拉夫朋友也是学化学的，在 JDS 工作被解雇以后，没过多久就开上出租车了，当时他说他已经买了两、三百平米的房子了。

回家以后我考虑了好几天，我想我已经五十多岁了，也工作不了多少年了。如果仅凭自己每月三千多块钱的工资，要想买个二百多平米（当时约需三、四十万加币）的房子，不知道要到猴年马月才能办到。为了能尽快买到自己的房子，我当时的想法就是，什么工作能挣钱我就去干什么，挣钱才是硬道理。因此，我想不如去试开一下出租车，看看收入如何。而且水化学分析实验室的工作还可以继续干着，因为那个南斯拉夫朋友说，开出租车可以利用周末或晚上。主意拿定以后，第二天是星期二，下午下班后我顺便去到了渥太华的阿岗昆学院，找到了报名参加出租车司机培训班的办公室。办公室的工作人员告诉我说，明天晚上 8 点，这里有个出租车司机驾照培训班的英语考试，英语过了，就可以参加出租车司机的培训班了。如果英语没过，得要先参加英语培训班，结业了才能上出租车司机培训班。我一听这是个好机会，但也不知道这英语考试到底有多难，再说已经没有时间准备了，明天晚上先来考试再说吧。星期三晚上，我按时去到了阿岗昆学院参加了英语考试，结果考了70多分，一次就通过了。接着又上了三个星期的出租车司机培训班，考试成绩合格后，我顺利地就在市政府的有关管理部门拿到了出租车司机驾驶执照。有了出租车司机驾照，就可以明正言顺地开出租车了，否则光持有普通驾照是绝不能开出租车的。因为在加拿大无论干什么工作都得要有执照，比如开出租、做电工、厨师、理发等等，都得要先经过培训取得执照以后才能上岗，如果无证上岗，被政府执法部门查到了，是要被开巨额罚单的，然而在中国完全没有这么一回事，只要会干就行。这就是西方法治国家与发展中国家的显著区别之一。

2005 年 4 月中旬我拿到出租车驾照以后，通过朋友的介绍，在机场出租车车队找到了一个合作伙伴，当时的协议是他开白天，我开晚上。白天从早上开到下午 5 点，我则从下午 5 点到开到半夜收班，周末我开周六他开周日，这个工作时间正符合我的要求，因为周一至周五我还要去水化学分析实验室工作。我的想法是这样工作虽然很辛苦，但可以多挣些钱，想尽量争取早日把房子买上。当时渥太华机场总共有 120 辆出租车，基本上每辆车都有两个司机，有的司机换班与我相同，即一个开白天，另一个开晚上，而有的车两个司机是轮换着一人开一天。开上出租车以后，出租车的生意果然与想象的不一样，收入确实比实验室的工资收入强多了，而且绝大多数都是现金。如果是开白天的话，早上从 7 点左右钟开始到上午 10 点多钟机场有一个出行高峰期，由于渥太华是加拿大首都，每天早上乘飞机来联邦政府部门出差办事的人很多，来了办完事后下午或晚上再乘飞机回去。因此，早高峰时段在机场打出租车的客人很多，很多时候乘客都排着长队等出租车，机场的出租车从市区返回机场后，拉上乘客马上又得往城里跑，在城里下完乘客后立刻又返回机场，如此的往复来回有时简直忙都忙不过来。渥太华机场离市区不远，机场到市区大约只有十二、三公里，来回一趟仅需半个小时到 40 分钟。从早上 7:00 点开始到上午 10 点左右，一辆出租车常常可以拉客人进城至少要跑三、四趟，而一个上午忙下来，一个车可以拉五、六趟乘客。当时从机场到市区的出租车车费一趟平均为 30 元加币左右。下午的出租车生意也有个高峰期，那就是从下午 4:30 左右开始，机场的出租车也开始忙着拉客人，一直要忙到傍晚 6 点半到 7 点钟。这个时段的客人主要是各地来渥太华出差的客人打车去酒店，或者是去外地出差的本地人乘飞机回来。到了晚上 11 点半左右，机场出租车的生意还有一个高峰期，此时一是不少出租车司机已经收班回家休息了，机场的出租车所剩不多，二是这个时间段分别从温哥华及多伦多等地飞来了两、三架大飞机，打车的乘客也很多。这个高峰时段一般从晚上 11 点左右要忙到半夜 1 点来钟才结束。机场出租车的生意正是具有这样的规律性和特点，因此当时渥太华机场的出租车生意非常火爆和抢手。很多参加完培训班并拿到了出租车司机驾照的人，想在机场出租车队找个合作伙伴都十分困难。由于出租车的收入比较理想，加上当年开出租车时我已经五十多岁了，同时干两份工作实在太累，感觉这样长期干下去身体肯定受不了，于是坚持了一年多以后，我就把水化学实验室的工作辞掉了。

(八)

我们过去对出租车这一行缺乏了解，甚至还存在不少误区。首先不少人认为出租车司机的工作是伺候人的，觉得社会地位似乎要低人一等。其实这是个社会观念问题。在西方社会，人的思想观念与东方人有很大的不同。在西方人看来，工作没有贵贱之分，人只要有一份工作，他能自己养活自己就是一件体面的事情。另一方面，即使是上流社会的人，他们也绝不会看不起服务人员，相反有时他们也会在某些特定的场合去亲自体验服务人员的辛苦。比如有时逢圣诞节或者某些特殊的场合，市政厅会为残疾人举办招待会，此时市政官员们（包括市长在内）都会加入到服务人员的行列，亲自为残疾人员服务，为他们端茶倒水等等。此时他们不仅没有觉得低人一等，反而觉得这是一件很有意义的事情。其次是，不少人认为出租车司机的工作很辛苦，可能收入与付出不成比例。然而实际上国外的出租车管理模式与国内完全不一样，国内的出租车车牌基本完全属于公司所有，出租车的收入是公司拿大头，司机拿小头。国外的出租车公司基本没有或仅拥有少量的车牌，大部分车牌基本上属于出租车司机个人所拥有，公司仅起个管理作用，出租车的收入除了上交公司一定数额的管理费和汽车保险费以外，绝大部分属于司机个人。因此完全可以说，不入这一行就不知道这一行的门道。出租车司机的工作的确很辛苦（尤其以工作时间长最为人诟病），但出租车司机的收入的确是比较丰厚的。另一方面，出租车司机的工作时间完全由司机自己掌控，工作时间的长短以及什么时候出车、什么时候收车，都由出租车司机自己决定。出租车司机的工作时间越长，意味着他的收入也就越高。要想工作轻松一点，工作时间就要短一点，收入自然就要少一些。

　　第三个误解就是，或许有人会认为出租车司机的素质可能都不高。首先得承认，年纪比较大、而且又干了好几十年的那些老出租车司机，他们的文化水平确实不高，然而这批人往往还是出租车牌的牌主。这批人以中东人为最多，他们是上世纪六、七十年代中东发生战乱时移民到加拿大来的。由于当时市政府有关出租车的法律法规不健全，加上出租车这一行业刚刚起步，市府管理部门对司机的要求不高。当时市民如果想开出租车，考过了普通驾照以后，再交二、三十块钱的车牌申请手续费，一个出租车车牌就到手了。但这批老司机和牌主大多已经退休，他们已经把自己拥有的车牌出售或出租转让给了新一代的出租车司机了。上世纪九十年代以后，市政府已经出台了一系列严格的出租车法律法规，大大地提高了入行门槛及出租车司机的个人素质和文化素养。按照市政府的规定，出租车司机的驾照每年都要到市政府有关管理部门去更新一次，而更新出租车驾照时，每两年需要到市警察局去出具无犯罪记录等有关文件。上世纪90年代以来，随着加拿大新移民的逐渐增多，新移民的就业越来越困难，于是每年不断有一批高素质的新移民加入到出租车的行业中来。出租车司机队伍里头有不少来自东欧和印度、巴基斯坦、孟加拉等南亚次大陆的新移民，他们大多拥有大学以上的学历学位，甚至不少拥有硕士、博士学位的专业人才也在开出租车，这在欧美各大城市的服务行业里并不是个别现象。

　　当然开出租车虽然工作比较自由，收入也比较丰厚，但的确是一件非常辛苦的工作。一台出租车如果是两个司机轮换着开，那相对要比较轻松一些，而如果是一个司机一台车，那就十分辛苦了。另外，冬季虽然是出租车生意的旺季（因为渥太华的冬天十分漫长和寒冷，打出租车的人相对比较多），但冬季雨雪天路况恶劣，如遇暴风雪天气，交通事故更是频发。在数年的出租车生涯中，我曾亲眼目睹了数起出租车司机发生的严重交通事故，而我也在冬季雪天晚上开出租车时，曾因路滑把车开翻到路边的沟里去过两、三次，也曾被别人撞过车。但在这些大小事故中，所幸我并未受到任何伤害。如果要用一句话来形容中外职场上员工的切身感受的话，那非如下这句莫属：在加拿大是身累心不累，累也不累；而在中国是心累身不累，不累也累。身累了，睡觉瞌睡就解决问题了，而如果是心累的话，不仅睡觉解决不了问题，而且还会严重地影响睡眠。因此，我宁肯身累心不累，也不愿心累身不累。不过辛苦归辛苦，经过数年的辛勤工作，除了在 2007 年资助部分资金帮助女儿女婿自主创业以

外，终于在 2009 年贷款买到了一栋两层双车库两百多平米的独立屋，实现了多年以来自己买房的心愿。

（九）

2010年以来，随着渥太华机场的不断扩大，来渥太华观光旅游和出差的客人越来越多，渥太华机场出租车的业务量也在逐年扩大。相比之下，由于渥太华市区的出租车数量庞大，机场和市区出租车生意上的差异也就越来越大，由此形成了渥太华机场的出租车车牌黑市价格暴涨，到2013年时，一块渥太华机场的出租车车牌黑市价已由两、三年前的25万

加币左右，一下子就飙升到了 37～38 万甚至 40 万加币，而同时期市区的一块出租车车牌黑市价也才值 20 多万加元。本来市区的出租车司机历来就对市政府有关"市区出租车不能在机场揽客"这一规定非常不满，眼看机场的打车客人越来越多，机场出租车司机个人的收入也越来越丰厚，于是市区出租车公司和司机的不满情绪也越来越强烈，于是他们纷纷向市政府提出要求改变这一不合理的规定。到了 2014 年，渥太华机场的原行政总裁因年老退休，机场当局重新聘用了一位新总裁。新总裁甫一上任，就立即作出了"机场出租车每在机场拉一趟客人，必须向机场缴纳 5 元进场费"的机场创收规定。机场行政管理当局的这一新规定，立即在机场出租车司机中引起了轩然大波。如按机场的规定执行，每拉一趟客人需交五块钱的机场进场费的话，机场的出租车司机每天平均至少可在机场拉 8～10 趟乘客，那平均每天得给机场交纳 40～50 加币的进场费，每个司机一个月就得付给机场 1200～1500 加币。这个数额的钱对机场出租车司机个人来说，可不是一个小数字。于是从 2015 年 8 月份开始，渥太华机场的出租车司机便开始了为期长达一年的机场出租车集体大罢工。这场罢工运动虽然得到了拥有数十万会员的加拿大汽车工人工会的大力支持，但却难以改变渥太华机场行政管理当局做出的这一决定。与此同时，渥太华机场出租车司机的罢工行动，不但没有得到渥太华市区出租车公司和司机的支持，市区的出租车公司和司机反而积极地支持机场的决定，在机场出租车司机罢工期间，市区的出租车公司积极组织市区出租车到机场去拉客人。因此，机场出租车司机的罢工行动不仅没有改变机场行政管理当局的决定，反而促成了渥太华市政府下决心对原有出租车的老旧运行管理模式做出了新的改变，即渥太华市政府不再组建单独的机场出租车车队，凡属渥太华市政府管理的出租车，只要遵守机场的规定，即每到机场去拉一趟乘客就交纳五元进场费的，均有权利去渥太华机场拉客人。到了 2016 年 8 月份，眼看罢工已根本无法改变机场和市政府的决定，加拿大汽车工人工会于是决定终止渥太华机场出租车司机的罢工行动。因此，渥太华机场出租车队为期长达一年的罢工工潮最终以失败告终。罢工开始的时候，我已年届 65 周岁了，已到了加拿大的退休年龄，罢工结束以后，我就离开了渥太华的出租车行业，彻底地退休了。

第十二章 母爱无疆 亲情永驻

　　2000 年 4 月 25 日左右一天晚上的凌晨时分，一阵急促的电话铃声把我从睡梦中惊醒，我连忙起来拿起话筒一听，原来是我哥哥从贵州老家打来的国际长途电话，他急促地告诉我，说老母亲已经病危了，要我及时赶回老家去见老母亲最后一面，还说要是去晚了，就不一定见得着了，说完哥哥就急忙挂断了电话。接到老家打来的电话以后，当天晚上我怎么也睡不着了。那时我正在渥太华的 JDS 光电公司工作，第二天到公司上班以后，我立即向公司的人事部门请了四个星期的回国探亲假，接着又四处打电话联系购买回中国的国际航班机票。由于当年从加拿大飞中国的国际航班不是天天都有，大约每周仅有两、三个航班，于是我就订了最早的一趟航班，简单地收拾了一下行装后，4 月 28 号我就急匆匆地从渥太华出发了。首先我从渥太华辗转飞到了温哥华，再从温哥华转机飞到北京。然后再从北京转机飞到贵阳，到贵阳后再转乘火车到达六枝，如此马不停蹄地赶到老家时，四、五天时间就过去了。我回到杉木寨老家的那一天已是 5 月 2 号，老母亲已经去世，而且由于气候炎热等原因已经入土安葬了。自从听到老母亲病危的消息以后，我心急如焚，无奈身处海外而远隔重洋，尽管我一刻不停地往回赶，然而一切还是晚了，我终究还是没能最后见上老母亲一面。我想这既是老母亲终其一身的最大遗憾，也是我身为人子的终生遗憾，至今回想起来，仍是锥心的痛。因此，仅以此文，悼念我敬爱的老母亲。

(一)

老母亲姓谭名凤英，生于 1911 年(辛亥年)4 月 14 日，卒于 2000 年 4 月 27 日，按阴历计算享年 90 岁。母亲出生在贵州省六枝特区店子乡那七村，她们那七谭氏家族也是明清时期调北征南时，从外省迁来贵州繁衍生息的客家人。外公谭忠云家世代以务农为生，外公外婆膝下共育有两男四女六个子女，其中两个男孩一个排行老大，另一个排行老小，而母亲在四个姐妹中排行老二。我年少时母亲曾告诉过我，由于外公和大舅过世较早，外婆是小脚，大舅妈不仅是小脚而且还带着两个小小孩，都没法干农活，当时全家老小总共八、九口人吃饭，家里的几亩薄田和旱地，就全靠母亲四姐妹带着年幼的弟弟辛苦劳作，真的是穷人家的孩子，早早就当起了家。每逢四、五月份的插秧时节，十来岁的幺舅因人小个子矮扛不动犁耙，母亲就带着三妹(三姨妈)帮幺舅把犁耙扛到水田里，并将耕牛和犁耙架好后，幺舅才站到犁耙上去打田。等幺舅把稻田平整好后，母亲几姐妹才去插秧。通常贵州的农活不仅多，而且十分繁杂，比如每年的二、三月

1985.11.贵阳南明河畔

份把玉米种下去以后，一般要在仲夏时节进行松土和除草二至三遍；水稻秧苗栽插下去以后，也同样要在夏天除草追肥一至二遍，而所有这些农活，当年都是由母亲几姐妹带着幺舅一起完成的。到了秋收时节，母亲姐妹兄弟更是没日没夜地操劳，一直要忙到农历十月底冬月初秋收秋种才完全结束。到了寒冬腊月的农闲时节，母亲几姐妹也没有闲着，她们或是搓麻线、纳鞋底，或是裁剪缝衣，又忙着为一大家子人做布鞋布袜或缝制衣物。总之，一年四季母亲她们四姐妹从未享受过一天的清闲日子。然而正是由于从小种庄稼干农活，农闲时又忙于女红，母亲年轻时不仅干农活是一把好手，就是像上山砍柴、割草及挑抬肩背等男人们干的重活，她也照样能拿得起放得下。在家庭生活中，母亲在手工裁剪缝制衣物及烧茶煮饭等方面，也样样在行，而且动作麻利。也许是从小操劳练就了一副强健的身体，母亲在她们的几个姐妹中，身体素质算是最好的，即使到了晚年，母亲的身体仍然十分健朗。在我的印象中，母亲虽然在泥里水里干了几十年的农活，但她连农村妇女们常患的关节炎等疾病都没有得过，而且自我记事以后的数十年间，她基本上没生过什么大的毛病，除了在她七十几岁与我们同住贵阳时因眼睛患白内障，我带她去医院看过一次医生以外，其余从来没有上过医院。

母亲是个勤劳善良、任劳任怨而又乐善好施的人。母亲几姐妹从小一起操劳共患难，她们从小到大、再从大到老，几姐妹感情十分深厚，往来也十分密切，无论哪一家有什么困难，大家都乐于互相帮助。母亲几姐妹成年后，大姐（大姨妈）出嫁在六枝下营盘干河村，三妹（三姨妈）出嫁在六枝张家平寨，幺妹（幺姨妈）则出嫁在土季。母亲原先出嫁在那七本村的陈家，没几年丈夫生病去世后，经人介绍，母亲在二十六、七岁时带着与前夫生的大约仅两岁左右的女儿（即我姐姐陈连秀），改嫁到了杉木寨我父亲家来了。几姐妹结婚成家后，就我们家相隔相对较远，也最偏僻，山路上也常有豺狼虎豹出没，但一点也没有影响母亲与她们姐妹兄弟之间的往来，每逢七天一次的赶场或外婆及哪个姐妹家有什么事，母亲总是不辞辛劳地赶去探望，并帮忙干些农活或家务。

　　过去的贵州农村由于严重缺医少药，加上卫生条件极差，有不少人常患有一种俗称"落玉子"的眼疾。这种眼病实际上是长期受到慢性炎症刺激，或者受强光照射、熬夜用眼过度等因素，从而引发眼内长出翼状的乳白色斑点，农村人俗称"眼睛落玉子了"。这种眼病说大也不大，说小也不小，不过倒挺折磨人的，如不及时治疗，病情将会进一步恶化，从而严重影响视力。母亲年轻出嫁时曾从外婆家传承了一种能有效治疗这种眼疾的偏方（外婆家的传统是传女不传男，姐姐长大成家后，母亲又把这一偏方传授给了她），母亲改嫁来到杉木寨以后，遇到寨邻中人或是附近村寨有来索要这种专治"落玉子"眼疾的药，母亲总是有求必应，并立等可取。如果是病人自己前来，母亲调配好药后，必定是亲自将药放入病人眼中方才放心。每逢有病情较重的病人，用一次药眼疾还不能完全治愈的，必定会二次、三次的前来讨药，母亲照样不厌其烦地把药调配好后免费相赠。由于有感于母亲总是免费施药，每次来看病或讨药的人家，往往也会随身带来一碗大米作为酬谢。但即便是如此微薄的谢礼，母亲也总是常常推辞不受。

　　母亲的这种勤劳朴实和乐善好施的品格，不仅在寨邻及亲朋好友中留下了良好的印象，而且她这种乐于助人而不求回报的精神，从小通过耳濡目染也深深地感染了我，并在我幼小的心灵里留下了深刻的烙印（儿时母亲把我背在背上给病人调药及施药的情景，至今仍历历在目）。在我上山下乡教小学的时候，看到小学生们的头发很长，而且他们也没有

1986.11.贵阳甲秀楼

钱和时间上街去理发，于是我就自费买了一套理发工具，免费为学校的小学生们义务理发。上大学以后，我又把这套理发工具带到了大学校园，闲暇时义务为班上的同学理发。大学毕业到研究所工作以后，我参加了研究室的义务理发小组，周末经常为一起工作的同事们免费理发。九十年代中期出国以后，这套理发工具又随我漂洋过海带到了加拿大，业余时间又为与我同住的室友或朋友们免费理了多年的发。现在朋友们的经济和生活条件已经大大地改善了，已没有人再来找我免费理发了，不过这套理发工具及这一身技术也没闲着，偶尔除了为从多伦多过来的儿孙们理发以外，每隔一两个月，我便自己面对着镜子，自个自地给自己理起发来。于是经过

一、二十分钟的精心修理，一个在理发店需要付二十来块加币的发型便理好了。如此省时省力而又不假手于他人的小事，我何乐而不为呢？！

（二）

由于我在家中是父母亲共同生育的四、五个孩子中唯一存活下来的男孩，父亲又是老来得子，所以我在父母亲的眼中犹如心肝宝贝一般显得极为珍贵，用"捧在手心里怕捂着了，含在嘴里又怕化了"这句话来形容，一点也不为过。吃的方面，只要是家里有的，最好的总是尽量满足我的要求。比如每次家里炖鸡汤，鸡肝和鸡大腿肯定是属于我的。吃肉菜时，父母亲则会把瘦肉上的肥肉剔下来，而只把瘦肉给我。逢年过节时，家里总会打好几种粑粑来吃，其中糯米糍粑是最好吃的，但份量有限，此时父母亲往往只让我吃糯米粑，而其它的杂粮粑粑因口感较粗，父母亲就留着他们自己吃。穿的方面，我四、五岁时，母亲就给我缝制了长衫和衬衫，穿起来就像个小大人一样。每次父母亲无论是去赶场、或是去走亲戚回来，他们总会从衣服口袋里掏出糖果或者水果之类的食品来给我。总之，在父母亲的心里，时时刻刻想着的是他们的孩子，而唯独没有他们自己。

父母亲虽然在生活上无微不至地关怀和照顾我，但是他们并不过份地迁就和娇惯我，而是从小就有意识地引导和培养我喜欢读书上进和热爱劳动的品格。在我两三岁的时候，父亲就把我抱坐在他的大腿上教我念《三字经》或《百家姓》，虽说当时我并不懂得口中念的是什么意思，但这无疑很好地开发了我从小喜欢读书学习的兴趣和智力。我稍稍懂事，母亲就要求我要学会自己穿衣服和扣扣子、自己穿鞋系鞋带。在教我学洗脸时，又告诉我："洗脸要洗耳朵，扫地要扫角落"，即洗脸不能光洗脸蛋，要到处都洗到才能洗得干净。到五、六岁时，父母又让我同小伙伴们一起上山去放牛、割草或拣柴火，培养我从小就热爱劳动的习惯，而我也非常乐意同小伙伴们在一起，既干了活又玩得痛快。过去的农村没有电，也没有打米机和磨面机，农家吃的米和面都是自己家用石碓和石磨自己加工的，而加工大米和磨面的活大多在晚上或闲暇时间。每到舂碓和推磨时，父母也会叫我一起帮忙搭只脚或搭把手。到了收割季节，大人们忙不过来，我们小孩子也要一起参加拾掇庄稼。总之，作为农家的孩子，正是受到父母的教育和影响，我们从来就不娇气，从小就主动地参与干一些力所能及的农活。

我八、九岁上小学二、三年级的时候，农村已是农业合作化的高级社了，母亲及哥哥姐姐他们的农活都非常忙。小学放寒暑假时，我在家不仅要帮哥哥姐姐带他们的两个小孩（其中大的侄儿小我 5 岁），而且还要学煮饭和煮猪食喂猪。我们当地的农作物一般稻谷约占百分之六、七十，玉米占百分之三、四十，因此，平常煮饭的时候，常常要在大米里掺和部分玉米碴子或者玉米面，做成俗称包谷饭（实则是二米饭）来吃。玉米碴子与大米一起煮饭相对比较简单，只需将玉米碴子提前下锅煮到半熟，然后加大米下去一起煮到八成熟时捞出，再用筲箕过滤上饭甑蒸二十五分钟左右就行了。如果是用玉米面与大米一起煮饭，过程则相对比较复杂，因牵扯到要预先对玉米面用水进行发面和蒸面的处理，如果用水量掌握不好，就有可能煮不熟饭或将饭煮得过软而不好吃。为了能使我掌握好煮这种玉米饭的要领，母亲于是手把手地教我，她一边做示范一边放手让我实践。首先取适量的玉米面放在一个竹蔑簸簸里，洒上适量的凉水，用筷子将玉米面拌湿到不起团为好，然后将用凉水拌好的玉米面倒入饭甑中大火开水蒸第一道，蒸到差不多十多分钟已经半熟了。此时把蒸透了的玉米面再倒入竹蔑簸簸中，用筷子将玉米面团弄散，并再一次洒上适量凉水拌匀，最后将已经煮到七成熟并已过滤好的大米，与洒过两次凉水且已拌好的玉米面充分混合均匀，倒入饭甑中大火蒸二十五分钟左右，一甑香喷喷黄澄澄的二米饭就做好了。这个二米饭不仅营养丰富，而且口感也不错，还挺扛饿，农村人都喜欢吃。如果是新鲜的大米和新鲜的玉米煮的，那就更香了。不过我刚开始学煮的两、三顿饭，并没有获得完全成功，不是玉米面里的水加多了，就是水加少了，煮出来的饭不是太软就是太硬，但母亲及哥哥姐姐他们不仅没有责怪我，反而鼓励和表扬我，要我继续努力。后来经过不断地实践，饭就一次比一次煮得更好了。从此以后，每次放寒暑假时，母亲和哥哥姐姐他们去生产队上工，我就在家负责煮饭和带侄儿侄女，等母亲他们大人收工回来时，我的饭已经煮好了，大人们到家后直接炒菜就可以吃饭了。

现在仔细回想起来，童年时母亲教我学煮饭的经历，实际上对我长大以后从事专业学习和工作都有很大的帮助和启发。童年时通过学煮饭和带小孩，这在很大程度上锻炼和培养了我的耐心和认真细致的性格，比如煮这个玉米面做的二米饭就有不少步骤，每一步都环环相扣不能出错，否则饭就煮不好。我上大学学分析化学，工作以后搞科研做实验，操作流程更为精细复杂，每一步同样不能出现任何差错，而我每次都能完美地把控和掌握各种复杂精细的实验室工作，应该说与童年时期母亲对我的教育和引导是分不开的。

（三）

按照旧时农村的习俗，不管是男孩和女孩到了十四、五岁的年纪，父母亲就要托亲朋好友为孩子提亲找对象了，找到对象以后再过两、三年到了十七、八岁，一个个也就都结婚生子了。这样的结局自然大多都是包办婚姻，很少有自由恋爱的。虽然已是新社会了，但在上世纪五、六十年代的贵州农村仍然是这个习俗。由于我是家中的独子，父亲又去世得早，因此母亲对我的个人婚姻大事尤其格外重视。记得在我八、九岁上小学的时候，就隐隐约约地听母亲说要给我找对象了，可能因为那时年龄太小，后来也就不了了之。到我十四、五岁念初中三年级的时候，母亲托亲戚在六枝特区店子乡野鸭塘村，给我找了个比我小两、三岁的郭姓女孩做对象，当时我年龄小也不懂事，以为是说着玩的，偶尔过年时随母亲去过女孩家一、两次，根本就没有把这当回事。可谁知过了一、两年，在我上高中二年级上学期的时候，家里竟背着我请人去给女孩家定亲发八字了，并送了隆重的彩礼。此时，我才知道这个问题可是闹大了。旧时农村按照老一辈人的规矩，一对青年男女在订婚之前，要请先生算一下双方的生辰八字是否合得来，如果八字合得来，就要择个吉日由媒人连同男方家请的几个人一起，挑着聘礼去给女方家"发八字"（我们当地人又称"纳八字"）。如果女方家接收了，这门亲事就算正式定下来了。一般男方家送的彩礼是相当丰

1994.6.于贵阳花溪公园

厚的，既有吃的(比如有鲜猪肉、猪腿、鸡鸭、糯米粑等)，
也有穿的(比如有给女孩买的数套衣服、布料甚至绸缎等)，
还有用的(比如送一定数额的人民币现金)等等。媒人和男方
家请的三、五个人挑着彩礼送去时，到达女方家村头和家门
口，还要燃放烟花炮竹，仪式相当隆重。男方给女方家纳完
八字以后，一般过一两年就可选择良辰吉日正式结婚了。因
此，我估计家里的想法是，纳完八字等我过一、两年高中毕
业以后，十八、九岁就可以结婚了。当时我正上高中二年
级，学习也正是紧张的时候，哪有什么心思关心找对象的
事，而且我的志向是读完高中我还要接着上大学，根本就没
有想过要在农村早一点结婚成家生子。但当我听说家里已经
去给女方家纳了八字以后，我想如果不及时把这门亲事给退
掉，待到我高中毕业时家里要我结婚，我该怎么办？如果在
农村结了婚，那岂不是要误了我自己的个人前程？所以我决
定一定要把这门亲事给退掉。于是高二上学期结束放寒假回
到老家以后，我就毅然决然地对母亲和哥哥姐姐他们说：
"你们给我找的对象我不同意哇！你们不经我同意就去给人

家纳八字送彩礼，你们必须去把这门亲事给退了！"母亲和姐姐说："八字都纳了，彩礼也送了，总共还花了七、八十块钱呢，哪还能退呀？"我说："那我不管！你们纳八字之前也不先告诉我一声该不该纳？现在你们谁送的谁去退！"母亲和姐姐他们见我态度非常坚决，知道我肯定不可能同意这门亲事，于是只好托媒人去把亲事给退了，但送的彩礼什么的一样也没退回来。要知道七、八十块钱在上世纪60年代中期的贵州农村可不是个小数字，我也知道我这次退亲显然是白白地浪费了母亲和哥哥姐姐他们全家人好几年的劳动报酬。但这是有关我个人前程的终身大事，我不能马虎草率从事，为此，我深深地自责了许久。从那以后，母亲和姐姐他们再也不敢轻易替我做主谈对象了。

1966年6月份我高中毕业了，正准备考大学时，一场轰轰烈烈的文化大革命席卷而来，我的大学梦随即也就彻底地破灭了。在学校混了两年多以后，1968年底上山下乡运动兴起，69年元月下旬，我就不得不回到了老家的生产队。此时，我已是一个二十出头的年轻小伙子了。回到老家以后，当时母亲和姐姐他们非常高兴，以为我很可能就要在农村待一辈子了，而且我已经到了谈婚论嫁的适婚年龄，于是为我张罗提亲找对象的事，又摆上了母亲和姐姐她们的议事日程上来，她们四处托亲朋好友给我介绍对象。然而当时我上山下乡回到农村老家以后，心情非常失落，读了十几年的书，眼看高中毕业后就要上大学了，却突然来了场文化大革命，把我的大学梦打得粉碎。现在又上山下乡回到了农村这个原点，感觉前途一片暗淡，心情十分苦闷，做什么事都提不起精神，哪还有什么心思去找对象哦？但是一方面又迫于农村传统舆论的压力，于是只好违心地陪亲友去相亲，心想万一遇到有心仪的女孩子，不妨先处处对象再说。然而事与愿违的是，由于农村人的眼光和境界有限，他们看中的女孩往往讲究的是人家是否厚道，至于女孩本人是否上过学、长相是否清秀，基本不太在意。我随亲友去看了两、三个女孩以后，结果全都被我回绝了，因为他们介绍的女孩要么没怎么上过学，要么长相不怎么样，只是会干农活而已，这跟我心中想象的对象差距实在太大了。因此，到后来亲友们还要想给我介绍对象时，我索性就再也不去了。但为此，我没少得罪亲戚朋友，他们认为我们好心为你找对象，可你还不领情。与此同时，我拒绝去相亲还引起了某些农村人的误解，他们认为一个二十来岁的大小伙子不想找对象结婚，是不是身体有什么问题哟？母亲耳里听到这样的议论心里感到很是着急，但她又不好直接来问我，而我本人也不愿意同一般人表露心迹，在家里也不怎么说话，整天闷闷不乐的样子。当时母亲知道家门中吴明亮幺哥同我的关系最好，我们两弟兄互相都能说得上心里话。于是有一天晚上，母亲就去把吴明亮幺哥找来同我谈心，以便了解一下我个人具体有什么想法。明亮幺哥来了以后，毕竟他也是我们家门中读过不少书和见过世面的人，我们有不少共同语言，于是我就彻彻底底地向明亮幺哥讲明了我自己的想法。第一，我现在虽然已经回农村老家来了，但我还没有做好要在农村待一辈子的打算，所以我现在还不想在农村找对象结婚成家。第二，找对象要讲究门当户对、志同道合，两个人要有共同语言，然而现在在农村还找不到这样的对象。第三，我现在才二十一、二岁，还想再等两、三年，看看个人前途方面会不会有什么转机。因此，在25岁之前，我不太想找对象结婚，否则就有可能耽误了个人的前程。明亮幺哥听我讲完自己的想法以后，当即高兴地说："哎呦！兄弟呀，你的想法太对了！谈婚论嫁是个人的终身大事，的确马虎不得。听了你的想法，我会给你母亲老人家讲，为了你的个人前途着想，让她老人家不要再逼你去找对象了，等两、三年过了二十五岁以后再说吧！你是我们寨子里头读书读得最多的人了，我也非常希望你能从我们杉木寨这个大山里头走出去，给家族中的子弟做个榜样！"经过明亮幺哥这么一转达，母亲和哥哥姐姐他们知道了我的个人想法，从此以后他们就再也不提让我去相亲找对象的事了。后来的事实证明，我当时的判断和想法是完全正确的。回乡一年半左右，我就被抽调到当地公社机关去工作，1972年7月，我又被公社推荐去上了贵州大学，实现了我多年以来梦寐以求的大学梦，个人前途迎来了彻底的大反转。如果当年上山下乡回到农村老家以后，一心只想热心"经营自己的那一亩三分地，追求老婆孩子热炕头"的话，那我走的一定又会是另一条完全不同的人生道路。

(四)

1972年7月中旬高中毕业六年后，在对上大学完全绝望的情况下，又奇迹般的走进了梦寐以求的大学校园，当时心中的那种愉悦之情简直是难以言表的。因此，上了大学以后，心想一定要在大学里好好地努力学习，争取把失去的六年时间补回来。三年的大学学习生涯虽然短暂，但自己确实没有辜负家中母亲及哥哥姐姐他们的期望，学习成绩在班上始终名列前茅，而毕业分配时也有了理想的归宿。大学学习期间，尽管学习和兼任的社会工作十分繁忙，但是学习之余也曾考虑过，如有可能就想在班上交个女朋友，毕业工作以后就可以结婚成家了。因为我们班一共有四十来个同学，其中女生差不多就占了一半，而且当时自己心中也的确有心仪的女孩子，但是也许如老百姓说的缘分未到吧，直到毕业分配工作以后，最终男女朋友还是没有处成，多少给人留下了些许遗憾。大学毕业分配到研究所工作以后，转眼就到了二十七、八岁的年纪，当年曾给母亲许下的"过了25岁就找对象"的承诺，母亲时时刻刻都记在心上，而我却八字都还没有一撇。每到过年或偶尔回到老家时，母亲总是问我："老幺，你找到对象了没有？什么时候结婚呀？"而我每次都说："快了，快了！"母亲开始时听我说"快了"，立马高兴地说："那下次你把她带回家来给我们看看，如果可以的话，早点结婚算了！"然而找对象可不像购物那样简单和容易，也许是到了二十七、八岁的年纪，更不想随便凑合，一心非想找个心仪的女孩子不可。但是爱情又是可遇而不可求的，着急更是急不来的。大学毕业工作两、三年了，一直也没有找到合适的对象，后来每次回到老家，母亲就再也不相信我说的"快了"，而是急切而中肯地对我说："老幺，你是想挑个仙女呀还是个什么样的女孩子？你都二十八、九岁了，依我看你要能找个有些文化、又能勤俭持家、温柔贤惠的女孩子就行了，你年纪不小了，是该成个家了！趁现在我的身体还可以，等你结婚成家有小孩了，我还可以给你们带带孩子。"我仔细地想了想老母亲说的也对，男女结婚组成家庭，过的本来就是柴米油盐的日子，其中家庭主妇勤劳贤慧最为重要。转眼到了1978年的春天，经人介绍认识了一位四川姑娘小滕，见面第一印象感觉不错，人不仅长得清秀端庄，而且勤劳朴实。我带回老家去见了母亲及哥哥姐姐，他们看了小滕以后也都非常中意。后来经过进一步地接触和了解，双方互相都感到满意，于是就把恋爱关系正式地确定了下来。1978 年 7 月，我考上了中国科学院大学的研究生，同年 9 月又去安徽合肥中国科技大学研究生院参加研究生的基础课学习，一年学习期满，79 年 7 月返回贵阳以后，结婚成家终于提

1980年元月摄于上海王开

上了议事日程。同年 9 月 30 号，我和小滕终于正式去贵阳市南明区有关辖区的民政部门登记结婚了。当时单位的住房十分紧张，我们虽然正式登记结婚了，而且还是晚婚，可是我们在单位上并没有分到结婚用房，而住的是两个职工合住的一室一厅的集体宿舍，其中我的男同事夫妇住里间，我们夫妇住外间，于是我们外间又用几块大塑料布和衣柜隔出了一个走道，以供里间同事夫妇出入。我们结婚时，老家的哥哥姐姐尽其所能，请农村的木匠师傅用老家的木料为我们打造了一间床、一个衣柜、一张吃饭的小方桌及四个方凳。这几件家俱请人拉到贵阳以后，我们也无条件请客，只是花了百十块钱备办了一些生活必需品，然后买上几斤糖果，分发给单位上一起工作的同事，就算正式宣告结婚了。为了弥补对新婚妻子的歉疚，80 年元月中旬，我又借出差去青岛中科院海洋研究所收集研究生毕业论文地质样品的机会，回程在上海停留转车时，给贵阳的妻子拍去电报，让她来上海相会，

算是来了一趟结婚旅行。我们结婚以后，家里最高兴的自然是老母亲，当年春节，当我带着新婚妻子回到老家以后，母亲和哥哥姐姐他们又为我们在老家办了好几桌的婚宴，把当地能请到的亲戚朋友全都邀请来了，我们在老家高高兴兴地过了个中国农历新年。

　　转眼到了 1981 年元月上旬，眼看怀孕的妻子就要临产了，然而我们仍还住在没有任何取暖设备的两家合住的小单元房里。如果孩子降生了，自然需要在室内生铁炉子取暖兼煮饭，但在那么狭小的空间内，显然难以安身。不得已我只好去找一起工作的王道逦老同学商量，临时借用他家后楼的厨房供妻子生小孩坐月子用，这才解了燃眉之急。元月14日凌晨，我们的女儿在医院出生了。在妻子坐月子的头几天，不知是屋内的温度过高，还是别的什么原因，导致刚出生的女儿把觉睡倒了，每天晚上到了十来点钟就开始不停地哇哇大哭，而且一哭就要哭两、三个小时直到半夜1～2点钟才停止，但白天却呼呼大睡。由于我们是刚学做父母，对新生儿的夜啼毫无办法，幸好同一个小组一起工作的王正珍老师，育儿经验十分丰富，她知道这个情况以后，连续两、三个晚上来我们家帮忙给孩子洗澡、喂水等，如此料理了几次以后，过不了几天，孩子晚上就再也不哭闹了。

　　女儿出生以后，我们全家人都非常高兴。老母亲尽管当年已年届七旬，但她非常乐意来贵阳帮我们照看小孩。不久我们在单位分到了一套居住面积仅为18平米的一室一厅小户型单元房，房子虽小，但功能齐全，于是我们便把老母亲接来贵阳与我们同住。平时我们上班，老母亲在家照看小孩，并帮我们煮饭。人们常说："家有一老，胜过一宝"，此话的确不假。自从有了小孩以后，家中有个老人帮忙照看，夫妻二人就省事多了。不管我们什么时候下班回来，不仅屋里总是暖融融的，小孩也是喂得饱饱的，而且进门时饭也煮好了，等着我们自己炒菜就可以吃饭了。平时小孩的尿片、衣物什么的，也不用我们自己操心，一切都是老母亲一手浆洗。毕竟老母亲不仅自己带过包括我在内的四、五个小孩，而且还为我哥哥姐姐他们夫妇带大了六、七个孙子孙女，抚育小孩的经验十分丰富，我们女儿在奶奶的精心照料下，身体长得非常健壮结实，八、九个月大时，就已经开始咿呀学语了。两、三岁时遇到邻居，她就会根据邻居的外貌来判断，女的是应该叫奶奶、阿姨还是姐姐，男的是该叫爷爷、叔叔还是哥哥，邻居们见了都特别喜欢她。女儿十一个月大时，妻子又怀孕了，然而当时全国已实行计划生育，按照国家的计划生育政策，我们夫妇已不能再生第二胎了，于是妻子不得不去医院做了人流手术。为此老母亲特别想不通：既然已经怀上了，为什么不把孩子生下来？然而我们又何尝不想多要一个孩子？可是国家政策不允许啊！谁叫我们是国家工作人员呢？老母亲为此事一直耿耿于怀了很久很久。

　　女儿出生以后，老母亲就来贵阳帮我们照看小孩了。我想老母亲在农村操劳了一辈子，应该让她老人家享享清福了，而且尽孝一定要趁早，于是在我们的住房条件获得进一步改善以后，1985年左右，我们又把她老人家的户口从农村迁来了贵阳。和我们住在一起以后，当她在贵阳待上一年半载，想念起农村老家的猫啊、狗啊及孙子孙女来了，于是我们又把她送回农村老家去，以解她的思乡之情。当她在老家待上三两个月，又想念起贵阳的儿孙来了，于是老家的人又把她送来贵阳。在贵阳我们的小家里，除了为我们煮饭照看孩子以外，在我们居住的研究所大院里，她也找到了几个同样从农村来照看孙子孙女的老太太伙伴，闲暇之余，她会伙同曾婆婆、何婆婆以及肖婆婆等几个老太太一起上街去遛达，有时候还一起上东山的庙里去进香游玩等等。几个老伙伴上街去闲逛时，谁要是买到点糖果或零食什么的，她们都会你递来我递去的互相推让，俨然就像十几岁天真无邪的小伙伴们那样地开心和高兴。就这样来来去去的，老人家先后在贵阳住了十多年，而这十多年的时光应该也是她老人家最舒心和最幸福的日子。尽管老人家在我们家里一天也没有闲着，不是照看孙女就是洗衣煮饭，但是在她老人家看来，在家里有点事做才过得充实，如果无事可做那才叫无聊。因此，完全可以看得出来，老母亲与我们同住的这十几年，应该是她老人家一生之中与儿孙相聚、尽享天伦之乐的美好幸福时光。

时间转眼到了1993年左右，老母亲已经80多岁了。可能她老人家自我感觉年老体衰，万一生病了会给我们增添麻烦，同时孙女也一天天长大了，基本上也不需要老人照管了。于是她老人家就主动提出来，要回农村老家去养老，贵阳她不想再待了。本来我们是想一直留她在贵阳养老送终的，无奈她老人家一辈子生长和操劳在农村，执意非要回老

家去不可。看来她老人家是想要落叶归根了，于是我们只好
满足了她的要求和愿望，1993 年底我们就把她老人家送回到
了农村老家。

老母亲回农村以后，开始一段时间我们还不怎么习惯。
一是家里突然少了个老人，感觉好像冷清了许多，二是以往
下班回来，家里的炉子总是旺的，饭也是煮熟了的，等着炒
菜就可以吃饭了。现在情况却不同了，下班以后回家来我们
才开始煮饭，有时甚至还要重新生炉子。第三嘛，由于父亲
去世得早，从小与母亲相依为命，我们母子的感情尤其格外
深厚，作为人子，有老母亲在身边，心里才真正有家的感
觉，心中时时刻刻都充满着幸福感。老人家回农村老家以
后，听我姐姐说，开始一段时间她老人家也不习惯，嘴里总
是叨念着贵阳的家和小孙女。为此，老母亲回去的那几年，
我每年也要回老家去探望她老人家好几次。每次回去，我也
会买些她喜欢吃的东西，比如香蕉呀糖果呀或桔子、饼干等
食品带回去送给她吃，就像她待我小时候的那样。如此的来
回走转，直到 95 年 5 月我第一次赴加拿大做访问学者时为
止。每次回去看到她老人家的身体虽大不如前，但基本上没
有什么大的毛病，而我哥哥姐姐对她老人家也十分孝顺。为
此我出国以后也十分放心，对老母亲的晚年基本没有什么后
顾之忧。

（五）

1996 年 6 月中旬，我公派去加拿大做访问学者一年期满
回到贵阳以后，我立即回老家去探望老母亲。一见面母亲就
对我说："老幺，你出国回来啦！那地方有多远啊？怎么去
了那么长时间？"我说："我去的国家叫加拿大，离我们这

里有两、三万里路远呢！坐飞机要坐二十多个小时，我在那里工作了一年。"她说："怎么去那么远的地方工作？贵阳这里不是挺好的吗？"我说："我的工作单位还在贵阳，去加拿大是短期的。"母亲又说："还是贵阳这里好、这里近，有什么事半天就到家了。"可以看得出来，老母亲对我的出国远行，显然是不太理解和不太乐意的，她担心万一相隔太远，母子要见上一面恐怕是难上加难了。

转眼间来到了 97 年的 2 月份，我又决定要第二次出国了。临行前我去老家同母亲及家人告别，告诉她老人家我又要去加拿大工作了，并告诉她说半年左右我就回来了。老母亲听了以后说："你不是才回来几个月嘛！怎么又要去那么老远的地方了？贵阳这里有工作，在这里做就行了。我现在年纪大了，身体衰弱得很，你去那么远的地方，万一我有个三病两痛的，恐怕很难得见你一面哩！"我安慰她老人家说："妈，您别担心！现在交通方便得很。我去了以后家里有什么事，哥哥可以去贵阳找吴侠和她妈妈。万一您生病了，叫哥哥给我打个国际长途电话，两、三天我就赶回来了。"其实我当时这么说，只不过是想安慰安慰她老人家而已，真正到老母亲生病时，我能不能按时赶回家来，压根就没有仔细地想过。我想的是老母亲现在虽然

1999.7.

已八十六、七岁了，但身体看起来没有啥大的毛病，我估计她老人家活到九十多岁应该没有什么问题。于是我好言安慰了老人家一番，在老家待了两天以后，怀着依依不舍的心情告别了母亲和哥哥姐姐他们，97 年 2 月中旬我第二次来到了加拿大。

这次回到加拿大以后，一场突如其来的变故彻底打乱了我原先的计划。到渥太华后一、两天，我得知国际合作项目的老板高赛茨教授因患肝癌已于 97 年元月初去世了。这个如其来的消息使我感到大吃一惊，如此一来，我在加拿大就失去了项目的资助对象和依托。是继续留下来还是返回中国去，这个问题摆在了我的面前。我心想这次来加拿大本是迫不得已，如果马上就返回去，那又怎么向所里的人解释？如果想继续留下来，那就得想办法尽快解决身份问题。好在当时解决身份还算顺利，接下来就是找工作的问题了。不过在办理家属的随迁问题时，因为体检再三出现变故而被耽误了下来，由于我在加拿大已站稳了脚跟，家属的随迁问题早晚总会获得解决。果然到了 99 年 5 月份妻子和女儿的移民签证终于获得了批准，同年 7 月底，全家人终于在渥太华实现了团聚。妻子和女儿启程来加拿大之前曾回老家去探望了老母亲，并告知哥哥姐姐他们，她们母女俩准备离开中国前来加拿大团聚。从妻子回老家去回来反馈的情况，以及她们母女俩在老家与老太太一起合影的照片来看，老人家的身体状况似乎大不如前，但我当时估计两、三年内应该不会有什么大的问题，因此妻子和女儿来加拿大以后，我的计划是过一两年即 2001 年左右，我再回中国去探望她老人家。

　　转眼来到了 2000 年的 4 月中旬，眼看加拿大的传统节日复活节就要到了。一个周末的早晨，我去超市购物时，看到店里售卖的百合花开得十分艳丽，于是我就顺带买了一盆拿回家来放在客厅里。然而这盆原本非常鲜活艳丽的百合花，买回来放在家里还不到一个星期，我们既未浇水、也没施肥，这盆花竟然逐渐地就枯萎死掉了，为此我和妻子还感到非常奇怪。因为以前我们也经常买花，但从未出现过这样的情况。这盆花刚死掉没两天，另一件蹊跷的事情又发生了。大约是 4 月 22 或 23 号的一天晚上，在我们家厨房天花板的夹缝中竟然会有一只小动物（似乎像是花栗鼠），在缝隙处抓狂。它似乎是想从天花板的夹缝中钻出来，无奈天花板的夹缝太小，它的头根本钻不出来，只能看到它的爪子在夹缝边缘处乱抓乱抠，而且一刻不停地弄得很响，整个晚上都使人无法入睡。这个小动物如此连续地折腾了两个晚上以后就消失不见了。当时我们租住的是一栋三层的楼房，我们住在一楼，厨房位于一楼的中央位置。厨房前面是女儿的卧室和客厅，厨房后面则是我们的卧室，我们的上面还有两层。小松鼠要从楼顶或楼房侧面进入我们一楼厨房的天花板夹层中，应该是几乎不可能的，然而此事居然就发生了。就在小松鼠刚刚折腾了两天消失不见以后，4 月 25 号晚上我们就接到了哥哥从中国打来的国际长途电话，告知老母亲病危了，要我赶快赶回老家去不可。接下来又发生了另一件不可思议的事情。大约是接到老家打来报信的国际长途电话后的一两天，因我上的是下午 3 点钟的中班，中午吃完饭后洗碗，当我双手把一个吃饭的青花小瓷碗拿到厨房水槽的自来水龙头上去冲洗时，手并没有使劲，突然小瓷碗竟然在我的手中整整齐齐地被掰破成了两半，而且断口还是新鲜的。我当时就得了一惊,心想是不是老母亲不行了?心里顿时慌乱起来。后来把这几件奇怪的事情结合起来一琢磨,我想原来这枯萎而死的百合花以及钻进厨房天花板夹缝中的小松鼠,它们很可能都是来为病危的老母亲报信的。而老母亲去世的那一天是4月27号,也正好是我洗破小瓷碗的那一天。这几件十分蹊跷的事情,对一般人来说简直是不可思议的,而且很可能都不太相信是真的,然而它们竟然在我的老母亲病危期间,接二连三地在我及家人的身边就相继发生了。这似乎可以说明在感情至深的亲人之间,在生死悠关的危急时刻,他们似乎可以通过二者之间的磁场或是某种不可知的能量互相进行沟通或联系,也许就是人们常说的心灵感应吧。

自从接到哥哥从中国打来的国际长途电话告知老母亲病危的消息以后,我的心情非常焦急,无奈当时由加拿大飞中国的国际航班不是天天都有(每个星期仅有两、三班),加上渥太华是个中小城市,没有直达中国的飞机,回中国往往需要从温哥华或多伦多等大城市去中转。因此,4月28号当我乘上回中国的航班时,经过三转两倒的来回折腾,我回到老家时已是5月2号了。当时老母亲不仅已经去世,而且已经安葬几天了,最终我还是没能最后见到老母亲一面。回去以后听姐姐说,老母亲是4月中旬开始生病的,她生病以后一直都在叨唸着我。开始时家里并不太在意,认为像过往那样过个十天半月或许就好了。可是到了4月20号以后,她的病情逐渐就加重了,她可能知道自己已时日不多,于是她要家里赶快打电话通知我,要我赶回老家去见她一面。到最后一两天大概是4月26~27号左右,她反复地对我姐姐说:"你们究竟是通知小老幺了没有?怎么还不见他回来?你们快点叫他回来，来晚了我怕是见不到他了嘞！"临终前她仍在不断地都叨念着我的名字，因此可以说，老母亲是在无限的期盼和等待中去世的。真的是儿行万里，母子连心啊！现在仔细回想起来，在老母亲临终前未能见到儿子一面，既是她老人家的终身遗憾，同时也是我作为人子的终身遗憾啊！

回顾我的一生，我最要感激和报答的是我的老母亲。她老人家不仅给了我生命，而且还抚育我健康地成长。在我的童年时代，她教给了我劳动的技能和做人的道理，并激励了我的一生。在那人人都吃不饱饭的困难年代，是她老人家和我姐姐顶酷暑、冒严寒，一年四季利用周末和闲暇时间，不辞辛劳地挖野菜去卖，含辛茹苦地供我上学读书，使我顺利地完成了中学学业。在我成家有小孩以后，又是老母亲不顾年高体弱，心甘情愿地为我们照看小孩和浆洗煮饭，默默无闻地为我们的小家庭做奉献。因此，可以毫不夸张地说，母亲的一生，时时刻刻所思所想的都是为了她的孩子，而唯独没有她自己。如果没有母亲，就不会有我的人生和我的今天，我人生中所取得的任何一点点进步或成绩都有老母亲的功劳。

"谁言寸草心，报得三春晖！"母爱无疆，母恩却难以回报。然而尽管如此，母爱无私，却亲情永在！母亲，你对儿子的恩情和大爱，我今生今世又岂能忘怀？因此，我将永远无比地怀念和感恩我的母亲！

第十三章 淡泊名利 乐享晚年

（一）

近些年来有了解我在国内工作经历的朋友常问我："老吴，你移民来加拿大是赚了还是亏了？"我说："这怎么说呢？或许不同的人会有不同的答案。就看你从什么角度出发，而且也不是三言两语就能说得清楚的。"如果从名利地位的角度出发，那我可能真是亏了。因为如果我不出来，退休时的身份至少应该是个研究员（教授）。可是来加拿大以后，因为合作教授去世导致我的研究工作中断了，改行做了普通工作，因此我现在就是一个普通老百姓。如果从这个角度看，那我是亏了。但是作为一个普通老百姓生活在加拿大，我觉得活得非常轻松愉快。因为在这里作为一个普通老百姓，谁也不会觉得低人一等，人与人之间的相处少了许多国内的那种互相攀比的浮躁心态。在加拿大，不管你是当官的还是普通老百姓，谁都没有什么特权。去政府部门和别的什么地方办事，该办的马上就办，甚至打个电话、或者在网

2001.5 渥太华
道思湖畔

络上点一下，事情就办妥了，根本没有人会刁难你，更不存在要请客送礼或托人情找关

系。也就是说，在这里哪怕是个普通老百姓，也同样活得有尊严。另外，加拿大实行全民免费医疗，每个公民或永久居民（即持绿卡者）都有一张各省发的医疗卡，生病了去医院看医生、住院治疗或手术，自己不用掏一分钱，甚至连住院吃饭都是医院管，而且全部免费，也不用家属陪护；年满65周岁的老年人，医生开处方买药基本上不用自己花钱，药费由政府买单。加拿大公民或永久居民（即持绿卡者）年满 65 周岁，且在加拿大居住满 10 年，就可以领取政府发放的养老金，而养老金的多少与你在加拿大居住时间的长短有关，如果是没有任何工作或收入的老两口，每人每月可领到$1500加元左右，因此，两老口每月的养老金收入总共大约有$3000 加币左右。这笔养老金虽不算丰厚，但解决生活问题那应该是绰绰有余了。这里物价总体不贵，而且价格相对稳定，一点也不觉得生活有什么问题。来加拿大以后，或许是因为心情舒畅，又或许是生活的自然环境好等因素，二十多年来，身体一直处于健康状态。如果还在国内，由于长期处在超负荷的工作状态，加上国内的饮食文化和习惯，少不了要经常与同事、朋友等吃喝应酬，那么到退休的时候，身体的健康状况应该是令人堪忧的，根本不可能有现在如此健康的体魄。因此从个人的身心健康角度

2019.3.与好友李浦群(左)摄于温哥华斯坦利公园

出发，来加拿大是亏是赢应该是秃子头上的虱子---明摆着的吧！

　　另外，我们再来分析一下加拿大的国情，进一步看看移民到加拿大有什么好处？加拿大位于北美洲北部，东临大西洋，西濒太平洋，南接美国本土，北靠北冰洋。其国土面积将近1000万平方公里，是世界第二大领土大国。整个加拿大除西部落基山脉以外，中东部主要为低矮高原和平原，地势平坦、湖泊众多，自然资源极为丰富。加拿大的农牧业十分发达，是世界小麦的主要出口国和最大的渔产品出口国。同时，加拿大的矿产资源极为丰富，其中石油储量仅次于委内瑞拉和沙特居世界第三位。加拿大全国人口约为3800万，大约仅为中国人口的四十分之一，是一个地广人稀的国家，人均占有的矿产资源量、森林面积、可耕地面积以及淡水资源量均居世界前列。相比之下，中国虽然也是个地大物博的国家，但由于人口基数太大，人均资源占有量却不高。因此，生活在一个真正地大物博而人口

又很稀少的国家，人与人、人与自然之间将非常容易和谐相

处。正是由于具有如此优越的自然条件，加拿大当之无愧地就成为了国际移民首选的国家之一。

其次，加拿大是一个高度发达的资本主义国家，制造业、高科技产业及服务业极为发达。资源产业、制造业及农业是国民经济的主要支柱，人民的生活水准很高。由于加拿大社会福利制度健全，加拿大人对养老保险、医疗及子女教育基本上没有任何后顾之忧。此外，加拿大是一个移民国家并实行多元文化政策，各少数族裔均享有独立使用本民族语言文字和保留本民族文化与习俗的权利。加拿大人热情友好，社会安定平稳，犯罪率极低。在世界上近 200 个国家中，加拿大人民的生活品质堪称优秀，在联合国开发计划署公布的人类发展报告中，加拿大连续多年蝉联世界最适宜人类居住地的美誉。因此，加拿大是国际移民最为向往的国家之一。

综上所述，我之所以在年近半百的事业高峰期选择定居加拿大，一方面是在原工作单位长期受到不公正对待，甚至受到无理刁难和打压，在人生道路上遭遇到了挫折。另一方面，显然是加拿大优美的自然环境、热情友好的

国民以及平稳安定的社会生活环境深深地吸引了我。而这两个方面比较起来，其中第一条则是主因。我想既然原单位的当权者长期刁难、排挤、打压，那么"此处不留爷，自有留爷处"，我何不一走了之呢？唯有如此才能排解心中的烦恼和不快。此外，在我95年出国访问之前，因胆结石引发胆囊炎住院做手术时遭遇意外，差一点下不了手术台，后经全力抢救才捡回一命。因此，这段患病经历毫无疑问地对我后半生人生道路的选择也具有不可否认的影响。患病经手术康复后我便反复地思考和审视人生，同时也反复地拷问自己的灵魂：人生在世究竟是为了什么？人世间究竟什么才是最可宝贵的？是金钱、名利、地位吗？假如人的生命和健康都没有了，金钱、名利和地位又有什么意义？经过反复地思考和回顾，我终于明白，人生在世，唯有生命和健康才是最可宝贵的，其余的比如金钱、名利、地位等等都是身外之物，都是过眼云烟。因此，当我挺过胆囊手术以后，我就十分庆幸自己还健康地活着，于是我时时刻刻怀着感恩和愉悦的心情，感谢上苍对我的眷顾，无论身处何种逆境我都始终从容面对。我想虽然人生之路遭遇了困境，但我决不能在人生之路上止步不前，而是要尽己所能，勇敢地去接受挑战。因此，当我选择定居加拿大时，我完全清楚在这里我有可能会失去原有的专业工作而重新择业，这对一个年近半百的人来说，其难度是可想而知的。然而对于一个既经历过死亡考验，又从小吃过很多苦的人来说，这又算得了什么？大不了就重启人生嘛！说不定这么一转身，还有可能闯出一片新的天地来，而且在奋斗的过程中，还可以欣赏到不一样的风景。因此，看淡人生、看淡金钱、看淡名利和地位，唯有健康的身体和轻松愉快的生活才是我所追求的，而加拿大正是我追求健康生活的理想家园。这就是我在年近半百的人生事业高峰期，选择急流勇退而定居加拿大的真实原因。

平时还有朋友对我说：既然你在国内长期遭遇不公，那你对中国应该不会有什么好印象吧？我对这些朋友说：这你就错了！我在国内工作时，刁难和打压我的只是单位上个别得瑟的小人和恶人，他们代表不了单位，更代表不了中国。相反，我对原工作单位仍然怀有美好的印象和感情。至于中国，那是我的祖籍国，是生我养我和培养我成长的地方，是我的根之所在地，我永远怀念和热爱她。加拿大是我现在的国家，从踏上这块土地的那一刻起，我就喜欢和热爱这块土地和这个国家。也就是说我既热爱我的祖籍国中国，也热爱我现在的居住国加拿大，我对她们二者都怀有相同的感情，我绝不会做出任何有损于这两个国家的任何行为。

（二）

在国内工作了将近三十年后，来到加拿大又工作了将近二十年，到2015年就算正式退休了。人们常说：光阴似箭，日月如梭，转眼间就已年届七旬，人生已步入老年。前几年就有朋友问我，退休以后如何规划自己的退休生活？我告诉他们，我也没有什么详细的规划，总的原则就是做自己喜欢的事情，开心快乐地生活。而我喜欢做的和想要做的不外乎是阅读、旅游、垂钓和健身等等，而这几项活动都是我年轻时为了工作和孩子而不得不放弃的兴趣爱好。现在既然退休了，手头有一大把时间，身体和精力都不错，于是读书、旅游、钓鱼、健身，再加上写作就成了我生活的主旋律。退休已经五、六年过去了，自己不仅已读了不少书，而且国际国内也旅游了好几趟，同时也钓了鱼，锻炼了身体。如果不是新冠疫情肆虐，每年一次的国内游和国际旅行肯定还会照常进行。虽说现在已七十好几了，但既能吃得下又能睡得着，身体也没有什么大的毛病，自我感觉状态良好，记忆力和写作能力也都获得了提升，现在每天都觉得时间过得很快，有时甚至还觉得时间好像还不够用似的。

也许是儿时受到父亲的影响，从小我就喜欢上学和读书。在青少年时期除了上小学、中学接受学校的系统正规教育以外，业余时间也阅读了不少文学书籍，比如《三国演义》、《西游记》等四大古典名著，以及《隋唐演义》、《杨家将》、《说岳全传》等许许多多章回小说和古典文学名著。还有《林海雪原》、《敌后武工队》、《青春之歌》等数十部凡是当时能找得到的现代文学长篇小说，基本上全都读遍了。文革中学校的图书馆几乎完全开放，凡有兴趣的学生都可以在图书馆找到自己感兴趣的书来读。于是当年又读了不少当时的所谓禁书，比如《金陵春梦》、《赫鲁晓夫传》、《金瓶梅》等等，也读了部分世界名著，比如《战争与和平》、《红与黑》、《基督山伯爵》等等。通过这些课外的大量阅读，既丰富了自己的文学知识，又间接地提高了自己的语文成绩和写作水平。大学毕业、尤其是研究生毕业参加工作以后，由于身兼行政和业务两职，工作十分繁忙，不仅没有时间阅读自己喜欢的文学书籍，就连当年十分流行的许多电视连续剧和电影也都没有看过。出国以后，由于刚到一个崭新的国度，因重新创业工作十分繁忙，因此最初几年也没有时间好好地安下心来读书。2016 年退休之前和退休以后，利用回国探亲访友的机会，每次都从国内购买了不少中文书籍，通过托运或随身携带回加拿大来阅读。经过这些年的努力，家中已积累了上百册中文图书。其中既有《史记》、《资治通鉴》等中国典籍，也有《战争与和平》、《巴黎圣母院》等一系列世界文学名著，还有《时间简史》、《人类简史》等各种科普读物，以及不少世界自然地理及大量养生保健方面的书籍，基本上可以做到想读什么类型的书，就可以随手拿取，充分地满足了个人精神生活方面的需求。

说到旅游，这是我从小就有的一个梦想和喜好。工作以后由于工作需要，作为科研人员的我业务出差十分频繁，因此，二十多年间，足迹几乎遍及全国各地，出差期间也游览了不少名山大川及名胜古迹。但是限于当时工作任务在身，其目的主要不在旅游，而是在繁忙的工作之余想放松自我，加上当年的旅游设施大多比较简陋，因此当时的出差带旅游，基本上属于走马观花性质。于是退休以后就想好好地在中国国内和国外走一走，看一看，弥补年轻时的许多遗憾。

我的第一趟国际旅游是 2016 年 12 月中旬，与女儿女婿一家东加勒比海的豪华游轮之旅，这趟旅行是由女儿女婿公司组织赞助的。我们一家九口人（女儿女婿家五人，加女婿的父母，再加我们老两口），连同女儿公司的十几个人一道总共二十多人，于 2016 年 12 月 10 日从美国迈阿密港口，乘坐豪华游轮诺维珍畅意号(Norwegian Getaway Cruise)游览东加勒比海地区。这艘畅意号游轮是诺维珍邮轮公司于 2014 年最新打造的大型豪华游轮，整条船重约 15 万吨，有船员约 1700 人，载客量为 4000 人。全船总共有 19 层，其中 1～5

层位于甲板以下，甲板以上有15层。船的顶部设有大型游泳池及冲浪设施，还有篮球场、小型高尔夫、攀援等各种健身及游乐设施，各个年龄段的人都可在船上找到乐趣。船上还有大小餐厅多间(包括大型自助餐厅及点餐餐厅)，而且餐厅实行24小时全天候开放，游客什么时候想吃、吃什么、吃多少，完全随个人的意愿并完全免费。邮轮一般是晚上开行，白天靠岸让游客上岛去观光游览。在六天的豪华邮轮旅途中，我们先后游览了东加勒比海的英属维尔京群岛和美属维尔京群岛，充分地饱览了东加勒比海群岛的绚丽自然风光，领略了当地的风土人情，是一次从未经历过的别开生面的旅行，在人生中留下了难忘的印象。而且这种超大型豪华邮轮旅游，尤其特别适合有老人和小孩子的家庭，因为乘坐这样的豪华邮轮旅游，不用走很多路(甚至可以不用走路)，既可以饱览沿途的风光，又能享受到船上六星级的服务，是一项既舒适又省力的旅游新体验。

　　我的第二趟国际游是 2017 年 9 月中至 10 月初的欧洲之旅。欧洲既是近现代文明的诞生地和中心，也是古希腊、古罗马文明的发祥地，文物古迹众多且保存十分完好，是国际游客最为向往的旅游目的地之一。这一趟旅游是由旅居法国的华人旅行社组织的，游客也全是华人，且来自世界各地。整个旅行团大约为 40 人，乘坐的是豪华旅游大巴。整趟旅行为期十天，其中前三天在英国旅游，后七天在法国、瑞士、意大利、摩纳哥等地游览。这趟行程从英国伦敦开始，法国巴黎为终点。我于 9 月 19 号晚上从加拿大渥太华

2017.10.英国苏格兰

乘飞机赴英国伦敦，20 日与旅行团的其他游客在英国伦敦会合。在英国的三天，我们先后游览了伦敦、剑桥、约克大教堂、爱丁堡、罗切斯特、温德米尔、曼彻斯特等典型的英国城镇，最后还游览了英国大文豪莎士比亚的出生地沃里克郡的斯特拉福小镇及其故居。英国的确不愧为欧洲工业革命的

2017.10 英国沙士比亚故居前留影纪念

发祥地，不仅历史悠久，而且工农业及高科技产业极其发达，国民的生活水准明显要比欧洲大陆本土高不少，英国之所以选择脱欧，显然是有其充分理由的。沿途的高速公路两侧，除了大片大片的农田以外，山坡上到处都是绿草茵茵的牧场。城镇的民居建筑群虽然不算高大，但设计精巧、错落有致。

英国的旅游结束后，我们的旅游大巴离开英国，穿越英吉利海峡的海底隧道来到法国巴黎。接下来的几天我们从巴黎出发，先后游览了瑞士的琉森以及意大利的米兰、威尼斯、罗马、梵蒂冈教皇城、佛罗伦萨、比萨等历史文化名城。然后又从地中海沿岸折返进入法国，先后游览了摩纳哥大公国及法国的尼斯和嘎纳小城。整趟欧洲之旅给人的印象是，瑞士虽然是个不大的山国，但是它的自然风光却宛如天堂，进入瑞士以后犹如到了童话世界，到处都是雪山、森林、草地和湖泊。这里的山顶有白雪，山腰有森林，山下则

是牧场，整个国家犹如一座公园。因此，瑞士又被称为欧洲的后花园。其次，意大利不愧是欧洲文化的摇篮，这里孕育出了灿烂的古罗马文化和伊特拉斯坎文明，中世纪又催生了文艺复兴。意大利文物古迹众多，而且保存完好，是世界上文化遗产最多的国家，也是意大利取之不尽、用之不竭的旅游资源。

　　我的最近一趟国际之旅是新冠疫情之前，2019 年 10 月上旬的日本之行。

2019.10 日本东京
皇宫前留影

说到日本游，这是我的第二次到访。1985 年 10 月，我曾陪同导师郭承基院士访问日本一个月，那时我们先后参访了东京、京都、奈良和大阪。当年的中国同日本相比，反差是如此之强烈，即一边是日本高度发达的资本主义社会，城市里到处都是高楼大厦，物质产品极大丰富，街道整洁，行人穿着光鲜亮丽；而当时的中国则刚刚开始改革开放，城市建筑破旧，物资短缺，街道上车水马龙，其中个人交通工具则以自行车为主。人们的穿着单一、灰暗。因此，当年的日本之行给我留下了深刻的印象。如今三十多年过去了，中国已发生了翻天覆地的变化，为此我一直想找个机会再去日本，来一趟旧地重游，看看几十年后日本有什么变化。终于在 2019 年 10 月上旬参加了一个旅游团，实现了再次访问日本的愿望。我于 2019 年 10 月 4 日中午乘机离开加拿大多伦多前往日本东京，飞机途中在卡尔加里机场作了短暂停留，然后继续起飞，于10月5日下午3点左右到达东京成田机场。当天晚上下榻在距离东京仅一步之遥的千叶县拉迪逊酒店（Radisson Hotel），第二天我们在东京市内观光，先后游览了浅草寺、日本皇宫前的公园、银座等。接下来几天我们又先后游览了富士山及富士山脚下的著名小山村忍野八海、蒲郡市、名古屋、京都、奈良及大阪等城市的名胜古迹。此次时隔三十多年后再访日本，总体给我的印象是，日本各大城市的市政建设和市容市貌，三十多年来基本没有发生什么明显的变化。如果仅从城市的市容

市貌和市政建筑的豪华程度而言，中国的城市可能还要更胜一筹，尤其是机场和火车站，更是中国各大城市的一张靓丽名片。但无可否认的是，日本在二战期间各大城市均遭到了

2019.10.日本忍野八海小山村

严重的毁坏，上世纪六、七十年代，日本经济实现腾飞以后，城市的市政及各种基础设施建设已经基本完备，虽历经数十年，而今仍能发挥正常功能，不过外表看上去的确是显得有些陈旧了。

（三）

云南是我老家贵州的近邻，云南省境内拥有众多的旅游资源，是中国的一个旅游大省。我大学的老同学兼好朋友徐渝春先生，大学毕业后调云南省公安厅工作，2010 年退休以后，他多次热情地邀请我，要我去昆明同他一道到云南各地去走走看看。由于盛情难却，于是我于 2018 年 4 月和 2019 年 4 月两赴云南，先后与渝春老同学一起游览了云南西部的保山、芒市、瑞丽、大理及丽江等地，亲身体验了祖国西南边疆少数民族的独特风情与文化，饱览了云南边疆地区的绚丽风光。

　　2018 年 4 月的瑞丽之行，当时应邀一同前往的还有贵大化学系的同班老同学肖天禄。我们三人在昆明相会后，渝春同学还专门请了个司机开车，拉着我们三人一路向西进发，沿途经楚雄首先到达距离昆明大约 500 公里的保山市。保山是祖国西南边陲的一个边防重镇，自古以来就是兵家的必争之地。保山还具有悠久的历史和厚重的文化底蕴，是南方古丝绸之路博南古道的必经之地。保山古称永昌郡、永昌府，此地最为人称道的是，永昌所产的围棋被世人称为"永昌棋"，又称为"永子"，已有五百多年的历史。永昌棋（永子）是围棋子中的极品，明清时期就已名扬天下。保山市建有永子棋院，其独特的六层仿古楼台式建筑高大雄伟，颇有几分皇家园林的豪华气派。

　　我们的第二站。来到了云南德宏傣族景颇族自治州的首府芒市。芒市旧称潞西，2010 年 7 月经国务院批准，潞西市更名为芒市。潞西是渝春老同学文革时期上山下乡的首选地，数十年过去了，但老同学仍旧对此地怀有一种难以名状的特殊感情。我们到达芒市的当晚，下榻在芒市的地标式建筑芒市宾馆。芒市宾馆修建于 1956 年，具有六十多年的历史，其间曾接待过周恩来总理、缅甸总理吴巴瑞等众多国家领导人。宾馆大门前的植物园内有周总理和缅甸总理吴巴瑞亲手种植的两棵象征中缅友谊的缅桂树。我们在芒市游览了名胜古迹之余，还品尝了当地景颇族的美食，其中就有油炸竹节虫等昆虫食品，真是别有一番特殊风味。

2018.3 瑞丽（左边为作者，右边为徐涌春）

秀，这就是著名的一寨两国。此外，瑞丽最著名的旅游景点还有姐告国门、畹町桥、独树成林等。畹町桥是一座抗战胜利的纪念桥，二战时期日军封锁了中国所有的出海口，滇缅公路成了国际反法西斯阵营援助中国战略物质的唯一通道。因畹町桥是滇缅公路的咽喉要地，因此，畹町桥为中国的抗战胜利发挥了重要的作用。

此行从瑞丽返回昆明的途中，我们又游览了大理。大理地处云南西部的洱海平原，其背靠苍山、脚踏洱海，是古南诏国和大理国的国都，曾作为古代云南地区的政治、经济和文化中心，时间长达500余年，具有厚重的文化积淀，是中国首批十大魅力城市之一。大理名胜古迹及旅游景点众多，其中最著名的有南诏国古城遗址、大理古城、大理三塔及蝴蝶泉等等。不过乘坐苍山索道游览苍山，则是别开生面的一种全新体验。我们从苍山索道起点苍山脚下的《天龙八部》影视城开始，经七龙女池至玉局峰洗马滩的苍山顶部，总高差将近2000米。索道沿途修建有栈道、风雨亭廊、医疗救护站等。乘索道上苍山，游客将把仓山顶部的皑皑白雪及苍山脚下的大理古城一览无余，让人领略到了苍山的高大雄伟、苍山顶部低矮的杜鹃林及冷杉等独特风光。尤其值得一提的是，当你站在海拔约2200米的苍山脚下、气温为二十五六度时，感觉犹如夏天一般的炎热，然而一旦乘索道到达海拔为4000余米的苍山顶部，气温一下子就降到了零下十几度，游人的感受犹如掉进了冰窖一般，短短二十分钟之内，游客就经历了冰火两重天的体验。

2019年4月的丽江之行，我与渝春及其老朋友老张等一行四人，是从昆明乘火车去丽江的。我们早晨8:30左右从昆明出发，下午1:30左右火车到达丽江。渝春的纳西族好朋

2019.4.大理苍山顶上

友和云龙在丽江火车站迎接我们。和云龙是一位看上去约莫

2019.4丽江(自左至右:徐渝春、和云龙、作者)

四十来岁的典型纳西族小伙子，古铜色的脸庞中等个子，为人十分忠厚而谦和、热情而友好，他作为我们丽江之行的东道主和向导，全程在丽江陪同和接待我们。当晚和云龙在餐馆设宴款待我们，并安排我们下榻在毗邻丽江古城的束和古镇。束和镇，纳西语称为"绍坞"，意为高山之下的村寨，是纳西族先民在丽江坝子中最早的聚居地之一，也是茶马古道上保存完好的重要集镇，是纳西族先民从农耕文明向商业文明过渡的活标本。民居是束和古镇建筑群的集中代表，其中"三坊一照壁"则是纳西民居的典型结构布局。丽江古城又称大研古镇，是一座集自然遗产、文化遗产和记忆遗产于一身的中国历史文化名城，同时也是中国罕见的保存相当完好的少数民族聚居城市，它拥有绚丽多彩的地方民族习俗与娱乐活动，比如纳西古乐、东巴仪式、占卜文化、纳西族火把节等等，是一座别具一格且具有独特魅力的旅游城市。丽江古城作为少数民族聚居的城市，以纳西族的民居建筑为主体，从城市的总体布局到工程及建筑风格，虽已融入了多民族的精华，但仍具有纳西民族的独特风采。古城的民居以木材为主体，而街道则以青石石板和石条铺就，使整座古城愈加散发出古色古香的气息。与此同时，以玉龙雪山融雪为主体汇集而成的清澈透明的河水穿城而过，由此丽江古城还以水渠为特色，构成了星罗棋布的水港布局空间，大街小巷无不以水渠为伴。走在丽江古城的大街小巷，无处不见鲜花盛开的小桥流水人家。每星

2019年丽江古城大水车
（右为作者，左为和云龙）

期一次或遇传统节日，丽江古城还会放水冲洗街道，从而使得古城的大街小巷被冲刷得干干净净，一尘不染。

此外，位于丽江古城城北十五公里之外的玉水寨，则是一座东巴文化的殿堂，被称为"东巴圣地"和"东巴文化的摇篮"。寨子内的神泉碧绿纯净、清澈透明，泉水顺山势奔

流而下，形成著名的"出龙瀑"、"戏龙瀑"和"送龙瀑"的"神龙三叠水"，景象十分壮观。我们在为期四天的丽江旅游期间，先后游览了束和古镇、丽江古城及古城木府、玉水寨等名胜古迹，品尝了纳西族的美食，如丽江粑粑、纳西族烤肉及米灌肠等等。丽江真不愧是一座古朴、典雅而又别致的边陲古镇，其宁静中充满着喧闹、古朴中蕴藏着繁华，是一座去了还想再来的旅游城市。

国内游还有一趟较为精彩的旅行，那就是 2018 年 10 月中旬的北京中国科学院大学成立四十周年校庆、78 级研究生校友聚会以及校庆后的新疆哈密和甘肃张掖之旅。中国科学院大学，其前身是中国科技大学北京研究生院，该研究生院成立于 1978 年 10 月，我们 78 级研究生即是该研究生院的首届学生。为此，中国科学院大学四十周年校庆时，特邀请我们 78 级的首届研究生校友前往北京参加校庆活动。1978 年中国科学院各研究所总共招收了大约 1000 名研究生，当年的研究生基础课几乎全都聚集到北京科大研究生院去进行学习。如今 40 年过去了，不少当年的校友已经作古，有的已失去了联系，有的则因病不能成行，所以到校的 78 级研究生校

2018.10.14.国科大40周年校
庆合影(前排左三为作者)

友仅有数百人。我们于 2018 年 10 月 12 日到达北京怀柔国科大报到，校庆活动于 10 月 13 和 14 日举行。这次活动搞得十分隆重，国家科委及中科院的领导都前来祝贺，使我们这些当年的老校友十分感动和深受鼓舞。校庆活动于 10 月 15 日结束，当天我原计划是一大早离校，然后进城乘坐北京至乌鲁木齐的直快列车奔赴新疆哈密，探望我夫人的三姑父三姑母一家，顺便游览哈密。然而由于北京城内早高峰交通十分拥挤，结果我到达北京西站时晚点了 20 分钟，从而误了当天的火车，于是我只好改乘第二天(16 日)一早的直达列车。列车于 17 号下午准时安全地抵达了新疆哈密车站，三姑夫及其二女婿到车站来迎接我，一切都非常顺利。

新疆哈密对我来说算是旧地重游了，因为 1987 年 7～8 月份我因承担国家 305 项目，当年到新疆北疆地区开展野外地质考察工作时，顺路带着夫人和女儿到哈密停留了几天，探望我夫人的三姑父三姑母一家。哈密地处新疆东部，是内地通往新疆的要道，俗称新疆的东大门，自古就是丝绸之路的咽喉重地，素有"西域襟喉、中华拱卫"和"新疆门户"之称。三姑父于上世纪 50 年代末为开发大西北来到新疆哈

2018.10.作者(左一)与三姑父(右二)三姑母(左二)游览哈密

密，当年在哈密钢铁厂工作，为开发祖国的大西北撒下了辛勤的汗水，如今已是满头银发的耄耋老人了，目前正在家中含饴弄孙安度晚年。当年的哈密大多是低矮的平房，干打垒似的住房随处可见。如今三十多年已经过去了，哈密也如同全国各地的城市一样，已经发生了翻天覆地的变化。城市里街道宽阔笔直、高楼大厦林立，人们都住上了高层建筑，不少市民还住上了独栋和连体式的小洋楼别墅。1987年我们一家拜访哈密时，三姑夫、三姑母一家住的是一间土墙的平房小院，三姑母的四个子女中，当时最大的尚在读高中，最小的正念小学。此次再访，三姑父、三姑母的四个子女均已成家立业，其中最大的孙子孙女都已大学毕业工作了，其中大女儿家还住上了独栋别墅，正所谓幸福满满、儿孙满堂，一大家子都过上了幸福美满的生活。我在哈密停留了三天，受到了三姑父一家的热情款待。10月20号又乘火车从新疆哈密赶赴甘肃张掖，继续探望我夫人的四姑父四姑母，同时游览张掖这座历史文化名城及丹霞地貌国家地质公园。我乘坐的火车于当天下午顺利抵达张掖时，四姑父及其二女婿小陈也到火车站来迎接。

　　张掖地处甘肃河西走廊的中部，南依祁连山，北靠合黎、龙首等诸山，中间即为张掖平原，境内自然景观十分壮丽。张掖古称甘州，自古就是开疆定边、拱卫中原的前哨阵地，也是中原通往中亚西域丝绸之路的必经之地。公元前

121 年，汉武帝派霍去病西征，大获全胜后始设张掖郡，取其"断匈奴之臂，张中国之掖"之意，张掖由此得名。《汉书》上说："张国臂掖，以通西域，隔绝匈奴、南羌，断匈奴右臂。"由此可以看出，张掖的地理位极其重要。张掖现为国家级历史文化名城，张骞、班超、法显、玄奘等历史文化名人都曾途经张掖前往西域；隋炀帝曾于公元 609 年，在张掖会见了西域 27 国的君主或使臣，召开了类似于今日的"万国博览会"。另外，马可波罗亦曾在此停留长达一年之久。张掖旅游资源十分丰富，市内有大佛寺、木塔寺和镇远

楼等；离市区大约40公里，有张掖丹霞地貌国家地质公园，是世界上罕有的著名丹霞地貌旅游风景区。

我在张掖期间受到了四姑父四姑母全家人的热情款待。其间四姑夫不顾年高体弱，全程陪同我游览了张掖七彩丹霞地貌国家地质公园和市内各旅游景点及湿地公园等名胜古迹。尽管地处西北大漠腹地的张掖，当时已是十月中下旬的深秋初冬时节，但张掖的气候仍如四姑父一家那样热情似火，午后的骄阳仍旧温暖如春。四姑父名叫张成达，祖籍河北，其父张任之早年投身革命，1925年加入中国共产党，1926年受中共中央委派赴苏联莫斯科中山大学学习。1928年回国时，因故与党组织失去了联系，后来流落到西北，在张掖以教书谋生。抗日战争时期张任之在张掖积极参加协助抗战工作，为国家做了大量的工作。如果张任之不是与党组织失去了联系，建国后应属国家领导人之一。上世纪60年代初，四姑父在张掖初中毕业后，为响应国家"开发和建设大西北"的号召，小小年纪就只身来到新疆库尔勒，在新疆生产建设兵团所属的军垦农场，一干就是二、三十年，为建设新疆贡献了青春。后因乡情难却，上世纪80年代初，四姑父一家又辗转调回张掖，退休后四姑父四姑母现正安度晚年。

最近的一趟国内游是 2019 年 10 月中旬的黄山之行。2019 年 10 月 9 日我的日本旅游结束后，10 日中午从日本大阪乘飞机赶赴上海，参加原地化所我的老同事、老朋友李院生先生等人组织的黄山三日游。我乘坐的航班于下午 2 点左右抵达上海浦东机场，在经过海关及移民局时花了一个多小时，下午 4 点左右在机场出口处会到了李院生先生夫妇，然后李院生亲自驾车一路直奔黄山而去。上海距黄山大约有四百公里，经过将近五个小时的行驶，我们终于在晚上 9 点左右到达了黄山脚下预定的宾馆。此时旅行团的其他成员已经开饭了，饭桌上会到了我的老朋友、南京大学地质系的饶冰教授。当晚我同饶冰、李院生等相识已久的老朋友和其他刚认识的新朋友一起，推杯换盏共叙友情，在欢声笑语中愉快地度过了黄山游的第一个夜晚。第二天早晨吃过早餐以后，我们一行 14 人即乘坐缆车上黄山游览。

2019.10.作者(左)与好友饶冰(中)李院生(右)游览黄山

黄山，古称黟山，位于安徽省南部，素来以奇松、怪石、云海、温泉、冬雪等五绝冠称于世，被称为"天下第一奇山"，也是中华十大名山之一。自古以来，文人骚客均慕名前来爬黄山观云海，并留下了大量楹联、诗词传于后世。因此，黄山除有冠绝于世的自然景观以外，还有大量的文化遗存，比如古蹬道、古桥、古亭、古寺、古塔、古楹联等，以及大量的摩崖石刻。素有"五岳归来不看山，黄山归来不看岳"之美誉。1982 年，黄山风景区被国务院公布为首批国家级重点风景名胜区。1990 年 12 月和 2004 年 2 月，黄山又先后被联合国教科文组织列为《世界文化与自然遗产名录》和世界地质公园。游览黄

2019.10.黄山迎客松

山是我素来的夙愿，此次承蒙老同事和老朋友李院生先生的精心安排，终于得愿以偿。

第二天我们乘缆车上黄山以后，先后游览了天都峰、莲花峰、始信峰及西海大峡谷等景点。黄山的风景的确与众不

2017.7.1.作者(前排左二)与部分地化之友相聚于多伦多李培忠(二排右一)家

同，黄山群山环绕，一座座山峰拔地而起，连绵起伏。它兼有泰山的雄伟、华山的险峻、庐山的瀑布，衡山的烟云，游完黄山，真有"黄山归来不看山"之感慨。当晚我们一行人入住光明顶宾馆，准备次日早上起来在黄山顶上观日出。然而岂料老天不遂人愿，第二天早上起来时，天上却下起了小雨，于是我们黄山看日出的计划也就泡汤了。早上虽看不成日出，所幸小雨很快就停了，于是我们又游览了迎客松、送客松、百步云梯等著名景点。中午下山以后，应老朋友饶冰教授的邀请，我们一同乘火车前往南京。到南京的第二天，饶冰教授又热情地陪我游览了南京的望江楼及南京的古城墙，其后又拜访了我们地化所原稀土研究室的老同事、后来调南京大学工作的王正珍老师。10 月 15 日上午我从南京乘高铁回到上海，与当天中午乘飞机从昆明来上海的徐渝春老同学在上海虹桥机场相会。16 号上午我和渝春在下榻的浦东凯宾斯基大酒店，会到了在上海工作的陈维明同学，下午我们三个老同学又游览了上海豫园及浦东陆家嘴。10 月 17 日上午我告别了渝春老同学，乘国际航班离开上海安全地返回到了加拿大。这次旅行总共在两个星期之内，先后游览了日本的东京、名古屋、京都、奈良及大阪等城市，以及中国的黄山、南京和上海，旅行效率之高，是近年来的首次。

（四）

退休几年来，除了读书和旅游以外，我日常的活动就是散步、健身和垂钓。年轻的时候由于工作繁忙，基本没有时间进行锻炼。再加上年轻时身体素质不错，平常很少生病，因而主观上对锻炼身体并不太重视。然而人上了年纪以后，感觉每天不活动一下筋骨，浑身上下就觉得不舒服。因此退休以后，基本上养成了每天都要外出散步八、九千步（大约一个小时）的习惯，而且基本上可以做到一年四季寒暑不断。如此坚持几年下来，效果就显现出来了，自我感觉现在的身体健康状况似乎比退休前还要好。记得十几年

前60刚出头的时候，不知不觉地身体上逐渐地就出现了一些小毛病，比如前列腺开始增生并且还经常发炎，与此同时冬

2020.8 (收获两条大个头pike)

天还感觉双脚发凉，左手指还多少有点发麻，为此曾去看了医生并做了一系列检查，虽没有查出什么大的毛病，但医生也为我开了些药物。后来我觉得与其被动地服药治病，不如有针对性地加强锻炼。结果经过数年的锻炼，增生的前列腺获得了缓解，由疾病带来的生活不便和烦恼也消除了。通过锻炼不仅治好了身上的某些疾病，而且还增强了心肺功能，促进了血液循环，提高了身体的抗寒能力和抗病能力，脚也不凉了，手指也不麻木了，冬天零下二、三十度外出散步时身上也不觉得冷了。而且自2014年以来，已经有七、八年时间没有感冒过。现在身体的各项生理指标均属正常，日常生活不仅吃得香，而且睡得着，每天都觉得神清气爽。

除了散步、健身，我最喜欢的一项活动就是钓鱼。每年的春夏秋三季，我都要和老朋友老杨一起到野外去钓鱼，一般我们差不多每个星期都要外出垂钓一次，因此钓鱼成了我的一项业余爱好。其实以前我对钓鱼一窍不通，而且也毫无兴趣。但自从来到加拿大以后，这里地广人稀，河流湖泊众多，钓鱼有得天独厚的条件。我的老朋友老杨（其实是小杨，因为他比我还要小十几岁，不过老朋友之间平常以"老张"、"老李"相称惯了）大名杨争平，湖南常德人，原中科院山西煤化所研究生，上世纪八十年代中后期从煤化所调中科院工作，曾任中科院常务副院长孙鸿烈院士的秘书。

1992 年留学澳大利亚，1996 年博士毕业后移居到加拿大，在渥太华打拼了二十余年后，现已是渥太华本地小有成就的华人实业家，也是我

2020.8 小银湖（收获一条 12 磅重的 pike）

在渥太华的挚友。由于老杨出生在鱼米之乡，打小就下河摸鱼捉虾惯了，钓鱼是他的拿手好戏。自从 2001 年我们相识以后，由于都是来自同一个系统，大家有不少共同语言，于是我们就成了好朋友，有时便跟着他去河边学钓鱼，一来二去，经过两、三年的摸索，我也逐渐地把钓鱼学会了，并喜欢上了这项运动。退休以前，由于各自的工作较忙，我们在一起钓鱼的机会不多。自从我退休以后，老杨也卸下了工作的负担，于是我们两人便常常结伴外出一起垂钓。春天，我们一般到河边去钓一种类似中国草鱼的萨克鱼（sucker）。sucker 的中文意思为吮吸者或吸盘，这种萨克鱼的体形类似中国的草鱼，但嘴巴稍长且略弯曲成吸盘状，故而得名为

sucker。这种鱼肉质细嫩鲜美，但由于小刺较多，不太受人待见。夏天，我们则划船到湖里去钓鲈鱼或梭子鱼（英文为pike，又叫北美白斑狗鱼）。但相比之下萨克鱼比较好钓，因为第一是河面相对较窄，萨克鱼的繁殖能力又特别强，河里的鱼相对较多。第二，萨克鱼嘴巴长而软，一旦咬钩就不容易脱钩了。至于在湖里钓鱼难度就大多了，因湖面宽阔，鱼群又是到处游走的，因此，在湖里钓鱼除了技术和经验以外，很多时候还要靠运气。在加拿大钓鱼，必须严格按照各省的钓鱼法规来执行，否则将有可能违犯法规而被处罚。首先年满18岁至65岁的人，必须要购买钓鱼执照，无照钓鱼被查到会被开巨额罚单的。其次，钓鱼者一人只能手持一根钓杆，违者将根据手持钓杆的数量进行处罚。第三，不同的鱼种根据其繁殖能力的差异每年都有不同的禁渔期（钓鱼法规规定几月几日之前和几月几日之后不能钓某种鱼），以及

2017.7 收获两条鲈鱼

规定每次钓鱼只能拿多少条回家等等（如超过规定数量将被罚款）。比如鲈鱼因繁殖能力相对较低，每年的12月15日到次年的6月中旬为禁渔期，6月下旬开禁以后，每次钓鱼最多也只能拿6条回家。因此，钓鱼之前，必须充分了解各省有关钓鱼的法

律法规，并严格遵守。萨克鱼的习性与鲤鱼或草鱼类似，鱼饵以蚯蚓为主，一般在汽车加油站都有售卖，18 条一盒的蚯蚓卖 6～7 个加币，不过我们常在雨天的夜晚自己去草地上捉。至于鲈鱼和白斑狗鱼等则属于凶猛鱼类，它们主要靠吃湖泊和河流里的小鱼小虾为生，因此钓这类凶猛鱼类的理想饵料，是一种名叫米诺鱼(minnow)的小鱼。这种小鱼渔具店往往有售，以前 10 块加币可以买一打(12 条)，然而近年已经涨价到了每打小鱼(12 条)要 20～25 块加币了。考虑到买米诺鱼饵的成本不低，近几年我们在傍晚时分，自己常去社区附近的池塘里钓米诺小鱼作为鱼饵。这种小鱼一般五、六月份相对好钓，但到七、八月份时就不好钓了，有时一个小时才调到几条小鱼。为了钓到足够多的小米诺鱼作为去湖里钓鲈鱼的鱼饵

2020.2.春节全家福

(一般每次去湖里钓鲈鱼时大约需要 30～40 条小鱼)，闲暇时，我们几乎每天下午的傍晚时分都会去社区附近的池塘里

钓米诺小鱼。因此，每天除了散步健身以外，垂钓也是我夏天常做的功课之一。

或许有人会问，钓鱼有什么好？为什么会有那么多人喜欢垂钓？其实钓鱼也是一种独特的运动方式，而且还是趣味性极高的一种"软体育"运动，对人的身心健康有极大的促进作用。首先，垂钓一般都是在荒郊野外的河滩湖畔，那里空气清新、阳光充足，在这样的环境中垂钓，自然非常有益于人的身心健康。其次，人们在垂钓的时候，往往需要经过长时间的等待才会有鱼儿咬钩，一个钓鱼的人如果缺乏耐心，不停地挪动钓杆，显然是有可能钓不到鱼的。因此，钓鱼的人一定要有耐心。而有的人开始学钓鱼时，可能耐心不足，但是经过一段时间的训练以后，钓鱼的耐性就增强了，钓鱼的技巧也就逐渐地掌握了，做其它事也就更细心了。也就是说，钓鱼对培养一个人的耐性很有帮助。第三，钓鱼最大的乐趣，就是鱼上钩时拉杆的感觉和喜悦的心情，那是一种难以形容的成就感，人的大脑处于一种极度的兴奋状态，此时大脑的神经中枢将会大量地分泌诸如多巴胺等兴奋物质，这对人的身心健康非常有好处。最后一点嘛，就是钓鱼还可以享受新鲜的美味。这些年来每年的夏秋时节不仅钓了

2019.9.作者(左六)与澳大利亚的老邻居朋友野餐聚会合影

而且也吃了不少的野生鲈鱼。总之，钓鱼是一项非常有益于身心健康的活动，垂钓既可以释放人的身心压力，又可以培养人的精神情操；既可以提高人的生活情趣，又可以改善人的生理机能，从而促进人的身心健康，是一项有百利而无一害、且老少咸宜的运动。

　　近些年来，凡是同我接触过的熟悉或不熟悉的人都在问我同一个问题："老吴，你这个七十多岁的人，不仅头发不白、眼角无皱纹，而且你的精神状态就像五、六十岁的人一样，看上去要比你的实际年龄年轻不少。究竟你是有什么样的养生秘诀？能否告诉一下我们，让我们也学一学！"每当此时，我总是难以给人们一个满意的回答。我说："我哪有什么养生秘诀哟？我还不是跟你们一样，每天吃的都是五谷杂粮，而且从来也没有做过什么保养，更不懂得如何养生。"不过说归说，既然时常有人问我这个问题，而且在JDS 公司工作的时候，还曾因我的外貌与年龄似乎不太相称而闹过误会，也曾惹来过某些不必要的麻烦。因此，有时我也曾认真地思考过，为什么人们总会说我显得年轻呢？然而

2018.12.2.作者(左三)与部分地化之友及贵大校友摄于多伦多皮克林

对这个问题我也是百思不得其解。不过我的体会是，一个人是否显得年轻，应该与这个人的心态有很大的关系。简单地说，一个人的心态与他的健康和外表是有直接联系的。一个人假如整天总是忧心忡忡的，那么这个人的思想包袱一定很沉重，而心情沉重时具体表现在脸上自然就不会很开心，既然不开心，脸上就一定会愁容满面。如此长此以往地发展下去，这个人在外表上就一定会显老相。反之，如果一个人整天开开心心的，生活中即使有什么烦恼，也能拿得起放得下，从不把烦恼或烦心事放在心上，人的心情舒畅了自然就高兴，人高兴了脸上自然就挂满了笑容。长此以往，这个人从外表看上去就一定会显得年轻和充满活力，这就是俗话说的相由心生的道理。就我本人而言，我也是个凡夫俗子，也是个普通人，跟大家一样吃的也是五谷杂粮，也有烦心事。如果要说有什么不同的话，那应该是我曾经历过生死的考验，也就正是我有因胆囊手术失误而与死神擦肩而过这一刻骨铭心的难忘经历，从而使我从内心深处自觉或不自觉地彻底地改变了我的人生观和价值观。人一旦经历过生与死，他的内心深处将会获得恬淡平和与视死如归的心态，而这种心态能够让人卸下生命和心灵的负担，并使人能够一直生活在与常人异样的期待和无所畏惧的轻松愉快之中。而正是这样的一种心态，使我一直怀着感恩的心情，整天活在自我陶醉和高兴的心境当中。而当我在工作或生活中与人相处的时候，也总是高高兴兴地敞开心扉和面带笑容地与人互动。在过去的二十多年中，凡是与我交往或接触过的人，一见面总会说："你们大家看看 Mr. Wu（吴先生），无论什么时候他只要一见到人就笑，也不知道他究竟是有什么高兴事儿哩！"而每当此时，我总会哈哈大笑地说："我见到你了我不笑，难道我还要哭吗？那叫什么话呀！"因此，自从我定居加拿大以后，也许是彻底地摆脱了原先工作单位上的那种"台上握手、台下踢脚"的勾心斗角的工作和生活环境，日常生活中本就少了很多烦心事，再加上我因胆囊手术失误而与死神擦肩而过产生的那种劫后余生的积极心态，因此，不管在什么环境或干什么工作我都感到心情舒畅而有奔头。这样的心态加这样的生活环境，我想换任何一个人，长此以往想不年轻恐怕都难。这或许就是人们时常问我的养生秘诀吧！

行文至此，以自传体形式而呈现的我的人生总结，基本上就算告一段落了。我今年已经 74 岁了，74 年总共有两万六千多天，说长也不算很长，说短也不短了。古人说：人到七十古来稀。但是在医疗保健和科技高度发达的今天，活到八、九十岁甚至高达百岁的老人也比比皆是。虽说明天和意外不知道哪一个先来，但以我现在的身体状况，如果不出现意外的话，至少再活 20 年应该问题不大。自退休以来，读书、旅游、垂钓和健身成了我平常生活的主旋律，然而这些年虽说也读了不少书，也游览了不少国家，但值得一读的书还有很多很多，期待去旅游的国家和地区也还有不少。因此，在未来的退休生活中，在力所能及的情况下，我还会继续读我喜欢的书，去我想去的国家和地区旅游，我仍然会继续每天散步健身，仍然会去垂钓。总之，我会仍如以往那样高高兴兴地过好每一天，快快乐乐地享受自己的晚年生活。

2022 年 8 月完稿

2022 年 12 月定稿于加拿大渥太华

后记

　　经历十几个月的艰苦回忆和写作，一部二、三十万字的自传体回忆录总算是完成了，一直紧绷着的神经现在完全松弛了下来，总体感觉是有点累了。说起来花一年多的时间，要写完一部时间跨度长达70余年的回忆录，的确是一件不太容易的事情。因为头脑里有很多碎片化的记忆是一回事，然而要把这些碎片化的记忆用文字串联起来并准确地表达出来，却又是另外一回事。因此，为了撰写好这本回忆录，2021年中国农历新年过后，我开始写作时，光用笔就反反复复地先后写了三稿，即第一稿主要是构思和选材，先把回忆录的章节框架结构搭建起来。第二稿则是在第一稿的基础之上，对素材和文字进行补充和完善，而第三稿则在第二稿的基础之上，对文稿加以润色和系统化，使文章读起来更为流畅和生动。此后，为了校正和修改文稿，我又先后对全文反复地阅读和修改了十余次，力求做到不出现任何一个错别字和错误的词句。然而自己对自己写的文稿进行校对却不是一件容易的事情，因为尽管已经校阅了很多遍，但难免还会有个别错乱之处未被捡出。因此，看似一部只有二、三十万字的书稿，实际上三稿写下来，全部文字加起来足足写了六、七十万字之多，因此可以说这是一项相当大的工程了。2021年8月份第三稿写完以后，面临的问题就是如何把这些文字输入电脑。由于我自参加工作以来，对计算机的使用并不十分熟悉，数十年来也从未在电脑上书写过文章，再加上作为南方人咱们的普通话往往不标准，当我们在电脑上打字时，很多汉字用汉语拼音输入时常常找不到或者找不准，因此以往即使是输一篇数百字的短文，也是非常费时费力的。此外，我虽然有个十几二十年的老掉牙电脑，但因长期不用早已不工作了，为此开始时我想求助于他人帮我把文字输入电脑。然而找人在电脑上打字，二、三十万字的文稿电脑输入工作量也是相当大的，这么大的工作量不仅要付费，而且请人用电脑输入文字的质量恐怕也很难完全符合我自己的要求。因此我想不如自己亲力亲为算了，因为现在自己手头有的就是时间，不会打字就慢慢地学嘛，相信自己通过反复地练习，由慢到快熟能生巧，最终应该能够完全胜任电脑输入这项工作。于是在女儿为我买了一台笔记本电脑以后，自己就动手在电脑上练习打起字来了。此后经过三、四个月的辛勤工作，二、三十万字的文稿居然也就全部输完了。再后来自己又在电脑上学会了排版和插图，到了 2022 年 8 月份，一部二、三十万字图文并茂的自传体回忆录终于在自己的手中全部完成了。最后当我看到电脑上这些由自己一字一句亲手写成的文稿，以及插入的一幅幅精心选就的图片时，就像看到了自己的孩子一样，心里感到特别地高兴和自豪。

由于我从小出生成长在一个比较特殊的家庭，不仅童年丧父，而且还有一个同母异父的姐姐和一个过继的兄长，我个人的经历相较于一般的同龄人也要更为复杂和曲折，如果要写回忆录的话，首先要考虑如何划分时间段和事件，也就是说要考虑如何设计章节。我最初的想法是写个六、七章或七、八章，总共加起来有十来万字就足够了，即童年、少年、青年（文革上山下乡期间）各为一章，然后成年后再写个三、四章。然而真正动笔以后，头脑里过往的人生经历犹如过电影般一幕幕地呈现在眼前，有些事件甚至连日期都还记得一清二楚，写起来以后就一发而不可收拾了。我尤其觉得研究生毕业参加工作以后的经历，值得写的内容实在是太多了，于是在原先七、八章的基础之上又增加了三、四章，总共就写成了十一、二章。全文写完以后又觉得文稿的前几章对老母亲的回忆显得尤其单薄，其中对自己个人小家庭的生活以及配偶子女描写的份量也明显不够，为此又特意增加了回忆母爱的一章，把个人的家庭生活也纳入了其中。书稿的最后一章则是对退休后晚年生活的描写，并着重在突出"乐享"两个字上，因此就有了读书和写作，有了出国旅游及回国探亲访友，有了垂钓及健生等等内容。

此外，本书还有一个最重要的问题，就是如何确定这本回忆录的书名，因为开始写作时我心中并没有一个明确的书名，而当前这个《难忘岁月》的书名也是经过几易其名才最后确定下来的。由于我在97年出国定居之前，已在中科院地球化学研究所工作了二十多年，科研工作也取得了一定的成就，然而在此人生的巅峰时刻，我却急流湧退而选择定居国外。因此，有不少了解我人生经历的老同事或老朋友，认为我出国定居似乎是吃亏了，甚至有人认为我可能为此而感到后悔过。然而我经过再三的思考和权衡利弊以后，觉得我当年做出的选择显然是明智而正确的。坦率地说如果我选择留在国内，在科研业务和个人前途上可能会有较大的进步和上升空间。然而人生之路往往是难以预测的，任何人在人生关键时刻所做出的选择，也不可能做到十全十美，也就是说在有所得的同时必然也会有所失。同样地选择定居国外也是如此，既有优点也有缺点，既有利亦有弊，总之无论作何选择都是"鱼和熊掌不可兼得"。对我个人来说，由于经历过因胆囊手术失误而差点下不了手术台的生死考验，此后对于个人的功名利禄早已经看得很轻很淡，因此无论做何选择，心灵总是平静而释然的。也就是说无论身居何处，"此心安处是吾乡"，都不存在是否后悔的问题。因此，我最初写作时取的书名是《此生无悔》，意思是说，回顾我的一生，我对自己人生道路的选择和目前的生活状况没有什么是值得后悔的（当然遗憾似有不少），我已经非常满足了。但当整篇回忆录写完以后，自己在头脑里反复地琢磨，总觉得书名与内容的扣合度似乎不是那么地和谐与统一。于是我又将书名改成了《不虚此生》，意思是我这一生虽然没有取得过什么重大的成就，但也还是曾经努力地奋斗过，从未虚度过年华。书名改了以后，我还是觉得这个书名与内容的扣合度似乎还是不那么和谐，头脑里总在反复地体会全书的内容，琢磨着要取个什么样的书名才能更准确地概括和反映全书的内容。后来我突然想到不如用"难以忘怀的岁月"或"难忘的岁月"这个书名，或许更能准确地反映全书的内容，因为在我整个人生数十年的经历中，的确有很多艰难岁月都是终生难以忘怀的。因此，当我把这个书名提出来征询李开元好朋友的意见时，开元也觉得《难忘的岁月》这个书名相对较好，寓意比较含蓄且更为贴近全书的内容，他并且还建议我最好把其中"的"字去掉，取《难忘岁月》更简洁更好，于是《难忘岁月》的书名最后就这样被确定下来了。

回忆录写完以后，当我把书稿发给部分好友分享及征求意见时，不少老朋友给我提出了许多宝贵的修改意见。有个别朋友还特别对我回忆录中反复提及且与我的成长和命运习习相关的部分重点人物，比如我的堂兄吴明亮幺哥、我们原公社的革委主任马德隆，以及我的哥哥姐姐等，这些人物后来的命运结局究竟怎么样了？希望作者能在文章的结尾处给予适当的交待。因此，我想在此对本书中提到的上述人物的后续情况逐一简略介绍，以回应朋友们的关切。客观地说，我的堂兄吴明亮幺哥在我的童年和少年时代，对我的学习和成长的确有很大的影响和帮助，如果没有他对我童年时的启迪和点拨，我的成长经历可能会有所不同。因此，吴明亮幺哥可以称得上是我人生成长过程中的第一个贵人。明亮幺哥由于家庭出身地主，文革中曾遭到无端迫害而流落他乡隐姓埋名将近十年。像明亮幺哥这样一个在当年贫穷落后的旧中国农村而文化程度又相当于初中水平且能说能写的能干人才，在当年蛮荒僻野的贵州农村应该是个大有作为的知识分子，然而在那极"左"的荒唐年代，由于他的家庭出身问题，当年在农村中一直都受到压制或迫害而不能发挥其聪明才智，文革中曾因遭到迫害而隐姓埋名远走他乡。粉碎四人帮和文革结束以后，国家实现了拨乱反正他才敢抛头露面。上世纪八十年代初期，其幼子吴云考上了贵阳中医学院，为此他感到十分欣慰和非常地自豪。可是舒心日子还没过上几年，不幸的是明亮幺哥竟于 1985 年因故英年早逝，享年 58 岁，说来十分令人遗憾。而我的第二个贵人应该是我们原公社的革委主任马德隆先生。但凡文革中有过上山下乡经历的人都知道，知识青年上山下乡插队落户以后，他们的命运就掌握在了别人的手中。那时不管是招工、参军还是上大学，都需要生产大队和公社推荐(实际上就是走关系)，如果没有关系，不要说是公社革委主任，就是一个小小的大队党支部书记都有可能把你困死在农村一辈子。就我当时的情况来说，正如我在文章里说的那样，如果当年我不是在公社机关工作而与公社的革委主任马德隆等人结缘的话，我是不可能有机会上大学的，那末我的人生道路就会与现在截然不同。因此可以说，我们公社的革委主任马德隆是我人生道路上的第二个贵人，而且是我人生成长道路上最为关键的贵人之一。马德隆先生是六枝特区大用乡人（大用乡在六枝特区未建立时隶属于普定县管辖），当年50岁左右，工作能力较强且为人正派、厚道，也比较惜才和知人善任，在我们全公社的老百姓心中有非常好的口碑。文革结束后在公社革委主任兼书记的任上退休，于上世纪九十年代中期去世。当然，在七十余年的人生旅途当中，我遇到的贵人还远远不止吴明亮幺哥和马德隆主任两人，还有不少人（比如我上初中一年级时把我留校的班主任黄显中老师，初中二年级时帮我办理转学的喻中美大表哥及郭忠学，大学毕业时特意把我选入地化所的地化所中心分析室负责人李明老师，原地化所所长欧阳自远院士，以及我的研究生导师郭承基院士等人），都是我人生中对我的成长影响很深的贵人，不过在此就不一一赘述了。

最后再来说说我的哥哥和姐姐。毫无疑问，我的哥哥姐姐对我的成长非常重要，如果没有哥哥姐姐对我的扶持，我可能也是走不到今天的这个地步。虽然说哥哥是从外面过继到我们家来的，姐姐与我是同母异父，但他们待我可以说是比同一父母所生的亲兄弟姊妹还要亲。我刚上初中一年级时，由于年纪小，去县城上学要走六、七十里山路，别说拿行李，就是空手走路对一个十二、三岁的小孩来说，显然是十分困难的。为此每次学期开学或放学，都是哥哥帮我挑行李送我去上学或去学校接我回家。此外，上世纪六十年代我上中学时，虽说当时的物价比较便宜，但学校每月3～5块钱的伙食费及少量的零用钱，对一个没有任何经济来源的农民家庭来说，也是一笔不小的开支。当年每到周末，全靠姐姐辅助老母亲起早探黑地上山去挖各种野菜然后背到乡场上去售卖，母女二人三毛、两毛地积攒起来供我拿去学校交伙食费。假如没有哥哥姐姐的帮助和扶持，光凭老母亲一人的供养，恐怕我当年也是很难完成中学学业的。因此，除了感恩我的母亲以外，我同样也要非常感恩我的哥哥姐姐，他们都是我人生中的恩人和贵人。哥哥姐姐自上世纪五十年代初结婚以后，老两口相濡以沫整整七十年，他们先后生育了 9 个孩子，除一个小孩刚出生时夭折了以外，其余共抚育了八个子女（2 男 6 女）长大成人，他们可以说是一个幸福的大家庭。然而晚年时姐姐由于长期操劳导致眼睛视网膜脱落而双目失明，双腿也因关节炎加重致使行动不便，因此生活上完全依赖我哥哥全程照料。2022 年 5 月 23 日，姐姐因积劳成疾而油尽灯枯，突然于睡梦中溘然长逝，享年86岁。姐姐去世以后，年逾九旬的哥哥虽然膝下已是儿孙满堂，但他精神上似乎觉得形单影只而魂不守舍，此后他不仅饮食日降，而且精神状态也每况愈下。2022 年 8 月 13 日夜晚，哥哥于睡梦中翻身不幸墬落床下而导致右侧髋骨骨折。第二天侄子送去医院诊治时，医生认为哥哥年迈体衰而不宜手术，建议回家卧床静养。此后哥哥便卧床不起，精神状态更是越来越差。九月初哥哥又因前列腺增生而导致排尿发生障碍，于是又不得不重返医院进行插管导尿。在家卧床月余后，哥哥因髋骨骨折及前列腺病情日见加重，他的精神和肉体遭受到了极大的折磨和痛苦，于是他便拒绝进食，大约一周后便撒手人寰，终于在姐姐去世 4 个月以后，他于 2022 年 9 月 20 日也追随老伴而去，享年 91 岁。

人们常说：日有所思，夜有所梦。退休以后的这些年以来我一直都在思索是否要写和如何写一本自传本回忆录，于是过往的经历常常浮现于脑际。因此，在未写作本书之前，近几年来我晚上睡觉做梦时，偶尔会梦到去爬各种各样的山头，而上山的羊肠小道不仅总是千回百转，而且往往快要爬到山顶时，最后一两步不是脚下踩的石头不稳，就是手抓的树枝摇摇欲坠，在费尽了九牛二虎之力后，最后才爬到了山顶之上。而每当梦醒以后，我有时还会感到气喘嘘嘘甚至满头大汗。然而，当我把这本书写完以后，一两年来我就再也没有梦到爬山或涉险的类似梦境了。因此我想，也许是自己亲手把回忆录写完了以后，那个长期萦绕于脑际的艰难曲折人生经历的回忆终于有了一个理想的归宿，从此以后睡觉也就更为安稳了吧。

在本书的写作过程中，曾先后得到过许多老同学及老朋友的鼓励和帮助，其中李开元及王翔两位老朋友，在本书的写作过程中曾提出过许多宝贵的意见和建议，在此一并表示衷心的感谢！

吴明清
2023 年 4 月 30 日于渥太华

附录(1) 公开发表的科研学术论文目录

[1] 文启忠、燕金寿、刁桂仪、余素华、吴明清：黄土改造过程中微量元素的变化。地球化学，1979，2：145-155。

[2] 吴明清、雷剑泉：海洋沉积物中微量钪与稀土元素的连续测定。海洋与湖沼化学学会学术讨论会论文集，1981 年厦门，79-86。

[3] 王贤觉、陈毓蔚、吴明清：铁锰结核中化学成份的研究。矿物岩石分析化学学术讨论会论文集，地质出版社，北京，1982，487-492。

[4] 吴明清、雷剑泉：海洋介壳生物化石中微量钪与稀土元素的连续测定。地质地球化学，1982，11：53-56。

[5] 陈毓蔚、王贤觉、吴明清：东海沉积物的地球化学与物质来源。东海大陆架沉积学国际学术讨论会论文集。1983，杭州，海洋出版社，第 2 卷，846-855。

[6] 吴明清：台湾浅滩海底沉积物稀土元素地球化学研究。地球化学，1983，3：303-313。

[7] 王贤觉、陈毓蔚、吴明清：铁锰结核中稀土微量元素地球化学及其成因。海洋与湖沼，1984，15(6)：501-514。

[8] 王贤觉、吴明清、梁德华：南海玄武岩的某些地球化特征。地球化学，1984，4：332-340。

[9] 吴明清、王贤觉：生物圈中的稀土元素。地质地球化学(增刊)，1984，51-54。

[10] 吴明清：日本稀土元素地球化学研究概况。矿物岩石地球化学通报，1986，1：25-27。

[11] 吴明清、雷剑泉：海洋沉积物和介壳生物化石中微量钪和稀土元素的连续测定方法研究。贵州大学学报，1987，4(3)：135-143。

[12] 吴明清：一个新的放射性同位素年代学测定方法----La-Ba 计时法。地质地球化学，1987，3：70-72。

[13] 吴明清、谢小风：海洋沉积物中微量铀、钍及稀土元素的离子交换分离和测定。海洋科学，1988，34-39。

[14] 吴明清、王贤觉：冲绳海槽沉积物的化学成份特征及其地质意义。海洋与湖沼，1988，19(3)，34-45。

[15] 王贤觉、吴明清：水圈中的稀土元素。稀土元素地球化学，科学出版社，北京，1989，284-304。

[16] 吴明清、王贤觉：稀土元素的生物地球化学。稀土元素地球化学，科学出版社，北京，1989，305-320。

[17] 吴明清、王贤觉：冲绳海槽沉积物的化学成份特征。第三届中苏太平洋边缘海地质、地球物理、地球化学及矿产资源学术讨论会论文集，1989 年 9 月，苏联符拉迪沃斯托克(海参崴)，136-144。

[18] 吴明清：冲绳海槽沉积物微量元素的某些地球化学特征。海洋学报，1991，13(1)，71-81。

[19] 吴明清、欧阳自远、宋云华：介壳生物化石矿物组合的热力学分析。沉积学报，1991，9(1)，129-135。

[20] 吴明清、王贤觉：东海沉积物的稀土和微量元素。地球化学，1991，1：40-46。

[21] 吴明清、文启忠、潘景瑜、刁桂仪：黄河中游马兰黄土的稀土元素。科学通报，1991，5：366-369。

［22］Wu Mingqing, Wen Qizhong, Pan Jinyu, Diao Guiyi: Rare earth elements in the Malan Loess from the Middle Reaches of Huanghe River. Chinese Science Bulletin, 1991,（4）：405-410.

［23］吴明清、欧阳自远、宋云华：塔里木盆地西缘古海洋氧化还原条件的变化-----介壳生物化石中稀土元素铈异常证据。中国科学(B 辑)，1992，2：206-215。

［24］Wu Mingqing, Ouyang Ziyuan, Song Yunhua et al：Redox variations of the ancient ocean at the western margin of the Tarim Basin-----the evidence from Ce anomaly of shell fossils. Science in China, 1992, 35(9)：1110-1120.

［25］吴明清、欧阳自远：铈异常-----一个寻迹古海洋氧化还原条件变化的化学示踪剂。科学通报，1992，3：242-244。

［26］Wu Mingqing and Ouyang Ziyuan：Ce anomaly ----A chemical tracer for paleo-ocean redox variations. Chinese Science Bulletin.1992，37(15)：1293-1296.

［27］吴明清、陈楚震、周瑶琪等：西藏色龙西山二叠/三叠系界线剖面微量元素的分布特征。矿物学、岩石学和地球化学新进展，兰州大学出版社，1994，125-134。

［28］Wu Mingqing, Wen Qizhong,Pan Jinyu, and Diao Guiyi：The average chemical composition of Loess in north China and it's comparison with elemental abundance in the upper continental crust. Chinese Journal of Geochemistry, 1995, 3：35-44.

[29] Wu Mingqing: Geochemistry of rare earth elements, in the Rare Earth and their Applications (ed. Yu Zhongsheng), 1996, Beijing, Matellurgical Industry Publishing House, pp. 356-386.

[30] 吴明清、文启忠、潘景瑜等：黄河中游马兰黄土主要化学成份再研究。自然科学进展，1996，6(1)：80-85。

[31] Wu Mingqing, Wen Qizhong, Pan Jinyu, et al: Mass-weighted average of major chemical compositions of the Malan Loess in north China. Progress in Nature Science, 1996, 6(5): 602-610.

[32] 吴明清、陈楚震、周瑶琪、柴之芳：藏南聂拉木县色龙西山二叠/三叠系界线剖面稀土微量元素地球化学。自然科学进展，1996，6(2)：213-221。

[33] Wu Mingqing, Chen Chuzhen, Zhou Yaoqi, et at: REE and trace element Geochemistry of P/T boundary section in the Selong-Xishan, south Tibet, China. Chinese Journal of Geochemistry, 1995, 4:135-142.

[34] 吴明清、王琨、Wayne Goodfellow 等：贵州望谟乐康二叠/三叠系界线剖面有机碳同位素负异常及其地质意义。矿物学报，1997，1：35-43。

[35] 吴明清、王琨、Wayne Goodfellow 等：华南二叠/三叠系生物绝灭事件界线剖面的有机碳同位素记录。1997(未发表).

[36] Wu Mingqing, Wang Kun, Wayne Goodfellow, et al: Organic carbon isotope record of Permian-Triassic

Boundary mass extinction events in southern China. 1997 (Eng).

[37] Wu Mingqing, Wang Kun, Wayne Goodfellow, et al: Anomaly of PGEs across Devonian-Carboniferous boundary at the Dapoushang section, Muhua, Guizhou, south China and it's geological significance. 1997 (Eng).

（作者的联系方式：qingming.wu11@gmail.com）

附录(2) 合作教授的推荐信

╋╋ Energy, Mines and   Énergie, Mines et
Resources Canada   Ressources Canada
Geological Survey   Secteur de la Commission
of Canada Sector   géologique du Canada

May 22nd, 1996

To whom it may concern:

    Dr. Mingqing Wu is currently completing a one-year stay as a Visiting Scientist at the Geological Survey of Canada and the University of Ottawa, Ottawa, Canada. His principal objective during his stay in Canada was to better understand the cause and consequences of Phanerozoic biological mass extinction events. To this end, Dr. Wu has analyzed more than one hundred and sixty rock samples that were carefully collected from Permian-Triassic (P-T) and Devonian-Carboniferous (D-C) boundary sections in China. During the past twelve months, Dr. Wu has carried out highly specialized analyses of platinoid element abundances by Inductive Coupled Plasma - Mass Spectrometry and of carbon and oxygen isotopes by conventional mass spectrometry at the University of Ottawa. The results for the D-C boundary are world-class and have been described in a manuscript prepared by Dr. Wu. Carbon isotopes in organic matter and carbonate show conclusively that this boundary coincides with a major faunal turnover and associated biomass reduction. Platinoid element anomalies at the D-C boundaries demonstrate a causal link between mass extinction and the impact of a large meteorite with the earth's surface 345 million years ago. Results for the P-T boundary likewise show that this extinction event was sudden and of high magnitude. Although the cause of this extinction is still debated, cosmic micro spheres from the boundary interval indicate an extraterrestrial process.

Dr. Wu has proved to be a capable, dedicated and highly cooperative fellow research scientist during his stay at the Geological Survey of Canada. He has mastered several specialized analytical techniques and contributed significantly to joint research on the cause and consequences of mass biological extinctions.

Sincerely,

(signature)
Dr. Wayne D. Goodfellow
Senior Research Scientist
Geological Survey of Canada
601 Booth Street
Ottawa, Ontario K1A 0E8
Tel: 613-996-8163
    and
Adjunct Professor
Department of Geology
University of Ottawa

Natural Resources
Canada
Geological Survey
of Canada

Ressources naturelles
Canada
Commission géologique
du Canada

May 31, 1996

To whom it may concern,

Dr. Mingqing Wu has been a visiting scientist working in my laboratory for the past year. He has been working with me in the capacity of analytical chemist carrying out determinations for the platinum group elements in geological samples.

During the course of his collaboration, Dr. Wu learned and successfully applied a technique for the determination of the PGEs which involved chemical purifications, sample dissolutions, separations, and analysis by Inductively Coupled Plasma Mass Spectrometry. The procedure, developed at the Geological Survey of Canada, is demanding from the point of view of contamination control and attention paid to detail. Detection limits for the method used are limited by contamination levels and not by instrument sensitivity and thus a high standard of laboratory practice is essential. Detection limits for the PGEs were in the 50 ppt concentration range. Dr. Wu was able to master the technique and successfully complete the analysis of scores of samples.

Dr. Wu impressed me with his ability to quickly learn a difficult procedure related to a field outside his own area of training. He was an extremely hard and diligent worker who didn't get discouraged, even when there were challenges to overcome. Dr. Wu is an affable person, capable of getting along will with others and is a team player. It has been a pleasure to have worked with him during his stay in Canada.

Sincerely,

D. Conrad Grégoire
Head,
Analytical Chemistry Laboratories
Geological Survey of Canada

tel:　613-995-4213
fax:　613-943-1286
e-mail: gregoire@emr.ca

Adjunct Professor
Department of Chemistry
Carleton University

Canada

地调所化学分
析室室主任的
推荐信

附录(3) 国际合作项目委托书

RESPONSE OF THE OCEAN/ATMOSPHERE SYSTEM TO PAST GLOBAL CHANGES
IGCP PROJECT 386

Helmut H.J. Geldsetzer
Geological Survey of Canada
3303-33rd St. NW
Calgary, Alberta T2L 2A7
Canada
EMAIL: hgeldsetzer@gsc.emr.ca
FAX: (403) 292-5377
TEL: (403) 292-7155

Louis A. Derry
Department of Geological Sciences
Cornell University
2122 Snell Hall
Ithaca, NY 14853-1504
U.S.A.
EMAIL: derry@geology.cornell.edu
FAX: (607) 254-4780
TEL: (607) 255-3755

Zbigniew Sawlowicz
Institute of Geological Sciences
Jagiellonian University
ul. Oleandry 2a
30-063 Kraków
Poland
EMAIL: ZBYSZEK@ing.uj.edu.pl
FAX: 48-12-338270
TEL: 48-12-336277

Dhiraj M. Banerjee
Department of Geology
University of Delhi
Delhi 110007
India
EMAIL: dmb@du.emr.in
FAX: 91-11-725541
TEL: 91-11-7257697

Harald Strauss
Institute of Geology
Ruhr-University, Bochum
Universitaetsstr. 150
D-44801 Bochum
Germany
EMAIL: HARALD.STRAUSS@rz.ruhr-uni-bochum.de
FAX: 49-234-7094575
TEL: 49-234-7093395

Secretary Office
China National Committee
International Geological Correlation Program
Ministry of Geology and Mineral Resources of China
64 Funeidajie Street, Xisi 100812
Beijing, China

September 17, 1996

RE: IGCP Project 386

Dear Sir:

As the coordinator and secretary of the new IGCP Project 386 "Response of the ocean/atmosphere system to past global changes" I would like to inform you that the Institute of Geochemistry, Chinese Academy of Sciences, Guiyang has been proposed as the official representative of the new IGCP Project 386. The Institute of Geochemistry is represented by Drs. Ming-Qing Wu, Jun-Ya Nan and Wei-Dong Yang. The three scientists are experienced researchers; Dr. Ming-Qing Wu recently completed a successful stay as a visiting scientist in Canada where he conducted complex geochemical analyses on very sophisticated instruments such as an Inductive Coupled Plasma Mass Spectometre. The same standard of equipment is available at the Institute of Geochemistry in Guiyang and I am certain that Drs. Ming-Qing Wu, Jun-Ya Nan and Wei-Dong Yang will make significant contributions to the objectives of IGCP Project 386.

I look forward to the formal approval of the Institute of Geochemistry, Chinese Academy of Sciences, Guiyang as the formal representative of IGCP Project 386. I also hope that one of the formal annual meetings of IGCP Project 386 can be held in China.

A copy of the approved proposal of IGCP Project 386 and a brief summary of the project (Episodes, volume 18/4, December 1995) are enclosed.

Sincerely,

[signature]

H.H.J. Geldsetzer, Coordinator and Secretary of IGCP Project 386
c.c. Drs. Ming-Qing Wu, Jun-Ya Nan, Wei-Dong Yang

附录(4) 国务院政府特殊津贴证书